国家社科基金
后期资助项目
GUOJIA SHEKE JIJIN HOUQI ZIZHU XIANGMU

另一场新文化运动

五四前后"梁启超系"再造新文明的努力

Alternative New Culture Movement

The Cultural Activities of Liang Qichao's Circle and
the Intellectuals around the May Fourth Movement

周月峰　著

北京大学出版社
PEKING UNIVERSITY PRESS

图书在版编目（CIP）数据

另一场新文化运动：五四前后"梁启超系"再造新文明的努力/周月峰
著.—北京：北京大学出版社，2023.10
ISBN 978-7-301-34090-5

Ⅰ.①另… Ⅱ.①周… Ⅲ.①五四运动—史料 Ⅳ.①K261.106

中国国家版本馆 CIP 数据核字(2023)第 114244 号

书　　　名	另一场新文化运动——五四前后"梁启超系"再造新文明的努力
	LINGYICHANG XINWENHUA YUNDONG——WUSI QIANHOU
	"LIANGQICHAO XI" ZAIZAO XINWENMING DE NULI
著作责任者	周月峰　著
责 任 编 辑	刘书广
标 准 书 号	ISBN 978-7-301-34090-5
出 版 发 行	北京大学出版社
地　　　址	北京市海淀区成府路 205 号　100871
网　　　址	http://www.pup.cn　新浪微博：@北京大学出版社
电 子 邮 箱	编辑部 wsz@pup.cn　总编室 zpup@pup.cn
电　　　话	邮购部 010-62752015　发行部 010-62750672
	编辑部 010-62755217
印 刷 者	北京市科星印刷有限责任公司
经 销 者	新华书店
	730 毫米×980 毫米　16 开本　16.5 印张　337 千字
	2023 年 10 月第 1 版　2024 年 1 月第 2 次印刷
定　　　价	78.00 元

国家社科基金后期资助项目
出版说明

　　后期资助项目是国家社科基金设立的一类重要项目,旨在鼓励广大社科研究者潜心治学,支持基础研究多出优秀成果。它是经过严格评审,从接近完成的科研成果中遴选立项的。为扩大后期资助项目的影响,更好地推动学术发展,促进成果转化,全国哲学社会科学工作办公室按照"统一设计、统一标识、统一版式、形成系列"的总体要求,组织出版国家社科基金后期资助项目成果。

全国哲学社会科学工作办公室

目 录

序　言

罗志田

周月峰的书《另一场新文化运动——五四前后"梁启超系"再造新文明的努力》要出版了，他给我以写序的荣幸，这是我很乐意做的事。月峰本科和硕士读的是浙江大学，2005年曾到北京大学旁听过我的课，之后提出要跟我念博士，并于次年通过考试进入北京大学历史学系。

在我的学生中，月峰是比较"特殊"的一位。他身有残疾，小时遭高压电击，失去双手。按照当年上面的规定，对于这样身体状况的考生，学校是可以拒收的。幸运的是当年北大历史学系的牛大勇主任和研究生院都极有同情心，一再打破"条条框框"，破格把他录取进来。此后月峰即在我指导下读书，到2013年获得博士学位。本书即是据他博士论文修改而成。

一、学生和老师

最近一二十年是一个学术见解纷歧的时代，各大学在研究生阶段的教与学，常有较大的不同。例如所谓"新史学"，不同的人，理解可能相去甚远。①记得北大历史学系好几位要跟我做"新史学"的学生，我都劝他们另找更合适的老师。这可能让他们失望，但他们想要做的那种"新史学"，若让我指导确实感觉力有不逮（这不是假客气。正常情况下，学生试图进入的领域，是需要老师去学习的，我也很愿意这么做。不过我感觉他们心有所向的选择已较为固化，不是我在短时间内可以跟得上的）。

我不是那种守旧而"冬烘"的老师，也曾试图跟上史学的更新。记得当

---

①　如我们现在至少有两种《新史学》集刊，其所揭出的"新史学"，最多也就是异曲同工而已。

年戴维斯(Natalie Z. Davis)那本《马丁·盖尔归来》在美国曾有过争议,我在研究生的讨论课上也曾把那本书和发表在《美国历史评论》上的两篇重要的争论文章发给大家讨论,结果几乎所有人都在争论归来的马丁·盖尔究竟是真是假,而我想引起大家关注的,却是当时美国史学一些发展中的走向。

用戴维斯的概括说,她的批评者芬莱(Robert Finlay)是"以简单明晰的线条来看待事物;他希望得到绝对的真相,以直白而一目了然的言辞建立起来的真相,没有任何含混模棱之意";而戴维斯自己则"处处看见复杂和多歧的现象;在继续寻求更确切的知识和真相时",也"愿意先接受推想出来的知识和可能得出的真相"。[①]

这是我特别想让同学们关注的核心观念,以知晓在那时的美国也存在至少两种研究取向,一是较为传统的,追求黑白分明的绝对真相,并以直白而一目了然的言辞表述出来;一是相对新兴的,注意到历史上复杂和多歧的现象,愿意接受这样的历史"现实",并在表述中呈现这样的历史。类似的分歧在中国史学界也存在,似乎接近芬莱取向的人更多一些,但我总希望我们的史学能更多展示历史的丰富性。

现在博士生教育的一个现实是,学生多为武林所谓"带艺投师"者。在这样的背景下,师生之间的"磨合"并不容易,有时甚至可能是痛苦的(出现这样的情形主要是老师的责任)。最理想的结果是杜甫所谓"转益多师",博采众长而为己有。月峰在浙江大学所受的史学教育,风格与我在北大的教法颇有不同,所以他读得并不轻松。且由于我不善引导,中间也曾有困顿的时候,还好没影响他的继续努力。我一向建议学生扬长避短,所以鼓励他在坚守浙大史学优点的基础上试着往新的取向转。到毕业时,月峰有了显著的转变,我在邮件中说他"真是脱胎换骨"。然而所脱所换,不过是外在的表象。借用柯林武德的话说,若以此前的状态为 P_1,后来的结果为 P_2,此前的"P_1 从未终止,它转变为 P_2 的形式继续前行"。[②]从月峰后来论述的一招一式中,都可以窥见浙大史学的风范。

---

① Natalie Z. Davis, "On the Lame," *The American Historical Review*, Vol. 93, No. 3(June 1988), p. 574.

② R.G. Collingwood, An Autobiography, in R.G. Collingwood: An Autobiography & Other Writings, eds. by David Boucher & Teresa Smith, Oxford University Press, 2013, p. 98. 此书有中译本:《柯林武德自传》,陈静译,北京:北京大学出版社,2005 年,引文在第 92 页。此语承四川大学历史文化学院的博士生徐君玉提示,谨此致谢!

二、从博士论文到专著

我在和月峰讨论博士论文选题时,希望他能选择资料相对集中、不必四处奔波搜集史料的选题。月峰说他感兴趣的是近代精英读书人的思想世界,他在浙江大学的硕士论文是有关晚年梁启超的研究。我那时曾让面临学位论文要求的学生每两周提出自己感兴趣的题目,梳理既存的相关研究并说出自己论文可能做出的贡献。记得月峰所提的选题有太平天国运动后的书籍印刷与阅读、近代的俄国形象、太虚与佛化运动、"梁启超系"与新文化运动等。根据月峰的研究基础和个人意愿,我建议他考虑最后那个选题,并得到他的同意。

月峰在读书期间学习非常努力,曾以两年时间系统阅读了五四前后数年的《时事新报》《国民公报》《晨报》《民国日报》《公言报》等报纸,形成了对此一时期思想界的整体认知。又进而细致研读"梁启超系"所办的《大中华》《解放与改造》,以及其他群体的《新青年》《新潮》《每周评论》《努力周报》《建设》《星期评论》等期刊和各类时人文集,对各方思虑有了较为周全的把握。

其实"梁启超系"本身是个有些说不清道不明的称谓。以梁启超为中心的"派"或"系",如一般常说的"研究系",是当时人的用语,可以说是确有那么一个"系"存在。但"研究系"侧重政治,与文化有些偏离,用来说文化运动显得不甚合适。而在梁启超欧游期间及回国后,确有那么一些在相当程度上感觉志同道合的学人围绕在他身边,如张君劢、蒋百里、丁文江、张东荪、蓝公武等,并有不少共同的努力。但这只是一个以梁启超为中心的松散群体,界定为一个"派"或"系",或有些牵强。我们也曾反复斟酌,好像没有更合适的称谓,所以在不那么"绝对"的基础上,只能不得已而为之,暂时这么用着。

在史学研究对象的选择上,至少在相当长的一段时间里,不够"进步"的人与事常常没有什么人研究;同一人物也是其"进步"的一面或其一生中"进步"的一段更能引起研究者的注视。就梁启超一生而言,戊戌前后或是最显"进步"的时刻,其次是护国运动时期,五四前后已是被认为"落伍"的一段。相较于胡适、陈独秀等人,五四前后的梁启超在时人眼中的确不那么"进步"。其实他这样的思想大家在那时不仅并未退出历史舞台,而且颇为活跃,只是在我们既存研究中对其关注不足而已。

　　说到关于新文化运动的研究，真可以说是汗牛充栋。百多年来许多人为它树碑立传，其形象确更清晰，却也依然如雾中之月，微茫而朦胧，尤其对运动的丰富性明显表现不足，大有深入探索的余地。以一个具有代表性的重要面相来表述全体，在中外学界都很流行。既存研究便多以《新青年》及北大师生辈的声音来概括整个新文化运动，而忽视其复调的一面。这一倾向具有"真实"的历史基础，以陈独秀、胡适为代表的群体很早就确立了新文化运动的"正统"地位。"正统"地位的确立明显影响了史家的取舍，多少导致了对其他努力的遮蔽。其实当时试图从文化层面来改变中国现状的有意努力尚多，"梁启超系"就是其中最为活跃也最具影响力的群体。再现他们的言行及其背后的思虑，更能展示运动的丰富面相。

　　"梁启超系"在五四前后的多方文化努力，长期被后人忽视。能将其梳理出来，就是个不小贡献。月峰的博士论文做到了这一点，让读者看到了"梁启超系"当时在文化上的积极进取。博士论文完成后，他又写了一系列的文章，走入当时思想世界，进一步呈现出"梁启超系"的新文化努力与其他类似努力的关联互动，对认识新文化运动有多丰富，做出了重要贡献。修改后的书稿，更加深入周详，是前后努力的结晶。

　　张君劢后来曾借纪念蒋百里的机会，实际概括了"梁启超系"在五四前后的事业，他说：

> 民国八年，公（蒋百里）归自欧西，携《欧洲文艺复兴史稿》以返，与五四运动作桴鼓应。同时主持共学社，印行有关文艺与学术之书数十种。又尝办讲学社，杜威、罗素、杜里舒、太戈尔之东来，皆出于公与新会先生之罗致。呜呼，公为军人，而有造于近年新思潮之发展者如是。①

　　说的是蒋百里个人，其实表出了群体的事业。第一次世界大战后，因感觉到世界文化的转变，梁启超个人的努力重心由政治活动转入思想学术，围绕在他周围那些年轻一辈的学人，对此尤为积极，颇思借助梁启超的影响力，在文化上重建一个新的中国。张君劢提到的"共学社"，就是这一文化努力的核心机构。

　　毋庸置疑，"梁启超系"的文化努力在一些基本面相上与已获新文化"正统"地位的《新青年》群体是有差别的，后者以"民主"与"科学"为号召，而前者以"解放"和"改造"为中心。近代中国的一大特点就是思想特别解

---

① 张君劢：《哭蒋百里先生》，《大公报》（重庆），1938年12月28日，第1张第4版。

放,而"梁启超系"的文化运动也特别凸显"解放"的一面。张东荪在五四学生运动后就曾宣称"当首先从事于解放",且"主张解放精神、物质两方面一切不自然不合理之状态";①此后梁启超更强调"思想解放"需要"彻底",要"将自己的思想脱掉了古代思想和并时思想的束缚"——"中国旧思想的束缚固然不受,西洋新思想的束缚也是不受"。②尽管他们内部对"解放"的认识和取向也有不同,但他们对"解放"的强调更多是主动的追求,包含着对既存政权与制度的"解放",可以说相当彻底。

简言之,梁启超等人有其自身的新文化运动。他们之所以进入群体性的文化运动,既是看到了世界转变的时代机遇和中国的需要,也不无眼见众多知识青年纷纷投入《新青年》群体麾下而思争取之意。但整体言,"梁启超系"的文化努力不仅仅是为了赞成或反对,也不仅是为了自己的团体影响,更主要是因为他们都有一个以天下为己任的士人的责任心。③用梁启超自己的话说,他是要"为我新思想界力图缔造一开国规模"。④这应当可以代表整个"梁启超系"的文化构想。近年一些注意到"梁启超系"的研究,多从赞成或反对新文化运动"正统"的一面着眼,以白话文学、反传统等"正统"标准来衡量、定义他们,或许忽视了他们真正的关怀。

上引张君劢的文字写于1938年,所谓"与五四运动作桴鼓应",既有时过境迁之后不再思与"正统"竞争之意,却也是一种实述。"梁启超系"介入了五四时期几乎所有的思想论争,包括戏剧改良讨论、新旧思想之争、"问题与主义"之争、东西文化论争、社会主义论战及科学与人生观论战等。正是这些努力和论争,影响甚至形塑了以五四为标识的新文化运动,的确可以说是"作桴鼓应"。

进而言之,如果我们把"梁启超系"的言说看作他们为"新思想界缔造开国规模"的行动,不仅可以重新理解他们的言论、著述——如梁启超之《欧游心影录》《清代学术概论》《先秦政治思想史》,蒋百里之《欧洲文艺

---

① 《宣言》,《解放与改造》第1卷第1、2合期,1919年9月15日,无页码。

② 梁启超:《欧游心影录》(1919年10月—12月),《饮冰室合集》专集之二十三,北京:中华书局,1989年影印本,第26—27页。

③ 与陈独秀、胡适等人一样,梁启超及围绕在他身边的一群学人都在天下时代生活了一段时间(虽长短不一),一身兼具士人和知识人的两种认同。从天下和天下士的视角来观察五四新文化人,应能增进对他们的了解之同情。参见罗志田《把"天下"带回历史叙述:换个视角看五四》,《社会科学研究》2019年第2期。

④ 梁启超:《清代学术概论》(1920年11月),《饮冰室合集》专集之三十四,北京:中华书局,1989年影印本,第65页。

复兴史》，也可以帮助我们重新认识和诠释他们所参与的上述思想论争及其他重大思想文化事件，赋予旧论题以新思路，或可产生更多的新研究成绩。

三、呈现一个更丰富的新文化运动

我不知道是有意还是无意，月峰的研究似比较亲近前引戴维斯所说的新史学取向。不论是博士论文还是现在成型的书，都试图从各种"复杂和多歧的现象"中呈现新文化运动那丰富的一面。同时他也并不追求所谓"全面系统"，如曾跟随梁启超游欧并担任共学社干事的丁文江，就很少被提及。①

阿多诺（Theodor W. Adorno）曾说，任何"体系"通常都是一个自足的系统，它要求一致的结构，要有秩序地组织和表达思想，也就压抑着客体自身各方面的内在统一性。同时，客体间彼此具有的密切联系，也因对秩序的"科学"需要而成为禁忌。即使对于不可免的矛盾，也不能不"求得一个矛盾的统一"。②阿多诺自己以"反体系"著称，但他的确看到了体系构建的问题所在。

一般所说的新文化运动，大致就是广义的五四运动。而不论广义狭义，五四运动都不是一个真正自足的体系。它本身并非谋定而后动，而是许多想得不一样的人走到一起，共同创造历史，在发展中完善，成为一个"会合的历史运动"。这一运动当然有其不约而同、众皆呼应的主题，然也确实头绪纷纭，始终具有开放性。③若将其以某些后设的主题重新组织，以维持整体的连贯性与系统性，或隐含着不小的危险。

盖若有意识地去构建系统性，很容易导致研究者在历史人物的前后行为间建立起一种可能本不存在的一致性。斯金纳（Quentin Skinner）就曾批评某些经典解释者在工作进行之前，便赋予某个经典作家或经典文本的思

---

① 这可能与材料相对少有关，《梁启超年谱长编》是了解"梁启超系"文化活动的重要资源，而承担为梁启超修谱重任的丁文江，有意无意间在年谱中较少提到自己，这可能是丁文江主动"置身事外"的渊源。听说月峰会专门写一篇与丁文江相关的文章。

② Theodor W. Adorno, *Negative Dialectics*, Trans. by E. B. Ashton, London and New York：Routledge, 1973, p. 25.

③ 参见罗志田《体相和个性：以五四为标识的新文化运动再认识》，《近代史研究》2017年第3期。

想以一种内在的一致性,其结果,即使在文本中遇到了不连贯甚至互相矛盾的内容,也要想方设法利用后设的主题将文本重新组织,以维持其整体的连贯性与系统性,此即他所谓"一致性迷思"(the mythology of coherence)。[①]任何归纳都是一种简化,事物和语言的丰富性会因此而部分失落甚至湮没。

月峰这本书在梳理"梁启超系"的文化方案时,基本做到了放弃所谓系统的先入之见,不以中国传统或近代西方的观念体系为预设标准来衡量,直接进入他们相对直观的思想世界。本书并未分门别类地总结"梁启超系"对中西文化的态度,也未定性他们是复古抑或西化,而是透过表象,将他们此一时期的言论、事业视为改造社会国家的具体行动,呈现出其文化方案所蕴含的意图、他们对现实社会改造问题的介入,及其文化努力在当时诸多社会改造方案光谱中的位置。

从史学看,言即是行。月峰在本书绪论中说:"相对于偏向抽象思想的、静态的思想史研究,本书更倾向于勾勒五四思想界动态的'肌理'(sinews)。"这是一个有抱负的尝试。陈垣在撰写《明季滇黔佛教考》后曾说自己"着眼处不在佛教",因为"若专就佛教言佛教,则不好佛者无读此文之必要。惟不专言佛教,故凡读史者皆不可不一读此文"。[②]或许月峰也希望不就"梁启超系"言"梁启超系",而使凡欲了解五四者"不可不一读"此书。

五四新文化运动本是一个复调的运动,其内部不同的声音既各自独立,又共同参与并形塑出一个更大的和声。变化的史事需要发展的理解,丰富的史事需要多元的表述。故叙述那段历史,既要表现出时代的"公言",也当再现各种独特的"私言",以复调的方式表述复调的史事。[③]

本书便是以复调的方式表述复调的新文化运动。书名虽为"另一场新文化运动",但作者的眼界并不局限于"梁启超系"他们的"另一场",而是随处可见《新青年》及北大师生为主的人和事,以及国民党人的言行,使多方都进入整体图景。全书将新文化运动视作完成中的"现在进行时",以动态的图像取代过去偏向静态的研究,使各方话题的汇聚与转移、态度的冲突与缓和、观念的竞争与妥协,都成为新文化运动的构成因素。故再现"梁

①　Quentin Skinner, "Meaning and Understanding in the History of Ideas," in idem, *Visions of Politics*, vol. I, New York: Cambridge University Press, 2002, pp. 67–68.

②　《陈垣致陈乐素》(1940年5月3日),《陈垣来往书信集》(增订本),陈智超编注,北京:生活・读书・新知三联书店,2010年,第1113页。

③　参见罗志田《多重的复调:五四的特异性与多歧性》,《天津社会科学》2019年第6期;《本事与言说的纠缠:再论复调的五四》,《中共党史研究》2020年第6期。

启超系"文化运动的存在，并不仅仅是在一种声音之外加入了另一种的声音，而是呈现他们参与时代思考、形塑时代声音的过程，在关联互动中呈现一个比过去的认知远更丰富的新文化运动。

　　我在多年前曾主张思想史要让思想回归于历史，尽量体现历史上的思想，并让读者看到思想者怎样思想，在立说者和接受者的互动之中展现特定思想观念的历史发展进程。[①]本书便不仅能让读者看到梁启超、张东荪、蓝公武这些思想者怎样思想，更让读者看到五四思想界如何生成的历史进程。换言之，本书的重点不在于呈现新文化运动静态的"骨骼"与"血肉"，而是更进一层，在过程中展现新文化运动动态生成的"肌理"。可以说本书不仅填补了既存研究的空白，并且拓宽了我们对新文化运动的理解。

　　胡适一生曾多次引用"现在我们回来了，你们请看，便不同了"这句话。我愿意借这一句式说：现在《另一场新文化运动》出版了，以后的教科书要论述新文化运动，恐怕需要有所修改了。

2023 年 10 月 18 日于江安花园

---

① 罗志田：《近代中国思想史研究的两点反思》，《社会科学研究》2009 年第 2 期。

第一章　绪论：复调的五四

第一节　复调的五四

钱锺书(1910—1998)常用"一束矛盾"来形容自己,清一色的性格毕竟并不多见。① 实际上,历史上各个时代也多是"一束矛盾"。这一特征在近代中国又尤为突出。李大钊(1889—1927)就观察到,中国人当时的生活,"全是矛盾生活",当时的现象,也"全是矛盾现象",譬如在一条道路上,有骆驼轿,有一轮车,也有骡车、马车、人力车、自转车、汽车等,并且"不止是一重单纯的矛盾,简直是重重叠叠的矛盾","纷纭错综,复杂万状"。表现在人与人之间,则"独秀先生与南海圣人争论,半农先生向投书某君棒喝"。在李大钊看来,"以新的为本位论,南海圣人及投书某君最少应生在百年以前。以旧的为本位,独秀、半农最少应生在百年以后"。之所以在思想上相差数百年的人物能在同一时代争论,是因为时间像是被压缩了,原本不同时代中的事事物物出现在同一时空之中,"念世纪的东西同十五世纪以前的汇在一处","性质相差太远,活动又相邻太近","同时同地不容并存的人物、事实、思想、议论,走来走去,竟不能不走在一路来碰头"。在这矛盾现象中讨生活,"最是苦痛,最无趣味,最容易起冲突"。②

李大钊在 1918 年写下这段话,而二十年前的 1898 年,文中所提到的南海圣人康有为(1858—1927)正推动着维新变法运动,其思想并不落后,正是名副其实的先进者。然而,在二十年后看来,南海圣人却"最少应生在百年以前",则此二十年间时代思想的变动,最少当以百年计,颇能提示变化

---

① 杨绛:《钱锺书对〈钱锺书集〉的态度》,钱锺书:《七缀集》,北京:生活·读书·新知三联书店,2011 年,第 2 页。

② 李大钊:《新的! 旧的!》(1918 年 5 月 15 日),《李大钊全集》,中国李大钊研究会编注,第 2 卷,北京:人民出版社,2013 年,第 289—292 页。

的迅速所带来的时间压缩。其实,类似的话,鲁迅(1881—1936)也曾说过。他说:

> 中国社会上的状态,简直是将几十世纪缩在一时:自油松片以至电灯,自独轮车以至飞机,自镖枪以至机关炮,自不许"妄谈法理"以至护法,自"食肉寝皮"的吃人思想以至人道主义,自迎尸拜蛇以至美育代宗教,都摩肩挨背的存在。

这样的空气使人精神不安,透不过气,因而鲁迅感觉到"四面八方几乎都是二三重以至多重的事物,每重又各各自相矛盾。一切人便都在这矛盾中间,互相抱怨着过活"。① 这也正是张东荪(1886—1973)所说:"中国今天的现象,是十七世纪、十八世纪、十九世纪、二十世纪的人聚于一堂。"②

李、鲁、张三人的话形象地表现出近代中国"一束矛盾"的状态。值得注意的是,他们说话时,均是五四时期,有感而发,似提示出当时的"矛盾"愈发凸显。不过,李大钊与鲁迅虽注意到矛盾并不单纯,有"重重叠叠"或"二三重以至多重",但仍侧重于新旧的二元对立,而且他们主要代表趋新一边,多主张推陈出新。李大钊就"盼望我们新青年打起精神,于政治、社会、文学、思想种种方面开辟一条新径路,创造一种新生活,以包容覆载那些残废颓败的老人"。③ 但这毕竟只是理想。

事实上,矛盾并非仅存在于新旧之间。例如,在五四时期有重大影响的少年中国学会④,已算是有组织的趋新群体,但也仍是"各人心目中都有一个多少精确清楚些的少年中国学会的观念","却没有两个完全相同的"。正因"各人所认的少年中国学会既不相同",故"对于特殊问题的意见也就不能相同了"。⑤ 罗志田进而指出,在矛盾的新旧两极之间,"过渡地带其实相当宽广",存在着多个世界,还"都不是那么截然两分,毋宁说更多是你中有我、我中有你"。⑥ 也就是说,在独秀先生、半农先生与南海圣人、投书某

---

① 鲁迅:《随感录·五十四》(1919年3月15日),《鲁迅全集》第1卷,北京:人民文学出版社,2005年,第360—361页。

② (张)东荪:《第三种文明》,《解放与改造》第1卷第1、2合期,1919年9月15日,第4页。

③ 李大钊:《新的!旧的!》(1918年5月15日),《李大钊全集》,中国李大钊研究会编订,第2卷,北京:人民出版社,2013年,第291—292页。

④ 关于少年中国的成立与活动,可参见王波:《少年中国学会的成立及前期活动》,北京大学历史学系2008年硕士论文。

⑤ 刘衡如:《少年中国学会问题》,《少年中国》第3卷第2期,"少年中国学会问题号",1921年9月1日,第1页。

⑥ 罗志田:《新旧之间:近代中国的多个世界及"失语"群体》,《四川大学学报(哲学社会科学版)》,1999年第6期。

君中间,如光谱浓淡般存在着新旧程度不一的人物。

类似矛盾亦非中国所独有。梁启超(1873—1929)注意到,当时西方的社会思潮亦充满着矛盾,除新旧矛盾外,即使同为新思想,也"因为解放的结果,种种思想同时从各方面迸发出来,都带几分矛盾性","个人主义和社会主义矛盾,社会主义和国家主义矛盾,国家主义和个人主义也矛盾,世界主义和国家主义又矛盾"。① 而且,中西学战失败之余,中国文化思想界早已成了外来观念的天下,给他人作了"西与西斗"之战场。② 在这一背景下,西方的矛盾又无一不移植于中国。就此而言,时间压缩的背后,又有着西潮东来后空间上造成的层叠。

五四新文化运动③正是如此,不仅是非常典型的"一束矛盾",而且还有多个世界,"从生活的艰辛与世界思潮的激荡、时势的转变,使中国思想运动的过程缩短、早熟,使中国文化上的复杂性和矛盾更加激烈"。④ 林同济(1906—1980)看到的"五四新文化运动,内容本甚丰满,甚复杂","以至矛盾","实百花争发的初春,尽眩目熏心之热致",盖因"它一方面把西方文化内的各因素、各派别,铿锵杂沓地介绍过来,一方面又猛向整个中国的传统文化,下个显明的比照,剧烈的批评"。⑤ 如此情状,正似余英时所说,"五四始终是、也仍旧是很多不同的事物",有多重面相和多重方向的特点,当时的思想世界"由很多变动中的心灵社群所构成","不仅有许多不断变动又

---

① 梁启超:《欧游心影录》(1919年10月—12月),《梁启超全集》,汤志钧、汤仁泽编,第10集,北京:中国人民大学出版社,2018年,第66页。

② 参见罗志田:《西方的分裂:国际风云与五四前后中国思想的演变》,《中国社会科学》,1999年第3期。

③ 本书使用"新文化运动"时,如无特别说明或加双引号,则是在一般的、广义的、宽泛的意义上指代五四前后的革新运动;在特指"梁启超系"和其他特定群体的新文化运动时,则加引号以为区别。

④ 柳湜:《从五四运动到今日》(1936年3月),《柳湜文集》,北京:生活·读书·新知三联书店,1987年,第702页。

⑤ 林同济除看到矛盾的一面外,更认为"在那丰富、复杂、以至矛盾的内容中","可以寻出一个显明的主旨,中心的母题。这个主旨与母题可说是个性的解放"。林同济:《廿年来中国思想的转变》(1941年5月4日),《战国策》第17期,1941年7月20日,第45—46页。佛教界人士张宗载也曾感叹五四思想界的庞杂与缭乱,说:"欢迎罗素也,介绍杜威也,马克斯之剩余价值也,桑格夫人之生育节制也,纷纷扰扰,迄无宁日。而逾老学究之流,复以国故国粹互相标榜,训诂也,性理也,诗文也,书画也,论孟也,杨墨也,矻矻穷年,蠹鱼待化。甚者同善结社,妄冀神仙;灵学书传,希通鬼魅;文昌圣帝,亲于孔孟;财帛星君,尊于祖祢;黎山老姆,代表观音;太上老君,钩连李耳;天书宝剑,帝后叛身;红灯神拳,公卿稽首。"他称之为"黎园之剧,无斯怪诞;影戏之场,逊此陆离"。化声(张宗载):《佛化前途与我的国民性》,《新佛化旬刊》第12期,1922年10月28日,第17页。

经常彼此冲突的五四规划,而且每一规划也有不同的版本"。①

由众多心灵社群和众多规划所形成的多个世界,以特定视角看来,便形成了主流与支流,且支流众多,主流、支流又因时变换。正如梁启超所说,在民族混化社会剧变的时代,"思想界当然像万流竞涌,怒湍奔驰"。②吴宓(1894—1978)及所谓"学衡派"一般被视为新文化运动的反对者,但在当时其实有不同认知。有人在反驳吴宓《新文化运动之反应》一文时指出:"《湘君》季刊,和吴君等所倡之新文化运动,实别为一支流。"又说:"然细一研究《湘君》之内容,实与吴君所谓'新文化运动之反应',为别一支流;而与今人所提倡之新文化运动,为同一支流。吴君称颂《湘君》,实不啻称颂他所不反对的新文化运动。"作者虽反对吴宓,但亦承认"吴君等所倡"也仍是"新文化运动",且吴宓反对的是新文化运动中"一支流",也有他"所不反对的新文化运动"。③ 此论述揭示出无论在新文化运动或其"反应者"之中,均有"支流"存在,且对其中的"支流"是否属于新文化运动或"反应者"也是因人而异,正可见新文化运动之多个世界及其万流竞涌的状态。

而且,众多支流虽不相同,但内中又往往充满关联,或同属一个流域,或共赴一片海洋,又像"一座又一座的山峰,看起来并不相连",甚至于对峙,"但是它们的底座是连在一起的"。④ 正如梁启超曾指出,历史事实"无一不各有其个别之特性","不惟数量上复杂不可偻指,且性质上亦幻变不可方物",尤其是"合无量数互相矛盾的个性,互相分歧或反对的愿望与努力,而在若有意若无意之间乃各率其职以共赴一鹄,以组成此极广大、极复

---

① 余英时:《文艺复兴乎? 启蒙运动乎? ——一个史学家对五四运动的反思》,《余英时文集》第 7 卷,"文化评论与中国情怀"上,桂林:广西师范大学出版社,2014 年,第 219—220 页。

② 梁启超:《评胡适之〈中国哲学史大纲〉》(1922 年 3 月),《梁启超全集》,汤志钧、汤仁泽编,第 15 集,北京:中国人民大学出版社,2018 年,第 348 页。

③ 甫生:《驳"新文化运动之反应"》,《时事新报》,1922 年 10 月 20 日,"学灯副刊",第 2—3 版。余英时曾指出,表面看来,似乎可以断定"梅光迪不但把他自己放在五四时期新文化之外,而且也是新文化最无情的一个敌人",但在分析了胡适和梅光迪的一系列通信后,则认为"似乎越来越有必要在陈独秀与鲁迅的激进主义和胡适的自由主义之外,将梅光迪和吴宓的文化保守主义置于与五四新文化同一的论述结构之中"。余英时:《文艺复兴乎? 启蒙运动乎? ——一个史学家对五四运动的反思》,《余英时文集》第 7 卷,"文化评论与中国情怀"上,桂林:广西师范大学出版社,2014 年,第 214—218 页。

④ 王汎森:《思想史研究方法经验谈》,《何谓现代,谁之中国? 现代中国的再阐释》,许纪霖、刘擎主编,上海:上海人民出版社,2014 年,第 52 页。

杂、极致密之'史网'"。① 五四时期的思想界正是类似的"史网"，诸多方案"各有其个别之特性"，又"各率其职以共赴一鹄"，乃成新文化运动。

有意思的是，在时过境迁之后，人类对"一束矛盾"式复杂的时代常常会有"集体健忘"，把"千头万绪简化为二三大事，留存在记忆里"。按钱锺书的解释，"旧传统里若干复杂问题，新的批评家也许并非不屑注意，而是根本没想到它们一度存在过"。在"新风气成为新传统"之后，人们"眼界空旷，没有枝节凌乱的障碍物来扰乱视线"。② 我们所熟悉的有关五四新文化运动叙述，便是一件几乎没有凌乱枝节的被"简化"了的大事。在"新风气"中，原本那"很多变动的心灵社群"中有一些社群的声音与"新风气"有更多契合，有意无意中愈为凸显；另一些与"新风气"格格不入或"无关紧要"的社群的声音，又在"新风气"中被压抑或自我压抑，随着时间渐渐隐去，成为需要被重访(revisit)的"执拗的低音"。③

沟口雄三注意到很长时期学术界存在左、右两种"五四"叙述：第一种"只是抽出了倾向于马克思主义、与中国共产党的创立有关的陈独秀、李大钊所代表的道路"，是"被作为新民主主义革命的起点，与中国革命的历史相连接的反帝反封建运动"；第二种是"胡适等后来走上与中共对立道路的人士的轨迹"。沟口雄三继而指出，在二者之外，梁漱溟(1893—1988)就体现了"另一个'五四'"。④ 这里的"五四"实为广义的五四新文化运动，且"五四"还不只有"另一个"，情状或许更为丰富。⑤ 历史本盘根错节此呼彼应，新文化运动更是如此，上述两种化约后的叙述，不一定不正确，但显然不够准确，遮蔽了史事杂乱一面，容易出现"见林而不见树"的偏差；也使历史"有条有理，而对于委曲私情，终不能体贴入微"⑥，只存骨骼而不见血肉，

---

　① 梁启超：《中国历史研究法》(1922年1月)，《梁启超全集》，汤志钧、汤仁泽编，第11集，北京：中国人民大学出版社，2018年，第347页。

　② 钱锺书：《中国诗与中国画》，《七缀集》，北京：生活·读书·新知三联书店，2011年，第3—4页。

　③ 王汎森：《执拗的低音：一些历史思考方式的反思》，北京：生活·读书·新知三联书店，2014年，第1—6页。

　④ 沟口雄三：《另一个"五四"》，《中国的思维世界》，沟口雄三、小岛毅主编，孙歌等译，南京：江苏人民出版社，2006年，第618页。

　⑤ 其实时人已注意及此，故也有"又一种文化运动"的提法。一真：《哲学研究社之大扩展》，《京报》，1921年2月25日，第3版。

　⑥ 钱锺书：《中国诗与中国画》，《七缀集》，北京：生活·读书·新知三联书店，2011年，第3—4页。

失去了鲜活。

在陈独秀(1879—1942)、李大钊、胡适(1891—1962)或梁漱溟之外,本书所说"另一场新文化运动"的第一层含义是指梁启超、张东荪、蓝公武(1887—1957)、张君劢(1887—1969)、蒋百里(1882—1938)等人(以梁启超为核心的一个读书人群体,以下简称"梁启超系")的新文化主张与实践。这是在沟口雄三所说之左右之外,曾几乎被遗忘的、以"梁启超系"为主角的"另一场新文化运动"。

第二节 谁是"梁启超系"?

近代中国古今中西交汇,社会变化速度及思想和心态发展又不同步,致使存在多个世界及众多群体,其中"不新不旧"的人与事,以及新旧阵营中表现不那么极端或积极的群体,在既有研究中多半处于一种"失语"的状态。[①] 五四时期的"梁启超系"正是不那么极端又不够"进步"的群体,虽非完全失语,但相对于他们在当时的地位和影响而言,研究仍非常不足。与这一群体的"失语"相关联的,是他们所从事的文化运动一并被误解或遗忘。

这是一群徘徊于政治与学术之间的读书人,有着天下士的关怀与抱负。因主要成员多与宪法研究会有过关系,且梁启超更是该组织之领袖,所以时人和后世研究者也有以"研究系"指称。[②] 不过,这一名称在当年多是论敌使用,且常含敌意,为当事人所不喜。身为局中人的刘以芬(1885—1961)指出:"研究系一词,系由宪法研究会而来,而宪法研究会则为进步党人所组织,所以,所谓研究系其实即是进步党。"但时人在"用此名词时,语意间往往不仅指派系而言,而若别涵有一种意义",即"隐含有阴谋集团之意味"。在他看来,名称虽被沿用,但"实则此时(1918)该系业经风流云散,

---

① 罗志田:《新旧之间:近代中国的多个世界及"失语"群体》,《四川大学学报(哲学社会科学版)》,1999 年第 6 期。

② 有不少研究者以"研究系"来指谓这一时期从事文化运动的梁启超诸人,如彭明的《"五四"前后的研究系》(《历史教学》,1964 年第 1 期)、彭鹏的《研究系与五四时期新文化运动——以1920 年前后为中心》(广州:中山大学出版社,2003 年)、吴炳守的博士论文《研究系知识分子群体的国家建设构想与实践(1911—1932)》(复旦大学历史系 2001 年博士论文)。不过,彭鹏将这一群体重新界定为"文化上的研究系",以区别于"政团的研究系"。彭鹏:《研究系与五四时期新文化运动——以 1920 年前后为中心》,广州:中山大学出版社,2003 年,第 32—33 页。

毫无作用"。①

更重要的，时人认知中的"研究系"本是一个成分非常复杂的政治文化团体，并非以成员文化倾向或是否参与其文化事业为取舍。更多被认为属于"研究系"的人不关心也基本未参与"梁启超系"的文化事业。如谢彬（1887—1948）在介绍"研究系"时曾指其"首领为梁启超、汪大燮、熊希龄、林长民、范源廉等"，"重要分子为蒋方震、张一麐、徐佛苏、蓝公武、陈汉第、籍忠寅、张君劢、张东荪诸人"。五位"首领"中，除梁启超外，少有参与该派文化事业者，"重要分子"中多数亦是如此。② 同时，在五四前后参与"梁启超系"文化事业者又往往未曾加入宪法研究会，如丁文江（1887—1936）、舒新城（1893—1960）、徐志摩（1897—1931）等，且多否认有此团体或不自认是"研究系"中人。一方面，罗文干（1888—1941）、胡适、顾颉刚（1893—1980）等人也曾被目为"研究系"分子，甚至于但凡曾为《晨报》副刊撰文的名流，皆可被视为"研究系"；③而同时，梁启超一派核心成员张东荪却称"始终没有正式参加梁的政党"。④ 这便需要更仔细、谨慎地分辩"研究系"团体的自我认知与社会认同。

总体而言，虽"研究系"这一称谓曾被普遍使用，若"从俗"则可，若"名从主人"则又不可，更因其容易与宪法研究会成员混淆及历史上贬义的色彩，使用时画地为牢；而我之前曾使用过的"梁启超诸人"⑤又过于泛称，缺少社会群体色彩。因是之故，本书折中"研究系"与"梁启超诸人"两种称呼，另立"梁启超系"来指代五四前后梁启超周围所形成的文化群体。

该群体以梁启超为领袖，成员多为梁氏清末民初（特别是护国运动期间）事业上的同志和新旧门生，或因理念相近，或基于师生之谊，或有共事经历，在1918年前后逐渐汇聚，形成一松散的文化、政治团体，没有严格的

---

① 刘以芬：《研究系之来龙去脉》，《民国政史拾遗》，上海：上海书店出版社，1998年，第12—13页。

② 谢晓钟（谢彬）：《旧作政党解剖论三首》（1921年），《民国政党史》，上海：学术研究会总会，1925年，第181页。

③ 刘以芬注意到："罗文干因奥款事件被诬入狱，刘崇佑为之辩护获雪，遂谓罗为研究系；胡适因罗关系，常偕访刘，一时并有胡亦加入研究系之传说，其他类此者甚多。尤可笑者，北京《晨报》原为进步党人所办，其副刊多收名流文稿，于是凡常为该刊撰文者，其人亦皆研究系矣。"刘以芬：《研究系之来龙去脉》，《民国政史拾遗》，上海：上海书店出版社，1998年，第13页。

④ 张东荪：《我的检讨》（手稿，1952年），北京大学综合档案室，案卷编号：Yj52044。

⑤ 参见周月峰：《另一场新文化运动——梁启超诸人的文化努力与五四思想界》，《"中央研究院"近代史研究所集刊》，2019年9月号（总第105期）。

组织,边界模糊。从后来他们发动的事业中可以看到,在此群体中居于核心地位的,为梁启超、张东荪、蓝公武、张君劢、蒋百里等数人而已。

梁启超,字卓如,一字任甫,号任公,又号饮冰室主人、饮冰子、哀时客、中国之新民、自由斋主人等,广东新会人,清光绪举人。戊戌变法失败后,流亡日本。1912 年回国,先后出任司法总长、财政总长。1917 年 11 月,段祺瑞(1865—1936)内阁被迫下台,梁启超也随之辞职。此后,在"冷静"中积极谋划社会教育事业。梁氏在该派所从事文化运动中的地位独一无二,即使是因欧游而缺席国内运动的 1919 年,影响虽减小,但仍是此派留在国内从事文化运动人员之精神领袖。1920 年归国之后,梁启超更是亲自掌舵该系的文化运动,其个人的气质与喜好,影响着运动的走向。

张东荪,原名万田,字东荪,曾用笔名圣心,晚年自号独宜老人,出生于浙江杭县。清末时留学日本,与张君劢、蓝公武友善。张东荪在护国战争时期,因反对帝制,避祸上海租界,从而结识梁启超。他认为梁启超"稳健,又有学问","书生气味合乎我的脾胃","自此以后,过从渐密"。[1] 自 1917年 4 月开始,张东荪接替张君劢任《时事新报》主笔,被视为"研究系"在上海的"代言人"。[2] 张东荪是"梁启超系"中最早感受到新思潮气息之人,且在他们形成"从思想界尽力"的共识中起着关键作用。

蓝公武,字志先,笔名武、哲仙、知非,江苏吴江人(祖籍广东大埔,因其父参加太平天国军,转战江苏,落户吴江),徐佛苏(1897—1943)妹婿。早年留学日本、英国和德国,学习哲学。清末时曾在东京与张东荪成立爱智社,主编《教育》《热诚》等杂志。辛亥前后,积极参与康有为、梁启超一派的事业,奔走筹划。民国后,当选国会议员,与张君劢、黄远庸(1885—1915)创办《少年中国》周刊,被时人称为"新中国三少年"。此后,先后任《京报》

---

① 张东荪在《我亦谈谈梁任公辛亥以前的政论》一文中说:"我认得他是在民国四五年,那时他到上海,我们大家共同反对洪宪帝制。自此以后,过从渐密。"在 1952 年的检讨材料中他又说:"因为参加了讨袁运动,我才躲避到上海租界,在那时我才结识了梁启超。我以梁启超与孙中山作比较,我以为梁是稳健,又有学问,它的书生气味合乎我的脾胃,我遂赞成梁而不赞成孙,但我始终没有正式参加梁的政党。"张东荪:《我亦谈谈梁任公辛亥以前的政论》,《自由评论》第 19期,1936 年 4 月 10 日,第 6 页;张东荪:《我的检讨》(手稿,1952 年),北京大学综合档案室,案卷编号:Yj52044。

② 张国焘:《我的回忆》第 1 卷,北京:现代史料编刊社,1980 年,第 70 页。叶楚伧后来说:"《民国日报》之于孙中山,同《时事新报》之于梁启超,我与先生,大家不必讳言,在第三者看来是一样的。《民国日报》的不能并且不愿说与孙中山没有关系,大概与《时事新报》不能并且不愿说与梁启超没有关系一样的。"可反观出《时事新报》(张东荪)与梁启超关系之密切。叶楚伧:《与张东荪书》(1920 年 7 月 20 日),《民国日报》(上海),1920 年 7 月 21 日,第 2 版。

汉文版主笔、《国民公报》社长、《时事新报》总编辑、《晨报》编辑等职。五四前后，以其所主编的《国民公报》为阵地，积极响应新思潮，活跃于思想界。在梁启超等人欧游的一年多时间里，留守国内的张东荪、蓝公武实际主持着这一群体的文化运动，甚至可以说梁启超一派的文化运动是由他们发展而来。

张君劢，原名嘉森，字士林，号立斋，别署"世界室主人"，笔名君房，江苏宝山人。早年留学日本、德国。在二十岁前，读《新民丛报》，认为《新民说》是"改造国民脑子"的无上良药，佩服不已。1906 年赴日本留学，与梁启超结识，"虽未执贽于任公门下，然其关系是在师友之间"。梁启超组织政闻社时，张君劢已是其间活跃之一员。辛亥革命后，张君劢主张组织政党争取政权，并建议梁启超与袁世凯（1859—1916）妥协。[①] 1912 年因《袁政府对蒙事失败之十大罪》一文激怒袁世凯，于国内无法安身，在张一麐（1867—1943）等友人的劝告下，留学德国。1915 年秋，听闻袁世凯帝制活动消息后，"愤愤不平，想帮同国内友人打倒袁世凯"，并于 1916 年 4 月回到杭州，"帮助朋友反对洪宪帝制"。[②] 随后任《时事新报》主编，在护国之役期间，曾与梁启超"在上海旦夕共一室"。[③] 梁启超于这一年北上之时，张君劢即是随行人员之一。从此时开始，张君劢对梁启超的调停政局、入阁等事均有参与，并发挥重要作用（特别在对德宣战一事中）。直到 1917 年11 月梁启超辞职，张君劢也随即辞去总统府秘书之职。

蒋方震（1882—1938），字百里，笔名飞生、余一，杭州府海宁州硖石镇人。清末时留学日本，他在留日时由蔡锷（1882—1916）介绍而修弟子礼于梁启超。护国战争期间，蒋百里一直追随梁启超、蔡锷，参谋军事。在蔡锷逝世以后，他"仍想从事建军和建设现代化国防的工作。此时手握大权的段，过去与百里有过一段不愉快的里程，乃以公府顾问的空头衔羁縻百里，而不肯给以实职"。这一时期的蒋百里是"以有用之才，无用武之地"。[④]1918 年底，随梁启超等人欧游，在 1920 年归国后，他与张君劢成为"梁启超系"文化运动中的左膀右臂。

---

① 梁启超与张君劢之关系，参见张朋园：《梁启超与民国政治》，台北：食货出版社，1981 年，第 267 页。

② 张君劢：《我从社会科学跳到哲学之经过》（1955 年），《中西印哲学文集》，程文熙编，上册，台北：台湾学生书局，1981 年，第 65 页。

③ 梁启超：《张润之先生六十双寿诗并序》（1925 年），《梁启超全集》，汤志钧、汤仁泽编，第17 集，北京：中国人民大学出版社，2018 年，第 692 页。

④ 陶菊隐：《蒋百里传》，北京：中华书局，1985 年，第 46—47 页。

此外,丁文江在"梁启超系"的事业中参与决策且实际任事,亦是重要成员之一。其他如徐新六(1890—1938)、林长民(1876—1925)、黄溯初(1883—1945)、舒新城、徐志摩、宗白华(1897—1986)、俞颂华(1893—1947)、郑振铎(1898—1958)等都在不同时期不同程度参与过"梁启超系"的文化事业。[①] 该派成员多数在梁启超影响最大的时期成长,深受任公文字的"洗礼"。如蓝公武生平"最崇拜梁任公",思想深受影响,甚至于"作文亦仿梁任公的文章,洋洋洒洒一大篇"。[②] 舒新城也说自己少年时期一度对"一部旧《湘学报》""爱不忍释",尤其是其中有梁启超所订的"时务学堂的十条学约",他"更照着学约所指示的去律己,于我后来治学治事的效益很大"。[③]

1917年底,国务总理段祺瑞辞职,内阁中"研究系"人物梁启超、汪大燮、汤化龙、林长民、范源廉、张国淦等均辞职。追随梁启超一起去职的,有张君劢、徐新六,蒋百里也于蔡锷去世后赋闲京师。他们随梁启超在政治上的失意而失意,加上之前受命主持《时事新报》和《国民公报》的张东荪、蓝公武,形成了这一群体的核心。

在推行事业过程中,"梁启超系"又常常用心寻找、培养同道。例如,蒋百里在读到梁漱溟《东西文化及其哲学》一书后,认为其"结末之告白,大与吾辈自由讲座之宗旨相合",故致信梁启超建议拉拢,梁启超欣然同意,表示"能找得梁漱溟最佳"。所以才有梁漱溟记忆中梁启超"偕同蒋百里、林宰平两先生移尊枉步访我于家"一事,并"由此乃时常往还"。[④] 舒新城也是被发掘的同道之一。为聘请其担任中国公学中学部主任,蒋百里"曾过舍相访,说明公学之种种情形,我之教育主张亦概被接收"。舒氏加入中国公学后,同样担负了延揽人才的任务,他曾表达"颇感人才困难",故主动请

---

① 1920年初,梁启超、张君劢等人准备大举发起文化事业,张君劢致黄溯初信请其与"东荪先生、宗孟、子楷、崧生、为藩"详计之,大致可以看出这一群体的核心成员。张君劢:《与溯初吾兄书》(1920年1月12日),《梁启超年谱长编》,丁文江、赵丰田编,上海:上海人民出版社,2009年,第577页。

② 包天笑:《钏影楼回忆录》,香港:大华出版社,1971年,第261页。蓝公武曾称梁启超是"思想变革之大功者","以其爱国之思想、血泪之文字起我国民于千年传说束缚之下,而进之于世界新思潮之中"。蓝公武:《〈梁任公先生演说集〉序》(1912年11月7日),《梁任公先生演说集》,北京:正蒙印书局,1912年,第2页。

③ 舒新城:《我和教育》上册,台北:龙文出版社,1990年,第65页。

④ 蒋百里:《与任师书》(1921年11月26日),《梁启超年谱长编》,丁文江、赵丰田编,上海:上海人民出版社,2009年,第604页;梁启超:《致东荪百里新城三君书》(1921),《梁启超年谱长编》,第607页;梁漱溟:《纪念梁任公先生》(1943年),《梁漱溟全集》,中国文化书院学术委员会编,第6卷,济南:山东人民出版社,2005年,第447页。

缨,计划"赴南高、北高、北大作学生数月,或者当较有补益,盖仅在纸上相见,终止知其一面,无由窥其人格之全豹也"。①

可以说,除核心成员外,这是一个以事业为聚合的群体。而且,他们对于新加入者甄选严格。在办理教育时,蒋百里曾草拟一份名单以供延揽,张东荪看后即表示:"单上诸人,仍当以有无决心为标准,再淘汰一次。以荪所知,止舒新城一人确有决心,与吾辈共甘苦也。"可见他们对于新加入者的慎重,即梁启超所说必须为"气味相投之人"。②此外,他们也曾注意到毛泽东的"湖南自修大学不易成立",希望物色"彼中良份子分一二位来此",直到舒新城指出"毛与独秀颇相得,且只在第一师范毕业,未必能来,即来亦无何种效用"而作罢。③

同时,在事业推进过程中,亦有人离开"梁启超系"群体。例如,在梁启超欧游期间,张东荪曾以《学灯》《解放与改造》为平台,吸引了像茅盾(1896—1981)、周佛海(1897—1948)等众多五四青年。但当梁启超他们欧游归来之后,重新树立文化方针,其他意见相左且人际关系上渊源较浅者,如俞颂华、茅盾、周佛海等人,或疏远或彻底离开。茅盾便记得在周佛海加入共产党之后,特意在《民国日报》上发一启事,"谓共学社丛书中有渠所译克鲁泡特金之《互助论》一书,但此为售与共学社者,除此售稿关系而外,渠与共学社别无关系",盖因理念已不同,故划清界限。④

需要特别指出的是,在近代中国,多数"群体""派别"的划分往往只能是模糊而非精确的。正如鲁迅所说:"文学团体不是豆荚,包含在里面的,始终都是豆。大约集成时本已各个不同,后来更各有种种的变化。"⑤文学

---

① 舒新城:《我和教育》上册,台北:龙文出版社,1990年,第149、165—166页;舒新城:《致任公先生书》(1921年11月23日),《梁启超年谱长编》,丁文江、赵丰田编,上海:上海人民出版社,2009年,第603页。

② 张东荪:《致蒋百里书》(1920年10月),《梁启超年谱长编》,丁文江、赵丰田编,上海:上海人民出版社,2009年,第594页;梁启超:《致东荪百里新城三君书》(1921年11、12月间),《梁启超年谱长编》,第606页。

③ 梁启超:《致百里东荪新城三公书》(1921年11月),《梁启超年谱长编》,丁文江、赵丰田编,上海:上海人民出版社,2009年,第606页;舒新城:《致任公先生书》(1921年11月23日),《梁启超年谱长编》,第604页。

④ 茅盾:《周、杨姻缘之一幕》,《茅盾全集》第12卷,"散文二集",北京:人民文学出版社,1986年,第98页。

⑤ 鲁迅:《〈中国新文学大系〉小说二集序》,《鲁迅全集》第6卷,北京:人民文学出版社,2005年,第264页。

团体如此,新文化人亦然。吴宓便认为新文化运动"其中人之所主张,固互有不同之处,而前后亦多改变"。① 即使是"梁启超系",其中各人的观念未必一致,而同一个人在很短的时间内也常常见解前后不一,故只有将模糊的"梁启超系"整体和其中具体的人以及他们所从事的特定之事置于具体的时空语境中进行考察分析,方有可能更接近实际发生的历史,也将发现历史上的新文化运动比我们过去所认知的要复杂曲折和丰富得多。

第三节　"另一场新文化运动"

"另一场新文化运动"的具体计划大约在梁启超、张君劢、蒋百里等人赴欧前形成。据梁启超后来追述,在 1918 年底去国之前,他们一行路过上海,与沪上同人"张东荪、黄溯初谈了一个通宵,着实将从前迷梦的政治活动忏悔一番,相约以后决然舍弃,要从思想界尽些微力",并说这一席话让他们"朋辈中换了一个新生命了"。② 当时"梁启超系"是否真打算决然舍弃政治活动,尚待考证,但此一决定或能视为他们从事文化运动之开始,也赋予他们新的定位——"在思想界尽些微力"已是一个付诸行动的重要选项。

正是在此前后,他们三份机关报纷纷改革,如北京的《晨报》自誓"从前种种,譬于昨死,过往种种,譬自今生"③,并预想 1919 年"新思想、新潮流、新团体、新事业风起云涌,气象万千",要"实行表里革新";④《国民公报》也将此后论述旨趣设定为"对于政教艺术,誓有以革今日之陋俗,而使吾国思想界,辟一新境界焉"。⑤ 上海同人张东荪说得更为清楚,他在《时事新报》上誓言"对于文化思想的鼓吹,当唯力是视"。⑥

后来舒新城曾概括"梁启超系"在五四前后所举办的文化事业,"除领导北京《晨报》、上海《时事新报》并创办《解放与改造》"外,"主持尚志学

① 吴宓:《新文化运动之反应》,《中华新报》(上海),1922 年 10 月 10 日,"国庆增刊",第 4 张第 2—3 版。

② 梁启超:《欧游心影录》(1919 年 10 月—12 月),《梁启超全集》,汤志钧、汤仁泽编,第 10 集,北京:中国人民大学出版社,2018 年,第 87 页。

③ (刘)放园:《新生命》,《晨报》,1918 年 12 月 1 日,第 6 版。

④ 《祝新》,《晨报》,1919 年 1 月 5 日,第 2 版。

⑤ 毋忘:《本报重刊之旨趣》,《国民公报》(北京),1918 年 10 月 21 日,第 2 版。

⑥ (张)东荪:《精神生活与舆论政治》(下),《时事新报》,1918 年 12 月 19 日,第 1 张第 2 版。

会、讲学社、共学社等团体，约集一般人译书撰稿"，又"将中国公学重行恢复"。① 大致而言，他们之事业主要包括：

其一，办报，包括《时事新报》《晨报》《国民公报》，尤其是它们的三种副刊——一般认为新文化运动四大副刊中，《时事新报》之《学灯》副刊与《晨报副刊》便占半壁江山。其中，胡适曾将《国民公报》比作新文化运动中"一颗大星"；②而《晨报》在学生中最为流行，其新闻"同情学生运动"，"副刊更明白地为这一爱国运动作鼓吹"③，被认为"对于新文化运动，的确有很大的功绩"；《学灯》更是"为一般新学界所欢迎"，甚至"有左右学术界的势力"。④

其二，创办了五四时期影响极大的《解放与改造》杂志。1919 年前后在中国讲学的杜威（John Dewey，1859—1952）观察到，当时有三份"发挥着重大影响"的刊物成了"新文化运动喉舌"，除了《新青年》《新潮》之外，便是梁启超一派的《解放与改造》。⑤

其三，成立共学社，出版"共学社丛书"。在常乃惪的印象里，新文化运动时期，"出版新文化的书籍，以共学社丛书为最多"。⑥

其四，成立讲学社，邀请罗素（Bertrand Russell，1872—1970）、杜里舒（Hans Driesch，1867—1941）、泰戈尔（Rabindranath Tagore，1861—1941）等人讲学。这一机构影响亦大，在当时曾形成一种讲学之风，转变学风，激起新潮。青年学生王凡西（1907—2002）对新文化运动的印象是"从杜威、罗素、博格森到泰戈尔"等等的大名⑦，而这些人恰恰又多是讲学社介绍或邀请到国内的。

其五，接办中国公学，创办自治学院，梁启超等人陆续讲学清华、南开、东南大学等，在教育界成为一股重要力量。

"梁启超系"的"新文化运动"分前后两个阶段：1918 年底梁启超、张君

---

① 舒新城：《我和教育》上册，台北：龙文出版社，1990 年，第 166 页。

② 胡适：《一颗遭劫的星》（1919 年 12 月 17 日），《胡适全集》，季羡林主编，第 10 卷，合肥：安徽教育出版社，2003 年，第 113 页。

③ 陶希圣：《潮流与点滴》，台北：传记文学出版社，1979 年，第 43—44 页。

④ 张静庐：《中国的新闻记者与新闻纸》，上海：现代书局，1932 年，"下编"第 32 页、"上编"第 63 页。

⑤ 杜威：《中国的新文化》（1921 年），《杜威全集·中期著作》第 13 卷，"1921—1922"，赵协真译，上海：华东师范大学出版社，2012 年，第 104 页。

⑥ 常乃惪：《中国文化小史》，上海：中华书局，1928 年，第 178 页。

⑦ 王凡西：《双山回忆录》，北京：东方出版社，2003 年，第 7 页。

劢、蒋百里游欧，国内文化事业由张东荪、蓝公武主持，又以张东荪为主导，这一状况持续到 1920 年初；之后梁启超、蒋百里归国，亲自主导他们的"新文化运动"，对此前的事业与方针均有重大调整。故新文化方案也可分为前后两种：前期侧重社会改造，"主张先改造一个新社会，由新社会的力量来刷新政治"；①后期侧重文化与政治，一面努力"文化运动"，一面"以政治运动与之辅行"。② 前期具有彻底的革命性，"主张解放精神、物质两方面一切不自然不合理之状态"，"以为改造地步"，来"一个真正的大革命"；③后期则只强调"思想解放"。④ 前期将改造事业分成"总解决"和之前"不是短期的"培养阶段，在"大改造"之前的预备中，"以文化运动为最要"；⑤后期不再提"总解决"。前期以社会主义为改造蓝图；后期强调未必"先有预定的型范"⑥，基本放弃原先的社会主义改造趋向。在后期，梁启超为未来中国（甚至世界）拟就了再造一个新文明的办法，在这一设计中，中国文化已是主体，西方文化则处于辅助地位。前后方案自具系统，且与同一时期《新青年》、国民党人等方案各不相同却又相互交错（详后）。

至于梁启超一系"新文化运动"的目标，我在书名中将其概括为"再造新文明"。胡适在 1919 年底曾定义"新思潮"为"研究问题、输入学理、整理国故、再造文明"。其中，"再造文明"是"新思潮惟一目的"。⑦ 类似"再造文明"的观念，也为"梁启超系"所分享。在此之前，张东荪就曾提出"文化运动的方针"应该"专从第三种文明去下培养工夫"。他所说的"第三种文明"，是指"第一种文明""第二种文明"之后的未来新文明，故他又将当时的文化运动称为"新文明运动"。⑧ 而梁启超之后又提出要"拿西洋的文

---

① （张）东荪：《政治意识》，《时事新报》，1919 年 1 月 20 日，第 1 张第 2 版。

② 梁启超：《政治运动之意义及价值》，《改造》第 3 卷第 1 期，1920 年 9 月 15 日，第 9 页。

③ 《本刊启事一》，《解放与改造》第 1 卷第 1、2 期合刊，1919 年 9 月 15 日，无页码；（张）东荪：《各自改造》，《时事新报》，1919 年 9 月 26 日，第 1 张第 1 版。

④ 梁启超：《欧游心影录》（1919 年 10 月—12 月），《梁启超全集》，汤志钧、汤仁泽编，第 10 集，北京：中国人民大学出版社，2018 年，第 74—76 页。

⑤ （张）东荪：《势力与决心》，《时事新报》，1919 年 9 月 24 日，第 1 张第 1 版；（张）东荪：《第三种文明》，《解放与改造》第 1 卷第 1、2 期合刊，1919 年 9 月 15 日，第 4 页。

⑥ 大泉（钱稻孙）：《铜器时代——本志表装图案的解说批评》，《改造》第 3 卷第 1 期，1920 年 9 月 15 日，第 3 页。

⑦ 胡适：《新思潮的意义》（1919 年 11 月），《胡适全集》第 1 卷，合肥：安徽教育出版社，2003 年，第 691、699 页。

⑧ （张）东荪：《第三种文明》，《解放与改造》第 1 卷第 1、2 期合刊，1919 年 9 月 15 日，第 5 页；（张）东荪：《我们为甚么要讲社会主义》，《解放与改造》第 1 卷第 7 期，1919 年 12 月 1 日，第 11 页。

明，来扩充我的文明，又拿我的文明去补助西洋的文明，叫他化合起来成一种新文明"，将此视为"新文明再造之前途"。① 张东荪理想中的"第三种文明"和梁启超心目中的"新文明"并不一致，实现途径亦有差异，但再造新文明的意图仍有相通处。同时，文化与文明并不完全相同，而他们所设想的文化运动却都指向文明，也提示出文化运动那超越文化的一面。

一个松散的群体，在短时间内举办如此多的事业，这在当时绝无仅有。在展开文化事业之同时，此派又发起或介入了五四时期几乎所有的思想论争，包括戏剧改良讨论、新旧思想之争、"问题与主义"之争、社会主义论战及人生观论战等。正是这些事业和论争，让他们深入参与、影响甚至塑造着当时的新文化运动。

"梁启超系"在五四时期的文化努力，一直为人所关注。尚在 1919 年初，傅斯年（1896—1950）便注意道：

> 几个月事〔以〕来，为着暴乱政潮的反响，受了欧战结局的教训，中国的思想言论界，渐渐容受新空气了。什么民本主义，一齐大谈特谈。有几家政党作用的报纸，居然用白话做文，居然主张自由思想，居然登载安那其主义克鲁泡特金的《自叙传》。②

此处所说"有几家政党作用的报纸"，即是指梁启超一方的《国民公报》《晨报》与《时事新报》。③ 这是他们从事文化运动的起始阶段，时人已经注意到此种转变，尤其注意到他们"用白话做文"和宣传社会主义、无政府主义的特色。

到 1919 年下半年时，有人更看到"研究系近来亦颇研究世界思潮，其在京所出之《晨报》、《国民公报》甚好"，并将"陈独秀敢言敢行与耽玩禅悦之研究系"对比，认为"大异其趣"。④ 所谓大异其趣，除风格外，亦兼宗旨；

---

① 梁启超：《欧游心影录》（1919 年 10 月—12 月），《梁启超全集》，汤志钧、汤仁泽编，第 10 集，北京：中国人民大学出版社，2018 年，第 83、66 页。

② 孟真（傅斯年）：《破坏》（1918 年 12 月 17 日），《新潮》第 1 卷第 2 期，1919 年 2 月 1 日，第 348 页（卷页）。本书引用的《新潮》为上海书店 1986 年影印版。

③ 北京的《国民公报》、上海的《时事新报》分别自 1918 年 12 月 5 日、1919 年 1 月 9 日开始连载《无政府主义领袖俄人科洛扑秃金自叙传》，见《国民公报》（北京），1918 年 12 月 5 日，第 5 版；《时事新报》，1919 年 1 月 9 日，"学灯副刊"，第 3 张第 1 版。此外，《晨报》自 1918 年 12 月 14 日起，连载《最近欧洲社会党之运动》（《晨报》，1918 年 12 月 14 日，第 7 版）；自 1918 年 12 月 27 日起，连载《俄国革命之老妇——普勒西可夫加耶女士自述》（《晨报》，1918 年 12 月 27 日，第 7 版）。

④ 吴虞日记 1919 年 7 月 11 日。《吴虞日记》，上卷，中国革命博物馆整理、荣孟源审校，成都：四川人民出版社，1984 年，第 471 页。

不过,如此将"研究系"与陈独秀对比,便已是一种平起平坐,表明具竞争之资格。稍后,《民国日报》记者也注意到这一派的《国民公报》《晨报》和《时事新报》,"据近来他们报上的色彩看来,是竭力跟着新潮流走,富于革新趋味,这不能不说是他们的觉悟"。① 此所谓"新潮流",大致即指当时的文化运动。在被指为新文化运动反对者的吴宓看来,"梁启超系"属于新文化运动之中,亦不成问题。他曾说:"自《学衡》杂志之始出,上海《时事新报》、《民国日报》及北京《晨报》等之文学附刊,即指为反新文化,攻讦痛抗而之不遗余力。"②"梁启超系"的《时事新报》《晨报》对反新文化者"攻讦痛抗"不遗余力,无疑正是站在新文化运动正统立场上的捍卫。

当有外人批评新文化运动时,张东荪会自觉解释、辩护。他说:"文化运动本为公开,并他人之加入而不拒绝,安有拒绝他人批评之理。"又说:"我侪虽学浅力薄,然以良心之督责,尽其所能,以从事于文化,亦深感不足。苟有异军蹶[崛]起,分肩此巨责,岂不甚善?"③从中依稀可见他自居文化运动主人的姿态,盖如果自身是客,又如何能以主人的姿态欢迎批评与欢迎"分肩此巨责"? 且视他人为"异军",则隐然以"正军"自命。

从当年青年学生的直观感受看来,这一派在新文化运动中的身影也随处可见。五四青年许钦文(1897—1984)便记得,"《新青年》、《新潮》、北京《晨报副镌》和后来上海出版的《学灯》、《觉悟》、《青光》,都为好学的青年所注意"。这些报刊虽然"已经翻阅得破破碎碎了",仍在青年中"邮寄来,邮寄去"。④ 许钦文印象中的六种刊物,《晨报副镌》和《时事新报》副刊《学灯》,便是"梁启超系"的重要文化阵地。当年尚是浙江省立甲种工业学校学生的夏衍(1900—1995)则观察到"《新青年》、《解放与改造》等杂志,《觉悟》、《学灯》等报纸上的副刊,不仅在青年学生中起了巨大的启蒙作用,而且还逐渐地把分散的进步力量组织起来"。⑤ 舒新城回忆五四时期,也说:"上海《时事新报》的附刊《学灯》,《民国日报》的副刊《觉悟》,北京《晨报》的附刊《晨报副刊》以及《每周评论》、《星期评论》、《新青年》、《新潮》、《解放与改造》、《少年中国》、《少年世界》等却成为我研习社会科学及文学艺

---

① 无射:《真觉悟吗?》,《民国日报》(上海),1919 年 8 月 13 日,第 3 版。

② 吴宓:《新文化运动之反应》,《中华新报》(上海),1922 年 10 月 10 日,"国庆增刊",第 4 张第 2—3 版。

③ (张)东荪:《文化运动之批评者》,《时事新报》,1920 年 9 月 21 日,第 2 张第 1 版。

④ 许钦文:《"五四"时期的学生生活》(1959 年),《学习鲁迅先生》,上海:上海文艺出版社,1959 年,第 7—8 页。

⑤ 夏衍:《懒寻旧梦录》(增补本),北京:生活·读书·新知三联书店,2006 年,第 26 页。

术哲学等等的主要教本。"①在上述三位五四青年的阅读世界中，"梁启超系"的报纸杂志占据着半壁江山。后来谢彬这样概括："五四运动而后，研究系三字大为一般人士所注目，盖彼暂舍目前政权之直接争夺，而努力文化运动，谋植将来竞争之稳固地盘者也。"②

"梁启超系"的新文化运动，就举措言，时人所说"为新文化运动大卖其力气"，"努力文化运动"，可谓有目共睹；就效果言，"大为一般人士所注目"，绝非默默无闻。对其成绩，谢彬更说："（研究系）三年以来，多方进行，颇具成绩，青年学子被罗致者亦不乏人，其潜势力之继长增高，未有艾也。"③可说成效显著。其中，梁启超的影响尤大，蓝文征后来回忆："当五四新潮后，提倡科学的呼声，响彻云霄；同时整理国故，也被世人所重视。梁任公先生于民十及十一两年，应北京、天津、济南、南京、上海各大学及教育团体的邀请，连续讲演中国文化学术，不下二百次，学子景从，风气大开。"④梁启超赴各地演讲，本为他们所计划之文化运动的一部分，"学子景从"表明有人气，"风气大开"表示有影响。在那个争夺青年的五四时期，谢彬与蓝文征都注意到梁启超他们对青年或学子的吸引力，从侧面说明这个运动有面向青年的一面，而梁启超一派延揽青年的努力也有所回报。

由以上数段观之，梁启超诸人似乎确有以新文化运动主人、正军自命的底气。正如李锡五在 1923 年时说的，梁启超从欧洲回来后的作为，"大可自豪于新文化运动领袖之林"；恽代英在转述时人的话时，也说"研究系"曾在新文化上面出过锋头。⑤

"梁启超系"以"正军"自命的姿态甚至导致他们与《新青年》同人的竞争。傅斯年曾敏锐地指出，梁启超一派是在"革新的事业，思想的更张"中与《新青年》"争这个你后我先，争那个你偏我正"，实际是争以后历史上的位置；又奉劝他们大可不必，因为"中国思想界的新事业，现在只有小小的一个芽，若是争历史上的位置，至少须有十年的预备。努力预备罢！决赛

---

① 舒新城：《我和教育》上册，台北：龙文出版社，1990 年，第 146 页。

② 谢晓钟（谢彬）：《旧作政党解剖论三首》（1921 年），《民国政党史》，上海：学术研究会总会，1925 年，第 180 页。

③ 谢晓钟（谢彬）：《旧作政党解剖论三首》（1921 年），《民国政党史》，上海：学术研究会总会，1925 年，第 180 页。

④ 蓝文征：《清华大学国学研究院始末》，《追忆陈寅恪》，张杰、杨燕丽选编，北京：社会科学文献出版社，1999 年，第 78 页。

⑤ 《李锡五致梁启超之一封书》，《民国日报》（广州），1923 年 8 月 3 日，第 7 版；恽代英：《告因学潮退学的人们》，《中国青年》第 38 期，1924 年 7 月 5 日，第 11 页。

的时候早着哩!"①傅斯年所说"争那个你偏我正",至少说明"梁启超系"确实具有与《新青年》一方争正偏之资格;而"至少须有十年的预备",表明傅斯年觉得短期之内双方可以共存,但最终仍要决一胜负,在他看来,双方的区别仍是根本性的,不可调和,并非仅是态度的区别。然而,近二十年后,"梁启超系"对于"历史上的位置"的自定位已稍退一步。张君劢在追忆蒋百里五四前后的贡献时说:

> 民国八年,公归自欧西,携《欧洲文艺复兴史稿》以返,与五四运动作桴鼓应。同时主持共学社,印行有关文艺与学术之书数十种。又尝办讲学社,杜威、罗素、杜里舒、太戈尔之东来,皆出于公与新会先生之罗致。呜呼,公为军人,而有造于近年新思潮之发展者如是。②

同一年,《时事新报》在追述自身历史时也认为自己在五四时期"虽然不是思想界的主潮,可是做了新文化的鼓手"。③ 这两段表述值得注意。此时"梁启超系"已自认当年不是与新文化运动争"正统",反而承认他们的努力是在呼应以五四为标识的新文化运动,"作桴鼓应"或"鼓手"。换言之,他们当年一度曾试图争"主潮",但此时也已自认是"支流"。这是在时过境迁之后的论定,不过,在新文化运动进行的阶段,"主潮"与"支流"尚未完全显现,他们确实有着与《新青年》一较高下,"争那个你偏我正"的努力与实力。

　　然而,正是这样一个由当时的"大人物"所推动的、"多方进行"、影响亦不小的文化运动,在后世的记忆中慢慢模糊甚至消逝。我们对于他们所从事的"新文化运动"的具体内容如何,宗旨怎样,内部人际关系,与其他新文化人的关系如何,追随者的情况,结果如何,为什么他们的这一"新文化运动"在之后的历史记忆中渐渐淡出,更重要的是,他们的存在如何且在何种程度上形塑了新文化运动的声音,这些问题仍然相当模糊。

第四节　思想的"肌理"

　　陶希圣后来说:"今日许多人的心目中的五四运动,大抵是他们的假想,由于假想而易生误解。所以或替五四辩护,或对五四攻击,若是由假想而生的误解,都不公平。"④这里的五四运动也可做广义解,不必单指学生运

---

① 傅斯年:《答〈时事新报〉记者》,《新潮》第1卷第3期,1919年3月1日,第529页(卷页)。
② 张君劢:《哭蒋百里先生》,《大公报》(重庆),1938年12月28日,第1张第4版。
③ 《复刊辞》,《时事新报》(重庆),1938年4月27日,第1张第2版。
④ 陶希圣:《潮流与点滴》,台北:传记文学出版社,1979年,第37页。

动。自从新文化运动发生以来，不同时代的人都在思考如何继承或发展，但此种继承与发展亦往往有"假想"成分。①

王汎森注意到，过去九十年海峡两岸缘于不同的意识形态与政治诉求，而形成了"五四"研究的"左右分裂"的现象。② 值得注意的是，或正因为"梁启超系"在激进的时代常常持渐进的态度，与后来得势的"左右"两种主张都不同，故在两种研究中，梁启超一系所进行的"新文化运动"都被有意无意地忽略或误解了。

大体而言，早期学界多以《新青年》的声音概括、代替全部新文化运动，即使注意梁启超一系之言行，也多将其置于新文化运动对立面，关注其社会层面的敌对态度。③ 近年来，关于梁启超（或"研究系"）与五四学生运动的关系，尤其是揭示"研究系"在幕后发动学生运动成为研究的热点，时有新论。④ 相较于此，对梁启超一派与广义的五四新文化运动关系的讨论仍

---

① 林毓生则希望能"创造地继承'五四'传统而不被其所囿"。林毓生：《"五四"式反传统思想与中国意识的危机——兼论"五四"精神、"五四"目标与"五四"思想》（1979 年），《中国传统的创造性转化》（增订本），北京：生活·读书·新知三联书店，2011 年，第 169 页。

② 王汎森：《五四运动与生活世界的变化》，《思想是生活的一种方式——中国近代思想史的再思考》，北京：北京大学出版社，2018 年，第 71—73 页。

③ 1980 年代之前，中国学者对该问题研究的主要特点是将梁启超等人的言行放在马克思主义在中国的传播与中国革命运动发展的对立面来陈述。不过，基于对梁启超等人阶级属性的认识不同，学界的主要意见仍分两种。《五四时期期刊介绍》认为梁启超、张东荪、张君劢等人属于"资产阶级改良派""在民主革命中都是右派"，虽强调他们是新文化运动中的"极右派与投机分子"，并且在反对中国实行社会主义的时候，实质上"背叛了民主革命"，但因其客观上介绍了社会主义思想，仍然承认他们是民主革命和新文化运动的一部分。（《五四时期期刊介绍》，中共中央马恩列斯著作编译局研究室编，第 1 卷，北京：人民出版社，1958 年，第 379 页。持相似观点的还有丁守和、殷叙彝：《五四新文化运动》，《历史研究》，1959 年第 4 期；李龙牧：《梁启超和前期新文化运动》，《文汇报》，1961 年 6 月 27 日，第 3 版；胡啸：《梁启超后期思想的评价问题》，《复旦学报（社会科学版）》，1979 年第 5 期。）彭明明确反对这一观点，他认为"研究系""不但具有资产阶级改良性质，而且具有封建买办性"。他基于"五四新文化运动是彻底地反对封建文化的运动"这一立场，依据"研究系"当时政治上的表现、宣扬封建文化（"东方文明"）和"极端反动"的"玄学"主张，认为"不能把他们列在文化统一战线之内"。（彭明：《简评〈五四时期期刊介绍〉》，《人民日报》，1959 年 3 月 7 日，第 7 版；彭明：《"五四"前后的研究系》，《历史教学》，1964 年第 1 期；彭明：《五四运动史》（修订本），北京：人民出版社，1998 年，第 566—585 页。持相似观点的文章还有金冲及、胡绳武：《关于梁启超的评价问题》，《文汇报》，1961 年 3 月 31 日，第 3 版；蔡尚思：《梁启超后期的思想体系问题》，《文汇报》，1961 年 6 月 13 日，第 3 版）

④ 冯筱才：《政争与"五四"：从外交斗争到群众运动》，《开放时代》，2011 年第 4 期，第 28—41 页；李达嘉：《五四运动的发动：研究系和北京名流的角色》，《近代史释论：多元思考与探索》，李达嘉编，台北：东华书局，2017 年，第 119—180 页；马建标：《暧昧的联合：五四时期的北京大学与研究系》，《复旦学报（社会科学版）》，2018 年第 5 期，第 61—81 页。

有不足。与早期多数研究不同,周策纵、胡绳较早注意到梁启超等人与新文化运动的关系,然均点到即止。① 张朋园侧重于梁启超在新文化运动中的活动,而未涉及其新文化方案。② 此外,由于梁启超诸人在五四前后的言行与《新青年》同人的"新文化运动"有许多相似处,故自 1990 年代开始,有学者认为梁启超"紧跟时代潮流",其言行"与五四新文化运动的主题、内容完全合拍","研究系与新文化运动有相当关系","是新文化运动的辩护者而非敌对者"。他们虽注意到了《新青年》之外的群体,却仍受整体论影响,立意本在证明梁启超("研究系")属于新文化运动,心中多有"新文化运动"的特定图像,以此为标准,规范、选择甚至裁剪其他方案与行动,削足以适履,反而忽视了"梁启超系"自身新文化方案、实践的独特性,也未能进一步呈现他们展开"新文化运动"的故事。更重要的,以往研究均未在互动中充分展现他们对新文化运动的具体影响。③

罗志田老师指出,一个同构型的五四形象"并非仅仅是在无意中'形成'",也包括当时人及后人的有意"构建","在定型中模糊了原型,失去了鲜活"。④ 五四新文化运动原本盘根错节、此呼彼应,化约后的叙述,不一定错误,但时或不够准确,遮蔽了史事纷繁的一面。

茅盾在小说《虹》中描述五四新文化运动中的现象:"新的书报现在是到处皆是了。个人主义,人道主义,社会主义,无政府主义,各色各样互相

---

① 周策纵较早注意到梁启超一系的《国民公报》《晨报》《时事新报》在五四时变成了"新文化运动的先驱";胡绳晚年特别强调"中间力量"的存在,也承认"梁启超、张东荪反对当时搞社会主义革命,主张先发展资本主义,也不能说是反动的,因为资本主义在当时是进步事物"。周策纵:《五四运动史:现代中国的知识革命》,陈永明等译,北京:世界图书出版公司,2014 年,第 79 页;"从五四运动到人民共和国成立"课题组:《胡绳论"从五四运动到人民共和国成立"》,北京:社会科学文献出版社,2001 年,第 18 页。

② 张朋园:《梁启超与五四时期的新文化运动》,《"中央"图书馆馆刊》新第 6 卷第 1 期,1973 年 3 月,第 1—15 页;张朋园:《梁启超与民国政治》,台北:食货出版社,1981 年,第 152—184 页。

③ 崔志海:《梁启超与五四运动》,《近代史研究》,1997 年第 1 期,第 190—206 页;彭鹏:《研究系与五四时期新文化运动——以 1920 年前后为中心》,广州:中山大学出版社,2003 年;郑师渠:《梁启超与新文化运动》,《近代史研究》,2005 年第 2 期,第 1—37 页;元青:《梁启超与五四新文化运动》,《南开学报(哲学社会科学版)》,2005 年第 2 期,第 44—51 页;董德福:《梁启超与五四运动关系探源》,《江苏大学学报(社会科学版)》,2006 年第 6 期,第 29—36 页。李茂民的研究已注意到梁启超新文化建设方案的独特性,"既不同于激进主义方案,也不同于保守主义方案","而是一种更为稳健和富有建设性与可行性的方案"。但作者将梁启超五四时期的新文化思想抽离于历史语境做静态考察,未必真是"回到五四",故也未真能了解梁启超之所欲言。参见李茂民:《在激进与保守之间:梁启超五四时期的新文化思想》,北京:社会科学文献出版社,2006 年,第 27、34—35 页。

④ 罗志田:《体相和个性:以五四为标识的新文化运动再认识》,《近代史研究》,2017 年第 3 期。

冲突的思想，往往同见于一本杂志里，同样地被热心鼓吹。"值得注意的是，像茅盾这样的人物虽能清楚认识到不同主义之间的矛盾冲突，但在其描述中，不仅作为读者的"梅女士"，对"各色各样互相冲突的思想"，"毫无歧视地一体接受"，甚至于一般杂志自身也未必能意识到同时登载"各色各样互相冲突的思想"有何违和。[①] 就此而言，新思想既可以是一整体，但这一整体又是由相互冲突矛盾的部分所组成，并且，不同时期、不同人的观察所侧重的同一性或矛盾性并不相同。

展现梁启超一系"新文化运动"的故事，可以是起点与基础，但不必是其全部。历史上的人与事通常是一个更宽广的历史整体之片段。诚然，吾人考察的往往只是事后截取的历史片断，然而，若只见树木不见森林，忽视其为周流变动的关联性结构之一部分，或在关联性结构中的具体位置，则即使考察之后，具体的人与事变得清晰（实际也未必），但有时对历史整体的了解不仅未能推进，反有可能更加模糊。研究新文化运动亦然，若仅关注一人一派，即使重要如《新青年》同人，仍将"不免于隘"。[②] 相较而言，对于理解历史上的新文化运动而言，相互关系可能更为关键，尤其要注意"整个结构中各局部间的相生相成的综合功用"。[③] "梁启超系"与新文化运动中"各局部间的相生相成"正是重要却未被足够重视的论题。

梁启超曾解释"时代思潮"，是"因环境之变迁与夫心理之感召，不期而思想之进路同趋于一方向，于是相与呼应汹涌如潮然"。尤其值得注意的是，他特别指出"时代思潮"由"运动"而成，并且：

> 所谓运动者，非必有意识，有计画，有组织，不能分为谁主动谁被动。其参加运动之人员，每各不相谋，各不相知；其从事运动时所任之职役，各各不同；所采之手段亦互异。于同一运动之下，往往分无数小支派，甚且相嫉视相排击。

---

① 茅盾：《虹》(1929 年)，《茅盾全集》第 2 卷，"小说二集"，北京：人民文学出版社，1984 年，第 53 页。

② 蒙文通说："事不孤起，必有其邻。"又说因唐代新经学、新史学、新哲学、新文学"一贯而不可分"，故"由新文学之流派以见一般新学术之流派则可，惟论新文派以及其思想，而外一般新学术，将不免于隘"。蒙文通：《评〈学史散篇〉》(1935 年 6 月)，《蒙文通全集》，蒙默编，第 2 卷，成都：巴蜀书社，2015 年，第 472 页。

③ 林同济曾将"相互关系"视为"观察万物的'入道之门'"，认为研究历史的要旨便是"谈'关系'，谈互动的，相对的关系"，"谈整个结构中各局部间的相生相成的综合功用"。林同济：《第三期的中国学术思潮——新阶段的展望》(1940 年 11 月 4 日)，《战国策》第 14 期，1940 年 12 月 1 日，第 9、14 页。

然而,虽"各不相谋",甚至"相嫉视相排击",但其中又"必有一种或数种之共通观念","同根据之为思想之出发点"。①

这提示出五四思想界两种鲜明的特色,一是"复调",新文化方案多元互歧;二是竞争,各方案之间互竞互渗。王汎森就注意到"后传统时代也是一个无限可能的时代,所有的可能性都存在,因此那是一个各种论述相互角逐,并试图成为'领导性论述'(leading discourse)的时候"。② 正是这众多的群体与改造方案汇聚在一起,才形成了广义的新文化运动。蒋梦麟在五四时期认为"凡天下有大力的运动,都是一种潮",当时的新文化运动是"愈演愈大,愈激愈烈,就酿成新文化的大潮","奔腾长流""澎湃腾涌"。③

五四新文化运动的参与者好似汇入这一潮流的百川之水。他们是否有统一蓝图,是否完成,都不是第一位的,重要的是这些参与者的存在本身对于作为整体的新文化运动有构成作用,众多群体"交互影响,承递婵绵,而共以构成一活动的全体者也"。④ 其实,新文化运动正是这许多想的不一样的人和群体,"走到一起而共同创造历史,形成一个'会合的历史运动'"。⑤ 它不是一个预先的设计,而是不断变动中的各方力量在互相竞争中形成了一个新文化运动。

更重要的,众多群体、方案共存的思想界,并非仅是乱哄哄、思想紊乱摇荡的状态,在持续、众多的追随、攻击、调节中,促使思想界不断演变,不一定是按照某一方的既定方向,而是在共力的作用下,一步一步前进。只有尽可能充分梳理五四时期更多的群体与方案及相互竞合的具体过程,才能呈现新文化运动纷纭错综、复杂万状的生态,也才能更好理解五四思想界的形成与走向。

胡适曾比较中西传记之不同,认为"吾国之传记,惟以传其人之人格(Character)。而西方之传记,则不独传此人格已也,又传此人格进化之历史(The development of a character)",并批评中国传统传记的缺点是"大抵

---

① 梁启超:《清代学术概论》(1920 年 11 月),《梁启超全集》,汤志钧、汤仁泽编,第 10 集,北京:中国人民大学出版社,2018 年,第 216 页。

② 王汎森:《傅斯年:中国近代历史与政治中的个体生命》,王晓冰译,北京:生活·读书·新知三联书店,2012 年,"中译本序",第 3 页。

③ 蒋梦麟:《新文化的怒潮》(1919 年 9 月),《蒋梦麟教育论著选》,曲士培编,北京:人民教育出版社,1995 年,第 128—129 页。

④ 缪凤林:《研究历史之方法》,《史地学报》第 1 卷第 2 期,1922 年 4 月,第 2 页。

⑤ 罗志田:《体相和个性:以五四为标识的新文化运动再认识》,《近代史研究》,2017 年第 3 期,第 5 页。

静而不动"，"但写其人为谁某，而不写其人之何以得成谁某是也"。①写人如此，写思想、思想界或思潮也有静（Static）与动（Dynamic）不同的方式。相对于偏向抽象思想的、静态的思想史研究，本书更倾向于勾勒五四思想界动态的"肌理"（Sinews）。②刘咸炘曾言："史迹变动交互，必有变动交互之史体，乃能文如其事。"③罗志田老师也曾主张思想史需要"让思想回归于历史，尽量体现历史上的思想，且让读者看到思想者怎样思想，并在立说者和接受者的互动之中展现特定思想观念的历史发展进程"。④只有如此，才能呈现新文化运动那"纷纭错综，复杂万状"的生态。

王明珂曾在一部书中用了一段形象的比喻，他说：

> 如在一个夏夜
> 荷塘边有许多不同品种的青蛙争鸣
> 不久我们会被一个声音吸引
> 一个规律宏亮的声音，那便是"典范历史"
> 被忽略、压抑的其他蛙鸣，便是"边缘历史"
> 我们对历史的整体了解
> 在于倾听它们间的争鸣与合鸣
> 并由此体会荷塘蛙群的社会生态
> 一个隐藏的景⑤

事实上，如果不是那些"被忽略、压抑的其他蛙鸣"的存在，那个"规律宏亮的声音"也便没有了竞争者与听众，它自己本身很可能也将随之变成另一种样态。

"梁启超系"的"另一场新文化运动"，仅仅是"被忽略、压抑的其他蛙鸣"中最为重要的一种，若想对新文化运动有更多整体了解，仍需要重新探访其他潜伏的、被压抑的、被忽略的五四社群的声音，连同那"一个规律宏

---

①　胡适日记1914年9月23日，"传记文学"条，《胡适全集》，季羡林主编，第27卷，合肥：安徽教育出版社，2003年，第515—517页。

②　John Brewer, *The Sinews of Power: War, Money and the English State, 1688-1783*, Harvard University Press, 1990.

③　刘咸炘：《史学述林·史体论》（1928年），《推十书（增补全本）》丙辑第2卷，上海：上海科学技术文献出版社，2009年，第379页。

④　罗志田：《近代中国思想史研究的两点反思》，《社会科学研究》，2009年第2期，第151页。

⑤　王明珂：《反思史学与史学反思——文本与表征分析》，上海：上海人民出版社，2016年，无页码。

亮的声音"一并纳入整个新文化运动的叙述之中,将它们各自安放于自己所应处的位置,"倾听它们间的争鸣与合鸣"。如此则又出现了本书标题中"另一场新文化运动"的第二层含义,一个被"隐藏的景"——更接近"历史正形"的新文化运动:它不仅仅是某个特定群体的运动,而是多群体、多方案混流并进的过程,呈竞流相。众多的"心灵社群"与文化方案相互竞逐,试图成为"领导性论述"。正是这些形形色色相互竞流的群体,构成了层次丰富、色调极其含混复杂而又像旋涡般交互揉缠的动态的新文化运动图景。

第二章 立异以求同:《新青年》的竞争者

近年有关五四新文化运动的研究,范围不断扩充,逐渐由《新青年》及北大师生辈扩充至更多的"心灵社群",尤其是以往处于"失语"或半"失语"状态的"不新不旧"的人与事。例如,五四时期的梁启超、杜亚泉等不那么激进的人物陆续为人所重视。[①] 同时,研究视角也不断下移,从北京、上海等中心地域或人群向"地方"与"地方人物"扩展[②],甚至已关注到新思潮在地方上的"对手方",在传播与反对的互动中呈现新文化运动的地方样态。[③] 值得注意的是,在研究范围不断向边缘、下层扩充的同时,其实仍有不少在五四前后相对中心且未必保守的人物和报刊,尚在学界主流视线之外,分别活跃于上海与北京的张东荪(主编《时事新报》)、蓝公武(主编《国民公报》)便是其中重要的两位。陶菊隐便观察到:"张东荪在上海主持《时事新报》,蓝公武在北京办《国民公报》,陈博生也在北京办《晨钟报》(《晨报》前身),都成了新文化运动的同路人。"[④]

在新文化运动蓬勃的 1919 年,有胡适的追随者为胡适写过一首诗,诗中将胡适喻为月亮,自比星星,诗云:

---

① 相关研究有张朋园:《梁启超与五四时期的新文化运动》,《"中央"图书馆馆刊》新第 6 卷第 1 期,1973 年 3 月;郑师渠:《梁启超与新文化运动》,《近代史研究》,2005 年第 2 期;王元化:《杜亚泉与东西文化问题论战》,田建业等编:《杜亚泉文选》,上海:华东师范大学出版社,1993 年,第1—20 页;高力克:《重评杜亚泉与陈独秀的东西文化论战》,《近代史研究》,1994 年第 4 期。

② 较重要的相关研究,可参见季剑青:《地方精英、学生与新文化的再生产——以"五四"前后的山东为例》,《现代中国文化与文学》,2009 年第 2 期;章清:《五四思想界:中心与边缘——〈新青年〉及新文化运动的阅读个案》,《近代史研究》,2010 年第 3 期;张仲民:《种瓜得豆:清末民初的阅读文化与接受政治》,北京:社会科学文献出版社,2016 年,第 287—316 页;徐佳贵:《"五四"与"新文化"如何地方化——以民初温州地方知识人及刊物为视角》,《近代史研究》,2018 年第 6 期;瞿骏:《觅路的小镇青年——钱穆与五四运动再探》,《近代史研究》,2019 年第 2 期。

③ 瞿骏:《新文化运动中的"失语者"——论凌独见与五四时代》,《学术月刊》,2016 年第 4 期。

④ 陶菊隐:《蒋百里传》,北京:中华书局,1985 年,第 51 页。

倚着栏杆望天,但见月明星稀。

那时只我一人,忽然想起了你。

触景生情,好有一比,

你是无所不照的月,

我是一颗星,光很微很微。

盼望这颗星,长在月旁边,得些清光清气,

更望月没亏时,也不为乌云遮蔽。①

这提醒我们,在新文化运动之中,除胡适这样的"月亮"之外,还有稀疏、明暗不同却为数众多的星星存在,有追随者、反对者、竞争者、合作者,甚至不必仅有一个"无所不照的月";它们之间的关系,也不必是单向的"得些清光清气",而是交光互影——光与光相互照射,被照射者重新反射光之后,自身的光亦随之改变。

本书接下来两章将要聚焦于新文化运动中胡适(《新青年》同人)这一"月亮"之外的"星星"——张东荪、蓝公武,如何出现于星空的过程,并尽可能呈现这些"大星"汇聚于星空之后,所带动的新的斗转星移。或许,当我们同时看到星星和月亮,且注意到它们间交光互影的复杂关系时,夜空也将变得不一样。

第一节　"不谈政治"与创办"学灯"

"梁启超系"的核心成员自清末开始便为政治改革奔走呼告,鼎革之后,也多参与实际政治。民初数年本是"一个政治热绝顶的时代"。② 杨杏佛(1893—1933)曾称之为"有政无学时期",章太炎、康有为等"昔日在野鼓吹改革之学者,皆身亲政治"③,两度出任总长的梁启超是其中之一,其他如张君劢、蒋百里、蓝公武等也常随任公身居要职,或参选议员。④ 但在民国

---

① 张枕绿:《怀胡适之先生》,《晶报》(上海),1919 年 5 月 12 日,第 2 版。

② 常乃惪:《中国文化小史》,上海:中华书局,1928 年,第 172 页。

③ 杨铨(杏佛):《民国十三年之学术观》,《申报》,1924 年 10 月 10 日,"国庆纪念增刊",第 10 版。

④ 护国之役后,张君劢先后任国际政务评议会书记长、总统府秘书,蒋百里任黎元洪总统府顾问,蓝公武任议员。

三四年之后，政局即进入了一个"黑暗时代""分崩如故"。①

随着政局每况愈下，梁启超一派的政治境遇也近乎山穷水尽。1917年夏天时曾经希望凭借该党精英入阁"树政党政治模范""引他党于轨道""实现吾辈政策"②的尝试，在半年后再一次挫败。结果则致使该派党势"毫无组织，党已不党""若存若亡"。③

政治失意，使"梁启超系"同人"废然思返，觉得社会文化是整套的，要拿旧心理运用新制度，决计不可能，渐渐要求全人格的觉悟"，遂决定从政治转向文化努力。④　其实，类似的计划从未间断，如1917年初梁启超便曾"拟下三年苦功"周历讲演，希望"从后台下手改良"，造"十年后作种种活动之人物"；⑤1918年上半年又曾计划发起松社"为讲学之业"，"提倡风气"，以及创办"专言学问，不涉政论"的杂志⑥，但最后均未果行。蓝公武后来总结，对文化革新事业，虽同人也都"常想做这事业"，"可都是误于政治活动，从未切实做去"。⑦　实际上，这种从政治到文化的转变或许并没有梁启超自己所说的那么界线分明，他们更多时候是在两者之间犹豫与徘徊（或想两者兼顾）。不过，在"梁启超系"的众人之中，张东荪较早就有了从政治到思想的转变，且更为坚决。

张东荪于护国之役后入京，"以为政治上尚有希望"，经过数月观察，看到起义派自相分裂，新派人太无大眼光，认定此后政局将是"不死不生之形态"，除"无办法"三字外，"不足以状现时之中国"，且"无办法"已是"一时

---

①　语出常乃惪：《中国文化小史》，上海：中华书局，1928年，第173页；杨铨（杏佛）：《民国十三年之学术观》，《申报》，1924年10月10日，"国庆纪念增刊"，第10版。

②　《北京电》，《申报》，1917年7月30日，第1张第2版。

③　本炎：《评国民党及研究系》，《孤军》第2卷第5、6合刊，1924年10月10日"短评"栏第15页；一卒：《中国政党小史》，《孤军》第二卷第5、6合刊，1924年10月10日，"中国政党小史"栏第61页。

④　梁启超：《五十年中国进化概论》（1922年10月），《梁启超全集》，汤志钧、汤仁泽编，第11集，北京：中国人民大学出版社，2018年，第405页。

⑤　《梁任公今后之社会事业》，《大公报》（天津），1917年1月30日，第1张第2版。

⑥　张君劢：《致任公先生书》（1918年1月12日），《梁启超年谱长编》，丁文江、赵丰田编，上海：上海人民出版社，2008年，第553页；梁启超：《致陈叔通君书》（1918年7、8月），《梁启超年谱长编》，第556页。

⑦　知非（蓝公武）：《答胡适之先生》（十一），《国民公报》（北京），1919年2月26日，第5版。蓝公武此信甚长，从1919年2月7日起在北京《国民公报》连载，至26日止。同时，上海《时事新报》自1919年2月11日起开始连载该信，删节后刊登于《新青年》第6卷第4期（1919年4月）。

流行之辞"。①

时人纷纷表达"无办法",一方面对尝试了数年的政党政治不满,另一方面仍在寻求"所以下手之方"。张东荪的老友张君劢在"求所以下手之方而不可得"后,决定转向内省,即"惟有先尽其在我,此治己之谓也"。② 与张君劢类似,张东荪在1918年初就确信:

> 今日实无治标之法,唯有作壁上观,看悍兵骄将之共同倾覆此大厦而已,至于治本之图,则不外思想与教育,教育亦非易办,故在吾人除从事于改善国人思潮外,故别无天职也。③

正是在"无办法"之中,张东荪放弃治标之图,转向"思想与教育",尤其侧重于"改善国人思潮"。半年之后,他仍认定新旧势力纷纷"自杀","前途之不可收拾,从此或和或战,或求护法,或伸威信,要皆足驱国家入于大海,其去政治正轨之彼岸,必愈趋愈远"。④ 在"无办法中,不可不预备为有办法之基础",即"当专从修养上提倡之",认为"国内苟有一部分人以此自恃,不患终于无办法。一旦风气转移,时机凑合,则现有之局或将自坏,而开一新局面,成一新生气矣",其目的则仍在于风气转移之后,能出现"真正宪政之运动""宪政前途庶几有入轨之望"。⑤ 盖在张东荪看来,"今日中国之病,不在方法,而在心术。质言之,即不在方法上适用与否,而实在心术之合于立国之正轨与否"。⑥ 心术问题,也只能以"心药"医之。

1917年4月,张东荪接替张君劢开始担任梁启超一派"机关报"《时事新报》主笔。⑦ 面对民初"尝试共和"的挫败,宣言"不谈政治"的张氏希望

---

① (张)东荪:《归来杂话》(二续),《时事新报》,1917年4月5日,第2张第3版;(张)东荪:《勿堕落》,《时事新报》,1917年4月10日,第1张第2版。半年多之后,张东荪仍认为:"时局之纷纠至今日而极矣。主张武力者果有解决之实力否,吾不能无疑。主张调和者果有调停之诚意否,吾尤不能无疑。简直言之,无办法而已。"心(张东荪):《无办法》,《时事新报》,1917年11月20日,第2张2版。

② 引文"求所以下手之方而不可得""惟有先尽其在我,此治己之谓也"出自张君劢日记,转引自王世充:《追忆君劢先生》,《传记文学》第28卷第3期,1976年3月,第6页。

③ (张)东荪:《答姚荐楠君》,《时事新报》,1918年1月19日,第2张第2版。

④ (张)东荪:《前途》,《时事新报》,1918年9月2日,第1张第2版。

⑤ (张)东荪:《勿堕落》,《时事新报》,1917年4月10日,第1张第2版。

⑥ (张)东荪:《让德救国论》,《时事新报》,1918年2月25日,第1张第2版。

⑦ 张静庐:《中国的新闻纸》,《中国的新闻记者与新闻纸》,上海:现代书局,1932年,"下编",第44页。

能在《时事新报》上"另辟讲坛","专以灌输文明为职志"。① 故在当时"不死不生""无办法"的政局中踌躇近一年后,于 1918 年 3 月创办《学灯》。

在鲁迅的印象中,《时事新报》及其副刊《学灯》早期"讥笑、嘲骂《新青年》"。② 傅斯年也曾说《时事新报》"和其它做革新事业的人故意的挑剔",对于《新青年》则一向"是痛骂的"。③ 不过,正如当时与《学灯》关系密切的茅盾所言:《时事新报》"'五四'以前,对新文化运动持反对态度,其后急变而以提倡自居,副刊《学灯》曾在上海青年学生中有过一个较深的印象"。④ 他注意到《时事新报》及其《学灯》对新文化运动的态度经历过一个由"反对"到"提倡"的转变,并在后来的新学界有过较大影响。张静庐后来也说:在新文化运动后,上海《民国日报》的《觉悟》副刊和《时事新报》的《学灯》副刊,"为一般新学界所欢迎","有左右学术界的势力"。⑤

按国民党的《觉悟》副刊创办于 1919 年 6 月,已是在五四学生运动发生之后,当时新文化运动大盛,故其创刊之初便以提倡新思潮自任。⑥ 而《时事新报》及《学灯》则是从"攻击新文艺、新思想""痛骂"《新青年》急变为以提倡新思潮自居,这一转向不仅巨大,且过程复杂。《学灯》是何时、如何"痛骂"《新青年》,又是在何时、为何转变态度? 其过程仍值得探讨。⑦

《学灯》本由《时事新报》"教育界"栏扩充而成,报社同人"慨夫社会之

---

① (张)东苏:《予之宣言》,《时事新报》,1917 年 6 月 18 日,第 1 张第 2 版。

② 鲁迅:《热风·题记》(1925 年 11 月 3 日),《鲁迅全集》第 1 卷,北京:人民文学出版社,2005 年,第 308 页。

③ 傅斯年:《答〈时事新报〉记者》,《新潮》第 1 卷第 3 期,1919 年 3 月 1 日,第 528 页(卷页)。

④ 茅盾:《客座杂忆·民九以沪报之副刊》(1941 年),《茅盾全集》第 12 卷,"散文二集",北京:人民文学出版社,1986 年,第 101 页。

⑤ 张静庐:《中国的新闻记者》,《中国的新闻记者与新闻纸》,上海:现代书局,1932 年,"上编",第 63 页。

⑥ 吕芳上:《革命之再起——中国国民党改组前对新思潮的回应(1914—1924)》,台北:"中研院"近代史研究所,1989 年,第 83—93 页。

⑦ 关于《学灯》的研究中,虽有两篇博士论文,但可惜均未注意到《学灯》对新思潮态度复杂的变化,对《学灯》与《新青年》的互动关系也未多着墨。彭鹏此前在著作中对《学灯》关注点的变化已稍有涉及,惜未曾深入。此外,袁一丹在《"另起"的"新文化运动"》一文中,对《时事新报》与《新青年》的论争已有涉及,但文章同样未涉及《学灯》转变。吴静:《学灯与五四新文化运动》,博士学位论文,复旦大学,2009 年;张黎敏:《〈时事新报·学灯〉:文化传播与文学生长》,博士学位论文,华东师范大学,2009 年;彭鹏:《研究系与五四时期新文化运动:以 1920 年前后为中心》,广州:中山大学出版社,2003 年,第 162—172 页;袁一丹:《"另起"的"新文化运动"》,《中国现代文学研究丛刊》,2009 年第 3 期。

销沉,青年之堕落,以为根本之救治之策,惟教育事业是赖"①,故创刊时便明确宣称其宗旨是"促进教育、灌输文化"。②《学灯》初期的征稿范围包括:学艺上之意见、教育上之意见、对于近来出版物之批评、对于全国各学校之批评、教育上之讽刺画、学生关于修养之实验。③ 除"对于近来出版物之批评"一项较模糊外,其他都明确指向学艺、学校、学生。稍后,又征集揭发"学制之荒谬,教具之堕落,学风之卑下"以及全国中等以上学校调查报告、参观校园所得等文章。④

由此看出,《学灯》初创时乃是以教育为重,延续着"教育界"的风格,意图通过讨论教育问题向青年学生灌输文化思想。因关注点相异,《学灯》并未参与《新青年》所倡导的"孔教问题""文学革命"等话题。然而本无太多交集的两种刊物,却因"马二先生"的一篇剧评,引发争论与对立,甚至导致《学灯》论域的转变。

第二节　意外的交锋:一篇剧评引发的敌意

1918 年 8 月 3 日、4 日,《时事新报》的另一副刊《报余丛载》"剧坛"栏连载了署名"马二先生"的《评戏杂说》,批驳《新青年》登载的胡适、钱玄同、刘半农、陈独秀论中国戏剧的几封信。

《新青年》本不关注戏剧问题,只是偶然间在讨论白话文时曾连带谈及中国戏剧的改良,或批评旧戏"理想既无,文章又极恶劣不通",或批评"戏子打脸之离奇",或主张"全废唱本而归于说白"。⑤ 北大学生张豂子在看到这些讨论之后,认为有不当之处,遂投信反驳。胡适、钱玄同、刘半农、陈独秀对张氏来信各有答复,其中刘、钱在回应时态度激烈,用语颇不雅训。刘将戏剧目为"一大夥穿脏衣服的、盘着辫子的、打花脸的、裸上体的跳虫们,挤在台上打个不止";钱玄同则将戏曲脸谱比作"张家猪肆记'卍'形于

---

① 《本报特设学灯一栏预告》,《时事新报》,1918 年 2 月 25 日,第 1 张第 1 版。

② (张)东荪:《学灯宣言》,《时事新报》,1918 年 3 月 4 日,"学灯副刊",第 3 张第 1 版。

③ 《本报学灯栏六大征求》,《时事新报》,1918 年 3 月 5 日,第 1 张第 2 版。

④ 《本栏特别启事二》,《时事新报》,1918 年 4 月 1 日,"学灯副刊",第 3 张第 1 版;《本栏特别启事二》,《时事新报》,1918 年 4 月 22 日,"学灯副刊",第 3 张第 1 版。

⑤ 《通信(钱玄同致陈独秀)》,《新青年》第 3 卷第 1 期,1917 年 3 月 1 日,第 6 页(栏页);胡适:《历史的文学观念论》,《新青年》第 3 卷第 3 期,1917 年 5 月 1 日,第 1 页(文页)。

猪鬣,李家马坊烙圆印于马蹄"。① 马二先生的文章正是因此而作。

"马二先生"(下文简称"马二")原名冯远翔,民初以编剧、评剧得名,被视为"鸳鸯蝴蝶派"主要作者之一,为《报余丛载》写剧评有年。② 就一般而言,马二对中国戏剧的了解远胜《新青年》诸人,故他在《评戏杂说》中批评胡适论高腔不过为"限于方隅"的"遁饰"之辞,谓钱玄同不解脸谱为戏剧所需化妆术之一种,又反驳陈独秀否定中国剧的美术价值。他以内行的身份指出胡、钱、刘、陈四人"与中国剧绝少研究,既不深悉其内容,辄敢悍然诋詈之,宜其言之多失当也"。除有关戏剧"学理的研讨"外,马二在行文中亦多带意气,甚至直指刘半农"脸皮之厚,直如十重铁甲"。③ 他之所以出此重言,或有社会关系因素牵扯其中。盖张缪子亦长期为各报章撰写剧评,与马二同为剧界中人,故他此番作文维护,言辞尖刻,恐非完全没有掺杂感情因素。

中国传统士大夫对民间戏曲多半抱有鄙视、怀疑或爱憎交加的态度。然自清末以来,言论界的领袖开始注意戏剧的启蒙作用,并提倡戏剧改良。④ 马二亦是受此观念影响之一人。他曾担心梨园经营者迎合社会之心过重,而戏曲"移风易俗之旨渐没",故替戏剧正名,谓其"可以改良风俗,感化社会,实属于文学的范围,而美术之上乘也"。⑤ 就观念而言,马二在当时并不守旧。而他此次与《新青年》交锋,可谓是老新派与新新派的一次较量。

马二此文大大激怒了《新青年》同人,而登载该文的《时事新报》也成了胡、钱、刘、陈迁怒的对象。

胡、钱、刘诸君皆称自己"向来不看《时事新报》",但听闻"这报上有个马二先生大骂我们",胡适、刘半农尚有意借来一阅,"以便答覆";钱氏则认为这种文章"不但不必答覆,并其原文亦不必看",甚至将批判的矛头直接对准《时事新报》:"那上海的一班'鹦鹉派读书人',为筹画嫖赌吃着的费用起见,或做鸳鸯蝴蝶体的小说,或做某生某翁体的小说,或画全身不相称

---

① 关于张厚载致《新青年》信及胡、钱、刘、陈对于旧剧的意见,可参见《通信·新文学及中国旧戏》,《新青年》第4卷第6期,1918年6月15日,第620—625页(卷页)。

② 赵苕狂:《冯叔鸾传》,《鸳鸯蝴蝶派文学资料》,芮和师等编,上卷,北京:知识产权出版社,2010年,第307页。

③ 马二先生:《评戏杂说》,《时事新报》,1918年8月3、4日,"报余丛载",第3张第4版。

④ 李孝悌:《清末的下层社会启蒙运动(1901—1911)》,石家庄:河北教育出版社,2001年,第163—185页。

⑤ 冯叔鸾:《戏剧与社会之关系》,《啸虹轩剧谈》,上海:中华图书馆,1914年,第7页;冯叔鸾:《凌党宣言书》,《啸虹轩剧谈》,上海:中华图书馆,1914年,第6页(栏页)。

的美人;其别开生面者,又有什么'黑幕',什么'剧评'。此等人所做的东西虽然种种不同,而其价值则一,要之皆是脑筋组织不甚复杂的人所做的事业而已。"①

钱氏所说"黑幕""剧评"皆是《时事新报》的重要栏目,上多刊登"黑幕"小说及"鸳鸯蝴蝶派"的文章与讽刺画等。钱氏对此"鹦鹉派读书人"颇为不满,极尽挖苦嘲讽,近于谩骂。而且,他在批判之余,亦要划清界限:"我们做《新青年》的文章,是给纯洁的青年看的,决不求此辈'赞成'。"②正式将《时事新报》置于《新青年》的对立面。

马二这一篇剧评对《新青年》诸人的情绪影响不小。两个月后,胡适仍对此事耿耿于怀。他不仅将马二此文中语——"中国人何必看外国戏""中国戏何必给外国人看"——放入"可使人肉麻,或可使人叹气,或可使人冷笑,或可使人大笑"的"什么话"专栏中,更在轮值《新青年》主编时,特意设置一期"戏剧改良"专号回应马二。③

值得注意的是,登载《评戏杂说》之前,《时事新报》对《新青年》的态度其实并未明确。而《报余丛载》只是形式传统的"报屁股",所载内容常为非新闻非时评类的小说、诗词、戏曲等消闲文字④,本不能代表《时事新报》同人的主张。进而言之,马二长期为《报余丛载》撰写剧评,多为就剧评剧,此次针对《新青年》所论亦只是偶然之事,与《时事新报》所持立场并无太多关联。

正如上文所曾言及,《时事新报》《学灯》等与《新青年》因关注点有所不同,故论域本无太多交集。偶有涉及,也多是投稿者个人的观点。如此文刊出几天后,《学灯》登载一篇盛赞《新青年》的读者来稿。此稿作者黄觉

---

① 刘半农、钱玄同:《通信·今之所谓"评剧家"》,《新青年》第5卷第2期,1918年8月15日,第187—188页(卷页);胡适:《通信·论句读符号:附答黄觉僧君〈折衷的文学革新论〉》(1918年8月14日),《新青年》第5卷第3期,1918年9月15日,第301页(卷页)。其实刘、胡诸人未必"向来不看《时事新报》",事实上,《时事新报》在一年多前曾刊载过刘半农《卧佛寺游记》,很可能是刘主动投稿。(刘)半农:《卧佛寺游记》,《时事新报》,1917年2月12日、20日,"报余丛载",第3张第4版。

② 刘半农、钱玄同:《通信·今之所谓"评剧家"》,《新青年》第5卷第2期,1918年8月15日,第187—188页(卷页)

③ (胡)适:《什么话?》,《新青年》第5卷第4期,1918年10月15日,第435页(卷页)。

④ 张静庐曾回忆在新文化运动兴起之前,副刊"都是登些红男绿女的小说和笔记,甚至引人入迷的鬼怪神话,和诱人作恶的黑幕秘诀"。张静庐:《中国的新闻纸》,《中国的新闻记者与新闻纸》,上海:现代书局,1932年,"下编",第32页。

僧,是胡适的绩溪同乡,他对《新青年》诸君佩服之情溢于言表:"吾邑胡适之先生,前年自美归国,与《新青年》杂志社诸先生共张文学革命之帜,推倒众说,另辟新基,见识之卓,魄力之宏,殊足令人钦佩。"①胡适对此文亦有所耳闻,知道"《时事新报》上有一篇赞成《新青年》所讲文学革新的文章"。如果不是稍早几日,马二那篇剧评使《新青年》诸人已有成见,或许他们看到这篇"极赞成我们的文学革新论"的文章,很可能亦会将《时事新报》目为同道中人。②

马二此篇剧评引发的连锁反应,阴差阳错地将《时事新报》整体推向《新青年》的对立面,成为《新青年》同人眼中不屑与之为伍的"此辈",此后亦多冷嘲热讽。而《时事新报》同人也开始以《学灯》为对垒《新青年》的主战场。颇为吊诡的是,这一对抗定位的形成,改变了《学灯》初期以教育为重的特色,反而向他们所对抗的《新青年》的论域逐渐靠拢。

第三节　"痛骂"《新青年》:意气的批评者

在《新青年》一派冷嘲热讽的刺激下,《学灯》重新改订宗旨、调整专栏,有意识地尝试介入《新青年》一派所主导的话题。

1918 年 9 月底,《学灯》刊登《本栏之提倡》特别申明其于各主张之中"注重之所在",除与原教育特色有关的"教育主义""教育制度""教育事情""教师""学风"等五类内容外,又新增两主张:"于原有文化:主张尊重,而以科学解剖之;于西方文化:主张以科学与哲学调和而一并输入,排斥现在流行之浅薄科学论。"③《学灯》于此时提出自己对中西文化的主张,实有所针对。当时,《新青年》正与《东方杂志》展开"东西文化"论争④,与《新青年》排斥传统文化、强调"科学"不同,《学灯》不仅主张尊重原有文化,同时

---

①　黄觉僧:《折衷的文学革新论》,《时事新报》,1918 年 8 月 8 日,"学灯副刊",第 3 张第 1 版。

②　胡适:《通信·论句读符号:附答黄觉僧君〈折衷的文学革新论〉》(1918 年 8 月 14 日),《新青年》第 5 卷第 3 期,1918 年 9 月 15 日,第 299、301 页(卷页)。

③　记者:《本栏之提倡》,《时事新报》,1918 年 9 月 30 日,"学灯副刊",第 3 张第 1 版。

④　关于此问题的讨论,可参见王元化:《杜亚泉与东西文化问题论战》,田建业等编:《杜亚泉文选》,上海:华东师范大学出版社,1993 年,第 8—12 页;王奇生:《新文化是如何"运动"起来的——以〈新青年〉为视点》,《近代史研究》,2007 年第 1 期。

强调应将"哲学"与"科学"置于同等重要地位。

除宗旨有所变化外,《学灯》亦对专栏进行了调整。1918 年 10 月底开始,陆续增设"思潮""新文艺""科学丛谈""译述"等栏目,登载蓝公武《论欧战后之和平会议》、泰戈尔话剧《邮政局》、克鲁泡特金自传等文;原"讲坛"栏连载梁启超以白话撰写的"修养谭及思想评论"。原"教育小言"栏更名为"小言",内容不再仅限于为教育发声。此后,《学灯》新设专栏比重日趋增大,关注点逐渐被思想文艺取代,有关教育的内容渐剩无几。

同时,为了顾及外间(特别是新派)的观感,《时事新报》裁撤了最为《新青年》同人所攻击的"黑幕"。① 12 月初,进一步取消了与《学灯》占据相同版面、相间出版的《报余丛载》,而将《学灯》改为"除礼拜日外,每日刊行"。②

此时《学灯》的调整,既源于与《新青年》对垒的需要,同时也与"梁启超系"整体转向有关。随着梁启超一派在思想界日趋活跃,《学灯》的地位也上升至与《时事新报》正张并驾齐驱。

调整后的《学灯》与《新青年》主导的思想文艺革新运动产生了诸多联系,然而由于双方互有意气,《学灯》同人在针对《新青年》所讨论的话题立言时,往往使用批评的口吻,你来我往中充满火药味。

1918 年 10 月,《学灯》刊发"好学"《贞操问题》一文。文章开头即说:"偶见某杂志有论贞操问题者。"此处所指即胡适发表于《新青年》的《贞操问题》。在此文中,"好学"反对胡适所言"贞操完全为个人的",而强调贞操实是"教育上之问题,当然为社会的";他甚至嘲讽胡适"反对贞操,其理由不免可笑,足证其读者甚少耳"。③ 稍后,针对早先被《新青年》同人冠以"鹦鹉派读书人"的嘲讽,"好学"毫不客气地回骂其为"狂妄""轻薄""破坏"的"乱骂派读书人"。④

半个月后,"好学"针对白话文问题再次发表《言文一致之提倡》一文。

---

① 《本报裁撤黑幕栏通告》,《时事新报》,1918 年 11 月 7 日,第 1 张第 1 版。周作人当时也攻击黑幕小说为"妨碍人性的生长,破坏人类的平和"的"非人的文学",主张"应该排斥"。周作人:《人的文学》(1918 年 12 月 15 日),《周作人散文全集》,钟叔河编订,第 2 卷,桂林:广西师范大学出版社,2009 年,第 89 页。

② 《本报特别启事》,《时事新报》,1918 年 12 月 8 日,第 1 张第 2 版。

③ 好学:《贞操问题》,《时事新报》,1918 年 10 月 14 日,"学灯副刊",第 3 张第 1 版。

④ 好学:《模范》,《时事新报》,1918 年 10 月 31 日,"学灯副刊",第 3 张第 1 版。

此文极力赞扬梁启超的白话作文实践:"近来梁任公先生做了几篇言文一致的讲坛,不但是提倡新思想新道德,而且是改良文艺,所以一班青年读了,总有些感动。"但对同样提倡白话的《新青年》,却有意用一种轻蔑的语气批评之:"从前有个《新青年》杂志,他亦提倡白话,虽他以白话做诗,不免矫枉过正。"①张东荪也同样强调梁启超讲坛对白话推介的影响:"我自从看了梁任公先生的讲坛以后,就觉得白话是非常的切要,颇想拿白话来译高深的哲理书。"②或许是对《新青年》主导白话问题的舆论略有"醋意",故他们有意以梁启超的讲坛文为引子欲另立门户。此种微妙心态后来被傅斯年讽刺为"别人却不算回事,只有我们梁任公先生做白话文的第一天,是中国文学史上的新机;只有我们主张革新是独立的,是正宗的,别人都是野狐禅"。③

《学灯》同人立论虽时有针对《新青年》,言辞尚较为委婉。不过,稍后在副刊上登载的一封署名聊止斋的读者来信,用语则颇为尖刻。此信作者即前文提及的张镠子。张氏本对《新青年》所提倡的"废文用白","改良文字,极表赞成"④,但由于受到《新青年》诸君的攻击,遂投稿《时事新报》还击《新青年》。此时,他转而将"废文用白""废唱用白"归为"迷于理想之主张",并批评《新青年》的"论调与理想,本各以趋于极端为能事"。而对其中"尤极端者"钱玄同"废汉文而用罗马文"的主张大加鞭斥:"凡有国民性之人决不出此。而有水平线以上之常识者,无不反对者也。"更攻击钱"所以不惜发为狂言"者,"乃竭力欲抛弃本来冬烘学究之面目,以自厕于新学派之列耳"。甚至称其为"看见禽类得势,便自承为禽类,兽类得势,又自命为兽类"的"蝙蝠派读书人"。⑤

一个多月后,曾遭钱玄同嘲讽"画全身不相称的美人"的沈泊尘亦针对钱废弃汉文的主张创作了一组漫画,并发表于《时事新报》新创刊的"泼克"上。

---

① 好学:《言文一致之提倡》,《时事新报》,1918 年 11 月 16 日,"学灯副刊",第 3 张第 1 版。

② (张)东荪:《白话论》,《时事新报》,1919 年 1 月 17 日,第 1 张第 2 版。

③ 傅斯年:《答〈时事新报〉记者》,《新潮》第 1 卷 3 期,1919 年 3 月 1 日,第 528 页(卷页)。

④ 张厚载:《通信·新文学及中国旧戏》,《新青年》第 4 卷第 6 期,1918 年 6 月 15 日,第 620 页(卷页)。

⑤ 聊止斋(张厚载):《对于〈新青年〉之批评》,《时事新报》,1918 年 11 月 27 日,"学灯副刊",第 3 张第 1 版。

《时事新报》上之讽刺漫画

此组漫画的说明文字分别为：

> （一）某新学家主张废弃汉文！（二）然习罗马文又苦于格格不入，乃叩诸医士而问焉。（三）医士试求方于罗马人之家。（四）医士请以罗马犬之心易其心！（五）某新学家忻然从之，医士乃施手术。（六）某新学家易心后，试读罗马拼音，人聆之，则居然罗马犬吠也！

漫画将钱玄同描写成没有"人心"的新学家形象：他为了学习罗马文，不惜"以罗马犬之心易其心"，然而易心手术后"试读罗马拼音"，则"居然罗马犬吠也！"①

除漫画之外，主事者在同一期的"泼克"上，特创设"敢问录"一栏。在栏目说明中，作者解释道：

> 近来每每有人发出议论，一味乱骂，甚至连他自己都骂在里面，他还洋洋得意，恬不自觉其非，特辟此栏，以警觉之。

并在第一篇中就"敢问"钱玄同、刘半农到底是"准猪欤？准狗欤？"②一期篇幅本不长的"泼克"，除短篇小说栏外，全是直接针对《新青年》同人的内容。半个月后，"敢问录"又直接喊话《新青年》诸君，曰："《新青年》诸君

---

① 漫画与按语见《时事新报》，1919 年 1 月 5 日，"星期增刊'泼克'"，第 3 张第 1 版。

② 《敢问录》，《时事新报》，1919 年 1 月 5 日，"星期增刊'泼克'"，第 3 张第 1 版。

提倡新文学,提倡改良文字,我很钦佩。因为他们说得到做得到,但是他们那用罗马文拼汉文一层,却只见说,未见行。若是不能行,何必有此主张,若果能行,又何不以身作则呢? 敢问!"①从"敢问录"的风格来看,与《新青年》的"什么话"栏目十分相似,都是以摘抄对手方"荒谬""可笑"言论为主体内容,针锋相对,专与《新青年》"过不去"的意味明显。故鲁迅观察到"泼克"内容"多是攻击新文艺新思想的"。②

平心而论,沈氏的"罗马犬吠"和"敢问录"栏目中的不少内容,以及张镠子非禽非兽的"蝙蝠派"称呼均充满了人身攻击的意味。钱玄同看到《时事新报》后,在日记中这样记录:

> 看一月五日《时事新报》,其中有骂我的图画,说我要废汉文用西文,苦于讲话不能酷肖西人,乃请医生把我的心挖了换上一个外国狗的心,于是我讲出话来和外国狗叫一样。如此骂法,我颇觉得好玩,还有两条"敢问录",是骂我和半农的。看来以后还"敢"陆续来"问",我希望他天天问几段,看看倒是很有趣的。③

钱玄同"颇觉得好玩"或有"不怒反笑"的成分。不过,按照鲁迅的说法,那时候的《新青年》"仿佛不特没有人来赞同,并且也还没有人来反对,我想,他们许是感到寂寞了"。④ 在这"寂寞"的时期,有对手"还'敢'陆续来'问'",对于前不久才无中生有假托反对者王敬轩⑤的钱玄同来说,显然被激起了战斗乐趣,故反而"希望他天天问几段"。不过,钱玄同自己并未直接反击,而是由其好友鲁迅出面。

鲁迅在《新青年》第六卷第一、二、三号(1919年1月、2月、3月),连续发表《随感录》,自述"民国八年正月间,我在朋友家里见到上海一种什么报的星期增刊讽刺画,正是开宗明义第一回;画着几方小图,大意是骂主张废汉文的人的;说是给外国医生换上外国狗的心了,所以读罗马字时,全是外国狗叫"。讽刺画的技法虽"模仿西洋",但却"学了外国画,来骂外国

---

①　《敢问录》,《时事新报》,1919年1月19日,"星期增刊'泼克'",第3张第1版。

②　鲁迅:《随感录·五十三》(1919年3月15日),《鲁迅全集》第1卷,北京:人民文学出版社,2005年,第358页。

③　钱玄同日记1919年1月8日,《钱玄同日记》(整理本),杨天石主编,北京:北京大学出版社,2014年,第339—340页。

④　鲁迅:《呐喊·自序》,《鲁迅全集》第1卷,北京:人民文学出版社,2005年,第441页。

⑤　关于钱玄同与刘半农假托王敬轩"唱双簧"一事,可参见王奇生:《新文化是如何"运动"起来的——以〈新青年〉为视点》,《近代史研究》,2007年第1期。

话"，"变为人身攻击的器具"，故他疑惑，"何以思想如此顽固，人格如此卑劣，竟同没有教育的孩子只会在好好的白粉墙上写几个'某某是我儿子'一样"。①

需要指出的是，此时《时事新报》对《新青年》此类近乎"卑劣"的攻击主要针对钱玄同一人，正是由于钱过于旗帜鲜明，往往将观点稍有不同者乱骂出大门去。② 所以《时事新报》在回击时，也难掩心中的意气，正如张东荪所言："因为看了满眼的'准狗'、'粪谱'，不免感情异状，下笔也就激烈了。"③

后来傅斯年在与张东荪论辩时提及此事，称《时事新报》的记者"不愿长进，不愿作有思想的讽刺画，只要作无理性的骂人画"。④ 并指责张东荪是"和北京大学惯作对头的"，"他今天登一篇骂北京大学的投稿，明天自撰一篇骂北京大学的文，今天指明了骂，明天含讥带讽的说着"。⑤ 而张东荪也同样批评《新青年》"终日里做了许多驳难痛骂的文章"。⑥

《学灯》和《新青年》交锋初期，由于互有敌意，所以始终摆脱不了互相谩骂嘲讽的对话模式。由表象来看，他们确实是"惯作对头的"；然而双方对于革新事业的主张并非扞格难入，正如茅盾所观察到的：《时事新报》同人"也是主张着新青年派所宣传的'新文化'，然而他们一面还是反对新青年派"。对于这一吊诡的现象，深悉内情的茅盾认为这是由于他们"对于新青年派之战斗的态度感到过激，又一半也是有点醋意，因为新青年派当时在青年界的影响太独占了的了"。⑦ 然而，这种带有"醋意"的意气之争，并不是《时事新报》主编张东荪所真正希望看到的双方的"对垒"状态。后来张东荪亲自主持《学灯》，便是试图改变这种敌对关系的一次尝试。

---

① 鲁迅：《随感录·四十六》(1919年2月15日)、《随感录·四十三》(1919年1月15日)，《鲁迅全集》第1卷，北京：人民文学出版社，2005年，第348、346页。

② 《胡适致钱玄同》(1919年2月)，《胡适来往书信选》，中国社会科学院近代史研究所中华民国史研究室编，上卷，北京：社会科学文献出版社，2013年，第9页。

③ 《通讯·去函(张东荪答胡适，1919年3月20日)》，《时事新报》，1919年3月24日，"学灯副刊"，第3张第4版。

④ 傅斯年：《随感录》，《新潮》第1卷第5期，1919年5月1日，第925页(卷页)。

⑤ 傅斯年：《答〈时事新报〉记者》，《新潮》第1卷第3期，1919年3月1日，第527页(卷页)。

⑥ (张)东荪：《新…旧》，《时事新报》，1918年12月14日，"学灯副刊"，第3张第1版。

⑦ 茅盾：《"五四"运动的检讨——马克思主义文艺理论研究会报告》，《茅盾全集》第19卷，"中国文论二集"，北京：人民文学出版社，1991年，第238页。

第四节 立异以求同:《学灯》与《新青年》关系的改善

1918 年 12 月,张东荪主持《学灯》后,增设"新文艺"一栏,登载新体诗文。1919 年初,张氏借蓝公武《文艺论》一文连载于《时事新报》头版,作为其支持文学革命的先导。此文所提出的近代文学是"社会生活的写实文学""是生命的活文学"等主张①,实是对胡适、陈独秀等人所倡导的文学革命运动之声援。同时,《时事新报》记者孙几伊拟将胡、陈等编入"新人物及新事业"一栏推介其革新事业。② 稍后,《学灯》连载蓝公武与胡适的系列通信,二人秉着切磋商榷的态度在"贞操""拼音文字""革新家之态度"等问题上展开了讨论。双方均着力于推进革新运动,用语亦谦逊诚恳。③ 应该说,《时事新报》同人对于《新青年》所提倡的革新思想文艺的主张多有共鸣,正如张东荪所说:"现在中国的情势,要求新道德、新思想、新文艺的输入,非常之殷,恐怕是没有人不晓得的。"然而由于《时事新报》主张"建设"新文化,对《新青年》"不是将新道德、新思想、新文艺多多益善的输入进来,却是在那里专门想打破旧道德、旧思想、旧文艺"这一侧重"破坏"的激进态度有所不满,故他在声援《新青年》之同时,对其又常有批评之辞。④

1919 年 1 月,在胡适、周作人等的指导下,北大《新潮》杂志创刊。张东荪随即发表《〈新潮〉杂评》一文,极力赞扬《新潮》以"独立的精神与研究的态度"倡导新思想,并将《新青年》"一味乱骂""用一种打骂的手段,教他脱去这旧衣"的态度作为反例,劝告《新潮》不犯此弊病,而希望其将着力点置于通过"制一个新衣来给人穿"的方式输入新思想。⑤

然而,张东荪的这番"褒奖"与区分《新潮》与《新青年》的做法立刻引起了《新潮》主编傅斯年的激烈回击。盖在傅看来,张氏此举有离间《新潮》

---

① 蓝志先:《文艺论》,《时事新报》,1919 年 1 月 14、16 日,第 1 张第 2 版。

② 孙几伊:《胡适之先生谈片》,《时事新报》,1919 年 2 月 17 日,"学灯副刊",第 3 张第 3 版;孙几伊致胡适,《胡适遗稿及秘藏书信》第 32 册,耿云志主编,合肥:黄山书社,1994 年,第 482 页。

③ (张)东荪:《白话论》,《时事新报》,1919 年 1 月 17 日,第 1 张第 2 版;蓝公武答胡适之书,《时事新报》,1919 年 2 月 11、12、15、17、19、25、26、28 日,"学灯副刊",第 3 张第 3 版。

④ (张)东荪:《新…旧》,《时事新报》,1918 年 12 月 14 日,"学灯副刊",第 3 张第 1 版。

⑤ (张)东荪:《〈新潮〉杂评》,《时事新报》,1919 年 1 月 21 日、22 日,第 1 张第 2 版。

与《新青年》北大新派这一整体的嫌疑。① 张氏没有料到自己的示好引来傅氏如此的不满，故不无委屈地说："原先本是记者以为《春秋》责备贤者，不妨先劝劝维新派，不料一劝，就碰了一鼻灰。"同时坚持认为："用诚实不骂、苦口婆心的方法输入新文明，必定比较的更为得力。"②

张东荪原想通过声援与商榷的方式改善与《新青年》的敌对关系。然而不料又引发了新的冲突，并导致他的名字带有了与北大新派"惯作对头"的色彩。为了避免冲突加剧，故自1919年2月中旬开始，张东荪嘱其好友朱匡僧代为主编《学灯》。匡僧在张氏授意下所撰有关北大新派的文字，态度均十分温和，并不乏褒奖。匡僧盛赞钱玄同《中国字形变迁新论》一文"详论吾国文字之起源及其沿革，皆系有心得之言，非一般抄袭雷同之说可比"，论断有"至理名言"。亦屡次表示对《新青年》的宗旨"非常赞成，贵志诸君这种勇敢的精神，记者非常佩服"③。

在张、匡二人努力改善与北大新派关系的同时，教育部训令北大开除陈独秀、钱玄同、胡适的传言激化了思想界的新旧之争，这为《学灯》与《新青年》关系的实质转变提供了契机。

1919年2月底，教育部训令北大校方辞退陈、钱、胡三人的传言四起，本已存在的新旧之争更为分明与对立，思想界的气氛一时变得异常紧迫。李大钊称此为"新旧思潮之激战"。④ 正如左舜生所说，当时新旧两势力冲突"抗争之度，将入于短兵相接之一途"，并要求时人应于新旧之中"有一种抉择之能力"。⑤ 思想界各派于此时无形中面临"站队"的选择。

听闻此传言后，《学灯》同人先于《申报》《民国日报》对北大新派作出了公开而及时的声援。朱匡僧连续撰文为陈胡诸君"无端遭此侮辱"鸣不平，诘问当局"以出版物之关系，而国立之大学教员被驱逐，则思想自由何

----

① 关于这一场争论的具体情况，可参见高波：《新旧之争与新文化运动的正统问题——以张东荪与傅斯年等人的论争为中心》，《天津社会科学》，2014年第4期。

② （张）东荪：《破坏与建设是一不是二》，《时事新报》，1919年2月6日，第1张第1版。

③ （朱）匡僧：《对于〈北京大学月刊〉之杂评》，《时事新报》，1919年3月4日，"学灯副刊"，第3张第3版；（朱）匡僧：《读〈新青年〉杂志第六卷第一号杂评》，《时事新报》，1919年3月15日，"学灯副刊"，第3张第3版。

④ 守常（李大钊）：《新旧思潮之激战》，《晨报》，1919年3月4日、5日，第7版。详见罗志田：《陈独秀与"五四"后〈新青年〉的转向》，《道出于二：过渡时代的新旧之争》，北京：北京师范大学出版社，2014年，第177—187页。

⑤ 左学训（左舜生）：《闻北京大学教员被逐消息警告各方面》，《时事新报》，1919年3月11日，"学灯副刊"，第3张第3版。

在？学说自由何在？"而后确知传闻不实，他们表示"深为陈胡诸君庆，并为吾国学术前途庆"，更与《新青年》共勉："凡欲革新一代之思想学术，终不免有忤逆世俗之虞，来日方长，挫折正未有艾。寄语以革新事业为己任者，勿以区区之恫喝而遂气沮也。"① 稍后张东荪亦明确声明在此新旧战争中《时事新报》"立在新思想的一方面"的态度。②

《学灯》的声援很快得到了胡适的回应。随后，张东荪在答复胡适来信时，开首即说明朱匡僧所写"不平鸣"等文实乃自己授意，此外尚有批评林纾攻击《新青年》时态度"佻薄"的文章待刊，以此申明《时事新报》与《新青年》实同属"我们新派"。他进一步强调"彼此对于学术内容上的意见实在没有甚么不同，止除了一个'态度问题'"。而《学灯》此前对《新青年》的批评乃是"因为学问内容的主张相近的缘故"，所以他们对《新青年》同人"不是反对，实是'劝告'"，旨在劝诫他们应以稳健的态度方能促使新文化运动更为"正中健强"。③ 胡适回信对此表示理解，并道破《学灯》"'立异'的目的在于'求同'"。④ 其实在对待异己者这一方面，胡适与《学灯》的立意相通，他曾说自己与钱玄同有所不同，钱是"唯恐人'同'于我们的'异'"，而胡自己则是希望"人'同'于我的'异'"。⑤

胡适与张东荪此番书信往来，可以看作《时事新报》与《新青年》冰释前嫌的标志。此后《新青年》同人如李大钊、陈独秀、胡适等开始以《学灯》为言论阵地宣传自己的主张⑥，《新青年》亦开始刊登广告推介《学灯》⑦，在革新

---

① （朱）匡僧：《为驱逐大学教员事鸣不平》，《时事新报》，1919 年 3 月 5 日，"学灯副刊"，第 3 张第 3 版；（朱）匡僧：《大学教员无恙》，《时事新报》，1919 年 3 月 7 日，"学灯副刊"，第 3 张第 3 版。

② （张）东荪：《我辈对于新思想之态度》，《时事新报》，1919 年 4 月 7 日，"学灯副刊"，第 3 张第 3 版。

③ 张东荪：《答胡适之书》，《时事新报》，1919 年 3 月 15 日，第 1 张 1 版；（张）东荪：《我辈对于新思想之态度》，《时事新报》，1919 年 4 月 7 日，"学灯副刊"，第 3 张第 3 版。

④ 《通信·来函（胡适致张东荪，1919 年 3 月 20 日）》，《时事新报》，1919 年 3 月 24 日，"学灯副刊"，第 3 张第 4 版。

⑤ 《胡适致钱玄同》（1918 年），《胡适来往书信选》，中国社会科学院近代史研究所中华民国史研究室编，上卷，北京：社会科学文献出版社，2013 年，第 11 页。

⑥ 守常（李大钊）：《新旧思潮之激战》，《时事新报》，1919 年 3 月 17 日，"学灯副刊"，第 3 张第 3 版；陈独秀：《对于梁巨川先生自杀之感想》，《时事新报》，1919 年 3 月 20 日，"学灯副刊"，第 3 张第 3 版；胡适之：《答蓝志先书》，《时事新报》，1919 年 3 月 31 日、4 月 3、4 日，"学灯副刊"，第 3 张第 3 版。

⑦ 《上海〈时事新报〉"学灯"栏大扩充》，《新青年》第 6 卷 4 期，1919 年 4 月 15 日，无页码。

运动中相互时有支持,成为"同路人"。茅盾甚至认为此时双方已"沆瀣一气"。①

　　然而,此种"同路人"并非完全是追随,又有竞赛与调节之意味。张东荪曾对新思想表明立场,说:

> 现在流行的新思想是单调的,我们应当将他化为复调的;现在流行的新思想是浅薄的,我们应当将他化为精深的;现在流行的新思想是偏激的,我们应当将他化为正中健强的。所以我辈对于新思想的态度是内在的,不是外表的,就是以新思想为目的,而去加工制造;不是以旧思想为的鹄,而去攻击破坏。

当时思想界新旧之争正急,此派同人中出现分歧,"有人主张旁观,有人主张加入战团,帮新派一臂之力",而张东荪认为,"应当立在新思想的一方面",在新旧两派之间选择新派,此种立场是第一位的。在表明立场之外,却又声明不帮新派"乱打"旧派,反倒是要对"新派加工",以此影响新思想的整体性质,使其成为复调的、精深的、正中健强的。这恰是一种既跟着跑又调节,边跟着跑边调节的状态。②

　　总体而言,《学灯》创办之初,关注点在教育,故与《新青年》所关心者无太多交集,双方绝少互动。随后马二先生的一篇剧评,意外地让《学灯》成了《新青年》的批评者,双方急遽演变为势如水火的对立者。然而,《学灯》"也同意于新青年派之反对旧礼教,但不赞成新青年派的'谩骂'的态度",故"温和"与"激烈"的双方有过短时期的"敌对"。③《学灯》在与《新青年》对垒的同时,有意无意间改变了自己的话题,从而进入了《新青年》的论域之中。趋新的张东荪做出一系列改善与《新青年》同人关系的尝试与努力,最终在"五四"前逐渐确立"立异以求同"的对话关系,成为新文化运动中的"同路人"。《学灯》从不关心《新青年》,进而"痛骂"《新青年》,直到宣布"立在新思想的一方面",正式完成对新文化运动"急变而以提倡自居"的转变过程。《学灯》与《新青年》关系转变的个案正是展现了这样一个过程:一

---

① 茅盾:《"五四"运动的检讨——马克思主义文艺理论研究会报告》(1931年),《茅盾全集》第19卷,"中国文论二集",北京:人民文学出版社,1991年,第238页。

② (张)东荪:《我辈对于新思想之态度》,《时事新报》,1919年4月7日,"学灯副刊",第3张第3版。

③ 茅盾:《关于"创作"》(1931年9月20日),《茅盾全集》第19卷,"中国文论二集",北京:人民文学出版社,1991年,第269页。

部分人如何反对《新青年》，怎样加入其论域，进而使得《新青年》同人的话题都"成了一个问题研究"。蒋梦麟后来说，新文化运动不是"一担一桶的水"，是"决百川之水，汇到一条江里，奔腾长流"。[①] 然而正是由于《学灯》和《新青年》等这些"一担一桶的水"，互相论辩与声援，逐渐汇入思想革新的大江里，新文化运动才得以奔腾长流。

[①] 　蒋梦麟：《新文化的怒潮》（1919 年 9 月），《蒋梦麟教育论著选》，曲士培编，北京：人民教育出版社，1995 年，第 129 页。

第三章　谁是朋友？谁是敌人？——蓝公武与《新青年》同人的互动

1919 年底,胡适曾写下一首诗,名为《一颗遭劫的星》:

热极了!
更没有一点风!
那又轻又细的马缨花须
动也不动一动!

好容易一颗大星出来;
我们知道夜凉将到了:——
仍旧是热,仍旧没有风,
只是我们心里不烦躁了。

忽然一大块黑云
把那颗清凉光明的星围住;
那块云越积越大,
那颗星再也冲不出去!

乌云越积越大,
遮尽了一天的明霞;
一阵风来,
拳头大的雨点淋漓打下!

大雨过后,
满天的星都放光了。
那颗大星欢迎着他们,
大家齐说"世界更清凉了!"

胡适对此诗有一段解题,说:"北京《国民公报》响应新思潮最早,遭忌也最深。今年十一月被封,主笔孙几伊君被捕。十二月四日判决,孙君定监禁十四个月的罪。我为这事做这诗。"①胡适此诗，牵涉的正是一份在当年重要，但在既存研究中却处于"失语"状态的报纸《国民公报》，以及背后的主编蓝公武。②

　　蓝公武在五四前后受十月革命影响，积极传播俄国革命情形和社会主义思想，在"问题与主义"之争中与李大钊一起支持"主义"，被认为是"社会主义的功臣"③。近三十年后，毛泽东也还记得蓝公武"在《晨报》及《国民公报》上的崇论宏议"。④ 其主编的《国民公报》亦十分活跃，曾"在北京城里放光"，令时人印象颇深，有"国人之引导，舆论界之明星"之称。⑤《新潮》杂志在五四学生运动之前就将"月刊的《新青年》、周刊的《每周评论》、日刊的《国民公报》"并举，广而告之曰："读者既读其一，不可不读其二。"⑥这不仅说明该报在五四前期思想界之地位，更揭示出它与《新青年》同人关系之不一般。此外，五四学生运动爆发后，陈独秀曾预测政府当局将有所动作，"整顿大学，对付两个日报、一个周报，恐怕是意中的事。"⑦两个日报便是指《国民公报》与《晨报》，周报则为《每周评论》，从中不仅可见《国民公报》在五四运动前后和北大、《每周评论》倾向之相似，更可见它与学生运动之关联。有人甚至认为《国民公报》与《晨报》、《京报》一起推动了五四

　　① 胡适：《一颗遭劫的星》（1919 年 12 月 17 日），《胡适全集》，季羡林主编，第 10 卷，合肥：安徽教育出版社，2003 年，第 113—114 页。

　　② 孙几伊担任《国民公报》主任编辑自 1919 年 9 月 15 日始，但该报实际主笔政者为蓝公武。后来，律师曾为孙几伊辩护称："孙几伊向在该报馆充当副编辑，自本年九月十五日以后始代理总编辑，而所有该报登载各则均系本年九月十五日以前之事，揆诸情理，孙几伊对于九月十五日以前之登载无论如何当不负何等责任。"《驻守地方检察厅司法警察巡官报告开庭审理孙几伊情形》（1919 年 12 月 2 日），《档案中的北京五四》，北京市档案馆编，北京：新华出版社，2009 年，第 268 页。

　　③ 冯自由：《中国社会主义之过去及将来》，《民国日报》（上海），1920 年 1 月 16 日，"觉悟副刊"，第 13 版。

　　④ 毛泽东：《致蓝公武》（1948 年 4 月 27 日），《毛泽东书信选集》，中共中央文献研究室编，北京：中央文献出版社，2003 年，第 276 页。

　　⑤ 玄庐：《介绍"钱江评论"》，《每周评论》第 31 期，1920 年 1 月 3 日，"新年号"，第 5 张第 4 版；《北京各界联合会关于〈国民公报〉事件通电》（1919 年 11 月 4 日），《档案中的北京五四》，北京市档案馆编，北京：新华出版社，2009 年，第 265 页。

　　⑥ 记者：《书报介绍·国民公报》，《新潮》第 1 卷第 3 期，1919 年 3 月 1 日，第 541 页（卷页）。

　　⑦《陈独秀致胡适》（1919 年 5 月 7 日），《胡适来往书信选》，中国社会科学院近代史研究所中华民国史研究室编，上卷，北京：社会科学文献出版社，2013 年，第 31 页。

学生运动,功绩在《新青年》等杂志之上。①

蓝公武晚年曾检讨自己:"虽曾在办《国民公报》时,对报纸的形式和内容上有了一些改革;但自己也曾领取过高额干薪及其他不义之财。"②这是一种"功不抵过"的描述,"领取过高额干薪及其他不义之财"是一种"罪过",提示出"但"字之前的"对报纸的形式和内容上有了一些改革"一事,在蓝公武意识中是一件"功劳",并且是《人民日报》的读者(包括毛泽东)熟悉且能承认的功劳。盖如果世人对此不熟悉或有争议,他大概也不会只提此一件"功劳",可见改革《国民公报》是蓝公武当年曾用心,至老仍甚为得意之事。

可以说,蓝公武(及《国民公报》)与五四运动、社会主义传播和中国共产党的早期发展均有重大关系。然而吊诡的是,上述各研究领域虽风格、侧重不同,但在各自的既有研究中,蓝公武无一例外地均为"失语者"。无论是《新潮》所列之《新青年》《每周评论》,抑或曾被对举的《晨报》,学界直接研究或间接利用的著述可谓汗牛充栋,但是对原本被认为"既读其一,不可不读其二"的《国民公报》却知之甚少,其间的冷热对比鲜明。

张朋园较早注意到《国民公报》与蓝公武"关系最深",是梁启超一系的重要舆论阵地,且"一度转趋激进",但"因该报不见流传",故"该报的真正面目如何,无从臆测"。③罗志田后来将蓝公武与胡适、李大钊一并纳入"问题与主义"之争的讨论,初步呈现出蓝公武在这场讨论中的重要位置。④其他少数研究,多以介绍为主。⑤总体而言,我们对当年有"崇论宏议"的蓝公

---

①   1919年5月2日,《国民公报》与《晨报》一同刊登林长民《外交警报敬告国民》,王抚洲记得"五月二日报纸的报导,情势尤为险恶,《晨报》、《京报》、《国民公报》均登载刺目惊心的新闻",并认为"如果说是文化人激动起五四爱国运动,这功绩应归之于当时的新闻记者,而不是《新青年》、《新潮》等刊物"。王抚洲《我所记得的五四运动》,《传记文学》第10卷第5期,1967年5月,第28页。林长民《外交警报敬告国民》一文见《国民公报》(北京),1919年5月2日,第2版。

②   蓝公武:《我的思想改造的一些体验》,《人民日报》,1952年2月1日,第3版。

③   张朋园:《梁启超与民国政治》,台北:食货出版社,1981年,第285—286页。

④   罗志田:《对"问题与主义"之争的再认识》,《激变时代的文化与政治——从新文化运动到北伐》,北京:北京大学出版社,2006年,第61—145页。

⑤   田露:《蓝公武与五四前后的〈国民公报〉副刊》,《鲁迅研究月刊》,2010年第2期。此外,彭鹏在其著作中曾以专章讨论"蓝公武与《国民公报》",惟他更关注于证明《国民公报》是新文化运动的一部分,而不甚措意蓝公武(和《国民公报》)自身的思想脉络,以及与五四思想界的互动与影响。彭鹏:《研究系与五四时期新文化运动——以1920年前后为中心》,广州:中山大学出版社,2003年,第130—157页。

武及由他主持的"响应新思潮最早"的《国民公报》之了解仍远低于他们在五四时期的重要程度。蓝公武怎样改革《国民公报》，如何"响应新思潮"，与《新青年》同人关系如何，他的加入对新思潮本身又有何影响？这些问题均尚存待发之覆。本章尝试以《国民公报》"响应新思潮"为主线，在蓝公武与北大同人的对话过程中呈现双方关系，以期丰富我们对新文化运动的认识。

第一节　政论与思想：《国民公报》的转向

蓝公武本属梁启超一派，因此，他与《国民公报》之所以成为"新文化运动的同路人"甚至"社会主义的功臣"，其实源自一个更大的群体行为。不过，在这一转向文化运动的过程中，蓝公武并非仅是"听将令"的实行者，更是参与其中的推动者。

《国民公报》原是宪法研究会的机关报，有鲜明的政党色彩。宪法研究会"历年以来之奋斗于政治潮流"，"平日宗旨无非欲诱掖政治以上轨道，凡一切越轨之行动无论属于何方面，均在所反对"。① 故《国民公报》之社论、时评、新闻均以当下的内政外交为重，尤其是宪法研究会参与其中的国会、宪法、总统选举等议题。正如蓝公武在 1918 年底不无忏悔地说："记者在这一年里头，只替这些武人、政客、官僚、名流做了一个起居注"，"除了杀人劫掠、争权夺利以外，就是通电谈话、疏通运动、请客奔走这几件事"，几乎没有一件"可以算得是国民的事件"，他据此自嘲"吾这《国民公报》，按起实在来，简直是个《官民私报》，这真对不住读者诸君"。②

辛亥鼎革、共和肇建之初，曾有过一个"政治热"的时期，改革前的《国民公报》正是"政治热"的表现。随着时人对民初政局的失望，特别是政学两界对袁世凯称帝与张勋复辟的反思，新文化运动由此兴起。后来张君劢总结说："辛亥前后，国中先觉之士，以为宪法一成，或政党一立，则西方政治可以不终朝而移植于吾国。近数年东驰西突，政象益纷，于是有所谓新

---

① 《研究会饯别梁任公》，《国民公报》（北京），1918 年 12 月 21 日，第 2 版；《宪法研究会之态度》，《国民公报》（北京），1917 年 5 月 12 日，第 2 版。

② 知非（蓝公武）：《岁暮之感想》，《国民公报》（北京），1918 年 12 月 31 日，第 3 版。

文化运动,以打破偶像改造社会之说相号召。"①蓝公武便是有此号召之人。他在留学时代本"极倾心英国的哲学和政治、经济的学说","崇拜英国的议会政治",立志要"创办报社、组织政党、当选议员",辛亥革命后,"这三件事一一实现"。但在民初尝试共和的过程中,"实际的经验和以前的期望完全相反"。② 面对挫败,蓝公武希望在北洋主威信、西南主护法抑或是"和平统一"之外,"筹划一根本解决之道",而他提出的解决之道则是"鼓起国民之自觉心,陶铸一极有力量之舆论,以与南北军阀战,无论如何困苦艰难,必达到排除之的目"。③ 蓝公武的转变不仅表现出面向国民、借助舆论,更从一开始就带有"与南北军阀战"的革命一面。

国内环境如此,世界潮流亦处于剧变之中。第一次世界大战结束前后,不少国人认为战后的世界将从崇尚竞争转为提倡互助,国与国之间弱肉强食的丛林状态当有所改变④,但颇为讽刺的是,即使世界根本改造,似乎并未缓解蓝公武的焦虑。他曾明言:"欧洲大战虽终,世界变化方剧,革命之潮流,经济之剧变,以彼文化发达之国,犹恐惧彷徨,而不知所以自处于新时代之道,况如恹恹待死之中国乎!"将"恹恹待死之中国"与"文化发达之国"对举,暗示出竞争无时不在。盖在蓝公武看来,"世界潮流,变化日剧,顺应者存,逆行者亡,新时代中,恐未必有吾中国存在之迹也"。换言之,中国在新时代亦并未逃出"适者生存"的轨则,只不过从弱肉强食转变成了对世界新潮流的"顺应者存,逆行者亡"。⑤

此种新竞争的焦虑亦为张东荪所分享,他曾有解释说,欧战后所谓"民族自决主义"只是表面,"勿论人道正义如何光明,要不能无竞争",只不过竞争方式已转变,"物质的帝国主义既随军国主义而俱逝,则精神的帝国主义必代之而兴",国与国之间将"以文化相争,恃文化征服劣等民族",文化之表现"一曰思想,二曰组织","其组织力不发达,其思想力亦不发达,势将

---

① （张）君劢:《悬拟之社会改造同志会意见书》,《改造》第 4 卷第 3 期,1921 年 11 月 15 日,第 3 页(文页)。

② 蓝公武:《我的思想改造的一些体验》,《人民日报》,1952 年 2 月 1 日,第 3 版。

③ 知非(蓝公武):《运动和平者有大决心乎》,《国民公报》(北京),1918 年 11 月 5 日,第 3 版。

④ 关于欧战后新风气的讨论,参见罗志田:《"六个月乐观"的幻灭:五四前夕士人心态与政治》,《历史研究》,2006 年第 4 期;周月峰:《以"未来"否定"现代":一战与五四新文化运动多歧性的形成》,《学术月刊》,2020 年第 3 期。

⑤ 知非(蓝公武):《本报之新宣言》,《国民公报》(北京),1919 年 1 月 5 日,第 3 版。

为他民族之精神的帝国主义所吸收"。张东荪并由此得出结论："军队在中国此后立国之要素上为最无用之物，而教育则最必需之事。"①就此而言，从政治转向文化，虽有欧战后世界改造潮流的影响，但仍暗含欧战前的竞争思路，与清末"学战"有着相似关怀。

对于世界潮流，蓝公武曾乐观地认为："现在世界已经根本改造，人道正义之新时代，仿佛就在吾们眼前，不久就要实现。"他看到"世界大多数之可怜民众，受那新潮流的刺激，一个个都觉醒起来，协同做这建设大事业"。然而，与对世界潮流的乐观相对，中国民众当时仍是"麻痹，一些都没有感动"，故他希望唤醒人们"快快觉悟"，应及早意识到"现在这些掌握政权或是参与政治的人，没有一个可以希望的"，真正"新时代之新人物"，应当"快快起来，战胜这旧习恶俗，再来建设吾们的理想社会"。②

一面是对国内现状的不满，一面是世界新潮流的刺激，使蓝公武越来越注意到新思潮的力量。1918 年 7 月，蓝公武与张君劢、张东荪商议，"论中国前途，常以为必经思想革命一阶级"，主张"言论应期诸久远，不可徒着眼于一时"，希望从具体、一时的政治讨论转向更根本的思想界。有意思的是，与胡适从文学改良入手相似，他们虽意在思想革命，但"所心摹力追者，则为德之文学大家勾堆、雪雷"。③ 稍后熊正理从美国复信张东荪，也提到"左右与君劢、志先诸公商定任公于十年以内绝对不近政权，专从文化方面，另造一种新势力，改党造党"。④ 前后两次讨论中，主动者都是张东荪、张君劢、蓝公武，大致可见他们的推动之功。

《国民公报》的改革正是在这一语境中进行，"力图顺应世界潮流，将内容大加改良"。⑤ 在改版时，有编辑也特意指出："欧战将终，中国问题必为国际间最重大之问题。此后吾国国势，将与国际形势，息息相关。"⑥故在征稿启事中说："欧战告终，德奥革命，世界已根本改造，还顾国中，死气袭人，

---

① （张）东荪：《新生命》（二），《时事新报》，1918 年 11 月 8 日，第 1 张第 2 版；（张）东荪：《新生命》（四），《时事新报》，1918 年 11 月 11 日，第 1 张第 2 版。

② 知非（蓝公武）：《敬告新时代之新人物》，《国民公报》（北京），1918 年 11 月 23 日，第 3 版。

③ （张）君劢：《论国家前途书》，《时事新报》，1918 年 7 月 17 日，第 1 张第 2 版。"勾堆、雪雷"即德国文学家歌德、席勒。

④ 《熊正理致张东荪书》（1919 年 3 月 2 日），《时事新报》，1919 年 4 月 12 日，"学灯副刊"，第 3 张第 4 版。熊正理为熊纯如之子，时留学美国，后曾任东南大学教授等职。

⑤ 《国民公报》广告，《新潮》第 1 卷第 2 期，1919 年 2 月 1 日，第 270 页（卷页）。

⑥ 毋忘：《本报重刊之旨趣》，《国民公报》（北京），1918 年 10 月 21 日，第 2 版。

事事物物无不腐败醒齁,若不根本改革,安能生存于未来之新时代?"①在新潮流中,居然有了新的亡国焦虑,最能说明时人心态的紧迫与急躁。

1919年初,蓝公武曾称:"本报天天想改良,日内便当切实的做去。"②其实,在1918年底到1919年初的数月中,改革《国民公报》成为他最重要之事。因多次停刊,《国民公报》关注到思想问题的时间比《时事新报》稍晚。1918年10月21日,该报停刊两旬后复刊,在复刊旨趣中提到今后"所持主义",其中,第三条针对当时思想界,认为思想界"至今日萎靡极矣",具体表现为"上自耆老,下逮青年,无不以淫佚为风流,以狂放为脱略,乃至卑贱苟污、肆行无惮。即志趣高远者,亦惟厌生避世,自适其志,世风如此,国安不亡",所以"欲以棉力,挽兹狂澜。凡所论述,对于政教艺术誓有以革今日之陋俗,而使吾国思想界,辟一新境界焉"。③ 此复刊词虽为"毋忘"所作,但大致也能代表主笔蓝公武的想法。其实早在几年前,蓝公武就曾警醒国人,"今日国人之厌世之悲观之淫乐,即中国亡国之先声也",也曾有"长此不变,国何以存"之问,视此为"中国今日危机"。④ 将淫佚、狂放、厌生避世的世风与亡国相连,体现的恰是中国传统的眼光,提示出转向思想界,未必全是新的趋势,可能也暗含着旧的路径。

复刊数日后,趁新年之际,蓝公武作《本报之新宣言》一篇,开宗明义,要"竭其微弱之智力,以当改革之大任"。在"毋忘"复刊词基础上细化他们"所信之主张",共十条,前七条仍着眼于政治制度,延续了蓝公武民初以来的政治主张,后三条分别为:"发达实业及教育,以改善国民之经济及精神之生活";"革新思潮,破坏一切之因袭权威";"确立民本主义之精神,绝灭一切特权"⑤,侧重精神、教育,呈现出一种新的趋向,正如《国民公报》广告所说,一面"促政治之改进",一面"谋思想之革新"⑥,应对着国内"以言学术,则尚未萌芽;以言政治,则日事内乱"的困局。⑦

随着宗旨的革新,《国民公报》亦对版面进行了调整,试图将第二张尤其是第五版改造成介绍新思想的园地。他们在该版增加"社说""专论"与

---

① 《本报欢迎投稿启事》,《国民公报》(北京),1918年11月22日,第2版。

② 《覆信·答雄东君》,《国民公报》(北京),1919年1月12日,第5版。

③ 毋忘:《本报重刊之旨趣》,《国民公报》(北京),1918年10月21日,第2版。

④ 武(蓝公武):《今日之危机一》,英文《京报》汉文版,1914年12月7日,第3版。

⑤ 知非(蓝公武):《本报之新宣言》,《国民公报》(北京),1919年1月5日,第3版。

⑥ 《国民公报》广告,《新潮》第1卷第2期,1919年2月1日,第270页(卷页)。

⑦ 知非(蓝公武):《本报之新宣言》,《国民公报》(北京),1919年1月5日,第3版。

"欧战史料"等栏目，介绍欧战及世界知识，正是落实其"对于世界大势，及各国政情，采访务求迅速，记载务求详尽"之"主义"的体现。① 尤其重要的是，自1918年12月5日起，该报创设"世界革命潮流"专栏，开始登载《无政府主义领袖俄人科洛扑秃金自叙传》，一直持续到1919年10月24日报社因"触犯刑律及出版规定"被查禁，几乎不间断地连载近一年。② 其他介绍无政府主义、社会主义等"过激思想"的文章亦时常见于报端，深深影响了《国民公报》的言论色彩。此外，又增设"青年教育"一栏，认为青年之教育，不仅是"教育上之问题"，"其盛衰得失直接有关于国家之运命"。③ 同时，自1918年11月开始，梁启超在该报开设"讲坛"专栏，最初设想即为"专为青年修养而设"，"不谈政治"，希望与青年"结文字因缘"，开"讲论道德、商榷学问之风"。④

复刊后的《国民公报》面向青年的意图明显，以革新政教艺术等方面的陋俗为己任，正与《新青年》同人之主张暗合。这一年底，《国民公报》更在《新青年》《新潮》上投放广告。⑤ 投放广告这一行为本身就显示主办者清楚知道报纸改良以后与《新青年》《新潮》有更多相似之处，面对着同样的读者群。

值得注意的是，在蓝公武的新宣言中，除十条"信条"之外，他"尚有文学革命与妇女解放二大问题，同人虽未敢自信其主张之是，亦当随时发表所见，以求有识者之批判"。⑥ 文学革命与妇女解放是《新青年》同人所关注的主要论题，蓝公武特意揭出此二问题，有主动加入《新青年》论域的用意。在某种意义上，胡适所说"北京《国民公报》响应新思潮最早"，其实更多是指响应《新青年》所主导的论题最早。可以说，《国民公报》的改革，正是在与《新青年》的互动之中完成的。

---

① 毋忘：《本报重刊之旨趣》，《国民公报》（北京），1918年10月21日，第2版。

② 《无政府主义领袖俄人科洛扑秃金自叙传》，《国民公报》（北京），1918年12月5日，第5版。

③ 《欧洲之青年教育观》，《国民公报》（北京），1918年11月1日，第5版。

④ 梁启超：《欧战结局之教训》，《国民公报》（北京），1918年12月1日，第5版；《本报特别启事》，《国民公报》（北京），1918年11月3日，第5版；《人生目的何在·记者附识》，《国民公报》（北京），1918年11月7日，第5版。

⑤ 《国民公报》广告，《新青年》第5卷6期，1918年12月15日，无页码；《国民公报》广告，《新潮》第1卷第2期，1919年2月1日，第270页（卷页）。

⑥ 知非（蓝公武）：《本报之新宣言》，《国民公报》（北京），1919年1月5日，第3版。

第二节　"吾辈"与机关报：响应《新青年》

在改革过程中，除世界新潮流外，真正让蓝公武"心摹力追"的，其实是近在身边的《新青年》同人。1919 年 4 月，《时事新报》记者注意到当时"所谓新思潮者，其始仅由二三青年鼓吹，新说既出，一部分人从风而靡，遂成社会上一问题矣"。① 这里的"二三青年"大概即指《新青年》同人，特别是陈独秀、胡适、钱玄同等人。稍早之前，蓝公武也曾致信胡适，不无佩服与歆羡地说：

> 在这几年中，就这《新青年》诸君猛力进行，没有好久，居然有许多赞成的、反对的，令一般人把诸君所说的话，都成了一个问题研究。这真是诸君开拓思想界的大功。

他一边"愿以无限的同情来祝颂诸公"，同时又稍露遗憾，盖像《新青年》同人那样有志愿"改造国语文学，改良社会道德"的人，"吾朋友中很有，都是常想做这事业的"，且"所有主张，与诸君差不多"。蓝公武信中所指大致即为他自己及张君劢、张东荪等"梁启超系"人员，他们"都是误于政治活动，从未切实做去，等于没有这志愿一样"。② 不过，"吾朋友"与"诸君"的对比中，又不无竞争的意味。蓝公武之言更提示出，思想界的开拓不必单纯是"赞成"的追随者增加，即使是反对者，只要参与或仅仅"关注"到同一问题，此种"视线"的聚集，本身便是对思想界的开拓。而且，无论是"赞成"或"反对"，一旦将《新青年》"诸君所说的话"当成"一个问题研究"，赞成者和反对者的"论域"、表达方式亦将随之改变。

其实早在刊发《新宣言》的几天前，蓝公武就已经将响应《新青年》的意图付诸行动。他在《国民公报》中介绍傅斯年讨论戏剧的两篇文章，文章起首称赞"《新青年》杂志第五卷第四号，傅斯年君有两篇《戏剧论》，真是中国近来少有的名文"，又"听说傅君是北京大学文科的学生，青年中有这样思想见解，记者更觉感佩"，并表示自己所要说的主张，"傅君已说得十分透澈"。③

---

① 惕若：《新思潮》，《时事新报》，1919 年 4 月 8 日，第 2 张第 1 版。

② 知非（蓝公武）：《答胡适之先生》（十一），《国民公报》（北京），1919 年 2 月 26 日，第 5 版。

③ 本段及以下三段引文见知非（蓝公武）：《节录傅斯年君之〈戏剧论〉附志》，《国民公报》（北京），1918 年 12 月 28 日，第 5 版。

就内容而言，这篇介绍并非只是一味赞美，更多的仍是批评意见，只不过蓝公武的态度不仅整体充满赞赏，提意见时用语亦十分谨慎，犹似处处怕引起傅斯年的不满。如他说："记者尚有一二批评的地方，却不是对于傅君戏剧的意见，也不是故意的挑眼，是个借题发挥的意思。"当指出傅斯年"《戏剧改良各面观》一篇中，引了许多美学上的议论，这个颇有些不妥"，以及错用"失勒博士"的例证时，却非常"建设性"地说："傅君所引证的，本是极有研究，但若不引用这一段，议论恐怕更要精当。"当他反对傅斯年"论戏剧不应有大团圆"的论断之前，也仍要强调"傅君所主张的六项，记者狠赞同"，甚至在"大大反对"傅斯年所用"天经地义"之时，也替他解释为"一定是一时不注意"。

在文章中，蓝公武反复强调与傅斯年等人同是以"革新思想"自任的"吾辈"，一则说"吾辈既以革新文学自任"，再则说"吾辈要革新思想，第一先要破除这种观念"，又说："吾辈在这恶浊社会之中，做这革新思想的事业，须要步步留意，才能与恶社会奋战，断不可留些弱点给他们作反攻的武器。"此类语言之所以在文中反复出现，正如蓝公武自己所说他借傅斯年的"论文，加上几句批评，不过是表白吾辈做这事业的态度"[1]，"表白"的对象显然包括甚至主要便是《新青年》同人。稍后，他在与胡适通信时，也同样开宗明义表明态度："本报此后自当追诸君之后，努力做一个革新思想的机关。"[2]不仅自定位于"革新思想"，且明言是追随《新青年》之后，除了表明自己引傅斯年、胡适为同道的态度外，或许还希望《新青年》同人也能将他视为同道。而且，蓝公武反复表白自己立场的目的之一，便是双方一旦对"吾辈"形成共识，则即使有所批评也变成了对"吾辈"的自我批评。

蓝公武曾稍带教训意味地批评傅斯年："对于自己的思想研究，务宜忠实，自信确切的，固应竭力发挥。倘若有怀疑不能自安的地方，究宜暂时存而不论"，并举傅斯年自己所指出的"自从西洋学说进口中国，游谈家多了个护身符"这一恶习，认为"宜尽力轻移，宁可矫枉过正，不可心有不安"。之所以谈到"游谈家"恶习，本是从傅斯年错引"失勒博士"而起，则劝诫对象自然包括傅斯年无疑。但因有立场在先，劝诫便成了对"以革新文学自任"之"吾辈"的要求。他紧接着即做说明："这是因为感佩傅君的议论，才引起记者这种感触。"又特意以张厚载对比，说："若如张厚载的旧剧观，这毛病犯的太大了，就不知从何说起。记者看了他的文章，决不会生这

---

[1] 知非（蓝公武）：《答傅斯年先生》，《国民公报》（北京），1919年1月7日，第5版。
[2] 知非（蓝公武）：《答胡适之先生》（一），《国民公报》（北京），1919年2月7日，第5版。

种感触的。"

傅斯年两篇戏剧论的文章刊登于《新青年》戏剧专号,本是针对张厚载这样"现在为旧戏辩护的人",要"使他再少开口"。① 蓝公武扬傅抑张,立场鲜明,其强调亲疏远近的背后,除了观念异同之外,恐怕也暗含初与《新青年》同人交流的谨慎心态。先是,张厚载投书《新青年》讨论旧戏被钱玄同、刘半农诸人批评,从而引出马二先生在《时事新报》上为其鸣不平,驳斥《新青年》同人,又意外地使得《时事新报》主编张东荪一度与《新青年》处于敌对状态。当时张东荪所采取的恰是以局外人的身份"先劝劝维新派"的方式。以蓝公武跟张东荪之关系,当不会不知这一段过节。故蓝公武开宗明义表白立场的做法,也表明自身在《新青年》《时事新报》因旧戏而起的交锋之中,更倾向《新青年》一边。这或许正是蓝公武吸取张东荪以批评者立论却不料引起对方敌意与激烈反击的教训,希望以更友好、温和的讨论方式进入《新青年》所主导的思想界。

傅斯年很快便对这一文章做出回应。他致信蓝公武,自谦"对于西洋近代的剧学,实在少研究",而且"这戏论是随便写的,不值大家细顾","不过把一时所感触的,匆匆写了出来,算不得有系统的文章","狠是惭愧"。同时承认蓝公武的批评"极有道理"。在信中,傅斯年也解释自己之所以以一个"美学的门外汉"来谈美学,是被"现在为旧戏辩护的人"所激,故以自己"一知半解"的美学知识"对付下流人"。他进而自嘲"把这办法用在很有价值的《新青年》上,总算我的罪过",并反思自己作文时"常常不知不觉把自己的脾气露出",且行文"不检点"。②

有意思的是,相比于让张东荪领教气焰的反唇相讥,从上述行文中可见傅斯年对蓝公武的态度确实"十分谦抑,诚实可佩"。③ 他甚至反复强调蓝公武能直言规劝"难能可感",说:"我对于足下对我的箴规,佩服的很,感谢的很。"④通过一来一往的文章与书信,蓝、傅两人建立起一种默契,不仅视对方为同道,且还能相互规劝,真成了同以"革新思想"自任而相互扶持的"吾辈"。蓝公武显然比较满意此种相互认同并能切磋的关系,故随后便在复信中"希望在这发端之始,吾辈应当互相切磋,才能磨厉其器,以与敌

---

① 《傅斯年先生来信》(1918 年 12 月 30 日),《国民公报》(北京),1919 年 1 月 7 日,第 5 版。

② 《傅斯年先生来信》,《国民公报》(北京),1919 年 1 月 7 日,第 5 版。

③ (张)东荪:《破坏与建设是一不是二》,《时事新报》,1919 年 2 月 6 日,第 1 张第 1 版;知非(蓝公武):《答傅斯年先生》,《国民公报》(北京),1919 年 1 月 7 日,第 5 版。

④ 《傅斯年先生来信》(1918 年 12 月 30 日),《国民公报》(北京),1919 年 1 月 7 日,第 5 版。

人论战"。①

从答复傅斯年信的第二天起，蓝公武就开始持续以白话撰写文章，参与到《新青年》所"鼓动"的问题之中，同时也改变了《国民公报》的日常论题。例如，蓝公武以《近代文学上戏剧之位置》《评中国之旧剧》等文参与戏剧讨论，以《文艺论——近代文学之特质》《文艺论——文学变迁之历史》参与"文学革命"的讨论。② 在《近代文学上戏剧之位置》一文中，他呼应胡适、陈独秀的"文学革命"主张，将"近代文学"与"从前的文学"做出区分，相对于"乡土的文学""特别阶级的文学""作家一人的空想文学""无用的玩好品""形式的死文学"，提出近代文学是"世界的文学""国民的文学""社会生活的写实文学""神圣的事业""生命的活文学"。他又支持胡适的白话诗主张，说：

> 近来《新青年》杂志中，提倡这种自由白话诗，真是中国诗歌的大革命。有一班与现代思潮隔绝的人，都说是乱绉〔诌〕，甚有指为笑谈的，这都是不知近代文学的进化与诗歌的本质，才有这种少见多怪的嘲笑。

他特意指出，当时《新青年》杂志上所登载的自由白话诗，"是否成功，如何好坏，那是另一问题"，关键是这场白话诗试验本身有其独特价值，不容否定。③

自此以后，《国民公报》几乎每日均转载北大同人杂志《新青年》《每周评论》《新潮》上之论文。例如，在《每周评论》出版后，蓝公武便注意到"近来新出一《每周评论》，议论、识见都异常透辟，真可谓新时代之木铎"。并转录陈独秀《国防军问题》一篇"作为本报评论"。有意思的是，在转载时，原本"因为过长略删几段，与原文的大旨，却尚不失其真"。然而在次日，他又"细想一想"，觉得节录"究竟未能将原文的意思完全表现出来"，所以又录一节，"使读者得窥全豹"。④ 并在报纸第二张中，新增"新人物及新事业"

---

① 知非（蓝公武）:《答傅斯年先生》,《国民公报》(北京),1919年1月7日,第5版。

② 知非（蓝公武）:《近代文学上戏剧之位置》,《国民公报》(北京),1919年1月8日、9日、10日,第5版;知非（蓝公武）:《评中国之旧剧》,《国民公报》(北京),1919年1月11日、14日、15日,第5版。

③ 知非（蓝公武）:《近代文学上戏剧之位置》(上),《国民公报》(北京),1919年1月8日,第5版;知非（蓝公武）:《近代文学上戏剧之位置》(中),《国民公报》(北京),1919年1月9日,第5版。

④ 记者:《只眼〈国防军问题〉注》,《国民公报》(北京),1919年1月8日,第3版;记者:《只眼〈国防军问题〉注》,《国民公报》(北京),1919年1月9日,第3版。

一栏,拟以胡适居首。① 稍后亦在报纸上专辟广告,介绍《新潮》。②

以后见之明来看,蓝公武(《国民公报》)与《新青年》建立起对话的方式是有效的,很快得到了胡适、高一涵与《新潮》同人的认同。傅斯年之前就曾向蓝公武推荐胡适,说:"中国近来论戏的文,还是胡适之先生那一篇有条理、多思想、能切实的文章,确切无比呢!"③蓝公武也称赞胡适文章"议论贯澈、论据精当,记者却十分佩服"。④ 这也成了蓝、胡二人交谊的契机。胡适很快向蓝公武约稿,"请先生把所要与我讨论的几点作成论文,送给《新青年》登载"。⑤ 蓝公武随即对《新青年》中贞操问题、拼音文字、革新事业的态度等各话题的意见以通信的形式分十一次刊登于《国民公报》与《时事新报》上,正如胡适所说"那一封短信竟引出先生这一篇洋洋大文"。⑥

《国民公报》的改革,立刻引起傅斯年的注意,他观察到当时"有几家政党作用的报纸,居然用白话做文,居然主张自由思想,居然登载安那其主义克鲁泡特金的《自叙传》"。⑦ 主要便是指包括《国民公报》在内的"梁启超系"几种报纸,尤其是已注意到他们"用白话做文"和宣传社会主义、无政府主义的特色。稍后他又对蓝公武说,《国民公报》"自从恢复以后,主义极好,我很佩服",并进而建议蓝公武"以后多搜《克鲁泡特金自叙传》一流的文章,多介绍西洋近日思潮,多做白话文,多登'科学丛谈'一类的稿件",同时"最好是把第二张完全作为青年读物,把那无聊的'文苑'去掉,添上'新文艺'一门,把不纯正的稿件,移在第一张去",这样不仅读者受益,报纸的

---

① 此事见孙几伊致胡适信,原文为:"敝报顷拟编新人物及新事业一栏,心目中拟以执事居首。惟旁观者之纪述,似不如执事自述之亲切。拟于日内趋访,尚希示以时间为幸。"(孙几伊:《胡适之先生谈片》,《时事新报》,1919 年 2 月 17 日,"学灯副刊",第 3 张第 3 版;孙几伊致胡适,《胡适遗稿及秘藏书信》第 32 册,耿云志主编,合肥:黄山书社,1994 年,第 482 页。)因胡适丁艰回里,这一采访直到 2 月 4 日进行,采访过程记录见《胡适之先生关于革新文学之谈话》,《国民公报》(北京),1919 年 2 月 15 日,第 5 版。

② 介绍词为:"《新潮》为北京大学发行杂志之一种,以介绍西洋现代有益之思潮,批评中国现在学术上社会〔上〕各问题为职司,乃纯粹自由思想之杂志。"《国民公报》(北京),1919 年 1 月 17 日,第 6 版。

③ 《傅斯年先生来信》(1918 年 12 月 30 日),《国民公报》(北京),1919 年 1 月 7 日,第 5 版。

④ 知非(蓝公武):《答傅斯年先生》,《国民公报》(北京),1919 年 1 月 7 日,第 5 版。

⑤ 《胡适之先生来信》,《国民公报》(北京),1919 年 2 月 7 日,第 5 版。

⑥ 《胡适之答蓝志先书》,《国民公报》(北京),1919 年 3 月 26 日,第 5 版。

⑦ 孟真(傅斯年):《破坏》(1918 年 12 月 17 日),《新潮》第 1 卷第 2 期,1919 年 2 月 1 日,第 348 页(卷页)。

定位也能更为清晰。①

　　蓝公武对于傅斯年"希望本报的第二张改良，去了文苑，添上新文艺"的建议，表示正是自己"天天想做的事情"，自誓"以后也要竭力在本报第二张上绍介近代的新思潮"。虽然当时《国民公报》"社员不多，并且多兼着别种事业"，苦于"本钱实在有些不够"，但蓝公武仍然陆续将老式报尾的"文苑"一再压缩直至取消，代之以"思想界消息""新人物及新事业"等趋新栏目。② 为了突出报纸第二张的特色，甚至于连梁启超、蒋百里、张君劢等的欧游通讯，也是"关于政治的登在第一张，关于文学哲学及描写风景的登在第二张"，分工有序。③

　　有新栏目之后，也需要有新作者的支持，故该报多次面向思想界征文，说："本报今特辟一栏，欢迎自由思想家之投稿，凡抱根本改造之意见，而愿以大著见赐者，不论何种问题，本报无不乐为发表。"④在与《新青年》同人建立联系之后，蓝公武更积极向对方约稿，希望《新青年》"诸君能不吝笔墨，随时投稿"，并再次强调《国民公报》"是个自由思想的报，凡有投稿，只要议论有价值，不管主张合不合，一律欢迎"。同时明言希望与《新青年》同人能有更多文字往来，以弥补报社"力量总有些不济"的困局。⑤

　　从后续发展来看，《国民公报》确实较早就成了北大师生的言论阵地。陈独秀在1919年6月被捕后就曾供述称："蓝公武他办《国民公报》，他托我找人作几篇文章，我托人将文章作好与蓝公武寄去。"⑥甚至于鲁迅所译武者小路小说《一个青年的梦》也是先"逐日的登在《国民公报》上面"，直到《国民公报》被禁止出版，才重行刊登于《新青年》。⑦ 事实上，蓝公武不仅约稿，稍后更邀请罗家伦、孙伏园等北大学生成为报社特约记者或编辑。胡适到晚年仍清晰记得："甚至在1919年5月之前，梁启超先生的政界友人就已经将他们在北京的两份日报换成白话文，并在各自的专栏中译介现

---

① 《傅斯年先生来信》(1918年12月30日)，《国民公报》(北京)，1919年1月7日，第5版。

② 知非(蓝公武)：《答傅斯年先生》，《国民公报》(北京)，1919年1月7日，第5版。

③ 《本报特别启事》，《国民公报》(北京)，1919年1月12日，第2版。

④ 《本报欢迎投稿启事》，《国民公报》(北京)，1918年11月22日，第2版。

⑤ 知非(蓝公武)：《答傅斯年先生》，《国民公报》(北京)，1919年1月7日，第5版。

⑥ 《陈独秀口供》(1919年6月12日)，《京师警察厅司法处科员张锡昌呈报复讯陈独秀事》(1919年6月13日)，《档案中的北京五四》，北京市档案馆编，北京：新华出版社，2009年，第107、110页。

⑦ 鲁迅：《〈一个青年的梦〉译者序二》(1919年11月24日)，《新青年》第7卷第2期，1920年1月1日，第66页。

代自由主义和激进派的著作。""北京的两份日报"即是指《国民公报》和
《晨报》，它们"为新一代的青年作者开辟了专栏"。① 在胡适晚年的认知
中，一度同属"吾辈"的蓝公武，又回归了"梁启超先生的政界友人"的身份，
不仅群体的内外之分处在变动之中，蓝公武响应新思潮的一面也为"政界"
两字所淡化。

在建议《国民公报》改版时，傅斯年曾敏锐地指出，这样的改良，"于读
者的受益，报纸的身分〔份〕，都有关系"。② 正是在响应《新青年》的过程
中，《国民公报》完成自身论域与身份的转换，从"政党作用的报纸"蜕变为
思想革新的阵地。1919 年初，胡适自皖回京，《新青年》同人急急将《国民
公报》的转变告之。高一涵告诉胡适，《国民公报》"近来极力赞成我们的主
张"，并特意检出旧报给胡适看。胡适看后，"心里非常喜欢"，认为"新文学
的运动从此又添了一个有力的机关报了"。③ 他也曾对其好友许怡荪说：
"《国民公报》之蓝公武竟做了好几篇白话文章，还有极力赞成我们的议论。
我们又征服了一块地盘了！"④胡适在与人交往中虽以脾气好著称且常常对
人有正面表述，但将《国民公报》当作新文学运动中"有力的机关报"，仍能
体现其重视程度，尤其是在与好友私信中语带激动，最能看出这块地盘对
新思想的重要意义。同时，从中也隐约可见《新青年》同人在思想革新中先
发性、标志性的地位，此时《国民公报》在思想界的位置仍需要依靠《新青
年》来确定。

稍后《新潮》记者（很可能是傅斯年）对《国民公报》的介绍，更能体现
当时革新事业中坚力量对它的认同，那位记者在书报介绍栏中正式推荐
其："自从恢复以后，应世界的潮流，主张自由的思想，制作革新的文词。
里边的评论都是用白话做的。"对《国民公报》第二张新近推出的栏目"世
界革命潮流""星期讲坛""科学丛谈"等，更强调"是青年人的良好读
物"，且特别指出蓝公武之前论文学、戏剧的文章，"是很有学问很有思想
的著作"。对其"恢复以后"的总体评价为："得了一个新生命，这新生命
是'未来的精神'，'革新的动力'。"将它与《新青年》《每周评论》并列。⑤

---

① 胡适：《1917 至 1937 年的中国思想潮流》（1955 年 5 月 6 日），胡适纪念馆藏，检索号 HS-
US01-030-011。

② 《傅斯年先生来信》（1918 年 12 月 30 日），《国民公报》（北京），1919 年 1 月 7 日，第 5 版。

③ 《胡适之先生来信》（1919 年 1 月 24 日），《国民公报》（北京），1919 年 2 月 7 日，第 5 版。

④ 《胡适致许怡荪》（1919 年 1 月 20 日），《胡适许怡荪通信集》，上海：上海人民出版社，2017
年，第 91 页。

⑤ 《书报介绍·国民公报》，《新潮》第 1 卷第 3 期，1919 年 3 月 1 日，第 541 页（卷页）。

此外，《新青年》与《每周评论》也开始频繁转载《国民公报》中思想文艺方面的评论，并时有回应。① 此种相互声援、对话或商榷的互动关系，使彼此真正处于同一个思想界中。

蓝公武与《新青年》同人的交流互动，通过不断阐述各自立场和理念，在使《新青年》同人更了解"梁启超系"的同时，也让外界更了解《新青年》同人。张东荪曾对胡适说：

> 若论起学问内容来，我们与贵同人并没有甚么不合。贵杂志不佞也常看见，除了改文为白话的主张以外，也有曾经是不佞说过的，就是白话，不佞狠是赞成，并且主张加文法的要素，仿欧文的构造，早在敝报上发表。这次蓝君志先告我，说先生与我主张一致，可见彼此对于学术内容上的意见实在没有甚么不同。②

张东荪特意提到是"蓝君志先告我"，最能看出在两派的互动关系中，蓝公武起到的作用不容小觑。

值得注意的是，鲁迅曾清晰记得《新青年》在 1918 年 4 月前，"不特没有人来赞同，并且也还没有人来反对"，到 5 月时，也仍是销路"大不佳"。在鲁迅看来，那时的《新青年》同人"许是感到寂寞了"。③ 傅斯年在描述《新潮》初创时的境况，也说："我们这一类的思想、文词、态度，很受一般社会的嘲笑怒骂"，当时只有《新青年》，"和方出世的《每周评论》，是我们的同道，此外若《国民公报》常有和我们的思想同流的文章。"④在这样的语境中，方能更好地理解前文所提到的胡适的诗句："好容易一颗大星出来；我们知道夜凉将到了：——仍旧是热，仍旧没有风，只是我们心里不烦躁了。"⑤有人注意到，除北大自身的《新青年》《每周评论》《新潮》外，"北京蓝

---

① 如《新青年》6 卷 1 期转载蓝公武《近代文学上戏剧之位置》，《每周评论》17 期转载毋忘《最近新旧思潮冲突之杂感》，其他如蓝公武与胡适论学的书信、关于"问题与主义"的文章，也都转载于《新青年》与《每周评论》。

② （张）东荪：《答胡适之书》，《时事新报》，1919 年 3 月 15 日，第 1 张第 1 版。

③ 鲁迅：《呐喊·自序》，《鲁迅全集》第 1 卷，北京：人民文学出版社，2005 年，第 441 页；鲁迅：《致许寿裳》（1918 年 5 月 29 日），《鲁迅全集》第 11 卷，第 362 页。

④ 傅斯年：《新潮之回顾与前瞻》（1919 年 9 月 5 日），《新潮》第 2 卷第 1 期，1919 年 10 月 1 日，第 201 页（卷页）。罗家伦后来也回忆，在"北大同时受北洋文武两派之反对"，情形危险之时，《国民公报》《晨报》"先后在北京响应"。罗家伦口述遗稿，马星野（伟）笔记：《蔡元培时代的北京大学与五四运动》，《传记文学》第 54 卷第 5 期，1989 年 5 月，第 16 页。

⑤ 胡适：《一颗遭劫的星》（1919 年 12 月 17 日），《胡适全集》，季羡林主编，第 10 卷，合肥：安徽教育出版社，2003 年，第 113 页。

公武主持的一个研究系的机关报——《国民公报》,首先起而响应",随后《时事新报》也起来积极拥护。① 其实,《国民公报》响应《新青年》的时间甚至早于《新潮》与《每周评论》的创刊,是在《新青年》同人筚路蓝缕、孤立无援之时,而非在"从风而靡"之后。正是在"寂寞"中,"好容易"有了积极响应他们的《国民公报》,他们才"知道夜凉将到了",于是"心里不烦躁了"。而且,《新青年》《新潮》《每周评论》均是北大同人的自家刊物,即使再热闹,多少都有点自说自话的味道。而《国民公报》的响应,无疑带来了更多心理层面的支持。

第三节　谁是敌人:批评钱玄同

　　1918 年底,"梁启超系"转向思想界虽是群体讨论的结果,但一时尚未形成较统一的整体方案,故蓝公武改革《国民公报》转向思想界的过程,带有鲜明的个人风格。在蓝公武的宣言中,有两条最值得注意,即"革新思潮,破坏一切之因袭权威"和"确立民本主义之精神,绝灭一切特权",从"破坏""绝灭"等措辞看,不仅有转向思想界的意愿,且表现出明显侧重破坏的一面,暗含着他们对"旧思想"的态度。

　　同属"梁启超系"的《时事新报》曾标举"于原有文化:主张尊重,而以科学解剖之"②,张东荪更是认为中国的"旧思想"已是"历史上的东西,现在的中国并没有在旧思想的支配之下,因为旧思想早已飞腾了,现在所剩的只有渣沫",所以"不必和那历史上的旧思想去挑战"。③ 对此,胡适并不同意,反驳说张东荪"未免太轻视旧派了",在他看来,"旧派的大害不在他能积极的'作梗',乃在他能消极的'打消'。这种消极的打消就是'惰性'!"④后来周作人更进一步,说:"我们生在这个好而又坏的时代,得以自由的创作,却又因为传统的压力太重,以至有非连着小孩一起便不能把盆

---

① 李小峰:《新潮社的始末》,《五四运动回忆录》(续),中国社会科学院近代史研究所编,北京:中国社会科学出版社,1979 年,第 206 页。

② 记者:《本栏之提倡》,《时事新报》,1918 年 9 月 30 日,"学灯副刊",第 3 张第 1 版。

③ (张)东荪:《〈贞操问题——蓝公武答胡适之书之一〉按语》,《时事新报》,1919 年 2 月 11 日,"学灯副刊",第 3 张第 3 版。

④ 《通讯·来函(胡适致张东荪,1919 年 3 月 20 日)》,《时事新报》,1919 年 3 月 24 日,"学灯副刊",第 3 版第 4 张。

水倒掉的情形。"旧思想"从"消极的'打消'"变为新文化人正面的压力。[①]

　　蓝公武虽也主张不必骂"旧思想"，这一点看似与张东荪相近而与《新青年》同人不同，但他"却不是因为旧思想已倒"，且"决不信中国的旧思想已倒的话"，之所以主张不必骂，是"因为旧思想势力太大"，需要谨慎。蓝公武以自己为例，叙说自己"从前在袁世凯时代，做了一篇反对礼教的文章，受了无穷的逼迫，几致北京不能安身"。他认为在当时"旧思想"看似无所举动，"吾们发议论，仿佛很能自由"，这是"因为欧战初了，一般人莫名其妙，为这'世界潮流'四字蒙住了"，"才敢怒而不敢言"。他断言，"要是日子久了，武人的势力还在，旧思想依然会抬头，要想种种来迫害吾们的"。他显然认为"旧思想"并非只会"消极的'打消'"，而是将"积极的'作梗'"，故他决绝地主张"吾辈在今日非与旧思想恶战不可，非将他根本推翻，决不能罢手"，只不过"要与旧思想恶战，那态度越发要慎重，才能博多数的同情而操最后的胜算"。[②] 换言之，他的"不骂"，其实是策略性的，其认知中来自传统的压力巨大而实在。在这一层面，他与张东荪主持的《时事新报》明显不同，反而与《新青年》同人暗合，心有戚戚。而且，蓝公武这一主张先于《新青年》同人与林纾等人的新旧之争，大有不幸而言中的意味。稍后言论界确实认为"武人的势力"与"旧思想"联合，不仅"抬头"，并开始"迫害"新文化人。[③] 蓝公武对"旧思想"既要"将他根本推翻"又"不骂"的态度中，与旧派不两立的一面成了他与傅斯年、胡适等人交流互动的思想基础，而"态度越发要慎重"的一面又让他对《新青年》同人尤其是钱玄同"激切"的风格颇多微词。

　　蓝公武主持《国民公报》在响应《新青年》的过程中，虽表明"自当追诸君之后，努力做一个革新思想的机关"，但又并非仅是追随，从一开始就抱有商榷、讨论之意。《新潮》记者注意到双方"虽然主张不尽一致，精神上却有相通的质素；对于中国未来之革新事业，挟一样的希望"。[④] 作者出于友好，更多看到"相通""一样"的一面，但也并不否认"主张不尽一致"。蓝公武坦承自己的主张与《新青年》同人"有不能相同之处"，并说自己正想"就

---

① 周作人：《旧梦》（1923 年 4 月 8 日），《周作人散文全集》第 3 卷，钟叔河编订，桂林：广西师范大学出版社，2009 年，第 56 页。新文化人所感受到的传统的压力在很多时候具有相当程度的虚悬想象（imaginary）意味。参见罗志田：《林纾的认同危机与民初的新旧之争》，《历史研究》，1995 年第 5 期。

② 知非（蓝公武）：《答胡适之先生》（十一），《国民公报》（北京），1919 年 2 月 26 日，第 5 版。

③ 罗志田：《陈独秀与"五四"后〈新青年〉的转向》，《天津社会科学》，2013 年第 3 期。

④ 《书报介绍·国民公报》，《新潮》第 1 卷第 3 期，1919 年 3 月 1 日，第 541 页（卷页）。

那意见不同之点,与胡先生商榷讨论",只是"因为只看见两三篇的论文,尚不能知道他主张的全体","所以迟迟未敢下笔,过几天等看过了他全部的论文,正要请教"。①

蓝公武与《新青年》同人观点"不尽一致"的地方众多,涉及戏剧、贞操问题、新文学、伦理、主义等。例如,对于胡适"论旧剧的文章",虽认为其"标出四种进化的观念来批评旧剧的好坏,说得极为明畅",但是仍有"不能尽同之点"。他不同意胡适等人旧戏改良的主张,根本认为"尽管减少唱工,增加道白,依然是个旧剧,不能变为新剧,这是性质不同,中间有绝大的障壁,断不容改头换面来改造的",这其实是对旧剧改良釜底抽薪的观点。他断言:"要拿新剧的精神来改良旧剧,是万万不能的,因为二者根本不同,如何能牵强改造呢?"②

不过,相较于具体问题的歧异,蓝公武对《新青年》同人在"革新事业的态度"方面提出的商榷更惹人注意。茅盾便注意到,

> 在"五四"的初期,对于封建意识的攻击还有几分泼辣的气概,——战斗的精神,特别是胡适之《新青年》一派。但是同为当时新兴资产阶级"代言人"的研究系知识分子如张东荪、蓝志先诸先生们,却自始就抱了妥协的态度。

而且,"他们两派当时颇有些论争"。③ 在旧礼教问题上,"研究系知识分子也同意于新青年派之反对旧礼教",但"主张'温和'地反对旧礼教(封建意识)",不赞成谩骂的态度,"以新青年派之'斗争的气氛'为适足以偾事"。甚至于"这态度上的'温和'与'激烈'"之争一度引起两派"短时期的'敌对'"。④ 这正是前文所提到的蓝公武所说"要与旧思想恶战,那态度越发要慎重,才能博多数的同情而操最后的胜算"。

在与傅斯年的言论往还中,或许因为已得到对方来信认可,故蓝公武在复信时不再小心翼翼,与之前近乎客套的介绍不同,对《新青年》有更为

---

① 知非(蓝公武):《答傅斯年先生》,《国民公报》(北京),1919年1月7日,第5版。

② 知非(蓝公武):《评中国之旧剧》(中),《国民公报》(北京),1919年1月14日,第5版;知非(蓝公武):《评中国之旧剧》(下),《国民公报》(北京),1919年1月15日,第5版。

③ 茅盾:《"五四"谈话》(1932年5月1日),《茅盾全集》第15卷,"散文五集",北京:人民文学出版社,1987年,第441—442页。

④ 茅盾:《"五四"运动的检讨——马克思主义文艺理论研究会报告》(1931年8月5日)、《关于"创作"》(1931年9月20日),《茅盾全集》第19卷,"中国文论二集",北京:人民文学出版社,1991年,第238、269页。

实质的批评。他在批评前先申明之所以要做批评，是因为"这文学革命的事业，现在正是萌芽的时候，到处都是敌人"。但是蓝公武所针对的并非反对文学革命的"敌人"，反而是对"吾辈"的反思，要将"吾辈"锻造得"壁垒森严，武器精良，才可以打破一条血路，战倒这恶浊社会"。他进而指出革新事业"是一件极正大极慎重的事业"，因此"反对的应当拿真实的态度来论战，赞成的也应当拿诚恳的态度来主张"，那才有成功的希望。为了"与敌人论战"，蓝公武主张先自我约束，"吾辈既同做这件事业，以后主张不妨偏激，论据却要精当"。[1] 言外之意即是批评《新青年》同人论战时态度不够诚恳，主张偏激，论据又欠精当。不过，蓝公武将此类抽象批评具体化时，却又严格控制在只针对钱玄同一人。

在新文化运动兴起的过程中，钱玄同绝非无足轻重，黎锦熙曾推许其为"'新文化'运动揭幕的一人"，在《新青年》上，其文章风格，"最大胆，最不怕，最痛快淋漓"，"不带一点'绅士'气"。[2] 故随着钱玄同的加入，《新青年》讨论问题的"态度遂由和平而趋于急激"[3]，"一时引起许多争论"。[4] 早在1918年下半年，《时事新报》编辑就曾毫不客气地批评《新青年》同人立论态度"狂妄""轻薄""破坏"，是"乱骂派读书人"。[5]

蓝公武读了四册《新青年》后，"颇受感动"，尤其认为傅斯年与胡适的论文"都是中国近来少见的名作"。不过，他紧接着话锋一转，说："里头有一位钱玄同先生的议论，记者却不佩服。"认为钱玄同论戏剧"太无根据，有些信口乱说"；关于中国文化、废汉字等观点也多是"瞎话""瞎说"。[6] 从文字来看，能感觉到蓝公武对钱玄同的意见并非顺便提及，很可能由来已久，藏于心中，却又不想在从事革新事业之始即与《新青年》同人为敌。这一次在与傅斯年建立往来且得其认同之后，不吐不快。

蓝公武自己也意识到"这么长一段话，本来与傅先生的来信，毫不相干"，解释说："因为讲到改革事业之难，吾就钱先生做个证据。"如此篇幅的

---

① 知非（蓝公武）：《答傅斯年先生》，《国民公报》（北京），1919年1月7日，第5版。

② 黎锦熙：《钱玄同先生传》，《疑古先生：名人笔下的钱玄同　钱玄同笔下的名人》，高勤丽编，上海：东方出版中心，1999年，第29、27页。

③ 常乃惪：《中国思想小史》，北京：中华书局，1930年，第182页。

④ 周作人：《国语改造的意见》（1922年9月），《周作人散文全集》，钟叔河编订，第2卷，桂林：广西师范大学出版社，2009年，第753页。

⑤ 好学：《模范》，《时事新报》，1918年10月31日，"学灯副刊"，第3张第1版。

⑥ 本段及下三段引文见知非（蓝公武）：《答傅斯年先生》，《国民公报》（北京），1919年1月7日，第5版。

"证据",大概是有备而来。他甚至更进一步指出钱玄同非但没有增加《新青年》的影响,反而使改革的效果减去了一大半,"你们《新青年》杂志诸君的文字影响真是不小,就只有钱先生一个人的力量,把这改革的效果减去一大半"。并转述自己朋友反对《新青年》的议论,"都为钱先生一个人而发","因他任意乱说,浅薄可厌"。他这里所说的朋友,很可能便是指《时事新报》的记者张东荪等人。① 有意思的是,后来鲁迅对老友钱玄同有过辩护,说正是因为钱玄同提出"废止汉字",于是反对者"便放过了比较的平和的文学革命,而竭力来骂钱玄同","白话乘了这一个机会,居然减去了许多敌人,反而没有阻碍,能够流行了"。② 双方对于钱玄同到底消减或助成文学革命的功过认定全然相反,不过,都看到其言论的社会反应不佳,都"竭力来骂钱玄同"。

　　张东荪后来表明自己对于新思想的态度,是要"以新思想为目的,而去加工制造;不是以旧思想为的鹄,而去攻击破坏"。③ 蓝公武的态度也相似。他提醒新派,"吾辈做这改革事业"是一群体行为,不全是"各人有各人的主张,没有连带的关系",所以,"须要认清题目,反对的果是吾辈的论敌,那随声附和的,更是一个大敌"。不仅不需要"无智识的人来附和",而且"那随声附和毫无智识的一班人,动不动一般人就误认作是改革派的主张",反而影响到改革的成效。换言之,在蓝公武看来,妨碍革新事业的,主要并非外部的敌人,而是在新派内部。像钱玄同"这种人",便是随声附和者,"不过借一种新奇的议论,来出风头扬扬大名","所有改革的事业,都被这班人弄坏了"。故他直截了当地劝说傅斯年,"如今要希望思想革命有效果,第一就不许这种人来混充",颇有"挑拨离间"的意味。这虽是在答傅斯年的信中提及,但因为信件登于日报上,基本上是公开提议《新青年》与钱玄同撇清关系,将其排斥在革新事业之外。并直言:"记者以后就老实不客气,对于钱先生这种毫无根据的议论,却是常常要扫他的兴呢!"这已无异于公开宣战。

　　其实,蓝公武自己也承认这些话中"有些感情作用夹在里面"。其远因

---

① 张东荪后来就对胡适说:"因为看了满眼的'准狗''粪谱',不免感情异状,下笔也就激烈了。"《通讯·去函(张东荪答胡适,1919年3月20日)》,《时事新报》,1919年3月24日,"学灯副刊",第3张第4版。

② 鲁迅:《无声的中国》(1927年2月),《鲁迅全集》第4卷,北京:人民文学出版社,2005年,第13页。参见许纪霖:《五四新文化运动中"旧派中的新派"》,《华东师范大学学报(哲学社会科学版)》,2019年第1期。

③ (张)东荪:《我辈对于新思想之态度》,《时事新报》,1919年4月7日,"学灯副刊",第3张第3版。

可能是自清末以来维新派与革命派的斗争，尤其是蓝公武当年与钱玄同之师章太炎在"俱分进化论"、《红楼梦》等问题上有过争论；①近因则是钱玄同在讨论世界语的通信中有一句"我生平是最恨'中国一般宪政党的屁话，说中国没有 Republic 的程度，必须先立宪'"。② 蓝公武不无意气地回应："从前宪政党的话，果然不对。钱先生的话，也恐怕有些屁气么！"③

钱玄同看到蓝、傅通信后，认为是同他"大过不去"，他意识到那是因为自己"骂宪政党，他自然是最恨的"，"他看得气极了，于是说我的话'有屁气'"。而且，钱玄同自觉有点冤枉，认为蓝公武"没有把文章看清楚，竟把朱我农的话当做我的话，也未免太可笑了"。不过，钱玄同对朱我农原文不仅转引表示认同，且强调是生平"最恨"，也不算太过冤枉，并非是蓝公武"气极了"导致"没有把文章看清楚"。除宪政党外，钱玄同还注意到蓝氏"对于我主张废汉文的话大骂了一顿"，只不过觉得"这是照例要骂的，也无足奇"。相比于意料之中的"照例要骂"，最让钱玄同在意的则是蓝氏所说"《新青年》中有了钱玄同的文章，于是人家信仰革新的热心遂减去不少"。④ 对于蓝公武等人质疑，陈独秀曾有所回应，他注意到社会上对《新青年》"最反对的，是钱玄同先生废汉文的主张"，并解释说，那是因为"愤极了才发出这种激切的议论"，不过同时声明："像钱先生这种'用石条压驼背'的医法，本志同人多半是不大赞成的。"⑤在这一年底，《新青年》发布《本志宣言》时，仍在回应蓝公武，且部分接受其意见，说："我们因为要实验我们的主张，森严我们的壁垒，宁欢迎有意识有信仰的反对，不欢迎无意识无信仰的随声附和。"不过同时声明，在"反对的方面没有充分理由说服我们以前"，仍要"大胆宣传我们的主张，出于决断的态度"，而不取"调和论调"。⑥

蓝公武与傅斯年通信中的批评，虽指名道姓，但毕竟刊发于《国民公报》，仍然是外来的批评。不过，蓝公武稍后又与胡适旧事重提，先说"钱玄

----

① 鲁迅就记得章太炎"谈'俱分进化'，是为了他和主张保皇的梁启超斗争"，"和'以《红楼梦》为成佛之要道'的×××斗争，真是所向披靡，令人神旺"。此处的×××即是指蓝公武。鲁迅：《关于太炎先生二三事》(1936 年 10 月 9 日)，《鲁迅全集》第 6 卷，北京：人民文学出版社，2005 年，第566 页。

② 钱玄同：《对于朱我农君两信的意见》(1918 年 10 月 6 日)，《新青年》第 5 卷第 4 期，1918年 10 月 15 日，第 428 页(卷页)。

③ 知非(蓝公武)：《答傅斯年先生》，《国民公报》(北京)，1919 年 1 月 7 日，第 5 版。

④ 钱玄同日记 1919 年 1 月 7 日条，《钱玄同日记》(整理本)，杨天石主编，北京：北京大学出版社，2014 年，第 339 页。

⑤ 陈独秀：《本志罪案之答辩书》，《新青年》第 6 卷第 1 期，1919 年 1 月 15 日，第 11 页。

⑥ 《本志宣言》，《新青年》第 7 卷第 1 期，1920 年 1 月 1 日，第 4 页。

同先生的主张,论据实在浅薄,轻轻几笔,便抹杀一切,不是讨论真理的方法"①,又说《新青年》的通信栏常有"令人看了生厌"的笔墨,"专找些轻佻刻薄的话来攻击个人","反令旁观者生厌,减少议论的价值"。并再次劝告:

> 吾敢说《新青年》如果没有这几篇刻薄骂人的文章,鼓吹的效果,总要比今天大一倍。吾是敬爱《新青年》的人,很望以后删除这种无为的笔墨,并希望刘半农先生也少说这种毫无意思的作揖主义。②

在那时的《新青年》同人中,钱玄同、刘半农最常"刻薄骂人",而蓝公武此处对刘半农仍是劝说,则真正针对的又仅是钱玄同一人。

钱玄同对胡适、傅斯年与蓝公武的此种文字交流非常不满。当胡适稍后致信钱玄同,劝其"不当乱骂人,乱骂人实在无益于事"③时,钱玄同认为胡适"对于千年积腐的旧社会,未免太同他周旋了",同时提醒胡适"平日对外的议论,很该旗帜鲜明,不必和那些腐臭的人去周旋"。④ 这一提醒意味深长,说明钱玄同心中有极强的内外之别,而胡适与蓝公武的文字往还恰恰打破了这一内外界限。

蓝公武一面与胡适、傅斯年等人文字往还,相互亲近,对《新青年》溢美有加,拟将胡适、陈独秀等编入"新人物及新事业"一栏推介其革新事业,使得胡适等人引《国民公报》为同调;同时又不断公开攻击钱玄同,甚至提议《新青年》将钱玄同排斥在革新事业之外。对此,胡适并未听取钱玄同的意见,不仅未反驳,反而视《国民公报》为新文学运动的"机关报",更将蓝公武此信刊载于《新青年》,非但不删除信中攻击钱玄同之段落,甚至说"这真是我们自命为革新家的人所应该遵守的态度"。⑤ 这一行为不仅将《国民公

---

① 知非(蓝公武):《答胡适之先生》(九),《国民公报》(北京),1919年2月21日,第5版。

② 知非(蓝公武):《答胡适之先生》(十一),《国民公报》(北京),1919年2月26日,第5版。

③ 《胡适致钱玄同》(1919年2月20日),《胡适来往书信选》,中国社会科学院近代史研究所中华民国史研究室编,上卷,北京:社会科学文献出版社,2013年,第9页。按:《胡适来往书信选》将此信系于1918年2月20日,或有误。

④ 《钱玄同致胡适》(约1919年2月下旬),《胡适来往书信选》,中国社会科学院近代史研究所中华民国史研究室编,上卷,北京:社会科学文献出版社,2013年,第10页。

⑤ 胡适:《胡适答蓝志先书》(1919年3月23日),《新青年》第6卷第4期,1919年4月15日,第417页(卷页)。当时胡适的朋友中亦有对钱玄同不满者,任鸿隽也曾私下批评钱玄同骂张厚载的文章,指钱之用词"有伤风雅",认为"第一,要洗涤此种黑脑经,须先灌输外国的文学思想,徒事谩骂是无益的;第二,谩骂是文人一种最坏的习惯,应当阻遏,不应当提倡"。《任鸿隽致胡适》(1918年11月3日),《胡适来往书信选》,中国社会科学院近代史研究所中华民国史研究室编,上卷,北京:社会科学文献出版社,2013年,第16页。

报》当成新文学运动的"内"，更有将钱玄同视为"革新家"之"外"的嫌疑，使钱玄同耿耿于怀。此后，钱玄同虽仍列名编辑，但为《新青年》作文明显减少。[①]《新青年》杂志整体风格也随之稍有改变，攻击、"谩骂"减少，研究社会问题、与外界"对话"增多。茅盾称之为《新青年》"对于封建意识的攻击也就下了火"，"以攻击封建意识始，而以妥协终"。[②]

敌友关系是新文化运动时期的重要问题。蓝公武认为"到处都是敌人"，钱玄同却因没有反对者而主动创造王敬轩作为敌人，在对待旧传统的态度上，张东荪、蓝公武、胡适、钱玄同形成鲜明的思想光谱。同时，"敌人"不必是确指（如蓝公武泛说的"一般人"），实际上更可能是新文化人界定"自我"时对"他者"的建构，所体现的是他们在进行新文化运动时，对自身所处环境的想象，以及与此相关的主体性（谁是"我们"）和能动性（激进还是平和）的认知。和张东荪主张旧传统不必打倒相比，蓝公武更接近于将旧传统视为敌人的《新青年》派，分享着将新文化运动的主体性建立在新—旧对立二分之上；但其"到处都是敌人"的认知，又形成了自己审慎的风格，不同于激进的钱玄同等人。新文化运动之初，"敌人"的设定对《新青年》派有着重要作用，蓝公武的眼光则提示出，对"敌人"的不同想象，将影响到新文化运动的后续进程。

小　结

蓝公武是五四时期的重要人物，以其所主编的《国民公报》活跃于新文化运动之中，令时人印象颇深，但在既有研究中却仍处于"失语"状态。在五四前，以蓝公武为重要成员的"梁启超系"曾计划由政治转向文化努力。不过，蓝公武不单是"听将令"的实行者，还是参与其中的推动者之一。因民初尝试共和的挫败以及对欧战结束前后世界新潮流的认知，其言论重心从具体的政治讨论转向被认为更根本的思想界。在此基础上，蓝公武对《国民公报》进行版面栏目与内容的改良，积极响应新思潮，与《新青年》同

---

① 两年后，钱玄同还致信胡适说自己"对于《新青年》，两年以来未撰一文"。《钱玄同致胡适》（1921年2月1日），欧阳哲生整理：《新发现的一组关于〈新青年〉的同人来往书信》，《北京大学学报（哲学社会科学版）》，2009年4期，第38页。

② 茅盾：《"五四"谈话》（1932年5月1日），《茅盾全集》第15卷，"散文五集"，北京：人民文学出版社，1987年，第442页

人"虽然主张不尽一致,精神上却有相通的质素"。在与傅斯年、胡适等人的互动中,完成了论域与自身身份的转换,从"政党作用的报纸"蜕变为思想革新的阵地。而且,在蓝公武(及其他"梁启超系"同人)加入思想界之前,《新青年》同人处境"寂寞",往往局限于内部对话,对外界批评(甚至因为找不到批评者与对话者而假造读者来信以形成对话),常呈非友即敌的状态。在《新青年》内部,虽加入较晚但态度激烈的钱玄同、刘半农等有相当的地位和话语权。蓝公武改革《国民公报》,响应新思潮,对《新青年》尤其是钱玄同的批评与修正,不只改变了《新青年》内部的关系,也改变了社会上新文化运动的图景。

胡适在《一颗遭劫的星》这首诗中最后写道:"大雨过后,满天的星都放光了。那颗大星欢迎着他们,大家齐说'世界更清凉了!'"[1]我们知道新文化运动后来的故事,在1919年春的新旧之争及稍后的学生运动之后,响应新思潮的期刊如雨后春笋。胡适在回顾新文化运动时也说:

> 民国八年开幕时,除了《新青年》《新潮》《每周评论》之外,北京的《国民公报》也有好几篇响应的白话文章。从此以后,响应的渐渐的更多了。

"从此以后"四字耐人寻味。他观察到,"这时代,各地的学生团体里忽然发生了无数小报纸",仅1919年一年,白话报"至少出了四百种",正是"满天的星都放光了"。[2] 在胡适的叙述中,这新出来的"满天的星"和"那颗大星"不仅在时间上有先后,似乎内在上亦有关联,"那颗大星欢迎着他们"。正是蓝公武主编的《国民公报》与他们一起,创造了那个"更清凉"的世界。

进而言之,五四思想界本由《新青年》同人一手创造,然而,在它不断地"征服"一块又一块"地盘"的同时,思想界的边界也在不断地延伸,直到作为"征服者"的《新青年》同人,既无法完全控制又不能全都认同。张东荪曾将蓝公武《文艺论》等文章转载于《时事新报》"论说"栏,为此,他解释说:"从来日报上的论说没有不谈政治的,但既有时评限于谈政治,又把论说限于谈政治,似乎太呆笨了。所以本报先破这个例,论说不限于谈政治,勿论

---

① 胡适:《一颗遭劫的星》(1919年12月17日),《胡适全集》,季羡林主编,第10卷,合肥:安徽教育出版社,2003年,第113页。

② 胡适:《五十年来中国之文学》(1923年3月7日),《胡适全集》,季羡林主编,第2卷,合肥:安徽教育出版社,2003年,第335、338页。

何事都可以论的。"①"论说"本是报纸最重要的栏目，关乎宗旨，报社对于各类问题——尤其是政治问题——的基本主张常常通过"论说"呈现。张东荪一反常态，将蓝公武谈文艺的文章置于"论说"栏，代替政治议题，颇有象征意味：张、蓝二人有意以对话者的角色进入《新青年》同人创造的论域，而且此类在文艺方面的对话，将成为报纸最重要的论题。然而，颇为讽刺的是，张东荪、蓝公武"取消"关于内政的"论说"原是响应《新青年》，但在之后却又成为胡适挖苦的对象。胡适后来嘲讽说："内政腐败到了极处，他们好像都不曾看见，他们索性把'社论''时评'都取消了，拿那马克思—克洛泡特金—爱罗先珂的附张来做挡箭牌，掩眼法！"②胡适其实未必有多反对不谈内政，只是反对多谈马克思、克洛泡特金、爱罗先珂而已。换言之，他们"征服"时所种下的响应《新青年》的"瓜"，得到的却又是自己所不能忍受的"豆"。

从"梁启超系"一方而言，面对当时《新青年》所主导的新思潮，他们并不是简单地拷贝《新青年》的观念。事实上，"不同的生活方式就如同神奇的炼丹炉，它会孕育、筛选、改变"思想，他们通过参与、对话，持续地蚕食（cannibalized）、重塑并重述（reiterate）了新思潮。③ 在五四学生运动之前，《新青年》同人比较侧重于"文学的、文化的、思想的"等话题。④ 蓝公武虽积极参与上述话题，但并非局限于此。他从《国民公报》改革之初开始，就积极"输入学理"，曾连载介绍俄国革命情况，引荐克鲁泡特金，倡导社会主义，在研究问题的同时，更高谈主义。《国民公报》被查禁后，北洋政府京师警察厅列举其"违反出版法文章"，便有数则《无政府主义领袖俄人科洛扑秃金自叙传》，其他包括《共产中之匈牙利》《最后惟一的希望》《中国境内

① （张）东荪：《蓝志先〈文艺论——近代文学之特质〉按语》，《时事新报》，1919 年 1 月 14 日，第 1 版第 2 张。

② 胡适：《我的歧路》（1922 年 6 月 16 日），《胡适全集》，季羡林主编，第 2 卷，合肥：安徽教育出版社，2003 年，第 468—469 页。

③ 王汎森曾引述剑桥的南亚史家贝利（C.A.Bayly，1945–2015）有关印度政治思想史的名著《恢复自由》为例，来讨论思想的扩散、下渗及意义的再生产，指出印度不是简单地拷贝西方的观念，事实上它们蚕食（cannibalized）、重塑、重述（reiterate）那些思想概念，并常常用它们来攻击统治者的政策或行为举措。王汎森：《思想是生活的一种方式：中国近代思想史的再思考》，北京：北京大学出版社，2018 年，第 23、25 页。

④ 胡适：《五四运动是青年爱国的运动》（1960 年 5 月 4 日），《胡适全集》，季羡林主编，第 22 卷，合肥：安徽教育出版社，2003 年，第 807 页。

过激派说之由来》等。① 京师地方审判厅的《判决书》中也特意强调"该报七月以后'世界革命潮流'栏内,如七月十八日、三十日连续登载'无政府主义领袖俄人科洛朴秃金自叙传'"。甚至诘问道:

> 该报标目上标明"世界革命潮流"字样,下始列"无政府主义俄人科洛朴秃金自叙传"。处此共和政府之下,公然介绍无政府主义输入国内,而又特标明为世界革命潮流,非有意煽惑他人犯内乱罪而何?②

就此而言,《国民公报》与五四前社会主义思想的传播密不可分。那时作为读者的顾颉刚就曾注意到,"现在《时事新报》、《国民公报》上无政府、共产等字样常常看见",虽是出于"研究过激派",但一旦"常看见了,便易得使人觉悟,使人希望到这条路上去,或者我们还看得见这事实的实现"。③ 后来,国民党人冯自由观察到,"梁启超系"在鼓吹社会主义方面功不可没:

> 旧进步党人经过历年政治的教训,近来似有一番大大的觉悟,他们所办的上海《时事新报》、北京《晨报》、北京《国民公报》,都极力发挥社会主义,中国人年来鼓吹这种主义报纸,以他们所办的为最多,著论及译述等文件也很不少,这真是社会主义的功臣。

他甚至承认这"是我们最早提倡社会主义的革命党人所不及的"。④ 相比之下,当时"《新青年》和《每周评论》的同人,谈俄国的布尔扎维主义的议论很少"。⑤ 可以说,正是《国民公报》的参与,才形成了五四前后"高谈主义而不研究问题"的"新舆论界",这曾使胡适"大失望"⑥,迫使他不得不发表《多研究些问题,少谈些"主义"!》,从而引起"问题与主义"之争,又进一步推动了五四思想界"水位"的提升。

---

① 《〈国民公报〉违反出版法文章抄单》(1919 年 10 月 27 日),《档案中的北京五四》,北京市档案馆编,北京:新华出版社,2009 年,第 260—261。

② 《京师地方审判厅判决书》(1919 年 12 月 4 日),《档案中的北京五四》,北京市档案馆编,北京:新华出版社,2009 年,第 270、272 页。

③ 顾颉刚:《致罗家伦》(1919 年 5 月 6 日),《顾颉刚书信集》第 1 卷,北京:中华书局,2011 年,第 234 页。

④ 冯自由:《中国社会主义之过去及将来》,《民国日报》(上海),1920 年 1 月 16 日,"觉悟副刊",第 13 版。

⑤ 李大钊:《再论问题与主义》(1919 年 8 月 17 日),《李大钊全集》,中国李大钊研究会编注,第 3 卷,北京:人民出版社,2013 年,第 53 页。

⑥ 胡适:《我的歧路》(1922 年 6 月 16 日),《胡适全集》,季羡林主编,第 2 卷,合肥:安徽教育出版社,2003 年,第 468 页。

第四章 走向革命之一：张东荪的 总解决方案

五四新文化运动影响深远，可说是"近代中国推动划时代转变的大炸弹"。[①] 周策纵甚至认为，若不了解这个运动的源流，就"绝不能充分了解现代中国的本质、精神和情绪"。[②] 同时，这是一个极其复杂的运动，在共时性一面错综甚至矛盾；在历时性一面又时刻处于急速变动之中，让人不易捉摸。尤其是其间发生的学生运动，急剧地改变了思想界的气质，直接影响到身处其中的每一个人。

张东荪便是被五四学生运动改变的一人。他当时"主持'风靡一时'的《时事新报》"[③]，是运动中的重要人物，曾深度参与其中。后来他自己回忆说，当时"急急忙回到上海来，想从言论上促进国民的自觉"，其结果则是"没有几时全国的青年奋兴起来，组织起来"。[④] 对于全国青年的"奋兴起来，组织起来"而言，张东荪言论上的努力未必是唯一甚至不必是主要的动因，但影响仍然存在，故邓中夏会说"当时青年"对他"颇为向往"。[⑤] 其在学生界的地位也随之提高。[⑥] 同时，在观察、参与、指导运动的过程中，张东荪又受学生运动影响，思想逐渐激进，形成一套以阶级竞争推翻中国现状

---

① 陈端志：《五四运动之史的评价·献辞》(1935 年 5 月 4 日)，上海：生活书店，1935 年，第 3 页。

② 周策纵：《五四运动史：现代中国的知识革命》，陈永明等译，北京：世界图书出版公司，2014 年，第 14 页。

③ 舒新城：《我和教育》上册，台北：龙文出版社，1990 年，第 172 页。

④ (张)东荪：《请愿与群众运动》，《时事新报》，1919 年 9 月 1 日，第 1 张第 1 版。

⑤ 邓中夏：《上海的报纸》(1924 年 2 月 23 日)，《邓中夏全集》上卷，北京：人民出版社，2014 年，第 403 页。

⑥ 1920 年尚在湖南的舒新城曾向三位新文化运动领袖求助，除胡适、陈独秀外，便是张东荪。可以说，在舒新城眼中，张东荪至少一度曾与胡、陈齐名。参见张仲民：《时代思潮的地方回应——舒新城和五四新文化运动》，《民国研究》，2009 年第 2 期。

的"总解决"方案,从改良走向革命。① 尤其值得注意的是,因受五四影响,张东荪甚至还是发起上海马克思主义研究小组的最初成员,与陈独秀、戴季陶等人"筹谋如何结党(共产党)"。② 如果说"组党"是新文化运动在五四后由"坐而言"到"起而行"并走向革命过程中的重大举措,那张东荪无疑也曾起过不容忽视的作用;更重要的,从梁启超一派的"代言人",到参与讨论成立中国共产党,其转变不可谓不大。

不过,相较于张东荪在五四新文化运动中的重要程度,以往研究对其思想变动并未给予足够重视。即使关注到张氏的学者,也多注意其五四时期的中西文化观、对社会主义的态度或与其他五四人物之论争,较少注意其"总解决"方案。③ 故若系统梳理五四前后张东荪的思想变动及其在当时所形成之"总解决"方案,一方面能加深我们对张氏本人的理解,同时也可以增进我们了解五四思想界及五四学生运动对时人的具体影响。

第一节　"非破坏不能革新":五四前后张东荪的转变

从民初宪政受挫开始,时人便在重新思考解决中国问题的方案,只不过基本限于宪政框架以内。在民国六年"武人革命"、南北正式分裂之时,

---

① 本书"革命"一词取较宽泛的含义,不限于政治层面的"暴力行动",而是指从根本上改变既存状态,并往往诉诸非常规的方式。参见罗志田:《士变:20 世纪上半叶中国读书人的革命情怀》,《近代读书人的思想世界与治学取向》,北京:北京大学出版社,2009 年,第 104—141 页。

② 茅盾:《客座杂忆·〈新青年〉谈政治之前后》(1941 年),《茅盾全集》第 12 卷,"散文二集",北京:人民文学出版社,1986 年,第 96 页;茅盾:《复杂而紧张的生活、学习与斗争》,《茅盾全集》第 34 卷,"回忆录一集",北京:人民出版社,1997 年,第 195—196 页。

③ 参见左玉河:《五四时期张东荪的中西文化观》,《历史研究》,1998 年第 3 期;邱若宏:《论新文化运动中的张东荪》,《安徽教育学院学报(哲学社会科学版)》,1998 年第 3 期;左玉河:《上海:五四新文化运动不容忽视的另一个中心——以五四时期张东荪在上海的文化活动为例》,《安徽大学学报(哲学社会科学版)》,2013 年第 1 期;高波:《新旧之争与新文化运动的正统问题——以张东荪与傅斯年等人的论争为中心》,《天津社会科学》,2014 年第 4 期;沙培涛:《张东荪、〈时事新报〉与五四新文化运动》,《中华文化论坛》,2014 年第 4 期;王欣:《张东荪民主思想研究(1919—1949)》,西南政法大学 2015 年博士论文;森川裕贯:《政论家的矜持:章士钊、张东荪政治思想研究》,袁广泉译,北京:社会科学文献出版社,2017 年(该书日文版出版于 2015 年);高波:《追寻新共和:张东荪早期思想与活动研究(1886—1932)》,北京:生活·读书·新知三联书店,2018 年。罗志田老师已注意到"问题与主义"之争中张东荪所持的"总解决"方案。参见罗志田:《对"问题与主义"之争的再认识》,《激变时代的文化与政治——从新文化运动到北伐》,北京:北京大学出版社,2006 年,第 93—94 页。

张东荪认为政治逸出轨道,希望另辟新径,但那时其思考并未超出"新政"范围之内。[①] 而且,当时他仍看重"秩序"同时排斥"革命"。他说《时事新报》十年来之祈向,有一条便是"保平和":

> 吾人以为政治之进化、文明之发展也,端在乎秩序。苟非万不得已,不可轻施革命之行动。革命者,乱而已,无所谓革政也,无所谓利民也。有史以来,革命之事已屡矣,因革命而得致福利者,有诸乎? 无有也。是国家之振兴,政事之修明,恃乎平时之措施,与革命无涉焉。革命以后,措施而得宜也,则国可兴。然非革命之功也,在革命以后之政事布置如何耳。[②]

即使在 1918 年底,张东荪、梁启超等彻夜深谈,对政局整体失望,决意转向"思想界"时,亦只是"专从文化方面,另造一种新势力,改党造党",造党之后,仍然回到轨道内的"国会运动",只稍迁远;[③]到 1919 年初,他仍在提倡"扩充政治意识"来实现宪政。[④] 甚至当《每周评论》反驳张东荪的"精神开放说"而主张"无职业的不得干预政治"之时,张氏隐然感觉到了此主张与社会主义的关系,故强调当时中国的现实是"要把政治意识放大增广,先使共和能像个共和,然后再说什么社会主义不迟",并认为谈社会主义是"只喜鹜新奇,不讲究实在",是"中国人的大毛病""真要不得"。[⑤] 先政治再社会的次序以及"使共和能像个共和"的诉求,最能说明那时张东荪的思想主张。

值得注意的是,张东荪在欧战后就曾提出过相当激进的主张,他认为"现在外来的世界潮流相逼十分紧急",中国"非改途易辙不可",故提出:

> 当将南北双方的不合时宜不公平不满人意的制度根本推翻,而另造一个合乎世界潮流的制度,为正义的产物,为理性的产物,为人道的

---

① 关于张东荪民初的政治思想,可参见森川裕贯:《政论家的矜持:章士钊、张东荪政治思想研究》,袁广泉译,北京:社会科学文献出版社,2017 年,第 106—133 页。

② (张)东荪:《十年来之本报与吾人》,《时事新报》,1918 年 1 月 1 日,"十周年纪念刊",第 2 张第 2 版。

③ 《熊正理致张东荪书》(1919 年 3 月 2 日),《时事新报》,1919 年 4 月 12 日,"学灯副刊",第 3 张第 4 版。

④ (张)东荪:《勿堕落》,《时事新报》,1917 年 4 月 10 日,第 1 张第 2 版;(张)东荪:《政治意识》,《时事新报》,1919 年 1 月 20 日,第 1 张第 2 版。

⑤ (张)东荪:《政治意识》,《时事新报》,1919 年 1 月 20 日,第 1 张第 2 版。

产物,不致为武力的招牌,阴谋的武器,自私的假面。①

不过,对于根本推翻南北制度的方式,张东荪那时还将希望寄托于在上海召开的南北议和会,"原是为乘这个机会,从根本上创造一个新生命出来"。这仍是寄希望于上层政治主动革新的典型思路。但事与愿违,和会并未提出"一个重新建设的大改革案"。而且,和会中之势力"一举一动一言一笑处处都足以证明他们仍旧浸浴于旧思想中,生活于旧思想,为旧思想所束缚,未曾昂首天外,看看那世界的新潮"。②

面对这一情况,张东荪转而意识到"应当从根本上另想一个法子"。③此时,五四运动已爆发,他"从根本上另想一个法子"的想法,很可能本是来自他看到了"另一个法子"。他将"北方的卖国政府(新国会在内)""南方的舞法政府(旧国会在内)""黑幕中的和会"当成"一张白纸上的三块黑色的污点",号召"应当把这污点洗刷了去,成一个完全的白纸"。其"洗成白纸"的方式便是来自学生运动的经验,他号召新人物能像北京学生对于胶州问题那样,"对于这种旧污点应有示威运动","一方面给对手者一个觉悟,一面给一班人民一个兴奋剂"。更重要的,张东荪将这一具体的主张一般化,抽象出他对旧制度的态度,他说:"在制度上,记者狠是赞成破坏,旧制度不颠覆,新制度永久不能成立。"故他明确主张对于制度"非破坏不能革新",具体方式则是"解散制度上机关体,把机关体逐去了,那制度自然消灭了"。他当时还声明"并不是主张犯法行为",但次日却强调"不问他是合法是不合法",呼吁以此方法创造一个"青年政府",以代替现存的南北"木乃伊政府"。甚至将"斤斤于合法违法的问题"视为"不适于现在的新世界"的旧头脑,并举例说"俄国的列宁政府又未尝依据成法组织"。④ 张东荪"洗成白纸""青年政府"两主张一提出,即被认为是"'治本'的要图",并被总结为"用一种新人物、新思想、新潮流的势力",把现在制度上机关体的木乃伊逐去。⑤

"洗成白纸"的思想,与章士钊稍早所说"将以前所有的都化为流质"⑥

---

① (张)东荪:《活气与良心》,《时事新报》,1918 年 11 月 16 日,第 1 张第 2 版。

② (张)东荪:《新局面与新思想》,《时事新报》,1919 年 4 月 14 日,第 1 张第 1 版。

③ (张)东荪:《和议不成问题》,《时事新报》,1919 年 5 月 18 日,第 1 张第 1 版。

④ (张)东荪:《洗成白纸》,《时事新报》,1919 年 5 月 16 日,第 1 张第 1 版;(张)东荪:《青年政府》,《时事新报》,1919 年 5 月 17 日,第 2 张第 1 版。

⑤ (张)玉麟:《治标与治本》,《时事新报》,1919 年 5 月 20 日,第 2 张第 1 版。

⑥ (张)东荪:《新局面与新思想》,《时事新报》,1919 年 4 月 14 日,第 1 张第 1 版。

有相通处，或受其影响，蕴涵了"破坏"。颠覆旧制度、解散机关体，无疑已经超出此前"新政"的方式范畴，也不再是张东荪、梁启超等人入"思想界"时"改党造党"的初衷。正是非常规的、破坏性的学生运动，让张东荪真正看到了根本上不同的革新之法——从威尔逊转换到列宁的革命之路。所以，他也逐渐接受非常规甚至不合法的手段。当其听闻杭州绅商学联合赴省议会殴打议员时，直呼"痛快"，同时呼吁"团结善的势力，以猛烈的手段破坏恶的势力"。① 张东荪当时的主张甚至比同时期的陈独秀更为激进。陈氏所持根本救济的方法在"平民征服政府"，"由多数的平民——学界、商会、农民团体、劳工团体——用强力发挥民主政治的精神"，不过，陈氏虽言"征服"，表意却更像"监督"，所寻求的结果是"无论内政外交政府国会，都不能违背平民团体的多数意思"。② 陈独秀设想中的"平民团体"类似于张东荪五四前寄希望的"青年团"，更多是监督政府、国会，并未到颠覆旧制度、解散机关体的程度。

张东荪曾将运动分成三种，即"革命主义、国会主义和直接行动主义"，他认为"革命是从事于武力，国会是利用政治，直接行动是以经济力为武器"，其中，"革命与国会是旧方法，直接行动的〔是〕新方法"，甚至断言"新方法的效力必大，就是新方法晚出，必系进步的"，充满了进化论式的武断。他进而阐述，"直接行动主义"是"专从经济状态上做澈底的运动"。从表面看虽是非政治的，但从实质看又是反政治的，盖"经济状态推翻了，政治状态必定同时自倒；所以经济革命没有不连政治革命的"。尤其是"直接行动主义"必须"适用到各方面——政治上亦可以用得"，"要改革政治亦不必取旧方法"。③

不难想见，张东荪在将运动三分的时候，心中一定存有民初以来的政治派系，如果说孙中山的革命党是"革命主义"，那梁启超等人此前所从事的无疑是"国会主义"，而《解放与改造》一改此种路径，倡导"直接行动主义"。正因决意不"利用现成的势力"且内在"与政治相反抗"的本质，所以对既有政治势力均取更决绝的态度。

张东荪在近三十年后回忆说，五四运动所提倡的"虽偏于对外，偏于文

---

① 《杭州快信》，《时事新报》，1919 年 5 月 24 日，第 2 张第 1 版；（张）东荪：《痛快》，《时事新报》，1919 年 5 月 24 日，第 2 张第 1 版。

② 陈独秀：《山东问题与国民觉悟——对外对内两种彻底的觉悟》（1919 年 5 月 26 日），《陈独秀著作选编》，任建树主编，第 2 卷，上海：上海人民出版社，2009 年，第 107 页。

③ （张）东荪：《倡导竞争与运动》，《解放与改造》第 1 卷第 1、2 合期，1919 年 9 月 15 日，第 80—82 页。

化,但依然是一个政治性的要求。只是还没有公开的提出'革命'字样",又说:"五四运动在人心上种下了根,以后的革命乃更为有力。"①张东荪此处"还没有公开的提出'革命'字样"一句最值得玩味,暗示实际已是主张革命,只不过不公开提出或即使公开却不用"革命"字样。从张东荪自己的思想轨迹来说确实如此,颠覆旧制度自是十足的革命,这一主张也确实是被学生运动"种下了根"。可以说,在五四学生运动发生才十天左右,张东荪在思考运动的过程中迅速地从改良走向了革命。可见学生运动影响之急剧。

第二节　"新式之结合":对青年的希望

民初时人经历尝试共和的挫败,其实面临了两个相关又不同的问题,第一是依靠何种势力? 第二是如何结合? 正如张君劢指出,当时的政党是"衣食之结合而已,势利之结合而已",故"盖政党之不可恃,至中国而已极。此何以故,其结合也以衣食以势利而非主义意思故也"。明言需要有"新式之结合"。②

不过,对于除政党之外,何为"新式之结合",张君劢并无主意,惟有沉痛反思,他说:

> 非有新式之结合,其何以转移中国? 而新式之结合,舍政党其又安归? 然而吾国之政党则若是矣,舍政党而别求所以救国之途耶? 则此磊落光明之士,吾安从而友之? 其不舍政党耶? 则吾见志士仁人日消磨其精力于无用之地而已,其能自振拔耶? 不能自振拔耶? 吾几无以自决矣。

张君劢的忧虑同样为张东荪所分享。因对现有势力及"势利之结合"均不满意,故张东荪在五四前的一年中常常将希望寄托于现势力之外的力量,有时名之为"新势力",如他说北洋派、进步派、国民派都"不免于消归无有",需要有新势力,且"新势力不生,新中国不出";③而更多时候锁定于

---

① 张东荪:《从社会学家历史学家的话说起》(1948 年 4 月 22 日),《民国时期名人谈五四——历史记忆与历史解释(1919—1949)》,杨琥编,福州:福建教育出版社,2011 年,第 462 页。

② 本段与下一段引文见(张)君劢:《吾辈与政党》,《时事新报》,1917 年 12 月 27 日,第 1 张第 2 版。

③ (张)东荪:《精神开放与政治开放》,《时事新报》,1918 年 12 月 22 日,第 1 张第 2 版。

"青年"或"新青年"，实际是希望不亲近政权的势力能代表公论（舆论）监督政权，即他稍后所总结的，"现在的中国，我以为最需要的，就是要有一种人既不近政权又来强硬督视他人"。① 比如他在希望南北双方改良政治时便主张如果"南北双方都不肯办，我以为第三者的人民亦应该有个责任来督促他们"。② 又如，当其听说"美国有个青年督视选举团"时便"以为中国最切要的就是这类东西"；当讨论地方自治时，又说当时的"万恶选举都是绅董创造的"，认为解决此一问题，最好的办法是"各乡各镇组织青年团，仿照日本青年团的办法，对于绅董做个严重的监督"。③ 因为"军阀不行了，官僚不行了，政客也不行了，我恐怕此后一切的责任全落在青年的双肩上来了"。在他看来，青年是"不近政权"的力量，而青年团又是"新式之结合"，所以，他当时呼吁中国应该有"全国青年的大结合"。与此前"所有的结合都是与政界有关，都是带有党派色彩"不同，张东荪设想中的"青年的大结合"有四个特点，"不借重武力""不接近权势""不分已前的党派""要有知不可为而为之的决心"。④

之所以如此看重青年，是因对政坛上年老之人的不满。张东荪当时讨论精神生活对于政治的重要，认为"干政事的人有精神生活，他是拿政治来实现他的精神生活，干政事的人没有精神生活，他是拿政治来做他的饭碗"，这无疑是针对当时政党为"衣食之结合""势利之结合"的症结，所以主张"精神生活是中国最需要的东西"，甚至将其上升到人与禽兽之别，说"没有这个东西，就没有清明之气，没有清明之气，就是昏昏沉沉的，合禽兽一班了"。有意思的是，张东荪又说"精神生活是狠不容易的，断非一日之功可以练成，必定有若干年潜移默化的修养"，直言"年老的人是无希望了，只可从青年着手"。所以他呼吁："救国保种的方法只有一个，曰创育新青年，由新青年再造成一个青年中国。"⑤

"创育新青年"与张东荪先前所主张的国内"有一部分人"应当"专从修养上提倡之"相关联，但又有不同。前后一贯的是，青年还有可能"修养"

---

① （张）东荪：《答若愚君》，《时事新报》，1919 年 1 月 25 日，第 1 张第 2 版。

② （张）东荪：《赎罪》，《时事新报》，1918 年 12 月 4 日，第 1 张第 2 版。森川裕贯已注意到，张东荪在 1918 年感到"中国政治已走入迷途"时，对"第三者"充满期望。森川裕贯：《政论家的矜持：章士钊、张东荪政治思想研究》，袁广泉译，北京：社会科学文献出版社，2017 年，第 132 页。

③ （张）东荪：《答若愚君》，《时事新报》，1919 年 1 月 25 日，第 1 张第 2 版；（张）东荪：《地方自治之先决问题》，《时事新报》，1919 年 2 月 18 日，第 1 张第 1 版。

④ （张）东荪：《青年与国是》，《时事新报》，1919 年 3 月 24 日，第 1 张第 1 版。

⑤ （张）东荪：《精神生活与舆论政治》（中），《时事新报》，1918 年 12 月 18 日，第 1 张第 2 版。

成一种转移风气的势力,不过是在若干年后的将来;不同的是,"青年团"的设想已经将青年视为当下的一种力量,能起到监督的作用。值得注意的是,无论是"第三者"或"青年",也不论是当下的"监督"或将来转移风气,都是宪政挫败的应对方案,其目的仍是让宪政回到正轨。可以说,"新青年""青年的大结合"已然成为张东荪理想中宪政实现的重要条件。故可以想象,当看到五四学生运动爆发,新青年走上街头,青年监督政治突然成为现实时,他会是如何激动。不过,吊诡的是,随着学生运动的开展,张东荪的思想有了极大转变,从希望依赖"青年"实现宪政,转变为阶级竞争的"总解决",基本放弃了民初的代议制宪政,否定"国会运动",走向推翻现状的革命。

1919 年 5 月 4 日,五四事件发生之时,张东荪正忙里偷闲在杭州游玩,5 月 6 日回到上海方才知道北京的学生游行,在"跑路多了""不能多说"的状态下,"听见种种可惊可泣可喜可悲可怒可恨的消息",乃"诸感并发",呼吁"全国青年其速兴",当即表示"但愿听好消息,以便他日追随于诸公之后"。① 张东荪主要研究哲学,并不以感情丰富著称,但当时明显激动了,后来他解释如此激动的原因,说:

> 本报在数月以前曾说过救亡的一线希望在创造一个青年结合,代表文化,改造社会,监督政治,不晓得在短期内竟能实现,真为不佞始料所不及。因为出于预料之外,所以不佞喜不得寐了。②

这很能体现张东荪面对学生运动时最初的心态。他在民初尝试共和中,见到种种势力相继"自杀",最终将希望寄予青年;而学生运动同时显示了新式结合的可能性。但他此时似并未逸出既有政治轨道之外,仍是以文化改造社会以监督(而非推翻)政治的路径,即"代表文化,改造社会,监督政治"。

在五四运动期间,学生运动无疑是张东荪最关注的问题,同时,指导运动走向也成为他最大的任务。他那时曾致信胡适,询问北京方面的方针"对于此次运动抱何计画(就是想如何做,做到如何而止)",因为当时上海也已经起运动,且张自言"我也参加","所以非询问明白不能定方针"。③

---

① (张)东荪:《全国青年其速兴》,《时事新报》,1919 年 5 月 7 日,第 1 张第 1 版。

② (张)东荪:《全国学生联合会之组织问题》,《时事新报》,1919 年 6 月 4 日,"学灯副刊",第 3 张第 3 版。

③ 张东荪致胡适信,《胡适遗稿及秘藏书信》,耿云志主编,第 34 卷,合肥:黄山书社,1994 年,第 218—219 页。

他后来也回忆五四运动以后，自己虽"向来是孤独生活的人"，但在那时，也"在力量所能到的范围内对于救国运动，有所献替"，"各界人士不以我为不肖，便加入共同运动"；又说自己是"六三运动的当事人"。① 与此前主要以报纸主笔身份旁观政局不同，可以确定，此时张氏并非仅是五四学生运动的旁观者，他所言"追随于诸公之后""我也参加""共同运动""当事人"，也不仅仅是简单参与，实具有指导的地位，所以他急于向胡适询问明白，以"确定方针"。

5月8日，他为运动设计了自己的办法，共分四条："一：宜通电全国高等小学以上的各学校，求为同一的运动，并各举代表，组织全国学生的大结合；二：径电专使，青岛问题如不照我提案解决，决不可签字；三：要求政府表示明白态度（即诛曹陆罢段徐）；四：联合工商各界一致进行。"无论当时学生是否真受此方针影响，运动确实大致按此进行，除第三条为部分实现外，其余各条后来均一一实现。张东荪之所以如此看重此事件，因其并非只视其为街头的示威运动或解决当下外交问题的手段，而是有更大的期望，即改造中国的方式。所以他认为在四条办法中，"组织全国学生的大结合"最为重要，这也正是他之前持续呼吁的新式之结合——青年结合，他甚至说："（我）以为改造中国只有一条路，就是造成一个青年的大结合。"② 在某种意义上，学生运动是一场经过组织的"社会"展现力量的过程，其中，最吸引张东荪的或许正是让他看到了社会组织化——新式结合的可能性。

第三节 "阶级竞争"：更新的力量与更新的结合

以示威运动来逐去"木乃伊政府"的方式，已是非常规的手段，但跟稍后"阶级竞争"相比，传统路径的色彩仍较重。当时参加运动的主体仍是学生，所以张东荪围绕"新人物""青年政府"思考。不过，他从一开始便呼吁工商界加入，故所拟办法第四条便是"联合工商各界一致进行"。当上海的工人上街发传单时，"学生的爱国运动以外，竟有工人的爱国运动"，他又一

① （张）东荪：《敬告救国运动的全国人士》，《时事新报》，1920年2月12日，第1张第1版；张东荪：《中国民族的良心》（1947年4月28日）《民国时期名人谈五四——历史记忆与历史解释（1919—1949）》，杨琥编，福州：福建教育出版社，2011年，第438页。

② （张）东荪：《坚决的办法》，《时事新报》，1919年5月8日，第1张第1版。

次"可喜得'不瘵'了"。至此,他思考中的革新力量已越来越不限于学生,所以除了主张组织全国学生联合会,又希望工界大联合,"集合成一个工界大同盟"。他所设想的工界集合方法则模仿全国学生联合会,学生联合会是"先以学校为单位,次以地方为团结,最后始联合于全国",与之相应的,工业组合应"先就各职业成一个同职业的小团体,然后再就一地方成一个同地方的较大团体",最后联合于全国。① 其实,在半年多之前,张东荪在讨论如何废除国内军队时,曾判断说:"民国数年来一切扰扰不宁之原因,概可归纳之曰惟军队故",并提出"纵无外力干涉,而全国人民亦必有结大同盟以反抗武人之一日"。② 此种文字半带威胁意味,未必全能当真,不过仍能说明全国人民"结大同盟以反抗武人"是其内心的希望,而五四学生运动的后续发展,使得此种希望成为可能。

时人在学生运动中看到了"社会"经过组织后的力量。戴季陶便认为五四运动比从前进步的地方就在于"他们的'组织能力'",甚至说"没有这组织能力,便不能成一个东西,不但是不能够救国,不但是不能够做人"。③ 一年多以后,张东荪回顾说"自'五四'、'六三'以后,大家早觉悟社会上没有紧的组织而只有松的组织是不行的",社会没有紧的组织,便"不能做强有力的社会运动"。④ 所以他们当时的思考,常常围绕如何增加组织力以联合各界。为此,张东荪"忠告各界":"你们忍看孤苦的学生赤手空拳与恶魔相扑么?""你们还不快快的来帮助他们么?"又质问:"要求惩办卖国贼的责任不是全国都有么? 但是为甚么全国人不去做,而只有学生去做呢?"张东荪呼吁、激将同施,其希望各界加入学生一致行动的迫切心情跃然纸上,故每遇话题,常常"转移方向,谈到各界上了"。他的思考源自学生运动的现实需求,但却更进一步,将各界一致行动视为解决中国问题的办法,"与罢课同一性质,又文明又利害,冥顽不灵的政府到了那时恐怕也不得不依顺

---

① (张)东荪:《工人之觉悟》,《时事新报》,1919 年 5 月 19 日,第 1 张第 1 版。陈独秀后来主张"店员伙计们"应"另外组织一个商业联合",也认为需要模仿学生的联合组织,他说:"各校学生的联合组织成绩很好,我盼望各种劳动团体和他们接近,请他们帮助,我也盼望他们恳恳切切的来做你们的朋友。"陈独秀:《告北京劳动界》(1919 年 12 月 1 日),《陈独秀著作选编》,任建树主编,第 2 卷,上海:上海人民出版社,2009 年,第 141 页。

② (张)东荪:《军队全废论》(二),《时事新报》,1918 年 11 月 2 日,第 1 张第 2 版。

③ 戴季陶:《中国人的组织能力》(1919 年 6 月 8 日),《戴季陶集》,唐文权、桑兵编,武汉:华中师范大学出版社,1990 年,第 879 页。

④ (张)东荪:《省治运动——"五四"、"六三"以后的新倾向》,《时事新报》,1920 年 9 月 24 日,第 2 张第 1 版。

民意了","拿出最后的文明的武器来,不怕政府不答应"。① 他认为当时已由"浮嚣的时代"进入"切实的时代",所以要有实力,"必须有组织,有训练",具体而言,需要"学界组织义勇队,商界办起商团来",切实做去,才能达到目的。②

这里的"目的"并非一时的外交要求,而是要求一"根本改造"。实际上,当时的舆论呼应着张东荪的诉求。张玉麟便希望上海学生联合会能积极进行,"将来联合各界起来,就以'实力'去谋根本改造"。③ 这是在学生运动眼见无法持续的情况下,时人的一种普遍焦虑,而又有长远思虑。所以,当6月初上海商界以罢市加入运动后,张东荪"喜得踊跃三百"。④ 如果结合张氏自己所说他是"六三运动的当事人",则此种"踊跃"便不仅是他作为旁观者的喜悦,其实也是为自身舆论呼吁与实际推动商界加入的成果踊跃。

事件随后的发展不但顺应着张东荪的希望,甚至超出其预想,让他看到了根本解决中国问题的可能。可以看出,张东荪的思想随着五四运动的发展不断变化,学商工各界协力联合已远远超出他数月前"青年结合"的观念,而这一"团结善的势力"的主张在当时逐渐流行的诸多社会主义理论的影响下,很快演变成"阶级竞争"说。

在五四学生运动之前,张东荪提及马克思的阶级竞争说时,仍以否定为主。他将人类生存的要素分为"向上""平等""自由",相互之间各有冲突,"向上与平等、自由相冲突,平等与向上、自由相冲突,自由与向上、平等相冲突"。而马克思"阶级的竞争"正是"平等"与"向上""自由"竞争——"社会主义的人只看见平等受了向上、自由的压迫,所以专向平等方面去主张,主张到了极端,就是过激派"。但在张东荪看来:

> 可以因国情而有所侧重,但侧重其一的时候,万不可将其他抹煞,这就足以造福于一时代了。至于此时代已过,再改为侧重其他,也没有什么不可的道理。若论到中国,似乎宜侧重自由,向上与平等还可以在自由之后。⑤

① （张）东荪:《罢课后的坚决办法》,《时事新报》,1919年5月25日,第1张第1版;（张）东荪:《责任之自觉》,《时事新报》,1919年5月26日,第1张第1版。

② （张）东荪:《玉麟〈实力〉按语》,《时事新报》,1919年5月30日,第2张第1版。

③ （张）玉麟:《实力》,《时事新报》,1919年5月30日,第2张第1版。

④ （张）东荪:《为罢市告吾可敬之商界》,《时事新报》,1919年6月6日,第1张第1版。

⑤ （张）东荪:《人类之三大要素》,《时事新报》,1919年4月6日,第1张第1版。

不过,也正是在这一时期,张东荪开始阅读马克思主义的书籍,《时事新报》上也同时连载河上肇《马克思的唯物史观》、恩格斯《各国社会党之情形及社会主义之概论》、马克思《劳动与资本》等介绍马克思主义的文章。①

可以推想,张东荪一方面逐渐接触到马克思"阶级竞争"的理论,另一方面又面对"五四""六三"事件的发生,学生、商人、工人相继加入运动,这种理论与现实的相互参照,似乎让他找到了以"阶级竞争"这一非常规手段来实现社会改造的路径。他在 1919 年 7 月时一改此前不必侧重阶级竞争的看法,认为中国一方面要"预先提倡互助的精神,作为后来改造的地步",但在提倡互助的精神之外,"决不可屏弃阶级竞争,否则对于现状便无法推翻",又说"阶级竞争是狠需要的"。在五四学生运动之后,张东荪基本放弃回到宪政正轨,转而以推翻现状为目的,借阶级竞争解决中国问题。不过,他又补充说,"中国的现状不是劳动阶级和中流阶级竞争,乃是中流阶级和特别势力的阶级竞争"。②将阶级竞争解释为"中流阶级和特别势力"之争,很有当时的特色,可看出新旧话语转变中的痕迹。又因为当时他初接触马克思主义,或不明就里,下笔时不甚注意"阶级竞争"概念背后的整套话语,甚至连此前他谈"阶级的竞争"中"向上""平等""自由"的矛盾也不再涉及,而只着眼于阶级竞争对推翻现状的功用。

阶级竞争(class war)思想,较早即已传入中国。在五四运动之前,《每周评论》上摘译《共产党宣言》,介绍说"其要旨在主张阶级战争,要求各地劳工的联合"。王光祈在介绍国家社会主义时也说此派"主张的阶级战争,是要劳动者把资本家推翻,由劳动者自己出来组织政府,将一切生产机关,都收归政府掌管,实行中央集权"。③在张东荪提到阶级竞争的数天前,李大钊在《每周评论》刊登其《阶级竞争与互助》一文,说:

> 现在的世界,黑暗到了极点。我们为继续人类的历史,当然要起一个大变化。这个大变化,就是诺亚以后的大洪水,把从前阶级竞争

---

① 河上肇的《马克思的唯物史观》连载起自《时事新报》,1919 年 5 月 19 日,"学灯副刊",第 3 张第 3 版;恩格斯的《各国社会党之情形及社会主义之概论》连载起自《时事新报》,1919 年 7 月 12 日,"学灯副刊",第 3 张第 3 版;马克思的《劳动与资本》连载起自《时事新报》,1919 年 7 月 25 日,"学灯副刊",第 3 张第 3 版。张东荪在 1920 年 5 月为读者推荐马克思作品时说:"浅学如仆,仅得见其《共产党宣言》与《资本论》二著"。《通讯(张东荪致鲁赟)》,《时事新报》,1920 年 5 月 1 日,"学灯副刊",第 4 张第 2 版。

② (张)东荪:《阶级竞争》,《时事新报》,1919 年 7 月 13 日,第 2 张第 1 版。

③ 舍:《共产党的宣言》按语,《每周评论》第 16 期,1919 年 4 月 6 日,第 2 版;若愚(王光祈):《无政府共产主义与国家社会主义》,《每周评论》第 18 期,1919 年 4 月 20 日,第 2 版。

的世界洗得干干净净，洗出一个崭新光明的互助的世界来。这最后的
阶级竞争，是阶级社会自灭的途辙，必须经过的、必不能避免的。

并说："这最后的阶级斗争，是改造社会组织的手段。这互助的原理是改造
人类精神的信条。我们主张物心两面的改造，灵肉一致的改造。"①李大钊
此时强调互助仍多过竞争，尤其是未指出阶级竞争中"劳动者把资本家推
翻"实行中央集权那一面，仍有拉斯基（Ruskin）的影响。

"阶级竞争"一词与张东荪所持的各界联合对抗特权阶级的主张有相
通处，又极具解释力，故对他有着巨大吸引力，使其思考再三。一星期以
后，他再次论述"阶级竞争"，并承认此是救国的唯一途径，他说：

> 予以为今日不言救国则已，如其尚有救国之心焉，则止有一途，曰
> 阶级竞争（class war）是已。特此阶级竞争非社会主义之阶级竞争，社
> 会主义之阶级竞争为无产者向有产者而争，此则为平民向特别势力之
> 阶级而争。

从"狠需要"到"止有"一途，变化不可谓不快。更重要的变化是将"中流阶
级"替换为"平民"。"中流阶级"尚保留了张东荪此前士人思想或贤人政
治的余绪，但"平民"已包含"中流阶级与下层阶级"，这即是欧战后平民思
想崛起的潮流，同时也是工商界加入群众运动之后的现实发展。他又说：
"其争之法，为南方之平民推翻南方之特别势力，北方之平民推翻北方之特
别势力，必特别阶级尽除，乃有国利民福之可言也。惟当南方平民之起也，
北方平民应助之，北方平民之兴也，南方平民亦应加以援助。"②张东荪将旧
政治框架中的南北之争，转换成了平民与特别阶级之争。此处要推翻南北
政府的主张，与他稍早将南北政府及和会视为应该被洗刷的"三块黑色的
污点"的主张一脉相承，可以说，正是阶级竞争，让其明确了洗刷的方法。
相比陈独秀到 1919 年底仍"拿英、美做榜样""不情愿阶级争斗发生"，张东
荪显得更早趋向革命。③

他此论针对徐佛苏《西南自治与平和》一文，徐佛苏在文中"备述西南
自治之办法"，而在张东荪看来如"不能推翻特别势力，所得之自治，必非自

---

① 李大钊：《阶级竞争与互助》，《每周评论》第 29 期，1919 年 7 月 6 日，第 2 版。
② （张）东荪：《答徐佛苏先生》，《时事新报》，1919 年 7 月 21 日，第 1 张第 1 版。
③ 陈独秀：《实行民治的基础》（1919 年 11 月），《陈独秀著作选编》，任建树主编，第 2 卷，上
海：上海人民出版社，2009 年，第 121、126 页。需要指出的是，陈独秀的"阶级争斗"当指"社会主义
之阶级竞争为无产者向有产者而争"，也并非当时张东荪之主张。

治",是割据,如能推翻,"自治自成"。① 张、徐两人观点,代表了当时解决时局方式的新旧之别。张东荪当时甚至认为,只有阶级竞争才是新思潮,他解释说自己"主张 Class war",就"甲阶级对付他所反对的乙阶级,不必问乙阶级中何人是主何人是从",也"不必用先擒王的方法,可以采取直接行动","这乃是新思潮",除此之外的主张也就"不合新思潮"了。② 在这一年十月,有人提出"或和或战或有第三个方法"以解决时局,这在张东荪看来却都不是解决时局,而是"紊乱时局",他再次强调,"解决时局的方法只有一条,就是全国民众大结合对于军阀官僚做阶级争斗"。③ 此最能说明张东荪阶级竞争的解决方法不在此前范围之内。

同时,他也有意识地将自己主张的阶级竞争区分于"革命运动"与"国会运动",认为"革命运动,根据武力,利用军队,未免暴乱",而"国会运动,利用选举,做出种种卑劣的手段"。在他看来,"惟有群众运动,是从经济组织上发生,影响到各种组织上,是个个人直接的运动,是个个人良心上发现的决心,是最新革新运动的型式"。④ 质言之,张东荪是将此前一直呼吁的"新式之结合"——"全国民众大结合"与阶级竞争统一在一起,成为其革新运动的新方式。

此时,用阶级竞争推翻特别势力,已是张东荪构想中解决时局的唯一途径,从根本上突破民初政党的思路,既非从上层参与政党政治,又非以革命党的姿态推翻现有政权。这也意味着他从寄望于青年,转变为依靠学界、工界、农界,同时从青年结合转变为阶级内部的结合与阶级之间的联合。

第四节　"总解决"及其预备

"五四""六三"两事件发生突然,不仅当局措手不及,思想界亦准备不足。运动的急速发展让试图引导运动走向的思想界常常有跟着运动走的趋势。张东荪不属于学生、工人或商人,但又是参与者与指导者,既在运动之内又在运动之外:身为《时事新报》编辑,每天的时评与社论,逼迫其不能

---

① （张）东荪:《答徐佛苏先生》,《时事新报》,1919 年 7 月 21 日,第 1 张第 1 版。
② （张）东荪:《效率与新思潮》,《时事新报》,1919 年 7 月 21 日,第 2 张第 1 版。
③ （张）东荪:《答某记者》,《时事新报》,1919 年 10 月 27 日,第 2 张第 1 版。
④ （张）东荪:《"新思想"与"新运动"》,《时事新报》,1919 年 9 月 2 日,"学灯副刊",第 3 张第 3 版。

仅仅处于激动之中,同时需思考运动"如何方能有效"、何时告一段落等具体问题。他之前对胡适说"非询问明白不能定方针",而更多时候恐怕是他独自在思考方针。

当时的学生运动持续不断,逐渐弥漫全国,但运动目标却日见繁复。面对此一状况,张东荪在5月28日建议缩小目标,仅限于"剪除卖国贼"。而当6月10日北京政府批准交通总长曹汝霖、驻日公使章宗祥、币制局总裁陆宗舆免职之后,张东荪便提出运动告一段落,以后"从根本上再加培养工夫"。他对运动总结说:

> 此次是学商工各界协力做成的国民自决的成绩,在民族的黎明运动正开始的时候,有了如此的成绩固已是好得出人意外,但是尚不免流露竭蹶的现象,可见得非再行培养不可。①

张东荪试图引导五四运动走向,故将运动分成两个段落,之前"对付当局"的"五四运动和三罢运动"为第一段落,未来的阶级竞争为第二段落。此时,第一段落已经"告终",故主张学生运动告一段落。② 这其实是张东荪自学生运动以来一直的倾向,他此前便认为"抵制日货""学生罢课"等都是消极行为,是不得已而为之。但当时舆论中也有主张运动持续下去者,事实上,此后针对巴黎和会签字问题、国内和议问题、山东问题等的罢课、罢工、罢市及请愿活动仍时有发生,争论也一直存在。

就这一点而论,张东荪的提议很可能为胡适所赞成,盖胡适对学生运动本有所保留。但因为张东荪主张背后仍有一"总解决",故为强调研究问题、点滴改造的胡适所针对。胡适后来回忆说,他当年主张"多研究些问题,少谈些主义"亦是针对"阶级战争"论而发,成为其"政论的导言"。后来常有研究者认为胡适"问题与主义"一文针对马克思主义。其实胡适当时针对范围更为宽泛,在其记忆的直观印象中,"索性把'社论'、'时评'都取消了"一句无疑指张东荪。张东荪虽未直接加入"问题与主义"之争,但显然一直关注,其"总解决"的提出,也有回应"问题与主义"的一面。③

---

① （张）东荪:《如何有效》,《时事新报》,1919年5月28日,第2张第1版;（张）东荪:《能告一段落否?》,《时事新报》,1919年6月11日,第1张第1版。

② （张）东荪:《向下的工夫》,《时事新报》,1919年6月26日,第2张第1版。

③ 胡适:《新思潮的意义》(1919年11月1日),《胡适全集》,季羡林主编,第1卷,合肥:安徽教育出版社,2003年,第691—700页;胡适:《我的歧路》(1922年6月18日),《胡适全集》第2卷,第470页。相关论述参见罗志田:《对"问题与主义"之争的再认识》,《激变时代的文化与政治——从新文化运动到北伐》,北京:北京大学出版社,2006年,第93—94页。

　　在张东荪提议告一段落的三个月以后,他将自己的观点归纳为"总解决",与之相对的则是"零碎解决"。他主张:"我们今天应该少管小事,留着精神去专管大事",也就是"我们不要做零碎的牺牲,预备将来做个极大的牺牲"。这是因为"小牺牲还不够用,非得大牺牲不可,好几次的小牺牲累积起来,也抵不过一个大牺牲","没有总解决便等于不解决,那零碎解决是绝对不中用的",所以他认为"我们今天宜养精蓄锐,以备他日求一个总解决"。① 这是非常典型的"毕其功于一役"的思路。

　　不过,需要指出的是,最后的"总解决"虽激进,但就当下而言,他希望学生运动"告一段落"的主张,又显得过于消极。张东荪无疑预感到了"少管小事"的主张有可能被认为消极,故解释说"不要听了我这个劝告以后,就消极起来了,要知道我的主张仍是积极的"。他"并不是主张绝对的不管小事,乃是不可不〔顾〕总解决与大牺牲的预备与志愿,因为小事容易消磨大志,所以对于零碎问题不能不有相当的界限",他特意以询问的口气问青年,"不知全国的青年以这句话为可听否"? 张东荪本是学生运动的支持者甚至鼓动者,但学生运动一旦蓬勃之后,张东荪这样的老师辈并不能控制运动的走向,他们有时反而会因为跟不上青年的节奏而被视为消极落伍。

　　当张东荪被说成不爱国、拥护当局或"拥徐的人"时,他进一步解释:"本报主张阶级竞争,就是平民阶级全部对特别阶级全部,一个人也不漏网的,比你们主张的专对为首一个人的进步多了。"②可以看到,在张东荪的设想中,最后的"总解决"其实是"平民阶级全部对特别阶级全部"。因为有阶级的观念,且有最终的"总解决",故张东荪可以自认"总解决"是一条更为先进且与此前的老方法不同的一举解决之道,比"专对为首一个人"的方法进步,比"零碎解决"中用。换言之,如果说对付"为首一个人"或"零碎解决"仍在原有的政治框架之内,那"平民阶级全部对特别阶级全部"的"总解决"显然是原有框架之外的根本解决之道。

　　值得注意的是,在张东荪的设想中,"总解决"并非在当时就能发生。阶级竞争的前提是"组织平民之大结合"③,而要让平民有结合的自觉,则需

----

① 本段与下一段引文见(张)东荪:《零碎解决与总解决》,《时事新报》,1919 年 9 月 22 日,第 1 张第 1 版。

② 记者:《独得之秘》,《时事新报》,1919 年 7 月 30 日,第 2 张第 1 版。当时即有人意识到,"于施行总攻击的前,先得有长期的预备。所以难免有人责难说,假使在预备总攻击的时候,无声无臭的过日子,未免不被人压服到不能攻击的地步"。(庆邦:《零碎攻击与总攻击》,《时事新报》,1919 年 11 月 21 日,第 1 张第 1 版。)

③ (张)东荪:《答徐佛苏先生》,《时事新报》,1919 年 7 月 21 日,第 1 张第 1 版。

要有漫长的过程。各界联合需要俟诸将来，则阶级竞争的"总解决"也只能以备他日，当时所能做的仅是未来"总解决"之预备。

对此，张东荪曾将学生运动与阶级竞争都视为"向上的功夫"，但因中国"社会不良"，所以第二段落的阶级竞争"非常棘手，比第一段难得狠"，故"在第一段落完了以后与第二段落开始以前的中间，先做一种预备工夫，就是改良社会"，也即是"向下的工夫"。同时，他也意识到，"这个预备的向下工夫未必在短期内就能做好"。① 他又说，"总解决"之前，需要一个长期的培养过程，因为"天下事积蓄不厚，发动的力必是薄弱的，所以我们应该有'自我实现'的步骤。等到实现的一天，就是达目的了"。为此，需要有培养的决心，"决心便是培养，不是短期的事"，要"先充足自己的力量增加自己的知能"，"天天去培植自我，使他实现，使他圆满，用力愈猛，收效愈快"。② 这里的"自我实现"其实并非专指个人，而是兼指群众或社会。这和之前先建共和再谈社会的主张，已全然不同。

社会不良、造社会之说渊源于清末，在五四前后常被提及。③ 张东荪虽很早便有"社会不良"的提法，一般均虚悬抽象。这一次或是在运动中，感受更为真切，让他感受到"中国的社会不是真正的社会"，"因为他既没有协助又没有宰制，既没有组织又没有营运，好像一个生了锈的机器，外观上没有什么异样，但是一旦有事便不能活动，所以我们非先把这个机器上的铁锈削了去不可"。此处所谓"一旦有事便不能活动"，显然是在"五四""六三"事件中的体会，觉得学生、工商都不够有组织，才"不能活动"。他又解释说此前所说的"总解决"便是指"拿了能活动的机器去和黑暗势力决一死战"。但是如果"机器没有修好以前，专去做那碎零牺牲必定是没有获得，便是白牺牲了"。也就是说，"总解决"之前的预备，其实便是对群众与社会"削去铁锈和上油"的过程，让社会既有协助又有组织，即"须得创立一个平时的群众力，方能成立一个真正的社会"。④

张东荪又将改良社会的方式，称为"各自革命"。他一方面强调自己的

① （张）东荪：《向下的工夫》，《时事新报》，1919 年 6 月 26 日，第 2 张第 1 版。

② （张）东荪：《势力与决心》，《时事新报》，1919 年 9 月 24 日，第 1 张第 1 版。

③ 张东荪在民初回忆："当清末造，不佞与三数友人，聚谈于东京，愤政治改革之无术，乃欲先从事于社会改良，即所谓 Social Reform 者，以为预备焉。"到 1917 年时他又说"二十年以来所未能解决之大问题，即藉政治之力改善社会乎，抑藉社会之力促进政治乎是也"。张东荪：《中国之社会问题》，《庸言》第 1 卷第 16 期，1913 年 7 月 16 日，第 1 页；（张）东荪：《漫言》（一），《时事新报》，1917 年 9 月 6 日，第 1 张第 2 版。

④ （张）东荪：《能动的精神与》，《时事新报》，1919 年 9 月 25 日，第 1 张第 1 版。

革命与从来政治上的改革家所主张的大革命不同,因为他们是"改造屋顶",而张东荪是要"把屋基拆了,重新改造一回"。另一方面,"各自革命"又是为此后"总解决"做预备,"将来必有一个有力量的各界联合会发生,但是他的分子恐怕不是今天的各界,必定是已经改造过的各界"。而青年在当时的任务"就是帮助各界内在下的分子,去促进他们的革命,可以早些改造"。所以主张青年摒弃不相干的问题而专注重于此。①

　　前文已提到,张东荪当时认为只有阶级竞争才是新思潮,有意识地将"新思想"与"新运动"联系在一起,认为"新运动"是"群众运动"。不过,有人注意到当时新思想尚薄弱,所以提出"共同用全力去培植新思想的基础",以为"新运动"做准备。② 其实,在张东荪的设想中,无论是"培植新思想"、让"学界加进去,把他的知识提高起来"、"施补助教育"还是学生"到乡间去演说",都是文化运动。同时,如他在谈"各自革命"时所说,演讲与补助教育等都是达到"各自革命""这个办法的手段"。③ 如果说"各自革命"是"总解决"的预备,那"文化运动"便是"各自革命"与"总解决"共同的准备。

小　结

　　张东荪在 1918 年进入思想界时,呼吁"创育新青年","专从文化方面,另造一种新势力,改党造党",希望以此让宪政回归正轨。此主张实际是回应在面对民初尝试共和挫败时"依靠何种势力"及"如何结合"的时代困惑。随着五四学生运动的爆发,在观察、参与、指导运动的过程中,张东荪的思想逐渐激进,形成一套以阶级竞争推翻中国现状的"总解决"方案,从改良走向革命。这意味着他从寄望于青年,转变为依靠学界、工界、农界等平民

---

　　① 张东荪在《各自改造》一文中提出"各自革命",说:"甚么是各自革命?第一从'界'说起,就是各界自己革自己的命。甲界革甲界的命,乙界革乙界的命;在甲界内,甲业革甲业的命,乙业革乙业的命;在甲业内,甲部分革甲部分的命,乙部分革乙部分的命。第二从'地方'说起,各地方自己革自己的命,在一地方内,各部分革各部分的命。必有无数的小革命方能有一个真正的大革命。"又解释说因为"革命两个字人家容易误会",乃改用"改造"。(张)东荪:《各自改造》,《时事新报》,1919 年 9 月 26 日,第 1 张第 1 版。

　　② (张)东荪:《"新思想"与"新运动"》,《时事新报》,1919 年 9 月 2 日,"学灯副刊",第 3 张第 3—4 版。"共同用全力去培植新思想的基础"出自文末的"丁晓先述感"。

　　③ (张)东荪:《各自改造》,《时事新报》,1919 年 9 月 26 日,第 1 张第 1 版。

阶级,同时从青年结合转变为阶级内部的结合与阶级之间的联合。它形成于五四运动之中,又反过来影响五四思想界。

不过,为"总解决"做预备的"各自革命"与文化运动,主动者仍在"士",如"各自革命"中的"士"的阶级,主要便是指学生。当时的学生,实有多重的意义,他们是"不接近权势"的青年,在五四前便被张东荪寄予监督政治的希望;同时又可以有"若干年潜移默化的修养",有可能转移政局风气;在职业(劳动)话语兴起的五四时期,却在新的职业区分中变成了"学界",与工界、农界等一并成为平民阶级之一,意味着和政治疏离,而成为像张东荪这样意在寻求政治外解决的理想阶级对象;更重要的,他们有传统士的遗留,因而仍高于农工商而可以为其指导,是唤醒、提高、组织、联合各界的中坚。[①] 透过张东荪的眼光,可以看到"学生"在近代政治生态的特殊意义。也正是在五四新文化运动之后,"学生""学界"才真正成为一支重要力量。正如胡适所说,大家看到"学生是一个力量,是个政治的力量,思想是政治的武器",从此以后,各党派纷纷拉拢青年人。[②] 可以说,在五四运动中舆论与实践的相互影响下,"学界"也与张东荪一样,走向了革命,甚至比试图指导学生运动的张东荪走得更远。

有意思的是,张东荪虽提出阶级竞争的"总解决",但他的阶级竞争又与后来我们熟知的阶级斗争不同,他也明确声明此"非社会主义之阶级竞争"。因张氏原本眼光在"上层",着眼于"政治"。他虽早知道马克思主义,但心不在焉,故视而不见。五四运动给他震动,使其眼光向下,这时先前视而不见的阶级斗争话语成为他观察"社会"的工具。但因为是从政治转向社会,他的眼光更多仍是整体性的,强调社会各界的团结,以共同对抗政治上的"特别势力之阶级",其实是借"社会"革"政治"的命,而不重社会经济层面有产无产的阶级分歧,即并非社会内部的阶级革命。故等到真正的社会革命兴起时,张东荪又显得落后,未能跟上(或有意不跟上)时代的革命洪流。

[①] 不过,在更后起的话语中,却又成为"最尚个人私利"的知识阶级,需要"先自改造"。(张)东荪:《知识阶级与劳动阶级》,《时事新报》,1919 年 10 月 4 日,第 1 张第 1 版。

[②] 胡适:《五四运动是青年爱国的运动》(1960 年 5 月 4 日),《胡适全集》,季羡林主编,第 22 卷,合肥:安徽教育出版社,2003 年,第 807 页。

第五章 走向革命之二：社会主义的新文化运动

第一节 转向新文化运动

张东荪是五四新文化运动中的重要人物，影响甚大，被"人们说是五四新文化运动的前导"。[1] 他在五四学生运动后曾提出过一个相对独特而有统系的新文化运动方案，既不同于胡适、陈独秀等《新青年》派的主张，复异于戴季陶、李汉俊等革命党人的趋向。本章希望梳理以下几个相关问题：张东荪的新文化方案是如何形成的，文化运动在其言论事业中的位置如何，他追寻一种什么样的新文化，如何实现其设想的新文化，与同时期其他人的新文化方案有何异同。[2]

前文已经提及，在1918年时，梁启超一派面对民初从政的失意，遂有从事思想文化事业的计划，张东荪是其中一员。他在当时进入"思想界"，既是自身对政局失望后思想转变的结果，也是梁启超诸人群体转向的组成部分。

不过，"梁启超系"方才定下转向"思想界"的方针，而该派主脑人物梁启超、张君劢、蒋百里便随即欧游。正因此，张东荪成了该派在上海名副其实的"代言人"。与梁启超等人相似，他将此前的政治努力视为"谬误的心理"，这种心理"以为国家的革新是可以抄近路走捷径的，这种捷径就是利用现成的势力，最初是想利用满洲皇室来立宪，其次是委托袁世凯来办民

---

① 程文熙：《张君劢先生的政治十大译著》，《传记文学》第28卷第3期，1976年3月，第12页。

② 左玉河对张东荪这一时期的文化活动已有初步梳理，不过因论题不同，该文并未措意张东荪的文化运动方案及其独特性。左玉河：《上海：五四新文化运动不容忽视的另一个中心——以五四时期张东荪在上海的文化活动为例》，《安徽大学学报（哲学社会科学版）》，2013年第1期。

国,其次是想倚靠这一系军阀或那班武人来收拾政权,走了二十年的捷径只养成了今日的政治现状"。① 考虑到张东荪及其主编的《时事新报》与之前进步党、"研究系"的关系,此处的每一句话几乎均可视为自我批评与反思。同时,他曾在五四后就"中国最需要的是甚么"自问自答,认为政治改良、军队裁废和财政整理都不能依靠"运用政权"一途,因"运用政权"则"必定先有多数的好人,为人民所信任,人民把他们选出来做代表(即议员),这许多人到了议会里一心一德的组织一个政府,通令全国,自然可以办到了"。然而当时的实际情况却是,即使:

> 假定都能如此,这个政府发出一道命令说全国裁兵,现在督军们必相率哗变,结果必定是推倒政府,而况事实上并没有这许多的好人。所以不单是第一关(指集合许多好人而言)没有希望,假定第一关过了,那第二关(指督军推倒政府而言)还是过不了的。

他称此为"政治梦""国会梦",总之,"政治上是不能解决的了"。于是他将改造社会的方法"归根到文化运动",认为"文化运动就是改造人生观,把中国人的精神根本上换过"。② 他甚至奉劝仍在关注南北问题的国人"回头是岸",说:"南北问题与解放改造问题,性质根本不同,一个是一条长路,只要有耐性去走,终有走到尽头的日子;一个是'此路不通'。"③ 在行文中,"我们"与"你们"的分野明显,其本质仍是劝时人从政治转向文化运动。

不过,他在学生运动后号召文化运动,又有新的现实考虑。当时张东荪反对学生"只罢课而止",认为罢课过于消极,应当有更积极的行动,至于积极办法,"不外演讲"。④ 如果考虑到"演讲"在张东荪文化运动中的位置——如他说"演讲和补助教育,都是从精神方面知识方面去改造现社会的"⑤,则可看到他当时如此号召,还有引导罢课、游行、请愿等学生街头运动转向文化运动的考虑。与之相似,当时罗家伦致信张东荪,也说:"我现在买了许多新书,下半年安心读书,积极做我们的文化运动罢!"仅仅"安心读书",当然称不上"积极做"文化运动,他所针对的更多也是"从'五四'以

---

① 《新学会宣言书》,《时事新报》,1919 年 9 月 8 日,"学灯副刊",第 3 张第 4 版。
② (张)东荪:《文化运动与优生学》,《时事新报》,1919 年 9 月 12 日,第 2 张第 1 版。
③ 记者:《亦大可以休矣》,《时事新报》,1919 年 10 月 28 日,第 2 张第 1 版。
④ (张)东荪:《罢课后的坚决办法》,《时事新报》,1919 年 5 月 25 日,第 1 张第 1 版。
⑤ (张)东荪:《各自改造》,《时事新报》,1919 年 9 月 26 日,第 1 张第 1 版。

来,前后二十夜没睡,也苦够了。'民亦劳止,汽〔汔〕可小休'"。① 罗家伦之所以向张东荪表露心迹,并自称"我们",当属意气相投。他同样认为文化运动比"二十夜没睡"的街头行动更为积极。这表明文化运动有调节学生街头运动后续发展的一面,也提示出两者的连接点。

劝人从政治转向"思想界"与调节学生从街头行动转向文化运动,看起来相似,其实已有根本的区别。张东荪五四后的文化运动作为"总解决"的预备,具有更明确的政治革命前驱意味。值得注意的是,这一设想不仅与胡适的思想不同,与张东荪自己五四之前的主张也有了不小的偏离,相比梁启超等人的计划,更是大相径庭。

按照梁启超后来的说法,新文化运动之所以兴起,是因为时人看到"革命成功将近十年,所希望的件件都落空,渐渐有点废然思返,觉得社会文化是整套的,要拿旧心理运用新制度,决计不可能,渐渐要求全人格的觉悟"。② 其出发点是通过文化努力使"旧心理"变为新心理以运用新制度。事实上,五四之前陈独秀也有类似用意,所谓"欲建设西洋式之新国家,组织西洋式之新社会"则"不可不首先输入西洋式社会国家之基础,所谓平等人权之新信仰",又说"如今要巩固共和,非先将国民脑子里所有反对共和的旧思想,一一洗刷干净不可",同样是希望改变心理(信仰)来适应制度。③

张东荪起初亦是如此,他此前主张"创育新青年",并希望"创造一个青年结合,代表文化,改造社会,监督政治"④,以此让宪政回归正轨。从更具体的方法而言,他们甚至只是"专从文化方面,另造一种新势力,改党造党",造党之后,仍然回到轨道内的"国会运动"。⑤ 这些主张实际是在回应民初尝试共和的挫败,试图"先使共和能像个共和"。⑥ 而从 1919 年开始,因张东荪远离领袖(梁启超等),其思想言行具有相当独立性,尤其是五四

① 罗家伦:《通讯(致张东荪,1919 年 9 月 30 日)》,《时事新报》,1919 年 10 月 4 日,"学灯副刊",第 3 张第 4 版。

② 梁启超:《五十年中国进化概论》(1922 年 10 月),《梁启超全集》,汤志钧、汤仁泽编,第 11集,北京:中国人民大学出版社,2018 年,第 405 页。

③ 陈独秀:《宪法与孔教》(1916 年 11 月 1 日),《陈独秀著作选编》,任建树主编,第 1 卷,上海:上海人民出版社,2009 年,第 252 页;陈独秀:《旧思想与国体问题——在北京神州学会讲演》(1917 年 5 月 1 日),《陈独秀著作选编》第 1 卷,第 334 页。

④ (张)东荪:《全国学生联合会之组织问题》,《时事新报》,1919 年 6 月 4 日,"学灯副刊",第 3 张第 3 版。

⑤ 《熊正理致张东荪书》(1919 年 3 月 2 日),《时事新报》,1919 年 4 月 12 日,"学灯副刊",第 3 张第 4 版。

⑥ (张)东荪:《政治意识》,《时事新报》,1919 年 1 月 20 日,第 1 张第 2 版。

学生运动发生之后，在观察、参与、指导运动的过程中，他的思想逐渐趋向激进，形成一套以阶级竞争推翻中国现状的"总解决"——根本改造方案，从改良走向革命。从原本的改变旧心理以适应制度，变为连制度一并推翻、改造。这也直接关涉到文化运动目的的变化。前一个文化运动指向的是"改党造党"，后一个文化运动指向的是推翻现状的"总解决"，已远远偏离了梁启超等人的既定设想，一改良，一革命，两者不可同日而语。不过，张东荪所主张的"革命"多是从根本上淘汰、"更新"的意思，"不是说什么骚动与流血""并没有扰乱秩序、破坏公安的意思在内"，不必是暴力的。①

　　进而言之，中国的"总解决"是世界大改造的一部分。张东荪坚信中国与世界将共同经历一场大改造或大革命，所以中国"现在应当准备着，以待大改造的临头"，他主张的准备便是"大改造未成以前，在这个青黄不接的时候"，有种种办法，但"以文化运动为最要"。② 文化运动成为他解决世界问题与中国问题的重要方法，因为"解决世界问题没有取巧的捷径，只靠着各个人的自觉和各民族的自觉。要他们各个人都能自觉，第一步是文化运动，所以我们以为解决中国问题的初步方法也就是文化运动"。③ 他甚至将文化运动视为"大流血"前的滋补，说："中国好像一个生外症的病人，现在因身体太弱，不能开刀，所以一方面非大大的滋补不可。（现在提倡文化运动便是一剂补药）补足元气，必定再有一番大流血咧。"④文化运动的形式虽仍是改良（补药），但此改良已是为革命作预备。为此，张东荪对文化运动的鼓吹不遗余力，甚至"新文化运动"一词之所以能迅速流行，他的鼓吹亦是助力之一。

　　这样的思虑亦为时人所分享。当时戴季陶的一位朋友以为此前几次革命并无什么好的效果，是"不行的"，而戴季陶则纠正："你以为一定要炸弹、手枪、军队，才能够革命，才算是革命？那就错了"，其实"平和的新文化运动，这就是真正的革命，这就是大创造的先驱运动"，他甚至说如果不愿亡国，就"只有猛力做新文化运动的工夫"。⑤ 张东荪、戴季陶二人都将新文

---

　　① （张）东荪：《地方自治之先决问题》，《时事新报》，1919 年 2 月 18 日；（张）东荪：《各自改造》，《时事新报》，1919 年 9 月 26 日。故本书在使用"革命"一词时亦取较宽泛的含义，不限于政治层面的"暴力行动"，而是指从根本上改变既存状态，并往往诉诸非常规的方式。参见罗志田：《士变：20 世纪上半叶中国读书人的革命情怀》，《近代读书人的思想世界与治学取向》，北京：北京大学出版社，2009 年，第 104—141 页。

　　② （张）东荪：《第三种文明》，《解放与改造》第 1 卷第 1、2 合期，1919 年 9 月 15 日，第 4 页。

　　③ 《我们的宣言》，《时事新报》，1920 年 1 月 1 日，第 1 张第 1 版。

　　④ （张）东荪：《补药》，《时事新报》，1919 年 11 月 8 日，第 2 张第 1 版。

　　⑤ （戴）季陶：《我和一个朋友的谈话》，《星期评论》第 17 期，1919 年 9 月 28 日，第 4 版。

化运动视为"政治"之外的一种选择,然其指向又是"政治"的,而且是大改造或大创造之前的预备。

正因为张东荪将"总解决"的希望寄托于文化运动,所以他参与组建新学会①、创办《解放与改造》杂志、改革《时事新报》为之鼓吹。② 罗家伦注意到"东荪先生在上海极力奋斗,无时不在百忙之中"。正是指其在为文化运动"极力奋斗"。③ 在新学会的宣言中,张东荪说:"国家的革新只有一条大路,那条大路就是要造成一种彻底的思想革新。"新学会正是要抱定宗旨,"承认国家的革新是没有取巧的捷径的,是必须经过那条思想革新的大路的"。④ 在《时事新报》的宣言中,他又直言"今天可算是本报的一个新纪元","以前的本报是个偏重于政治方面的报,从今天以后就要偏重社会方面了。以前的本报是主张以政治力建设一个新国家的,以后的本报是鼓吹以文化力创造一个新民族的",誓言要"把这张小小的报纸公开做全国文化运动的机关"。⑤ 其副刊《学灯》亦是"从学术的根本研究,建中国的未来文化",自定位于在学术方面做"新文化的运动"。⑥

可以说,对张东荪而言,文化运动无疑是他这一时期事业的核心。他在上海代表一派,掌握了梁启超阵营在上海的报刊、杂志甚至人脉,同时主持着上海的第三大日报《时事新报》及半月刊《解放与改造》,且可以与同属该派的北京《晨报》《国民公报》南北呼应,在舆论界有巨大能量,故其文化努力得到时人的广泛关注。在瞿秋白的印象中,新文化运动的三派,"张东荪、梁任公等人"便占其一,张东荪的名字甚至还在梁启超之前。⑦ 可以说,

---

① 新学会成立于 1919 年 6 月 12 日,以"研究世界新思潮新学说为宗旨",会务干事有梁善济、蓝公武等人。《新诞生之新学会》,《国民公报》(北京),1919 年 6 月 13 日,第 2 版。

② 关于张东荪五四时期在上海的活动的初步探讨,可参见左玉河:《上海:五四新文化运动不容忽视的另一个中心——以五四时期张东荪在上海的文化活动为例》,《安徽大学学报(哲学社会科学版)》,2013 年第 1 期。

③ 志希(罗家伦):《书报评论·解放与改造》,《新潮》第 2 卷第 2 期,1919 年 12 月 1 日,第 365 页(卷页)。在稍早时,罗家伦曾致信张东荪,称要"积极做我们的文化运动",并提示"我们的文化运动有种危险",从其行文看,无疑将张东荪视为在"我们的文化运动"之中。罗家伦:《通讯(致张东荪,1919 年 9 月 30 日)》,《时事新报》,1919 年 10 月 4 日,"学灯副刊",第 3 张第 4 版。

④ 《新学会宣言书》,《时事新报》,1919 年 9 月 8 日,"学灯副刊",第 3 张第 4 版。

⑤ 《我们的宣言》,《时事新报》,1920 年 1 月 1 日,第 2 张第 1 版。

⑥ 《学灯栏宣言》,《时事新报》,1920 年 1 月 1 日,"学灯副刊",第 4 张第 1 版。

⑦ 瞿秋白:《自民权主义至社会主义》(1923 年 9 月 23 日),《瞿秋白文集·政治理论编》第 2 卷,北京:人民出版社,2013 年,第 211 页。

在五四时期,文化运动对张东荪固然非常重要,张东荪对新文化运动其实也同样重要,而且,他的新文化方案有着鲜明的特色。

第二节 唤醒各界:面向平民的文化运动

胡适后来常常强调五四学生运动对新文化运动的干扰,认为:五四之前,他们的"思想运动,文学革命的运动,思想革新的运动,完全不注重政治",而之后,"纯粹文学的、文化的、思想的"新文化运动"就变了质啦,就走上政治一条路上"。[①] 其实,就张东荪而言,文化运动之目标不仅本来便是政治性的,在五四之后甚至是革命导向的。正如前文所引张东荪的回忆,五四运动"虽偏于对外,偏于文化,但依然是一个政治性的要求";虽然"还没有公开的提出'革命'字样",但革命已"在人心上种下了根,以后的革命乃更为有力"。[②] 这一描述,既是张东荪对时代的总结,也有夫子自道的成分。

张东荪设想的文化运动是为今后阶级竞争的"总解决"做准备的。他的阶级竞争来源于马克思主义的阶级斗争,却又有根本不同,他特意说明"此阶级竞争非社会主义之阶级竞争,社会主义之阶级竞争为无产者向有产者而争,此则为平民向特别势力之阶级而争"。此"特别势力"其实是指以南北政府为代表的当权者及其制度,包括官僚、政客、军队等。从平民角度而言,"本无南北之分,犹如一巨室为甲乙两派强盗所分据,全族为奴","为之救济者,当集全族于一体,而共逐其盗"。为此,他认为"今日之急务非他,组织平民之大结合是已"。[③] 与阶级斗争不同,张东荪的阶级竞争更像是阶级合作,所以前提是"组织平民之大结合",而要让平民有结合的自

[①] 胡适:《五四运动是青年爱国的运动》(1960年5月4日),《胡适全集》,季羡林主编,第22卷,合肥:安徽教育出版社,2003年,第807页。周作人注意到胡适"力说五四的精神是文学革命,不幸转化而成为政治运动"。周作人:《北平的事情》(1949年4月1日),《周作人散文全集》,钟叔河编订,第9卷,桂林:广西师范大学出版社,2009年,第762页。

[②] 张东荪:《从社会学家历史学家的话说起》(1948年5月1日),《民国时期名人谈五四——历史记忆与历史解释(1919—1949)》,杨琥编,福州:福建教育出版社,2011年,第462页。需要说明的是,张东荪文化运动的目的虽是政治的,但对于当下,他与胡适相似,都主张不谈政治,故稍后陈独秀会说,当时不谈政治的有三派,学界中"张东荪先生和胡适之先生可算是代表"。陈独秀:《谈政治》(1920年9月1日),《陈独秀著作选编》,任建树主编,第2卷,上海人民出版社,2009年,第249—250页。

[③] (张)东荪:《答徐佛苏先生》,《时事新报》,1919年7月21日,第1张第1版。

觉,则需要一个漫长的过程。因为"天下事积蓄不厚,发动的力必是薄弱的",为此,要有决心,"决心便是培养,不是短期的事"。① 这预备期的培养,便是文化运动。

张东荪强调文化运动是"培植新思想"的良方,实是"广义的教育",尤其要"启发下级社会的知识和道德"。② 这一点与五四学生运动的影响相关。在五四学生运动中,起初的参与者几乎只有学生,"为甚么全国人不去做,而只有学生去做",张东荪认为这是:

> 责任的自觉与不自觉的区别,因为学生已经觉悟自己确有这个责任,其他各界尚没有觉悟自己有这个责任。目前的问题就是如何唤醒各界,使他们知道各人自己都有这个责任。

正因心中想着"各界",故各类话题,说着说着,却都"转移方向,谈到各界上了"。③ 张东荪在一年前就幻想过要废除军队,他曾寄望于"全国人民亦必有结大同盟以反抗武人之一日",而其条件有二,"在自动方面为自觉""在受动方面为被迫反激"。因此,他自那时起就将唤起国人自觉当成自己的责任,呼吁"我们作政谈的人,正当乘此时机,鼓起国人的勇气,唤起国人的自觉",而他自己"此后尚要多说几句"。④ 就此而言,文化运动在张东荪"大改造"方案中占据着"唤醒各界"这一初步却最重要的位置。

这也代表了当时新思想界中的重要倾向。如蒋梦麟同样把文化运动视为"提高社会程度的方法",是"对于受不到普通教育的平民,给他们一种教育"。⑤ 吴稚晖也提出要通过推广注音字母后,"我们才可以灌输他们的智识"。⑥ 当时有报纸为新文化运动下定义,第一条便是"唤醒国民"。⑦ 对张东荪而言,文化运动是革命的需要,因为"将来必有一个有力量的各界联

① (张)东荪:《势力与决心》,《时事新报》,1919年9月24日,第1张第1版。

② (张)东荪:《第三种文明》,《解放与改造》第1卷第1、2合期,1919年9月15日,第4页。

③ (张)东荪:《责任之自觉》,《时事新报》,1919年5月26日,第1张第1版。

④ (张)东荪:《军队全废论》(二),《时事新报》,1918年11月2日,第1张第2版;(张)东荪:《活气与良心》,《时事新报》,1918年11月16日,第1张第2版。

⑤ 蒋梦麟:《社会运动与教育》(1920年2月20日),《蒋梦麟教育论著选》,曲士培编,北京:人民教育出版社,1995年,第157页。

⑥ 转引自先进(李汉俊):《新文化运动的武器》,《星期评论》第13期,1919年8月31日,第4版。

⑦ 《演说竞进会定期在宁开会》,《申报》,1919年10月31日,第3张第10版;《演说竞进会演题之解释》,《申报》,1919年11月2日,第3张第10版;《文化教育会运动演讲》,《民国日报》(上海),1919年11月2日,第10版。

合会发生,但是他的分子恐怕不是今天的各界,必定是已经改造过的各界"。所以,青年在当时的任务"就是帮助各界内在下的分子,去促进他们的革命,可以早些改造"。①

稍后张东荪在解释自己"各自改造"的主张时,对文化运动的阐述更为详细,他说:

> 我的各自改造说有一个根据,就是我以为中国好像一碗水,有油浮在面上,也有泥沉在底下。浮在面上的就是"士"的阶级,沉在底下的就是"农""工"的阶级,在中间的便是商人。现在在这里活动的只有浮在面上的人和中间的一小部分人,那中间的大部分和在底下的乃是沉睡不动。所以国民没有能力就是为此。因此我的救国办法只有一条,就是用着浮在面上的动力向下去刺激,把中间的人唤醒了,再向下去用力,又把底下的阶级惊动了,然后大家抟成一体,方才回头,对于军阀官僚施行总攻击。②

这一思路具有典型的先觉觉后觉的意味。在张东荪他们眼中,平民或下级社会"不明白他们自己的责任与义务","没有正当的人生观","对于自己的地位没有觉悟",一言以蔽之,"是不自觉的"。所以,他们的任务便是要"人的改造","就是使不自觉的人变做自觉的"。③ 其目的是要使国民有组织能力。经过五四学生运动,张东荪看重的已是平民"抟成一体"的可能,所以在他看来,"提倡新思潮就是给中国人一个新人生观","简直说来,就是创造一个新的社会性"。④ 在此之后"方才回头,对于军阀官僚施行总攻击"。

为了能使中下级社会"抟成一体",他在《时事新报》上特辟一副刊《工商之友》,其宗旨便是"增进工商界智识,灌输工商界现代思潮"。⑤ 当有读者提出中下级社会无钱购买报纸杂志,建议筹设阅书室时,张东荪回复说:"我以为贯〔灌〕输新知识于下级社会不能专靠书报的力量,因为他们识字的究居少数。所以非组织'贫民讲演'推广'注音字母'不可,再加上通俗的

---

① (张)东荪:《各自改造》,《时事新报》,1919 年 9 月 26 日,第 1 张第 1 版。

② (张)东荪:《通讯(答张玉麟)》,《时事新报》,1919 年 11 月 15 日,"学灯副刊",第 3 张第 4 版。

③ 《"工商之友"的宣言》,《时事新报》,1920 年 1 月 1 日,第 3 张第 3 版。

④ (张)东荪:《杂感》,《时事新报》,1919 年 8 月 5 日,第 2 张第 1 版。

⑤ 《时事新报》广告,《新人》第 1 期,1920 年 4 月 3 日,第 42 页。

小册子白送给他们，一定有效果的了。"①同时，顾虑到店员职工的经济能力，《时事新报》特意优待工商界，为本埠外埠店员职工"照码七折"。② 这样的优惠很可能并无实质效果，即使有折扣，店员职工仍未必有意愿或能力购买，不过从中能看出张东荪及《时事新报》面向中下级社会的姿态。

从参与群体而言，在民初"尝试共和"时期，实质上仍是士人政治，到此时，政治生态已变，商人、工人都作为政治群体出现，且在时人言说中日益居于中心地位，农的阶级也已经出现在当时人的意识中，成为潜在的政治群体。郭绍虞就注意到农人自觉的问题，他认为罢课后"第一步的进行，可称他是促进商人的自觉。第二步的进行，应当促进农人的自觉"，为此，"学生还需到乡间去演说"。③ 张东荪虽曾提及农的阶级，但真正注意则稍晚，直到近一年之后，他看到"除工以外，便应当下全力于农的阶级"，并说"农民一天不能有组织有活动，中国的社会问题是永久不能解决的"，故主张"热心社会改革的诸君要把眼睛注在农民方好"。④ 如前所说，与马克思主义者不同，张东荪其实更倾向阶级合作而非阶级竞争。但先工商后农，刚好颠倒了中国传统农在工商前的顺序，又像仍是受到了马克思主义的影响。然而，他主张农的问题不解决，中国社会问题就永久不能解决，这个判断又似乎仍有传统的痕迹。可以说，传统思维和马克思主义在其思想中呈现出缠绕交织的复杂性。

无论是针对下级社会、平民的教育，或者"灌输""唤醒"等词的使用，都是将文化运动分成了运动者与被运动者两个群体，即吴稚晖说的"我们"与"他们"。值得注意的是，在张东荪的实际构想中，文化运动的主动者仍在"士"，包括当时的学生。他认为当时多数工农仍未觉悟，需要学生之帮助。他在五四运动中看到了工人的力量，认定"要改革社会刷新政治最有效力的就是工界"，但指出"工界知识不免幼稚"，所以要将"学界加进去，把他的知识提高起来"。并认为是"改革社会刷新政治的唯一希望"。⑤ 两天后他又略加修改，表述为"学界全体与工界全体联络"，即"学工接近"。而且，他认为学生入了工界以后，应该有几个责任，"第一是速组织，第二是组织要

①　(张)东荪：《通讯(答社会改造赞成之一人)》，《时事新报》，1919年11月13日，"学灯副刊"，第3张第4版。

②　《本报优待工商界》，《时事新报》，1920年1月1日，第3张第1版。

③　(郭)绍虞：《罢课后进行的第二步》，《时事新报》，1919年6月6日，"学灯副刊"，第3张第4版。

④　(张)东荪：《奉劝热心劳动运动者》，《时事新报》，1920年5月7日，第2张第1版。

⑤　(张)东荪：《学工主义》，《时事新报》，1919年6月16日，第2张第1版。

有普遍性,第三是施补助教育,第四是立自治制度"。①

可以看到,张东荪设想的文化运动是一个同时关联知识阶级与中下级社会的运动,且知识阶级仍居于主动地位。所以,当郑振铎批评新文化运动限于一个阶级(知识阶级)时,张东荪辩护道:"现在的文化运动不是知识阶级的阶级运动,也不是知识阶级的改造自身的运动,乃是打破知识阶级的运动,就是一[部]份有知识的人不愿意在知识阶级里生活,而想把旧日知识阶级的习惯和信仰一齐推倒,另造出一个新天地来。"②他甚至说,即使"只有知识阶级做文化运动也不要紧",原因在于:

> 因为"施"与"受"是不同的。在初期劳动阶级决不能自做文化运动,只有受纳知识阶级的文化运动,所以我们在初期不必希望他种阶级有文化运动,只希望他们能承受这文化运动罢了。③

从张东荪的表述来看,他此时整体上仍有"士"人意识,文化运动也侧重"士"的阶级去启蒙中层与底层的阶级,即"知识阶级做文化运动","我们"与"他们"、"施"与"受"的分工明确。他对于工商界的"唤醒",有时甚至显得过于有目的性。如在倡导工会时,他认为"要工界发起职工组合,非借重学界不可,就是由学生去讲演职工组合的必要,促进工界的决心",甚至于说:"我以为学生对于工界不必讲演别的,止要讲演这个便行了"。④ 这近乎承认工人的价值仅在于其"组织",显然未必是工人的真"自觉",多少有"利用"的嫌疑。

不过,张东荪也已意识到"士"利用工人的可能,所以在主张"学工主义"时特意说明"加入工界的学生就变为工人,仍是工界的自决"。⑤ 稍后他在一次演讲中认为"非将知识阶级加入劳动阶级共同运动便不能增高劳动阶级之知能",不过,"知识阶级欲与劳动阶级携手,必先自改造",又说"中国之知识者最尚个人私利,此不佞所以首先主张改造知识阶级也"。⑥

① (张)东荪:《再说学工主义》,《时事新报》,1919 年 6 月 18 日,第 2 张第 1 版。

② 郑振铎:《我们今后的社会改造运动》(1919 年 11 月 21 日),《郑振铎全集》第 3 卷,石家庄:花山文艺出版社,1998 年,第 6 页;(张)东荪:《现在的文化运动是否应得修正》,《时事新报》,1919 年 11 月 26 日,第 1 张第 1 版。

③ (张)东荪:《通讯(答郑振铎)》,《时事新报》,1919 年 12 月 8 日,"学灯副刊",第 3 张第 4 版。

④ (张)东荪:《杂感》,《时事新报》,1919 年 8 月 5 日,第 2 张第 1 版。

⑤ (张)东荪:《学工主义》,《时事新报》,1919 年 6 月 16 日,第 2 张第 1 版。

⑥ (张)东荪:《知识阶级与劳动阶级》,《时事新报》,1919 年 10 月 4 日,第 1 张第 1 版。

在张东荪的思想中,知识阶级的地位开始变得尴尬。一方面,他们是社会改造的最主动者,农工等中下层阶级需要由他们去唤醒,但知识阶级又是"最尚个人私利"的阶级,需要"先自改造"。在其思想轨迹中,知识阶级负面化的转变清晰可见。为此,他又将文化运动分成两种,"一种是启发劳动阶级的,一种是滋养自身的,这两种不可偏废"。① 前者是"唤醒各界",后者则是"先自改造"。知识阶级虽是思想解放、社会改造的主动者,不过,需要通过自我改造使得"向来是偏向于资本阶级"的知识阶级,"使他偏向于劳动阶级,变做劳动阶级的一种(劳心的)"。② 这里虽仍称知识阶级为"阶级",但实际上已不那么承认其独立性,或者偏向资本阶级或者偏向(变做)劳动阶级,已暗含知识阶级不再是独立阶级而变成知识分子的先兆。

后来,李麦麦提出,"'五四'运动自身是两个历史运动之携手。'五四'运动,始终是中国的'文艺复兴'(Renaissance)运动和'开明'(Enlightenment)运动之合流"。③ 如果说胡适当时的言行比较接近文艺复兴,那张东荪的文化运动主张则更具有启蒙运动的色彩。④ 相比胡适,张东荪更强调"启"各界之"蒙"。尽管胡适等倡导的文学革命在白话文等方面向着"与一般人生出交涉"这个取向有所发展,但眼光聚焦于"文学"这个主题仍然表明这是一场精英气十足的上层革命,隐伏着和"一般人"疏离的趋向。⑤ 在新文化运动中,相比"普及",胡适确实更看重"提高",他"希望北大的同人——教职员与学生——以后都从现在这种浅薄的'传播'事业回到一种'提高'的研究工夫"。⑥ 张东荪文化运动走向工商农的取向和胡适后来强

---

① (张)东荪:《通讯(答郑振铎)》,《时事新报》,1919 年 12 月 8 日,"学灯副刊",第 3 张第 4 版。

② (张)东荪:《答陈秋霖君》,《时事新报》,1919 年 12 月 8 日,第 2 张第 1 版。

③ 李麦麦(刘治平):《五四整理国故运动之意义》,收入其《中国文化问题导言》,上海:上海辛垦书店,1936 年,第 136 页。关于五四新文化运动是文艺复兴或启蒙运动的梳理与反思,可参见余英时:《文艺复兴乎? 启蒙运动乎? ——一个史学家对五四运动的反思》,《余英时文集》第 7 卷,"文化评论与中国情怀"上,桂林:广西师范大学出版社,2014 年,第 199—225 页。

④ 不过,需要说明的是,这里仅是借时人李麦麦的比附来观察胡适与张东荪的差别,并非认为此种比附是准确的。正如余英时在 2018 年出版的回忆录中指出,"'五四'是中国现代文化与思想史上的一个独特的事件",将之与"文艺复兴"或"启蒙运动"相比附是"误导大于引导,实在得不偿失,而且没有必要"。余英时:《余英时回忆录》,台北:允晨文化实业股份有限公司,2018 年,第 30 页。

⑤ 罗志田:《再造文明之梦:胡适传》(修订本),北京:社会科学文献出版社,2015 年,第 146—150 页。

⑥ 《胡适之先生演说词》(1920 年 9 月 17 日),陈政记,《北京大学日刊》,1920 年 9 月 18 日,第 3 版。

调的"纯粹文学、文化、思想"的新文化运动，正是大异其趣。

经历五四运动后，"革命"确实在张东荪心上种下了根，以至于即使在文化层面的主张也充满了革命性。他的文化运动，并非像此前《新青年》一样主要以西化或现代化为其精神，而是主张对中国传统文化和当时西方文化一并"解放"，在"解放"的基础上以求改造。[①]　张东荪主张的"解放"，并非单纯的破坏，故其强调"解放"不能脱离"改造"，他说：

> 解放不是单纯的脱除，乃是"替补"（Complement）。替补就是改造；所以一方面是不断的解放，他方面是不断的改造。综合两方面看来，就是不断的革新。[②]

他的同人又补充说改造"是替换，不是修饰"。[③]　换言之，"解放与改造"的含义中，有"脱除"和"替换"两面，"解放"更着重于"单纯的脱除"，是革命，故在单独使用时需要提醒强调"替补"的"改造"的存在；而"改造"的含义着重"替补"（甚至近于修饰），故在单独使用中要强调"替换"的一面，二者不可偏废。[④]　张东荪的新文化方案，是在解放基础上的改造，即要将此前的文化"脱除"，以另一种文化"替换"，确实是一个"很彻底的主张"。[⑤]　而用于"替换"的文化，既不是中国传统的"固有文化"，也不是当时的"西方文化"，而是他称之为第三种文明的社会主义，并以之为文化运动的方针。

第三节　社会主义：文化运动的方针

第一次世界大战以后，时人曾普遍预感（亦希望）一个"新世界"出现，如张东荪在得知大战结束后便欣喜断言此后将"辟一新世界，立一新纪元，创一新天地"。[⑥]　为此，当时章士钊主张"应该将以前所有的都化为流质，再倾注于一个新铸型里去，铸成一个完全新的"，张东荪听后感觉是说出了自己"心坎上的话"。[⑦]　但对于"新世界""新铸型"具体如何，却又处于模模糊

---

① 关于"解放与改造"的具体讨论，可参见本书第八章。

② 《宣言》，《解放与改造》第 1 卷第 1、2 合期，1919 年 9 月 15 日，无页码。

③ 虞（郭虞裳）：《改造的要件》，《时事新报》，1919 年 9 月 27 日，第 1 张第 1 版。

④ 《宣言》，《解放与改造》第 1 卷第 1、2 合期，1919 年 9 月 15 日，无页码。

⑤ 朱朴：《六种杂志的批评》，《新人》第 1 卷第 5 期，1920 年 8 月 28 日，第 4—5 页（文页）。

⑥ （张）东荪：《世界大战告终》，《时事新报》，1918 年 11 月 13 日，第 1 张第 2 版。

⑦ （张）东荪：《新局面与新思想》，《时事新报》，1919 年 4 月 14 日，第 1 张第 1 版。

糊的混沌之中。

直到五四以后,张东荪才逐渐意识到未来的新世界将会是社会主义的世界。关于社会主义,他之前的态度是"先使共和能像个共和,然后再说什么社会主义不迟",并认为谈社会主义是"只喜鹜新奇,不讲究实在",是"中国人的大毛病""真要不得"。[①] 正如蓝公武稍后所指出,时人有一种"谬见","把立宪、共和、社会主义看作是急进的三个阶段",这些人"对于立宪失望了,便主张共和,共和失望了,又来主张社会主义"。[②] 张东荪隐然有此"谬见"。在张东荪和时人心中,社会主义是比共和进步但又对等并可替代的形态,张东荪放弃"使共和能像个共和"的努力与转向社会主义亦呈同步。到 1919 年 9 月他在创刊《解放与改造》时,已明确其预想中的新世界是第三种文明,即"社会主义与世界主义的文明"。

在有"发凡"意义的《第三种文明》一文中,他将人类文明分为三个时期:第一种文明是"习惯与迷信的文明",第二种文明是"自由与竞争的文明",第三种文明则是"互助与协同的文明",即"社会主义与世界主义的文明"。当时西方处于第二种文明;中国则尚处于第一种文明与第二种文明之交,"不但没有第三种文明的资格,并且也没有第二种文明的陶养",令其痛苦。不过,在欧战之后,"第二种文明的破罐一齐暴露了","已到了末日,不可再维持下去",所以"全世界的大改造——依第三种文明的原则来改造"。尤其值得注意的是,张东荪认为中国的改造同样需要依照该原则,他说:

> 我以为我们虽则仍区留在第一种文明与第二种文明之交,但是不应该再提倡第二种文明的知识和道德,而应该专从第三种文明去下培养工夫。[③]

这便是他定下的"文化运动的方针",隐含着中国近代以来时有出现的"弯道超车"走捷径的心理,暗示中国可以通过此次大改造,与全世界共同进入第三种文明之中。张东荪这一文化运动方针,具有鲜明的"解放"色彩,"西方文化""固有文化"两者都在被"脱除"之列。

基于这样的判断,他给尚在欧洲的梁启超诸人去信,建议广泛"考察战后之精神上物质上一切变态",并提议说:"世界大势已趋于稳健的社会主

[①]　(张)东荪:《政治意识》,《时事新报》,1919 年 1 月 20 日,第 1 张第 2 版。

[②]　蓝公武:《社会主义与中国》,《改造》第 3 卷第 6 期,1921 年 2 月 15 日,第 28 页。

[③]　(张)东荪:《第三种文明》,《解放与改造》第 1 卷第 1、2 合期,1919 年 9 月 15 日,第 1—5 页。

义，公等于此种情形请特别调查，并搜集书籍，以便归国之用，未识以为然否。"①此提议说明张东荪当时已基本确定以社会主义为其文化运动之精神，同时也提示这主要是张东荪个人新的转变，并非梁启超等人赴欧前便有的共同主张。

值得注意的是，此时张东荪开始将"模仿欧美旧制"的做法视为"谬误"。在张东荪的认知中，政治和文化两种捷径意思不同，前者指的是利用旧的现成的政治力量，后者指的是输入"最新最完备"之学。国家的革新不能走捷径，文明的培养却可以走捷径。他将"有些办新教育的人"和"那些顽固的人"相提并论，后者"以为我们中国旧有的学术思想已够用了"；前者"只晓得把隔壁人家模仿欧美旧制的教育制度一齐抄袭过来，教授的方法是旧的，教授的材料也是旧的"。有意思的是，他称后者为"不值得一驳"，则说明他"驳"的正是前者——"有些办新教育的人"，即这些人"不懂得学术思想和一切教育的材料与方法都是有捷径可走"。他自己则主张走捷径，"研究这最上最新的一层"，并以飞行举例，认为"我们要学飞行术只须从今日最新最完备的学起"，直接学"飞行机"，而不必学"轻气球"。② 这无疑直接针对新文化运动中仍在主张"模仿欧美旧制"的人，其中也包括《新青年》，且不论主张"整理国故""输入学理"的胡适，即使当时已趋向激进的陈独秀也还仍在提倡"当拿英、美做榜样"。③ 故当时《新青年》中有文章针对张东荪此论，辩解称，"鄙人以为第二种文明虽坏，究竟其中有可移作新屋材料的坚固柱料和基础，整的玻璃和砖瓦，不能将他们全行弃去"。④ 这一辩解基本分享了张东荪对三种文明的价值判断，也接受第二种文明"坏"的论断，即使为其辩护，也承认它不再具有整体的正面性，仅仅只有作为材料（玻璃和砖瓦）的价值。在新文化运动中，一般视为激进的《新青年》，在更彻底的主张面前，居然显得有些落伍，需要为自己没那么激进而自辩，这一吊诡的现象，正反映出当时思想界如光谱般浓淡不一的复杂及风气变化之急速。

---

① 张东荪：《与君劢、子楷、百里、振飞诸兄书》（1919 年）、《与君劢、子楷、百里、振飞四兄书》（1919 年），《梁启超年谱长编》，丁文江、赵丰田编，上海：上海人民出版社，2008 年，第 574 页。

② 《新学会宣言书》，《时事新报》，1919 年 9 月 8 日，"学灯副刊"，第 3 张第 4 版。

③ 陈独秀：《实行民治的基础》（1919 年 11 月），《陈独秀著作选编》，任建树主编，第 2 卷，上海：上海人民出版社，2009 年，第 121 页。

④ 李四杰：《组织农民银行驱逐"重利盘剥者"（Usurer）》，《新青年》第 7 卷第 3 期，1920 年 2 月 1 日，第 105 页。

　　与当时谈社会主义侧重经济层面不同,张东荪更强调社会主义的精神一面,这也是为何社会主义能在其文化运动方案中具有核心位置的原因所在。① 他认为社会主义"是改造人类生活全体的,不限于经济一方面,与其说他是偏于物质方面的制度改造,毋宁说他是偏于精神方面的生命改造",并反复强调社会主义是"一种最新的宇宙观与人生观","社会主义乃是一种人生观与世界观——而且是最进化最新出的人生观与世界观"。在这个意义上,讲社会主义也就有了两方面的意义,"从现在说来,是改良社会的道德,就是铲除拜金主义,扑灭侈奢,限制个人自由,反对快乐主义,也就是提倡互助协劳牺牲公正高尚;从未来说来,乃是预备造成一个新世界",而且,它"不是对于普遍的生活难做零碎的解决,也不是对于政治全体的腐败做零碎的解决,乃是做总解决的预备"。② 在张东荪看来,"讲社会主义"是文化运动的主要内容,但不是零碎解决的方式,而是总解决的"预备",也就是他所说的文化运动要"专从第三种文明去下培养工夫"。他说:"我们讲社会主义不是从物质方面破坏现在的制度入手,乃是从精神方面传播一种新思想、新道德、新人生观、新生活法入手",总之,"要提倡一种社会主义的人生观与宇宙观,先使中国人的精神革了命再说"。③

　　正因张东荪深信文化运动需要从社会主义上下培养工夫,而不应提倡第二种文明的知识和道德,又明言"说现在社会主义的新潮是复古"者大错了④,所以在他主编的两卷《解放与改造》中,既无关于中国古代的文章,亦无"第二种文明的知识和道德",确实是直接学"飞行机"。在此两卷中,除去少数文学作品的译文外几乎所有文章都可以归纳到三种:什么是社会主义,怎样实现社会主义大改造和以社会主义批评当时社会问题。故当时罗家伦曾注意到《解放与改造》有两个特长,即注重社会主义和注重介绍一切新学说。并说:"社会主义的精神,最重要的就是解放的精神,所以在《解放

---

　　① 　如陈独秀便将社会主义视作"社会经济方面的民治主义"。陈独秀:《实行民治的基础》(1919 年 11 月),《陈独秀著作选编》,任建树主编,第 2 卷,上海:上海人民出版社,2009 年,第118—119 页。

　　② 　(张)东荪:《社会主义与中国——在寰球学生会之演讲辞》,《时事新报》,1919 年 11 月 6日,第 1 张第 1 版;(张)东荪:《我们为甚么要讲社会主义》,《解放与改造》第 1 卷第 7 期,1919 年12 月,第 5 页。

　　③ 　(张)东荪:《我们为甚么要讲社会主义》,《解放与改造》第 1 卷第 7 期,1919 年 12 月,第12—14 页。

　　④ 　(张)东荪:《第三种文明》,《解放与改造》第 1 卷第 1、2 合期,1919 年 9 月 15 日,第 2 页。

与改造》里谈社会主义，是狠合宜的事。"①所谓"介绍一切新学说"，其实也仍是与各种社会主义有关的学说。所以当梁启超、蒋百里将"解放"从杂志名中去除的时候，亦是将"革命"与"社会主义的精神"从杂志中淡化甚至抹去了，又回到改良。

特别需要指出的是，当时张东荪虽较多介绍基尔特社会主义，但又明确说自己并未认定一种具体的社会主义，"既不像工行的社会主义（Guild Socialism）"，"又不像多数的社会主义（Bolshevism）"，"更不像无治的社会主义（Anarchism）"，"复不像国家的社会主义（State Socialism）"，乃是"浑朴的趋向"。②所以《学灯》与《解放与改造》几乎介绍当时社会主义的所有流派，包括工团主义、布尔什维克主义、基尔特社会主义、克鲁泡特金主义、傅里叶的社会主义和托尔斯泰的泛劳动主义等，稍显"散漫一点，这派未完，那派又起"。③正如新人社的朱朴观察到的，《解放与改造》虽然"材料丰富"、主张彻底，但"言论的主张很不一致"，"缺少批评"，"今天写了一大堆共产主义，明天又写了一堆集产主义，今日谈了有弹性的改造，明天谈绝对性的改造"，仿佛"卖'环球货品'的先施公司、永安公司，资本固然雄厚，物品固然众多，总脱不了杂货店的风气"，让普通人"大有目迷之色，不知如何是好的困难"。④

时人对张东荪的这一特色十分清楚，故戴季陶建议《时事新报》要有"战斗的态度""决定的主张"，"希望他更进一步，用坚忍不拔的意志，支持一个坚决持久的主张"，并指出"暗沉沉的托尔斯泰，还是不如红灼灼的乌里亚耶夫"⑤，所针对的便是张东荪的"浑朴"。与戴季陶的正面建议不同，李汉俊对"浑朴"论非常不满，称其"真是莫明其妙"，因为"既然是一个主义一定有一个内容，断没有只有趋向而无内容的，可以说是主义"，所以浑朴的社会主义只是"走头[投]无路的社会主义"，张东荪则是"走头[投]无

---

① 志希（罗家伦）：《书报评论·解放与改造》，《新潮》第 2 卷第 2 期，1919 年 12 月 1 日，第 361 页（卷页）。

② （张）东荪：《我们为甚么要讲社会主义》，《解放与改造》第 1 卷第 7 期，1919 年 12 月，第 11 页。值得注意的是，张东荪后来又明确主张基尔特社会主义，如他说："以文化促进之结果，吾敢断言终必趋赴此途，此吾所以不问现实愿鼓吹基尔特社会主义者也。"（张）东荪：《政府之性质》，《时事新报》，1921 年 9 月 2 日，第 1 张第 2 版。

③ 志希（罗家伦）：《书报评论·解放与改造》，《新潮》第 2 卷第 2 期，1919 年 12 月 1 日，第 361 页（卷页）。

④ 朱朴：《六种杂志的批评》，《新人》第 1 卷第 5 期，1920 年 8 月 28 日，第 4—5 页（文页）。

⑤ 戴季陶：《对于〈时事新报〉的希望》，《时事新报》，1920 年 1 月 1 日，"增刊"，第 3 张 4 版。

路的社会主义者"。① 相比戴季陶与李汉俊,似乎张东荪又显得不够激进。然而,值得注意的是,张东荪将这个"浑朴的趋向"称为"逆现社会的——现社会的逆向","也就是一种文化运动专为反对现社会的"——"现社会是寄生生活,这个趋向便倾向于共同生活;现社会是偏重资本,这个趋向便倾向于普泛的劳动;现社会是自由竞争,这个趋向便倾向于互相扶助;现社会是个人快乐主义,这个趋向便倾向于社会幸福,无一不是和现状相反的"。可见,他谈社会主义仅仅是一种泛化的反对现社会的趋势,"总名为与现在相反的文明运动——新文明运动"。② 按此说法,张的社会主义之"主义"便只剩下"专为反对现社会的趋势",这也说明在"解放"与"改造"之间他更加侧重前者,否定性的"反对现社会"本身便被赋予了正当性,在某种意义上来说,或许比革命党更具破坏性与革命性。

小　结

后来张东荪自己曾说:"为了要挽救危亡,于是乃起了革新运动。从此中国人的心中都有一个必须救国的意思。这个意思几乎普遍于全国。但一谈到救国便须有救国的方法,救国是人人所同的,而救国方法则各人所见不同了。所以从表面上看来,这多少年的混乱与争斗好像是救国方法的互相争斗。"③张东荪描述的是近代以来的普遍现象,但无疑最适用于五四时期。1921 年,北京大学学生吴康观察到,那两年来,新文化运动的潮流,朝着"一个共同的方向走","就是改造现在固有的社会","谈改造的事业,可算是热闹极了"。④ 可以说,在五四时期,"改造"是各方的共识,可视其

① 李汉俊:《浑朴的社会主义者底特别的劳动运动意见》(1920 年 5 月),《李汉俊文集》,中共湖北省潜江市委党史研究室、中共一大会址纪念馆编:北京:中共党史出版社,2013 年,第 138、140 页。关于张东荪参与社会主义论战的讨论可参见森川裕贯:《政论家的矜持:章士钊、张东荪政治思想研究》,袁广泉译,北京:社会科学文献出版社,2017 年,第 137—157 页。

② (张)东荪:《我们为甚么要讲社会主义》,《解放与改造》第 1 卷第 7 期,1919 年 12 月,第11 页。

③ 记者:《我们所要说的话》,《再生》第 1 卷第 1 期,1932 年 5 月 20 日,第 2 页。

④ 吴康:《从思想改造到社会改造》(1921 年 1 月 4 日),《新潮》第 3 卷第 1 期,1921 年 10 月1 日,第 25 页(卷页)。

为新文化运动的"母题"。① 罗家伦总结文化运动的目的便是"以思想革命，为一切改造的基础"。② 甚至就连当时的药品广告亦以"改造"为题。③ 不过，虽然时人多要求改造，但方案却又各不相同。吴康便提到，运动中的"期刊杂志，大日报，小日报，甚至丛书专著"，数以千计，"其间性质派别"，也多有不同，"有偏于文学的，思想的，有偏于科学的，有偏于各种社会问题，社会主义的"。④ 其实，时人稍早就注意到：

> 今日之言社会革命者伙矣，而各人研究之学理，及实行手段的趋向亦因之而歧，有主张政治革命者；有主张社会集产革命者；又有主张无政府共产革命者；其主义虽互有差异，然所盼望改革社会成一完美之社会的愿望则均同。⑤

在"改革社会成一完美之社会"的共同的愿望下，因目标与方式不同，而各有歧异，都是"自淘里起了争执"。⑥

张东荪在五四学生运动之后，形成了他自己的"救国方法"。他将文化运动视为解决中国问题即"总解决"的第一步，也是最基础的一步，作为其言论、事业之核心。在这一过程中，他逐渐形成了一个较有统系的文化运动方案。为了"总解决"，张东荪主张文化运动应面向中下级平民，唤醒各界，"然后大家抟成一体，方才回头，对于军阀官僚施行总攻击"。与胡适、梁启超甚至张氏自己原先的主张不同，在其五四后的新文化方案中，他将社会主义视为代第一、二种文明而起的第三种文明，实际上是推中西之陈而出社会主义之新。为此，他主张对中国传统文化和当时西方文化一并"解放"，在"解放"基础上以求改造，以推陈出新及"走捷径"的方式创造

---

① 不过，林同济认为，"'五四'新文化运动所以成为一个自具'体相'运动者"，是因为"个性的解放"这个"中心的母题"。林同济：《廿年来中国思想的转变》(1941 年 5 月 4 日)，《战国策》第 17 期，1941 年 7 月 20 日，第 45—46 页。

② 罗家伦：《一年来我们学生运动底成功、失败和将来应取的方针》，《晨报》，1920 年 5 月 4 日，"五四纪念增刊"，第 3 页。

③ 当时"总统牌精神丸"的广告词为："'改造'这两个字，近来最是流行，因为社会不好，须要急于改造，那是热心改良社会家说的。社会譬如房屋，房屋漏了，急要修理，若是差不多要坍毁，那便非改造不兴。"("总统牌精神丸"广告，《时报》，1920 年 4 月 1 日，第 1 版。)

④ 吴康：《从思想改造到社会改造》(1921 年 1 月 4 日)，《新潮》第 3 卷第 1 期，1921 年 10 月 1 日，第 25 页(卷页)。

⑤ 刘华瑞：《社会改革之正趋》，《时事新报》，1919 年 9 月 22 日，第 1 张第 1 版。

⑥ 乐勤：《通讯(致张东荪、李汉俊)》，《时事新报》，1920 年 5 月 19 日，"学灯副刊"，第 4 张第 2 版。

新文化。即以社会主义为方针,主张文化运动应"专从第三种文明去下培养工夫"。不过,他又并未认定一种具体的社会主义,乃是一种"浑朴的趋向"。

总体而言,张东荪新文化方案,具有革命的倾向却并不确定具体的方向,与《新青年》派及革命党人的新文化主张均有不同。正因这种革命性,让他与原本处于论敌地位的革命党人的关系有所改善,朱执信便说:"一直到了民国八年,新文化运动要沸起的时候,《时事新报》才同我们再走到一条线上。"[①]这也是为何戴季陶、朱执信等愿与其接近,而陈独秀等在讨论组党时亦拉其加入。当时各方确实成了"自淘里"。

不过,张东荪"五四"后短暂"走向革命"有一时激动的特点,稍后又从革命的阵营退回了"改良"。这除了当时他自身思想本有"浑朴"、仍处变动中的一面之外,也与1919年他作为梁启超一派"代言人"的地位有关,因是"代言人",当梁启超等人从欧洲归来,他又不得不有所改变。如非梁启超、蒋百里在1920年初欧游归国,改变了这一年来张东荪所预定的文化运动方向,很难说张东荪会带着《时事新报》及《解放与改造》走出一个怎样的文化运动。

---

① 朱执信:《新闻界今后的著力点》,《时事新报》,1920年1月1日,"增刊",第3张4版。

第六章　欧游求曙光：重新认识中西的意象

　　五四时期，"梁启超系"计划由政治转向文化努力，推动"另一场新文化运动"。不过，颇具反讽意味的是，在国内新文化运动最高涨的 1919 年，这一群体的领袖梁启超与几位核心人物却处于"缺席"状态。1918 年冬至 1920 年春，梁启超、张君劢、蒋百里等人在定下"从思想界尽些微力"的计划后赴欧漫游，以私人资格襄助巴黎和谈并考察欧洲战后情形，留下张东荪、蓝公武等人主持国内的文化事业。

　　在梁启超"缺席"的一年中，国内新思潮风起云涌、瞬息万变，思想社群及各自的文化改造方案，均在变动中逐渐形成，崭露头角，彼此之间通过交锋、竞争、合作等过程有了一定默契。相较于 1918 年底的思想界，真可说是"换了人间"。《新青年》同人在新文化运动中异军突起，后来居上，成为社会中的新势力，此时的梁启超"反而要随着那时代潮流走了"。① 与此同时，梁启超等人出国后所留下的文化事业，在张东荪、蓝公武的主导下也有声有色，常与其他新文化群体处于复杂的竞合之中，并伴随五四后的潮流逐渐激进。

　　恰恰在此时，梁启超、蒋百里等人带着在欧游中形成的新方案归国，投身国内舞台，"大干一场"，直接震动五四思想界。孙伏园在 1922 年看到"现在的文化事业，被任公包办去了"，以至于胡适产生"时时刻刻在敌人包围之中"的感觉，足以说明梁启超归国后的巨大能量。② 之所以有如此影响，盖因梁启超他们归国时带有一整套涵盖政治经济等多方面的欲推动国家改造的文化运动方案，具体目标虽暂未十分清晰却仍不失系统性，相较

---

　　① 梁漱溟：《纪念梁任公先生》(1943 年)，《梁漱溟全集》，中国文化书院学术委员会编，第 6 卷，济南：山东人民出版社，2005 年，第 444 页。

　　② 季融五致胡适信，见胡适日记 1922 年 8 月 13 日，《胡适全集》，季羡林主编，第 29 卷，合肥：安徽教育出版社，2003 年，第 711 页；《胡适致陈独秀(稿)》(约 1920 年底或 1921 年初)，《胡适来往书信选》，中国社会科学院近代史研究所中华民国史研究室编，上卷，北京：社会科学文献出版社，2013 年，第 87—88 页。

于胡适、陈独秀等的文化主张,有其鲜明特性。他们带着新方案归国,以一种全新的政治态度和文化立场加入思想界,实际上是在当时国内正进行的文化运动中,"空投"了一种势力与理念,搅动原本的思想环境,也刺激了原有的新文化社群,带来一系列反响。就此而言,梁启超归国后与其他社群、时人的异同也不仅是思想的异同,更是新文化方案的竞合。

　　然而,以往研究或关注梁启超欧游后的实际举措(讲学、办刊、组织共学社讲学社等)及对思想界的影响①,或比较割裂地梳理梁氏此一时期的思想、文化观念,或仅注意到其对中西文化的独特态度,却忽视其一以贯之的精神②,尤其是常将其晚年学术著述仅置于学术史脉络之中,而较少注意到无论态度、举措或著述,虽偶有溢出方案,然大多仍是这一整套新改造方案的有机组成部分,整体上有其深远思虑。如果不深入理解众多看似零散的表象背后的整体性方案及其一贯精神,无疑会限制我们对史事的理解。本书将在接下来的四章中尝试回到梁启超等人的欧游之旅及其归国后的思虑、举措,在与同时期胡适、陈独秀等《新青年》同人的关联对比中,同时兼及同派内部(与张东荪、蓝公武等)的异同,梳理梁启超他们在欧游中所形成的新文化方案及后续转变,为"梁启超系"的"另一场新文化运动"重建整体性的理念。

第一节　求曙光

　　自清末至民初,中国人以西为新,视彼时西方现代文明为中国之未来。当时梁启超曾认为中国处于"过渡时代",而过渡的目的正是欧美。第一次世界大战的爆发改变了一些人崇洋的心态。一部分时人认为原本被模仿的现代文明即将被淘汰,取而代之的是一个崭新的未来文明。此时,梁启

---

① 张朋园:《梁启超与民国政治》,台北:食货出版社,1981年,第152—184页。

② 关于梁启超欧游境遇与思想变动的关联,参见巴斯蒂:《梁启超1919年的旅居法国与晚年社会文化思想上对欧洲的贬低》,李喜所主编:《梁启超与近代中国社会文化》,天津:天津古籍出版社,2005年,第218—237页。关于梁启超晚年思想,尤其是《欧游心影录》所呈现的思想动向,可参见崔志海:《梁启超与五四运动》,《近代史研究》,1997年第1期;耿云志:《五四以后梁启超关于中国文化建设的思考——以重新解读〈欧游心影录〉为中心》,《广东社会科学》,2004年第1期;李里峰:《"东方主义"与自我认同——梁启超中西文化观的再阐释》,《福建论坛(人文社会科学版)》,2005年第1期;郑大华、哈艳:《论梁启超晚年的文化取向和政治取向及其疏离——以〈欧游心影录〉为中心的分析》,《中州学刊》,2005年第5期;郑师渠:《梁启超与新文化运动》,《近代史研究》,2005年第2期;郑师渠:《欧战后梁启超的文化自觉》,《北京师范大学学报(社会科学版)》,2006年第3期。

超也倾向于认为"新时代行将发生"，视此为新的"过渡时代"，"过渡"之后即是一个新文明。不过，新文明具体如何，却仍处于未知之中。①

对悬想中未知新文明的探求成为广为分享的愿望，欣喜而迫切。时任《大公报》主笔的胡政之认为"战后之世界，必辟一精神界之新纪元"，他对于新纪元的到来比较乐观，但同时又有紧迫心理，呼吁时人"丁兹时会，亟应根本觉悟"，"勉图了解新时代之新思潮"。② 张东荪也有类似又喜又忧的心态，他在战争结束前夕就认为，"欧战将了，世界潮流一新"，"世界易一新生命"。不过，世界潮流的变动对中国是否有利，需要看国人对新生命的参澈与觉悟，他敬告国人，"对于此新生命，若未曾参澈"则后果严重，国家"前途不可问"，并有"自外于潮流而取覆亡"的危险。故"国人对于新生命之觉悟，诚当务之急"。他同时提醒，"国人苟有充足之智能，未尝不能捷足先登"。③ 清末以来，自认落后的国人对西方一直处于追赶之中，而此时似乎出现了"捷足先登"的可能，这更增添了时人想要探求新文明的急迫心态。

正是在这一背景与氛围之中，出游寻找救国之道，成为不少时人的共同想法。在 1918 年 3 月，汤化龙携林长民、蓝公武、陈博生等人前往日本，在日本短暂停留后，又赴美考察。他在日本时即曾言此行之目的，是"鉴于前此失败之因，特来东邻，广为考察，以补十年来所抱之缺憾"，试图找到解决中国问题的途径。④ 与梁启超同行的张君劢当时也认为"近年来世界潮流之变迁，不出国门"则"不觉其流转之迅速"，言下之意正是要走出国门感受世界潮流。⑤ 汤化龙、张君劢与梁启超过从密切，在当年又均因政治不顺而一起退出政坛，处境相类，心境也相似。这一年 12 月，梁启超带着张君劢、蒋百里、徐振飞、丁文江等人赴欧考察。这是一支综合考虑语言、专业的团队，除了观察与助力巴黎和会之外，他们更想"自己求一点学问，而且看看这空前绝后的历史剧怎样收场，拓一拓眼界"。⑥ 探求新时代的新精

① 周月峰：《以"未来"否定"现代"：一战与五四新文化运动多歧性的形成》，《学术月刊》，2020 年第 3 期。

② 冷观（胡政之）：《世界之新纪元》，《大公报》（天津），1918 年 11 月 13 日，第 1 张第 2 版。

③ （张）东荪：《新生命》（一、四），《时事新报》，1918 年 11 月 7、11 日，第 1 张第 2 版。

④ 《汤济武君在东京之谈话》，《国民公报》（北京），1918 年 4 月 26 日，第 3 版。

⑤ 易克嶷笔述：《记张君劢先生谈话》，《国民》第 1 卷第 1 期，1919 年 1 月 10 日，第 1 页。

⑥ 一行人中，除梁启超外，张君劢擅长政治外交（懂德语）、蒋百里擅长军事（懂德语）、徐振飞擅长经济（懂法语）、丁文江擅长科学（懂英语）。《梁任公赴欧所闻》，《晨报》，1918 年 12 月 1 日，第 6 版；梁启超：《欧游心影录》（1919 年 10 月—12 月），《梁启超全集》，汤志钧、汤仁泽编，第 10 集，北京：中国人民大学出版社，2018 年，第 86 页。

神,成为他们的重要使命,甚至可以说,他们是抱着"西天取经"的心情。

　　1918 年 12 月 20 日下午,宪法研究会同人在未央胡同研究会本部为梁启超开饯别会,到场会员 80 余人。梁启超在此会上谈及赴欧的原委与用意。首先,他强调此行是以私人资格,不含有政治意味,但也承认"欧战和议关系于吾国利害者至巨,由国民分子的义务而言,则凡有利于吾国而为鄙人力所能逮者,必当竭诚有所贡献"。① 张君劢后来也称:"到了一九一八年,同梁任公去欧洲观察欧洲和会,任公以非正式的资格去考察欧战情形,希望为中国争回多少权利。"②不过,梁启超一行出游的性质一直为外界猜测,邵力子当时转述传言,"梁氏赴法,自称为私人汗漫之游,然其启程之先,北京政府实馈金为赆",后又"续汇万金",并且更有传言称"梁启超抵法后,即有谋继陆徵祥为专使之说",故认为"谓受北廷之意旨可也"。③

　　其次,他谈到了世界潮流,说:

　　　　今日世界潮流急转之时,从前旧思想旧主义,概已不能适用,不许存在。吾国即亦不能不应此潮流,以力求进步。吾党历年以来之奋斗于政治潮流也,亦即为力求进步,故虽其间屡起屡伏,未能一一如所预期,实皆政治之不良有以致之。而鄙人则实敢断言:吾主义为始终颠扑不破而最适应于今日之世界者。

在此前二十年,中国人所从事的不外把"人家的组织形式,一件件搬进来",突然发现人家的思想、主义已不能适用、不许存在,一方面固然有不知何去何从之茫然;另一方面,或也有中国尝试共和近十年不能成功却发现未必是中国之错而是西方思想、主义之错的释然与欣喜。

　　后来刘太希指出:"那时他(梁启超)对自己所介绍的西洋文化,起了根本怀疑,所以欧战方毕,即如唐玄奘西天取经的心情,来欧土发掘人类大澈大悟的新思潮。"对于他们来说,感受世界潮流本身并非目的,而是希望率先了解世界潮流,以之指导国内改造,实现"弯道超车",正所谓"任公以为

---

　　①　本段与下一段引文见《研究会饯别梁任公》,《国民公报》(北京),1918 年 12 月 21 日,第 2、3 版。

　　②　张君劢:《我从社会科学跳到哲学之经过》(1955 年),《中西印哲学文集》,程文熙编,上册,台北:台湾学生书局,1981 年,第 66 页。

　　③　邵力子:《促国民速讨卖国贼》(1919 年 3 月 31 日),《邵力子文集》上册,北京:中华书局,1985 年,第 97—98 页。

战后思想上必有划时代之改变,吾国必本此以图改造"。① 梁启超在赴欧前便曾直言,希望通过考察,"挹取欧美日本互助之新空气携归我国,藉于世界之新文化,有所尽力",并就考察所得,"研究一新主义,标示一新旗帜,图政治上根本之更新",以改造中国。正如蒋百里所说:"吾此行将求曙光。"②

梁启超一行与清末五大臣出洋虽都是"西天取经",但结果却有不小差别。五大臣要考察的是东西洋现有制度、文化,归后也确实以之为型范进行了国内改革;而梁启超赴欧后却发现西方并没有现成模型,仅是将现未现的状态,是一个更新的未来文明之曙光。"求曙光"是他们同人的普遍心态,所谓曙光,不仅是欧洲的曙光,同时也是中国的曙光。有意思的是,他们到欧洲后便意识到西方并没有现成的"曙光",就如梁启超稍后所说:"泰西思想界,现在依然是浑沌过渡时代,他们正在那里横冲直撞寻觅曙光。"③即使明知道西方文明出了问题,却仍然认为曙光会率先出现于西方并要向其"求曙光"的心态,显示着晚清以来尊西风气影响深远、根深蒂固。

梁启超一行自 1918 年 12 月 28 日由上海起程后,1919 年 1 月 6 日抵新嘉坡,9 日抵槟榔屿,14 日至锡兰岛,21 日抵红海,28 日渡苏彝士运河,2 月 1 日过昔西里岛,11 日抵伦敦。④ 又因船位不足,徐新六与丁文江取道美洲赴欧,在伦敦与梁启超等人汇合。⑤

梁启超等人在欧洲的行程可以 1919 年 5 月为界分为前后两段。前期活动主要围绕巴黎和会而进行,间为考察欧洲情况。⑥ 但 1919 年 4、5 月开始,巴黎和会的态势逐渐明朗,此前所希望得到的外交胜利渐渐落空,而且国内新文化运动兴起、五四学生运动爆发,舆论关注点又从巴黎转回到北京与上海。这是梁启超等人始料不及的。

留在国内的张东荪在这一时期已感觉到"此次欧会恐于我一无所得,

① （刘）太希:《记梁任公》,《追忆梁启超》(增订本),夏晓虹编,北京:生活·读书·新知三联书店,2009 年,第 281、277 页。

② 《研究会饯别梁任公》,《国民公报》(北京),1918 年 12 月 21 日,第 2—3 版;《梁任公在协约国民协会之演说词》,《国民公报》(北京),1918 年 12 月 24 日,第 2 版;梁启超:《〈欧洲文艺复兴史〉序》(1920 年 12 月 31 日),蒋百里:《欧洲文艺复兴史》,上海:商务印书馆,1921 年,第 1 页。

③ 梁启超:《欧游心影录》(1919 年 10 月—12 月),《梁启超全集》,汤志钧、汤仁泽编,第 10 集,北京:中国人民大学出版社,2018 年,第 76 页。

④ 《梁启超年谱长编》,丁文江、赵丰田编,上海:上海人民出版社,2008 年,第 563 页。

⑤ 宋广波:《丁文江年谱》,哈尔滨:黑龙江教育出版社,2009 年,第 136 页。

⑥ 参见巴斯蒂:《梁启超 1919 年的旅居法国与晚年社会文化思想上对欧洲的贬低》,《梁启超与近代中国社会文化》,李喜所主编,天津:天津古籍出版社,2005 年,第 223 页。

所希望之种种,恐皆成泡影",并提醒梁启超等人,"设其事已非,似宜另打主意,否则人将以种种无稽之言相加也。最好将此中内幕澈底宣布,免致国内人生疑"。张东荪信中所言"所希望之种种,恐皆成泡影",自然是指他们试图通过巴黎和会所达到事业上的目的,和会失败,事业上的转机也成泡影,此即所谓"一无所得"。同时,当时国内流传梁启超在巴黎和会中卖国的"谣言",这也是张东荪所说"人将以种种无稽之言相加"的典故,所以主张干脆将和会的内幕宣布,离开这一是非的领域,"另打主意"。张东荪在另一信中亦有类似主张:

> 公等此行不可仅注视于和会,宜广考察战后之精神上物质上一切变态,对于目前之国事不可太热心,对于较远之计画不可不熟虑,否则专注目于和会,和会了便无所得,未识以为然否。①

不管是否是听从张东荪劝告,梁启超一行在1919年5月之后的关注点确实有所变化。

在1919年2月至5月四个月中,他们"游历地方颇少",除"初到时曾以十日之力游战地及莱因河左岸联军占领地,其后复游北部战地,又一游克鲁苏大铁厂"外,"未尝出巴黎一步",并且"住巴黎虽数月,然游览名胜颇少",盖"因每日太忙,惟来复稍得休暇"。② 他们所忙之事,大概仍以和会外交事务为主。正如梁启超欧游之前所说:"鄙人今有欧行,虽纯属私人汗漫之游,亦诚欲邮达吾国民多数所希望,诉诸彼都舆论,以冀为当局之助。"③直到6月8日,"淹法三月"才告结束。④ 张君劢便记得在巴黎时"常对吾国的五个全权代表,以私人资格,贡献了多少意见","有时也同法国当局有所往来",一直"等到青岛问题解决,梁任公离巴黎到各国游历"。⑤ 从6月开始,他们住巴黎的时间极短,即使10月7日回到巴黎附近,也是常住小镇白鲁威,绝少社交。这种转变使其考察的一面更为凸显,即如张东荪

---

① 张东荪:《与君劢、子楷、百里、振飞四兄书》(1919年)、《与君劢、子楷、百里、振飞诸兄书》(1919年),《梁启超年谱长编》,丁文江、赵丰田编,上海:上海人民出版社,2008年,第594页。

② 梁启超:《梁任公先生之家书》(1919年6月9日),《国民公报》(北京),1919年8月23、24日,第2版。

③ 梁启超:《关于欧洲和会问题我与之商榷》,《国民公报》(北京),1912年12月17日,第2版。

④ 梁启超:《梁任公先生之家书》(1919年6月9日),《国民公报》(北京),1919年8月23、24日,第2版。

⑤ 张君劢:《我从社会科学跳到哲学之经过》(1955年),《中西印哲学文集》,程文熙编,上册,台北:学生书局,1981年,第66页。

所建议的"考察战后精神上物质上一切变态"，这也使得此次欧游成了名副其实的"取经"之旅。

第二节　柏格森与倭伊铿

其实在早些时候，张君劢、蒋百里为辩驳国内攻击梁启超的流言，便曾声明他们在欧洲"日在研究文学经济政治军事，并请名人讲演，实亦无暇与此辈争闲气"。[①] 梁启超在6月的家书中也只详述"数月以来，晤种种性质差别之人，闻种种派别错综之论，睹种种利害冲突之事，炫以范象通神之图画雕刻，摩以回肠荡气之诗歌音乐，环以恢诡葱郁之社会状态，饫以雄伟矫变之天然风景"，而不提和会之事。[②] 或是由于当时外交局面基本已成定局，故张、蒋、梁在追述巴黎活动时都有意无意淡化与外交的关系，不过，在欧洲考察甚至"发愤当学生"确实是他们此行的主旨之一。

梁启超曾将欧游期间"主要之功课"概括为四："一曰见人，二曰听讲义，三曰游览名所，四曰习英文。"他自述在1919年6月时，"法国方面之名士，已见者殆十之七八"，"最多见者则政治家及最哲学文学家"。这无疑有他们主动选择的成分，按梁启超的说法，一般茶会相邀，他们"多谢绝，惟学者之家有约必到"，故"学者社会极为沉瀣，第一流之哲学家三人，皆已见，且成交契"。6月之后的行程中，他们亦有意识地拜访欧洲名士。其中，对梁启超他们思想影响最大的，当属法国柏格森和德国倭伊铿两位。

柏格森（Henri Bergson，1859—1941），1859年生于巴黎，深受斯宾诺莎与康德影响。其思想中，最著名的为"创化论"（The Creative Evolution）之说，强调创造与进化并不相斥，因为宇宙是一个"生命冲力"在运作，一切均有活力。他反对科学上的机械论、心理学上的决定论与理想主义。[③] 梁启超他们在法国时，柏氏刚从英美讲学多年归国。

在游欧之前，梁启超显然对柏格森早有所闻，称其为"新派哲学巨子"，是他"十年来梦寐愿见之人"。[④] 按照张君劢的说法，梁启超之所以知道柏

---

①　《蒋方震张嘉森由法京来电》，《晨报》，1919年4月19日，第2版。

②　本段及下一段引文见梁启超：《梁任公先生之家书》（1919年6月9日），《国民公报》（北京），1919年8月23、24日，第2版。

③　吴康：《柏格森哲学》，台北：台湾商务印书馆，1966年，第10—15页。

④　梁启超：《梁任公先生之家书》（1919年6月9日），《国民公报》（北京），1919年8月23、24日，第2版。

格森，主要是通过阅读"日本人所著欧洲思想史"间接得来。在这些书中，"必推柏格森、倭伊铿两人为泰山北斗"。不过，似乎仅是有所耳闻，对柏氏思想本身，梁启超并未措意，故在梁氏欧游前的文字中，未见有引述柏格森之处。而同行者张君劢当时甚至连哲学都不屑一顾，"以为哲学乃一种空论，颠倒上下，可以主观为之，虽立言微妙，无裨实事，与马克思少年时批评黑智尔哲学为海岩上之音乐，正相类也"。他对于要去拜访柏格森一事，也是兴致全无，甚至当梁启超强他同往时，"竟谢绝之"。①

在"梁启超系"中，张东荪对柏氏最为推崇。从张东荪当时的言论来看，柏格森甚至是其思考的出发点之一。如有人认为泰戈尔思想"与近代理想派哲学相似"，张东荪便以柏格森对比，认为泰戈尔"与柏格森之创造的进化说固截然不同"；在讨论尼采"永劫回归"说时，他也会将尼采与柏格森相提并论，认为尼采"以为过去可以再现，不过他的学说不是粗朴的轮回论，却与近代创化哲学的柏格森有几分相近"，"柏氏主张'绵延累积'，过去、现在、未来凝于一，尼采的主张也是相仿佛"。② 他那时正在翻译柏格森之代表作《创化论》，连载于《时事新报》。他在连载预告中介绍称：

> 勃葛逊名震全球，毋待叙传，其思想之系统，实为泰西思想与印度思想并中国思想之会萃，以心物为一，以空化时，以为时者，非仅为绵迭，乃创造也，于哲学上开一新纪元，其功竟驾康德而上之。

不过，张东荪对柏格森的引荐并非仅是看重其思辨性的哲学知识，而是将其视为救世良药，认为："当此国人思潮卑下、文化陵夷之际，本报亟愿以此药之，俾得唤发其清明高尚之气也。"③或许正是张东荪对柏格森的情有独钟，加深了梁启超诸人对柏氏之了解。

梁启超、蒋百里与徐振飞拜访柏格森之前，做足了准备。梁启超曾回忆道：

> 吾辈在欧访客，其最矜持者，莫过于初访柏格森矣。吾与百里、振飞三人，一日分途预备谈话资料，彻夜读其所著书，撷择要点以备请

---

① （张）君劢：《学术方法上之管见：与留法北京大学同学诸君话别之词》（1921 年 11 月 16 日），《改造》第 4 卷第 5 期，1922 年 3 月，第 1—2 页（文页）。

② （张）东荪：《泰鹤兰之思想》，《时事新报》，1918 年 12 月 6 日，"学灯副刊"，第 3 张第 1 版；（张）东荪：《永劫回归》，《时事新报》，1919 年 6 月 2 日，第 1 张第 1 版。

③ 《本报启事》，《时事新报》，1917 年 12 月 29 日，第 1 张第 2 版。

益。振飞翻译有天才，无论何时本皆纵横自在，独于访柏氏之前，战战栗栗，惟恐不胜。

三人临时彻夜准备，还需分途进行，固然说明他们对此次拜访之重视，同时也提示出他们之前对柏格森确实了解不多。因为有充分准备，在见面过程中，经过"长时间之问难"，梁启超众人反而深得"柏氏之褒叹，谓吾侪研究彼之哲学极深邃"。这或许也是梁启超"最得意"的原因。在拜访中，他们将张东荪翻译《创化论》一事转达柏格森，"彼大喜过望，索赠印本，且允作序文"，故梁启超特意嘱咐张东荪"努力成之，毋使我负诺责也"。①

梁启超一行对此次拜访大概深有触动，他们归后似仍沉浸于谈话之中，特意将所谈内容告诉未随行之张君劢②，仍意犹未尽，故希望能邀请柏格森为他们讲授哲学。③ 后来归国后成立讲学社，柏格森亦是他们最想邀请来华演讲的数人之一。这大致确能体现其对柏格森哲学有服膺处。④

与拜访法国哲学家柏格森受到震动相似，梁启超诸人与德国哲学家倭伊铿的会面，也对他们的思想产生了重要影响

倭伊铿（Rudolf Christoph Eucken，1846—1926），1846 年生于德国汉诺威，1908 年诺贝尔文学奖获得者。其哲学思想着重精神价值，认为使人成为人的是精神人格，人凭精神获得升华。精神的本质在于从生命环境和冲动中获得解放，获得自由。

在 1919 年底同游德国时，梁启超曾嘱咐张君劢"开一在德应见诸人之名单"。不过，因张君劢"平日所注意者，不外政党首领及军人"，所以名单所列也"不外社会党首领如柯慈基（Kautsky）、如前总理夏特曼（Schaidemann）、当时之陆军总长诺司开（Noske）、右党首领海尔佛立希（Helferich）、战时之参谋长罗顿道夫（Ludendorf）诸人而已"。在开列名单后，梁启超忽想起日本人之著述中，柏格森、倭伊铿常被并列为思想界之泰山北斗，"既

---

① 本段及下段引文见梁启超：《梁任公先生之家书》（1919 年 6 月 9 日），《国民公报》（北京），1919 年 8 月 23、24 日，第 2 版。

② （张）君劢：《学术方法上之管见：与留法北京大学同学诸君话别之词》（1921 年 11 月 16 日），《改造》第 4 卷第 5 期，1922 年 3 月，第 1 页（文页）。

③ 梁启超在家书中说："他日复返法，尚拟请柏格森专为我讲授哲学，不审彼有此时日否耳。"梁启超：《梁任公先生之家书》（1919 年 6 月 9 日），《国民公报》（北京），1919 年 8 月 23、24 日，第 2 版。

④ 但柏格森对他们一行似乎并未留下印象，也拒绝了他们的讲学邀请。巴斯蒂：《梁启超 1919 年的旅居法国与晚年社会文化思想上对欧洲的贬低》，李喜所主编：《梁启超与近代中国社会文化》，天津：天津古籍出版社，2005 年，第 228 页。

见法之柏格森,不可不一见德之倭伊铿"。当时因"在旅行道上,无法觅人介绍,乃自致一电于倭氏,述愿见之意,且恳其寄复信于耶纳之某客舍中"。当他们抵达耶纳时,"倭氏复书已在,极道欢迎之意"。于是才有拜访倭伊铿之举。梁启超诸人在1920年1月1日拜访倭氏,"谈约一时半之久,所谈不外精神生活与新唯心主义之要点,任公先生再三问精神物质,二者调和方法"。①

　　梁启超在拜访之前,对倭伊铿思想显然已有所了解。他于1916年初读日本学者著作时,曾提到倭氏:"读吉田静致所著《现代与道德》终卷,其学说宗倭铿,殊有精辟语。"②梁启超之所以"再三问精神物质,二者调和方法",必是有所为而问,正是当时其思想的大困惑处。张君劢后来回忆此次访谈中倭伊铿"讷讷如不能出诸口"的模样——

　　　　倭氏对于任公先生之问,自知难以一二哲学概念表示,乃屡屡以两手捧其赤心,以表示将精神拿出来参透物质之意。彼之以两手捧赤心之动作一再不已。

梁启超除关心精神、物质调和方法外,还关心"新唯心主义与旧唯心主义之异同",倭伊铿表示"非立谈之间所能毕事,自允手写一文"。这一次访谈对张君劢的震动极大——"我之旁立而听者,尤感其诚意,相喻于不言之中":

　　　　吾乃生一感想,觉平日涵养于哲学工夫者,其人生观自超人一等,视外交家之以权谋术数为惟一法门者,不啻光明黑暗天堂地狱之别,吾于是弃其归国之念,定计就倭氏而学焉,吾之所以学哲学者,非学问之兴趣,非理性之决定,乃吾内部之冲动,乃倭氏人格之感召。③

事实上,讲求涵养功夫正是宋明理学的长项,而张君劢却需到欧洲见到倭伊铿之后才受震动,可见其骨子里实西化得厉害,确实是"旧书读得不多",新书"读得不少"。④ 正是这次会面,成为张君劢"从社会科学转到哲学的

---

　　① 本段及下一段引文见(张)君劢:《学术方法上之管见:与留法北京大学同学诸君话别之词》(1921年11月16日),《改造》第4卷第5期,1922年3月,第1—2页(文页)。张君劢在文中将拜访时间误记为"一千九百十九年正月一日",显是1920年之误。

　　② 梁启超:《盾鼻集·从军日记》(1916年),《梁启超全集》,汤志钧、汤仁泽编,第9集,北京:中国人民大学出版社,2018年,第430页。

　　③ (张)君劢:《学术方法上之管见:与留法北京大学同学诸君话别之词》(1921年11月16日),《改造》第4卷第5期,1922年3月,第2页(文页)。

　　④ 万武:《我为什么要反对张君劢》,北京市档案馆藏《民主社会党的任务等》,全宗号161;案卷号3。

一个大关键"，使其决心留下从倭氏求学，"移居耶纳，从倭攻哲学，并读哲学史与其他有关哲学之书"。[①] 其后张氏转向研究宋明理学，也是受倭伊铿影响。从中也可看出，在当时语境之下，中国传统学问需在被西方学者肯定之后，才对国人有新的吸引力。后来讲学社请倭伊铿赴中国讲学未遂，而从倭氏推荐延请杜里舒。张君劢亦于其时求学归国，述倭氏学说于国内，引起一场"科学与人生观"论战，可以说此时已种下其因缘。

第三节　悲观与乐观

这类拜访名人固然是有意识地"求曙光"之一种，但更为系统的，仍属在法国"听讲"。早在 1919 年 6 月，梁启超已提到所受讲义四种：战时各国财政及金融、西战场战史、法国政党现状、近世文学潮流，认为讲义精绝，将来可各成一书。并"拟请柏格森专为我讲授哲学"。[②]

如同拜访名人的名单一样，我们可以猜测这些课程必然是梁启超等主动提出。从名称看，包含经济、军事、政治、文学、哲学。在清末之时，梁启超在日本曾有计划地学习了一整套经国之术，准备回国大展手脚。但民初尝试共和的挫败以及欧战的发生，已经让他模糊感觉到今后"举凡一切国家社会之组织，皆将大异乎其前"，有必要重新感知"世界潮流"，学习新的经济、军事、政治、文学、哲学等，以应对新潮流。他此时感慨"此行若通欧语，所获奚啻十倍，前此蹉跎，虽悔何裨，今惟汲汲作补牢计耳"，于是"每日所有空隙，尽举以习英文，虽甚燥苦，然本师（丁在君）奖其进步甚速，故兴益不衰"。

在所授课程中，"近世文学潮流"一课给梁启超一行留下最深印象。该课程由法人 Amédée Britsch 主讲，蒋百里据此改写成《欧洲文艺复兴史》一书。[③] 蒋百里自称该书所述：

[①] 张君劢：《我从社会科学跳到哲学之经过》（1955 年），《中西印哲学文集》，程文熙编，上册，台北：学生书局，1981 年，第 67 页。

[②] 本段及下段引文见梁启超：《梁任公先生之家书》（1919 年 6 月 9 日），《国民公报》（北京），1919 年 8 月 23、24 日，第 2 版。

[③] 陶菊隐谓："梁对欧洲文艺复兴史深感兴趣，自己出题目请法国名流轮流讲解，一面叫百里记下来。后来就请百里整理这些资料写成《欧洲文艺复兴史》。"（陶菊隐：《蒋百里传》，北京：中华书局，1985 年，第 48 页）此或有误，梁启超确实曾"自己出题目请法国名流轮流讲解"，但轮流讲解的是数门课程，而非欧洲文艺复兴史一课。

> 为旅欧时法国巴黎大学图书馆主任 Smédée Britch 氏所临时讲演
> 者；其叙述虽不过大体，而颇能扼其要。因参酌群书以补成之。①

因蒋百里或是手民之误，书中将主讲者 Amédée Britsch 误作 Smédée Britch，
致使后之研究者始终未找到主讲者更多材料。据查，Amédée Britsch 当年
是图书馆员而非馆长，1933 年至 1938 年当选法国图书馆员协会会长，著有
多种文学史与历史普及作品。②

对于蒋百里的自述，梁启超有所纠正，他说：

> 百里自言此书根据法人白黎氏讲演，此讲演吾实与百里同听受。
> 本书不过取材于彼云尔。至于论断，则皆百里自撼其心得。吾证其为
> 极有价值之创作，盖述而有创作之精神者也。③

蒋百里本主张翻译事业为有主义之运动，"其为主义运动也，则为有目的之
手段，能于干燥之事实上，加以一种活气，枯窘之文字中，与以一种精神"。
他之所以有此译述（或创作），也有其自己的"主义"，希望"于今日之所谓
文化运动者，有一得之助"。④

梁启超曾形象记录蒋百里在欧游过程中心态的变化，他说：

> 吾侪欧游中，百里常昌言于侪侣曰："吾此行将求曙光。"侪侣时辄
> 戏诘之："曙光已得乎？"曰："未也。"如是者数四。及将归，复有诘者，
> 百里正色言曰："得之矣。"至所得为何等，则未尝言，吾侪亦殊无以测
> 其浅深。

据他推测，欧洲文艺复兴未必便是蒋百里所得之"曙光"，但从中"有以窥其
求曙光所由之路"，即"吾国人诚欲求之，则彼之前躅，在在可师已"。⑤

此种对"曙光"已有所把握的成竹心态，让一行人从悲观趋于乐观。蒋
百里自己坦承："未赴欧洲以前，种种思想，均趋于悲观，希望心已渐渐消

---

① 蒋百里：《欧洲文艺复兴史》，上海：商务印书馆，1921 年，第 8 页。

② 感谢巴斯蒂(Marianne Bastid-Bruguière)夫人在清华大学讲学时拨冗解答相关疑问，并提供宝贵资料。

③ 梁启超：《〈欧洲文艺复兴史〉序》(1920 年 12 月 31 日)，蒋百里：《欧洲文艺复兴史》，上海：商务印书馆，1921 年，第 2 页。

④ (蒋)百里：《欧洲文艺复兴时代翻译事业之先例》，《改造》第 3 卷第 11 期，1921 年 7 月 15日，第 70 页；蒋百里：《欧洲文艺复兴史》，上海：商务印书馆，1921 年，第 8 页。

⑤ 梁启超：《〈欧洲文艺复兴史〉序》(1920 年 12 月 31 日)，蒋百里：《欧洲文艺复兴史》，上海：商务印书馆，1921 年，第 1—2 页。

灭；自欧游以后，觉得中国之将来，实在是好的。"①第一次世界大战之后，就政治外交言，中国人曾有过短暂的"六个月的乐观"②，不过，在对于世界潮流和中国（及中国文化）未来前途一面，此种乐观情绪又延续更久。

在欧游过程中产生心态变化的，绝非蒋百里一人。欧游一年，游历、拜访与听讲，从直观感受到理论，都对梁启超等人的思想造成了影响，这种影响未必是根本性的转折，但确实使得梁启超一行此前的一些模糊感受更为确定，并有了新的理论支持，给予一种全新的信心。

尚在欧游之时，梁启超就已感觉到"内部心灵界之变化，则殊不能自测其所届"，"自觉吾之意境，日在酝酿发酵中，吾之灵腐必将起一绝大之革命性"，只不过对于"革命产儿为何物，今尚在不可知之数耳"。③ 稍后，他又将在白鲁威的生活状态比作在日本须磨时的旧状。④ 须磨是梁启超流亡日本时所住小村，他曾于1906年移居须磨怡和山庄，在此读书著述。更重要的，他当时在须磨学习西方知识，研究政治问题，准备归而执政，有取经回来舍我其谁之概。这一次梁启超等人欧游一年，在白鲁威两月，"为深邃的研究"，心境可能亦与在须磨时相同，认为自己已经求得曙光，准备归而指导改造国家。

太希认为梁启超欧游取经并不成功，原本想要"来欧土发掘人类大澈大悟的新思潮"，但"结果于无法中，只得采罗素以东方文化救西方文化的结论以归，而重拾昔日所致力的中国文化，其烦闷自可想见了"。⑤ 不过，所谓"烦闷"或是太希自己所臆度，梁启超所流露出的心态恰是神清气爽，他在归国之初的讲演中提到：

> 此次游欧，为时短而历地多，故观察亦不甚清切，所带来之土产，因不甚多。惟有一件可使精神受大影响者，即将悲观之观念完全扫清是已。因此精神得以振作，换言之，即将暮气一扫而空。⑥

---

① 《中国公学之演讲会：郑权蒋百里之讲演》，《申报》，1920年5月27日，第10版。

② 罗志田：《"六个月乐观"的幻灭：五四前夕士人心态与政治》，《历史研究》，2006年第4期。

③ 梁启超：《梁任公先生之家书》（1919年6月9日），《国民公报》（北京），1919年8月23日，第2版。

④ 他说："两月来生活完全恢复须磨旧状，读书著述固多，然昼夜又已易位矣。"梁启超：《致梁启勋书》（1919年12月6日），《南长街54号梁氏档案》上卷，北京：中华书局，2012年，第150页。

⑤ 太希：《记梁任公》，《追忆梁启超》（增订本），夏晓虹编，北京：生活·读书·新知三联书店，2009年，第281页。

⑥ 《梁任公在中国公学演说》，《时事新报》，1920年3月14日，第1张第2版。

这提示出,欧游对于梁启超一行而言,情感、情绪上的转变远比具体知识上的获取更为重要。

与此相似,张君劢也曾叮嘱同人黄群、林长民等赴欧,认为"均属不可缓之举",并且"应作留学之计,不可作游历计"。盖"游历必受人招待,匆匆观其大略,决不能窥其深处",而留学则"所得较多","出游者不徒明了大势,且能增进勇气,觉中国事非不可为"。① 看重的也仍是"明了大势""增进勇气"之类直观感受。

有意思的是,梁启超一行"暮气一扫而空"的心灵转变,恰恰是建立在欧洲战后破落的"暮气"之中。梁启超在欧洲体验到惨淡的生活境况,物品的匮乏尤其让他们留下极深印象。初到伦敦时,就曾"遥见一老妪慎重端详,自身边取一银匣出,则糖也",才"始知食物之可贵"。当时更是"欲得舟中乏味之冷肉而不可得","岂独冷肉,一根之火柴,一片之薄纸,得之如宝,用之如金"。他们看到如此景况,意识到"吾侪在东方,盖日日暴殄天物也";"乃知往日生活,盖日日暴殄天物而不自觉"。② 梁启超更进而反思,"这几年在本国,真算得纨绔子弟,不知稼穑艰难"。他从战后欧洲的惨淡,联想到东方的生活,再对物质崇拜、西方文明有所悲观,认为"在物质的组织之下,全社会像个大机器,一个轮子出了毛病,全副机器停摆,那苦痛真说不尽","只怕从今以后,崇拜物质文明的观念,总有些变动罢"。正是此种体验,让梁启超产生"苍天已死黄天立"的感想,且一直萦绕心中,是"到欧洲破题儿第一天受了这个印象,是永远不能忘记的"。③

《欧游心影录》开篇写道:

> 我们的寓庐,小小几间朴素楼房,倒有个很大的院落,杂花丰树,楚楚可人。当夏令时,想是风味绝佳,可惜我都不曾享受。到得我来时,那天地肃杀之气,已是到处弥满。院子里那些秋海棠野菊,不用说早已萎黄凋谢。连那十几株百年合抱的大苦栗树,也抵不过霜威风力,一片片的枯叶蝉联飘堕,层层堆叠,差不多把我们院子变成黄沙荒碛。还有些树上的叶,虽然还赖在那里挣他残命,却都带一种沉忧凄断之色,向风中战抖抖的作响,诉说他魂惊望绝,到后来索性连枝带梗

① 张君劢:《与溯初吾兄书》(1920 年 1 月 12 日),《梁启超年谱长编》,丁文江、赵丰田编,上海:上海人民出版社,2008 年,第 577 页。

② 蒋方震:《抵英杂感》,《晨报》,1919 年 4 月 8 日,第 2 版。

③ 本段及下段引文见梁启超:《欧游心影录》(1919 年 10 月—12 月),《梁启超全集》,汤志钧、汤仁泽编,第 10 集,北京:中国人民大学出版社,2018 年,第 94、55、57 页。

滚掉下来，像也知道该让出自己所占的位置，教后来的好别谋再造。

此段描写"因所见以起兴"，具有明显象征意味。"当夏令时，想是风味绝佳"，梁启超或是借此比喻其悬想中大战前"黄金世界，荼锦生涯"的欧洲，而与之相对的，"到得我来时，那天地肃杀之气，已是到处弥满"，则是战后欧洲破败景象——"那如火如荼的欧洲各国，他那很舒服过活的人民，竟会有一日要煤没煤，要米没米，家家户户开门七件事，都要皱起眉头来"，凄风苦雨。旧文明命悬一线，"赖在那里挣他残命"。梁启超更进而暗示欧洲的现代文明"该让出自己所占的位置，教后来的好别谋再造"，也正是他所说的"苍天已死黄天立"。

如果说梁启超等人在国内之时，早已预测欧战对西方影响巨大、世界潮流将改变，甚至新的文明将要产生，那此次欧游使他们有了"全欧破产"的明证，更加坚定放弃模仿西方文明的旧辙。他们看到欧洲物质匮乏而感其文明破产，恰恰提示我们当时中国人对西方文明的推崇，本是建立在对其物质能力的信仰之上。

欧游一年，梁启超诸人游历各地，拜访柏格森、倭伊铿等哲人，延请名家授课，对诸人的思想产生了深远影响——包括直观感受与学理，真有焕然一新之感。游历之后，他们又在法国小镇白鲁威深居两月，读书著述，"各人埋头埋脑做各自的功课"，其中之一"便是要做些文章，把这一年中所观察和所感想写出来"。[①] 梁启超此时心境与清末在日本须磨时相仿，自认已取得真经，准备归而指导国家改造。因此，"梁启超系"归国前后的言论、著述——如梁启超之《欧游心影录》《清代学术概论》《先秦政治思想史》，蒋百里之《欧洲文艺复兴史》等，需要置于此语境中方能更好理解。[②]

正是在这一期间，他们形成了一整套涵盖政治经济众多方面的远大计划。张君劢在梁启超归国前便致信国内同人黄群，提到"登岸后方针之宣布，前函已详"。更有意思的是，他"深恐任公归后手忙脚乱，绝不计其轻重缓急，而又信口糊说"，故在信中一一详细交代，嘱咐黄群与张东荪、林长民等详细谋划。[③] 他们对这一计划谋定而后动、跃跃欲试，却又慎之又慎的态

---

① 梁启超：《欧游心影录》(1919 年 10 月—12 月)，《梁启超全集》，汤志钧、汤仁泽编，第 10 集，北京：中国人民大学出版社，2018 年，第 56 页。

② 需要指出的是，虽均有指导国家改造之意，不过梁启超写《先秦政治思想史》(1922 年)时，心态已和写作《欧游心影录》(1919 年)、《清代学术概论》(1920 年)时不可同日而语。

③ 张君劢：《与溯初吾兄书》(1920 年 1 月 12 日)，《梁启超年谱长编》，丁文江、赵丰田编，上海：上海人民出版社，2008 年，第 576—577 页。

度,已跃然纸上。

"梁启超系"所谋定的计划以文化为核心,要从根本上改造中国。不过,梁启超在欧游后虽一再表示"从事政治运动徒劳无功""今后对政治已无兴趣",甚至宣称"对于现实的各方面(尤以政治方面为最),皆一概绝缘"。① 然而,缪凤林却早已指出:"世人多谓梁氏近年来自悟其短,忘情于政治活动者,非能知梁氏者也。"②故茅盾才说"彼等一系之政治立场及文化工作方策,经已决定如何如何","文化工作方策"原本就与"政治立场"密不可分。③

这是一个雄心勃勃的布局,"在他们将来的整个事业上抱有极大的目的和计划"。④ 陶菊隐曾说梁启超归国后,"对欧洲文艺复兴倾倒备至,想高举这面大旗,在中国大干一场",并指出"他抱此雄心大志"是"想贾起清末民初的余勇,再来大显身手"。⑤ 梁启超在清末曾一度主张以新民推动新政,其最"大显身手"的时刻,便是《新民丛报》时期以在思想界的巨大影响直接、间接推动政治革新,所谓"文字收功,神州革命"。⑥ 故陶菊隐所说"贾起清末民初的余勇",立足点在思想、文化,然绝非是进入书斋一心著述,其准备大干一场,指向的仍是"神州",延续着传统士人以天下为己任的关怀。

第四节　新的计划

1920年初,梁启超、蒋百里、徐振飞登船回国,张君劢留欧继续随倭伊铿求学。为了让国内同志了然他们在欧洲的计划,张君劢写信分致国内诸人,言"在欧所商不止一事","并望将其先后次第,详加讨论"。他们计划中的事业有五:一、中比贸易公司;二、中比轮船公司;三、月报及印刷所;

---

① 许德珩:《许德珩回忆录:为了民主与科学》,北京:中国青年出版社,2001年,第82页;《梁任公抵沪后之谈话》,《申报》,1920年3月7日,第10版。

② 缪凤林:《悼梁卓如先生(1873—1929)》,《追忆梁启超》(增订本),夏晓虹编,北京:生活·读书·新知三联书店,2009年,第100页。

③ 茅盾:《客座杂忆·〈新青年〉谈政治之前后》(1941年),《茅盾全集》第12卷,"散文二集",北京:人民文学出版社,1986年,第96页。

④ 《梁启超年谱长编》,丁文江、赵丰田编,上海:上海人民出版社,2008年,第574页。丁文江是欧游同行之人,又与梁启超诸人关系密切,应能了解此中心曲。

⑤ 陶菊隐:《蒋百里传》,北京:中华书局,1985年,第52页。

⑥ 胡适日记1929年2月2日,《胡适全集》,季羡林主编,第31卷,合肥:安徽教育出版社,2003年,第322页。

四、大学；五、派留德学生。①

张君劢进一步详述，"第一第二两事"，"虽二而实一"，已经"详致公权函电中，谅公已知之"。中比贸易公司和中比轮船公司两事业偏于经济，不仅能聚合人才，更能为其他事业提供资金，故张君劢认为此事须有第一等人才方能与外人共事，希望由他们一系的干将黄溯初、张公权、叶揆初、徐振飞、陈光甫等数人专任之，并广募股本。信中所提到的"公权"即张君劢胞弟张公权，时任中国银行副总裁。

其余事均关乎文化，诸事业相互之间又多有关联，如"共学社的事业，可说是《时事新报》与《晨报》的延扩"。② 事实上，办报、办刊、出版丛书、筹办学校，一直是梁启超系计划之中却未果行的事业。早在 1914 年底，梁启超辞职币制局总裁职位，就曾计划"于《中华杂志》之外，尚拟出一时局小丛书，已拟就题目十种"，并且在"著作之外，尚筹划在中国建设一完备大学，以期发达学术而培养人才"。③

计划之中本有自办印刷所一项，盖"为文化运动计，创刊小丛书，故非自办印刷所不可"，本"拟集资五万，并以商业方法经营之"。张君劢希望由梁启超拟定编辑人员，"其经理印刷所之人，亦不可不注意"，"应作为一种独立商业，不可与政党财政混同，方能持久"。④ 但因梁启超在归国之初便定下与商务印书馆合作，故印刷所并未果行。不过，在商务印书馆的支持下，"共学社丛书"却渐成规模，在当时被称为"研究系文化运动之一别动队"。⑤

1920 年 3 月，梁启超、蒋百里等一归国，便与商务印书馆商定合作。新文化运动初兴时，商务印书馆未能及时参与，被视为"有些暮气""十余年来不见出几部有价值的书"，在文化界的核心地位有所动摇。⑥ 张元济显然感

① 本段及下段引文见张君劢：《与溯初吾兄书》（1920 年 1 月 12 日），《梁启超年谱长编》，丁文江、赵丰田编，上海：上海人民出版社，2008 年，第 576—577 页。

② 舒新城：《我和教育》上册，台北：龙文出版社，1990 年，第 149 页。

③ 《辞职后之梁任公》，《京报》汉文版，1914 年 12 月 30 号，第 4 版。

④ 张君劢：《与溯初吾兄书》（1920 年 1 月 12 日），《梁启超年谱长编》，丁文江、赵丰田编，上海：上海人民出版社，2008 年，第 576—577 页。

⑤ 茅盾：《客座杂忆·周、杨姻缘之一幕》，《茅盾全集》第 12 卷，"散文二集"，北京：人民文学出版社，1986 年，第 98 页。

⑥ 《沈泽民致白华函》（1920 年 1 月 19 日），《宗白华全集》第 1 卷，合肥：安徽教育出版社，1994 年，第 161 页；宗白华：《评上海的两大书局》（1919 年 11 月 8 日），《宗白华全集》第 1 卷，合肥：安徽教育出版社，1994 年，第 89 页。

受到了威胁,亦在谋求改变。可以说,这是一次新文化运动的局外人与新文化运动后来者的合作。梁启超他们计划"集同志编辑新书及中学教科书",并"拟成一团体公司",以图"译辑新书,铸造全国青年之思想"。当时商务便决定"拨两万元预垫版税,先行试办一年",后又增加一年。① 正因为有商务印书馆的支持,共学社才能如此迅速成立。有意思的是,在与梁启超达成合作之前,商务印书馆本已有意与胡适合作,拟"以重薪聘胡适之,请其在京主持","专办新事","每年约费三万元,试办一年"。而在与梁启超一派接洽之后,则改为梁启超、胡适双方各两万元一年,并特意说明"胡适之一面,亦如此数。属任公不必约彼"。② 张元济之所以要特意叮嘱不必约胡适,很可能是由于梁启超曾透露要纳胡适于麾下的意图,盖因其方才归国,对当时国内思想界的格局与胡适如日中天的地位或不够了解。同时,这一变动本身便颇具意味,象征着原本新派中只胡适一方独大,而梁启超归来后,变为了双峰并峙,所以胡适才会对"他们办共学社是在《世界丛书》之后"感到介意。③

　　"共学社丛书"从 1920 年 9 月至 1935 年 7 月,持续十数年,出版各类著作八十多种,且多初版于 1920 年至 1922 年间,绝大多数为译著,影响深远。开始计划分"时代丛书""历史丛书"和"学艺丛书"三类,后来实际出版的有十七套丛书,包括"马克思丛书""文学丛书""时代丛书""社会丛书""罗素丛书""经济丛书""科学丛书""俄罗斯文学丛书""哲学丛书""通俗丛书""教育丛书"等。④ 陶希圣清楚记得在 1920 年时要"买新书来读",便需去松公府的共学社,"比如克鲁泡特金的《互助论》,考茨基的《阶级斗争》,又如拉马克的《生物学》之类"。⑤

---

　　① 面对新文化运动中各出版物的竞争,商务印书馆曾计划将《东方杂志》减价,"一面抵制《青年》、《进步》及其他同等之杂志,一面推广印,借以招徕广告。"张元济日记 1918 年 12 月 25 日,《张元济全集》第 6 卷,"日记",北京:商务印书馆,2008 年,第 458 页;张元济日记 1920 年 3 月 13 日,《张元济全集》第 7 卷,"日记",北京:商务印书馆,2008 年,第 194 页。张元济:《与任公同年兄书》(1920 年 4 月 10 日),《梁启超年谱长编》,丁文江、赵丰田编,上海:上海人民出版社,2008 年,第 581 页。

　　② 张元济日记 1920 年 3 月 8 日、1920 年 3 月 13 日,《张元济全集》第 7 卷,"日记",北京:商务印书馆,2008 年,第 192、194 页。

　　③ 《胡适致陈独秀(稿)》(1920 年底或 1921 年初),《胡适来往书信选》,中国社会科学院近代史研究所中华民国史研究室编,上卷,北京:社会科学文献出版社,2013 年,第 87—88 页。

　　④ 关于共学社丛书情况,可参见邹振环:《20 世纪上海翻译出版与文化变迁》,南宁:广西教育出版社,2000 年,第 117—122 页。

　　⑤ 陶希圣:《潮流与点滴》,台北:传记文学出版社,1979 年,第 45 页。

梁启超一系很早便注重讲学、办学。尚在清末时，就有同人坦承，“吾社之行动，惟办报、办学堂两事”，两事之中，“报则无论若干年，无成绩之可言，其有可言者，惟学堂”。[①] 可见他们对于办学之重视。1918 年，梁启超等人退出内阁，也曾商议发起松社，“合军人政客于一堂”，“以读书、养性、敦品、励行为宗旨”，“欲以此社为讲学之业”，“而以罗罗山、曾文正之业责先生（梁启超）”。[②] 欧游前，冯国璋更曾向他们提议可赞助办学，梁启超一行做筹划时，因“河间去矣，此后办法非敢悬断”。不过，冯国璋虽病故，但办学计划并未因此而终止。办教育也成为伴随他们文化运动的重要事业，只不过当时该派觉察到人才不足，所以张君劢才建议“与其自办大学，不如运动各省筹办而自居于教授”，“只求灌输精神，何必负办学之责任”。同时，他希望梁启超于编纂杂志之外，在北方学校中居一教习地位。后来“梁启超系”接办中国公学，创办自治学院，在清华、南开、东南大学讲学，均是此一计划的后续展开。[③]

除在办学、讲学中培养人才之外，他们也曾计划派留德学生。盖张君劢赴德后，“觉学费之廉，出人意外”，“如国内大公司如中原公司之类，每年能出资万元或五千元，可派学生十人或二十人”。张君劢以李石曾留法勤工俭学会为对照，认为“国内后起不乏才智，李石曾留法勤工俭学会以招至万人为度，吾侪并此不图，尚何新人才之可言，此事并非与李竞争，为国家计，应如此也”。虽声明并非与李竞争，但心中仍潜伏有与北大和革命党一较高下的争胜之心。

张君劢当时在德国，此事便由他居中负责。他希望冯国璋家人或“国内大公司如中原公司之类”支持此项事业，具体办法为：

> 如冯河间家能提兴学之费五万元，则每学生期以五年四年，可得毕业生二十人，但德国大学纯采自由制，大学功课自己选择，非招致科学有根底者难收效果，弟意拟分三等，日本或美国大学毕业者为第一等，科学有根底而英、德、法文不深者为第二等，但通德文同济学堂之类是为第三等。学生招齐后，由森在欧随时考察，并告以求学之门径，

---

① 徐尔音：《致任公先生书》（光绪三十四年三月十一日），《梁启超年谱长编》，丁文江、赵丰田编，上海：上海人民出版社，2008 年，第 303 页。

② 张君劢：《致任公先生书》（1918 年 1 月 12 日），《梁启超年谱长编》，丁文江、赵丰田编，上海：上海人民出版社，2008 年，第 553 页。

③ 本段及以下两段引文见张君劢：《与溯初吾兄书》（1920 年 1 月 12 日），《梁启超年谱长编》，丁文江、赵丰田编，上海：上海人民出版社，2008 年，第 576—577 页。

或者收效不在内地办学下也。弟意拟在德办一预备班,除德语外授以
应学之根本智识(但大学正式毕业者不在此限)一年后方得自由求学,
石君酐六与任公、百里交甚深,与弟亦熟识有年,向为松坡参谋,三次
革命后留日攻德语与哲学,此人应为之筹一二千元之费,令其即来德,
待彼于德学风熟习后,则留德学生之指导,可由彼任之,不必弟在
欧矣。

此一计划其实甚为周详,文化事业是其核心,即"专从文化方面,另造一种
新势力",所以办月报、印刷所及大学数项最为重要。其经费来源则需要依
靠中比贸易公司与中比轮船公司。他们预想中的办理人才除大学培养之
外,所拟事业中计划派遣的留德学生亦是一大来源。奈何事与愿违,两公
司因故未能开办,在此后几年中经费(特别是办大学的经费)成为重要问
题;另外留德学生常要几年后才能归国任事,缓不济急,当时时势变化迅
速,留学生思想变化亦快,其中真能为其所用的并不多。

　　梁启超、蒋百里、张君劢诸人欧游一年,有一种独特的"缺席"与"在
场":对国内新文化运动尤其是五四学生运动所搅动的时代潮流的"缺席",
以及对欧战后欧洲思想氛围的"在场"。这与国内主持《时事新报》《国民
公报》的张东荪、蓝公武恰恰相反,他们的思想已随着学生运动日趋激进。
如果说在1918年底,"梁启超系"相约"要从思想界尽些微力"时,他们也许
有着相似的思想境况,但经过彼此在中国与欧洲各自"缺席"与"在场"的一
年,他们的思想——无论是对世界潮流的判断,抑或对中国现状的观察,都
已渐行渐远。因此,梁启超、蒋百里带着新的计划归国后,对他们国内的事
业将会产生怎样的影响?接下来第七、第八两章将集中讨论梁启超归国后
对《解放与改造》杂志的整顿,以及他们言行背后所呈现的理念转变。

第七章　从革命到改良：删去"解放"的《改造》

　　1919 年 9 月，"梁启超系"的干将张东荪以新学会名义创办《解放与改造》（1920 年 9 月更名《改造》），很快成为五四时期的重要刊物，被认为"与《时事新报》是一气的"，"风行一时"，影响极大。[①] 罗家伦认为当时"上海只有新出的两种杂志是有价值的"，一是《建设》，一是《解放与改造》，同为上海出版的《东方杂志》反而不在其中。[②] 而且，《解放与改造》一度十分激进，是传播社会主义思想的重要阵地。中共早期领袖张太雷曾报告称："《新青年》、《星期评论》、《解放与改造》、《建设》等杂志，都用很多篇幅探讨社会主义问题。"[③] 而在"从事社会主义学说的宣传"的报纸杂志中，《解放与改造》又是"其中最受欢迎的"之一。[④] 因传播社会主义，态度激进，甚至引起官方查禁，称其"假用新词，传播过激主义，于社会人心大为危险"。[⑤] 就此而言，称《解放与改造》是一份宣传社会主义且具有革命倾

　　① 王无为：《各地文化运动的调查—批评》（中），《新人》第 1 卷第 5 期，1920 年 8 月 28 日，第 6 页（文页）；《通令查禁〈解放与改造〉》，《中外新报》（上海），1920 年 4 月 4 日，第 3 张第 2 版。

　　② 志希（罗家伦）：《书报评论·解放与改造》，《新潮》第 2 卷第 2 期，1919 年 12 月 1 日，第 360—361 页（卷页）。

　　③ 张太雷：《致共产国际第三次代表大会的书面报告》（1921 年 6 月 10 日），《张太雷文集》，北京：人民出版社，2013 年，第 13 页。

　　④ 瞿秋白当时提到最受欢迎的有"《晨报》、《时事新报》、《青年》报以及《解放与改造》和《人道》等杂志"。其中《晨报》《时事新报》和《解放与改造》均是"梁启超系"的机关刊物。瞿秋白：《中国工人的状况和他们对俄国的期望》（1921 年 1 月），《瞿秋白文集·政治理论编》第 1 卷，北京：人民出版社，2013 年，第 170 页。

　　⑤ 《通令查禁〈解放与改造〉》，《中外新报》（上海），1920 年 4 月 4 日，第 3 张第 2 版。山东官署在《解放与改造》发行未久，就"对于《建设》和《解放与改造》两种杂志已下了查禁命令"。拈花：《济南特约通信·山东的文化运动》，《晨报》，1919 年 12 月 28 日，第 3 版。在华的英国人庄士敦也注意到《解放与改造》"言辞相当激烈"，对"现实社会不满"，对政府"有很大的愤慨"。庄士敦：《紫禁城的黄昏》，富强译，南京：译林出版社，2016 年，第 140 页。

向的杂志当无不妥。

然而吊诡的是,在 1920 年至 1921 年的社会主义论战中,更名后的《改造》却成了早期共产主义者最重要的论敌。① 短短一两年间,《解放与改造》从激进革命到渐进改良,前后的转变不可谓不大。其原因是在 1920 年初,梁启超、蒋百里欧游归国,大举整顿《解放与改造》,重订杂志方针及论调。这既是杂志的转变,也关系其主编张东荪个人思想的转变,又因张氏被视为"研究系"在上海的"代言人"②,故在社会观感中又是"梁启超系"的整体转变。茅盾便注意到,张东荪创办《解放与改造》,原本"刊登介绍外国各派社会主义运动的文章","但当梁启超(研究系首脑)从海外归来,态度即变","以后就不谈社会主义,且反对社会主义了"。③

从对社会主义积极"介绍"到"不谈"再到"反对",除反映出"梁启超系"自身态度转变外,也关系到他们与早期社会主义者关系的变动。但有意思的是,胡适却认为这一举措本就有针对《新青年》同人之用意。当其老友陈独秀怀疑他与"研究系"接近时,他曾怒气冲冲地质问:"你难道不知我们在北京也时时刻刻在敌人包围之中?你难道不知他们办共学社是在《世界丛书》之后,他们改造《改造》是有意的?"④言下之意,"改造《改造》"又是冲胡适等人而来。

概言之,"梁启超系"整顿《解放与改造》的举措,既关系到他们自己一派的思想转向(内部)以及在五四思想界的位置变动(外部),又影响着早期社会主义者及《新青年》同人,更能折射出后五四时期中国思想界的分合与走向,关联多而影响大。然而,既有研究不仅对《解放与改造》的关注远低于其在五四时期的重要程度,而少数以之为研究对象的专题论文,又多未注意到从《解放与改造》到《改造》的转变,仍将其作为静态的文本分析,忽

---

① 李立三后来回忆,在中国共产党成立前后,"这个时期思想上有两个重要的斗争",其中之一便是"和《解放与改造》的斗争"。其实当时斗争的对象已经是更名后的《改造》。李立三:《党史报告(节录)》(1930 年 2 月 1 日),《中国共产党第一次代表大会档案资料》(增订本),北京:人民出版社,1984 年,第 104 页。

② 张国焘:《我的回忆》第 1 卷,北京:现代史料编刊社,1980 年,第 70 页。

③ 茅盾:《商务印书馆编译所》,《茅盾全集》第 34 卷,"回忆录一集",北京:人民出版社,1997年,第 148 页。

④ 《胡适致陈独秀(稿)》(1920 年底或 1921 年初),《胡适来往书信选》,中国社会科学院近代史研究所中华民国史研究室编,上卷,北京:社会科学文献出版社,2013 年,第 87—88 页。

视其在时空中变动的一面。① 本章拟以 1920 年"梁启超系"整顿《解放与改造》为时间线索,梳理其"有意"的用心,呈现杂志前后的巨大转变。

第一节　整顿《解放与改造》

《解放与改造》创办于梁启超等人"缺席"的 1919 年 9 月,故虽是"梁启超系"的共同意愿,却因梁氏去国,实际由张东荪一人操持。在五四之后,张东荪形成了独特的具有革命性的文化运动方案:面向下层,强调启发工农等劳动阶级,以社会主义为方针,在政治层面,明确主张"非破坏不能革新","不问他是合法是不合法",倡导以"阶级竞争"为手段的"总解决",具有推陈出新的革命倾向。正是非常规的、破坏性的学生运动,让张东荪真正看到了根本上不同的革新之法——从威尔逊转换到列宁的革命之路。为此,连革命党人朱执信都认可双方已"走到一条线上"。②

同时,当时思想界的情况与梁启超等人赴欧之时,已有极大变化。其一是五四之后,思想界的关注点已越来越偏向社会,而非当初偏于文艺思想;③其二是"主义时代"来临④,思想之活跃、主义之众多,已远超 1918 年底;其三是思想界的主要分野从新旧之争转为"主义"之间的多元互竞。正是上述时代氛围与张东荪的个人思想塑造了《解放与改造》的早期风格,即以社会主义为目标,在"解放"一切现状的基础上进行改造,对西方现代文明、中国传统文明、现有政权均取革命立场。(详后)

恰恰在此时,梁启超、蒋百里等人带着在欧游中形成的新方案归国。

---

① 《五四时期期刊介绍》的作者虽注意到《解放与改造》改组为《改造》杂志后,编辑、内容和以前"有所不同",但他站在正统马克思主义者的立场上,认为《改造》的"基本倾向和以前是完全一样的"。《五四时期期刊介绍》,中共中央马恩列斯著作编译局研究室编,第 1 卷,北京:人民出版社,1958 年,第 369 页。其他相关研究参见楚永全:《梁启超与〈改造〉》,《学术月刊》,2000 年第 7 期;高娟:《〈改造〉与五四时期社会主义思想传播》,湖南师范大学硕士学位论文,2008 年 5 月;杨智勇:《〈改造〉杂志研究》,湖南师范大学博士学位论文,2009 年 12 月;左玉河:《上海:五四新文化运动不容忽视的另一个中心——以五四时期张东荪在上海的文化活动为例》,《安徽大学学报(哲学社会科学版)》,2013 年第 1 期。

② 朱执信:《新闻界今后的著力点》,《时事新报》,1920 年 1 月 1 日,"增刊",第 3 张第 4 版。

③ 周月峰:《五四后"新文化运动"一词的流行与早期含义演变》,《近代史研究》,2017 年第 1 期。

④ 王汎森:《"主义时代"的来临——中国近代思想史的一个关键发展》,《思想是生活的一种方式——中国近代思想史的再思考》,北京:北京大学出版社,2018 年,第 138—219 页。

该方案不赞同当时"欧化""俄化"或"复古"的倾向,强调"决非先有预定的型范",希望在解放思想的基础上化合中西文化、吸收社会主义精神,摸索、试验一种全新的理想制度;同时,为使未来的理想制度"植基于国民意识之上",他主张中国文化应更多地参与到"再造新文明"的试验过程之中,在旧文化基础上温故知新,养成新的国民心理。① 此方案显然与《解放与改造》的理念不合,也与当时思想界的整体趋向格格不入。所以,梁启超他们归国之初便面临着需要调整自己一派文化运动方向的难题。为此,他们采取了颇具标志性的举措——整顿自家的机关刊物《解放与改造》。

梁启超一行在欧洲时,就曾计划归国后将大举加入文化运动,设想中有一月报为言论机关,"月出两期三期,尚未大定","总之在必办之列"。稍后成立共学社时,一度又拟将新杂志置于共学社中,商讨"杂志出版须另筹编辑费"。按照计划,梁启超本决定亲自担任杂志主编,且留沪主持。② 他曾对自己女儿说:"吾自欧游后,神气益发皇,决意在言论界有所积极主张,居北方不甚便,两月后决南下,在上海附近住。"同时还"欲在上海办一大学"。③ 相比于北京、天津,上海离政治中心更远,可以较疏远于现有政治势力。而且,他们当初设定"杂志之论调,总以打破军阀,改进社会为标目,要之应与世界潮流相应,不可专顾国内环境而已"。④ 要旗帜鲜明地积极主张"打破军阀",确实有"居北方不甚便"之疑虑。然而,从"打破军阀,改进社会"等用词看,相比于1918年底他们去国时的主张和舆论环境,不能算"落后";但相对于1920年越来越转向社会主义的思想界而言,又不够"进步"。

值得注意的是,"梁启超系"新办杂志一事并非完全按计划进行,而是选择将已有的《解放与改造》改头换面。整顿后的杂志于1920年9月第3卷开始,更名《改造》,改32开本为16开本,主编不再由张东荪担任,亦非梁启超自任,而是换由蒋百里实际负责。同时,因梁启超、蒋百里最终仍选择常住北方而非上海,故发行地也随之由上海变为北京。一份杂志,名称、封面、开本、体裁、主编、发行地均作改变,确实有耳目一新之感。更重要的是,杂志前后几乎是两个迥异的作者群。

---

① 详见本书第八章。

② 张君劢:《与溯初吾兄书》(1920年1月12日),《梁启超年谱长编》,丁文江、赵丰田编,上海:上海人民出版社,2008年,第576页;梁启超:《致伯强亮侪等诸兄书》(1920年5月12日),《梁启超年谱长编》,丁文江、赵丰田编,上海:上海人民出版社,2008年,第584页。

③ 梁启超:《与思顺书》(1920年3月25日),《梁启超年谱长编》,丁文江、赵丰田编,上海:上海人民出版社,2008年,第581页。

④ 张君劢:《与溯初吾兄书》(1920年1月12日),《梁启超年谱长编》,丁文江、赵丰田编,上海:上海人民出版社,2008年,第577页。

《解放与改造》(第一、二卷)主要作者

姓名	张东荪	俞颂华	沈雁冰	张君劢	刘延陵	周佛海
出生年份	1886	1893	1896	1887	1894	1897
发文数	16 篇	14 篇	14 篇	12 篇	9 篇	7 篇

《改造》(第三、四卷)主要作者

姓名	蒋百里	梁启超	张君劢	钱稻孙（大泉）	蓝公武	瞿秋白
出生年份	1882	1873	1887	1887	1887	1899
发文数	29 篇	19 篇	16 篇	10 篇	7 篇	6 篇

　　从以上两表对比可知，《解放与改造》时期的主要作者，除张东荪、张君劢曾较深参与民初政治或舆论界外，其他如沈雁冰、俞颂华、刘延陵、郭绍虞及周佛海等均出生于 1890 年之后，新文化运动中初入社会，正是五四青年，为舆论界的新人，且大多由张东荪在《学灯》副刊的投稿作者中发掘。其中，俞颂华是杂志具体编辑事务的负责人。张东荪本就"性豪爽，而爱才尤切，对于青年之栽培不遗余力"[1]，并有《时事新报》的《学灯》副刊和《解放与改造》为平台，吸引了众多五四青年。张君劢投稿虽不少，但身处欧洲，故文章多是英、俄、德、法等国政治趋向的介绍与评议，如《英国之将来》《德国新共和宪法评》等，只有《中国之前途：德国乎？俄国乎？》中两封致张东荪的长信，参与到社会改造方向的讨论中，但那时已是 1920 年 7 月，杂志正处于整顿之中，故整体言，他对杂志前期的实际运营和方针影响有限。

　　当时有人观察到，"五四运动发生，那手足灵活的张东荪，就极力联络学界，用重价报酬投稿人"，这一做法效果显著，"于是乎《学灯》就益发生色"。[2]《学灯》如此，杂志亦然。很多年后，胡适回忆梁启超一系在五四后"创办了致力于新文化运动的新杂志"时，仍记得他们为"新一代的青年作者开辟了专栏"。[3] 对此，舒新城也注意到，为了文化运动，梁启超一系"很

---

[1]　郭湛波：《近五十年中国思想史》，上海：上海古籍出版社，2005 年，第 132 页。

[2]　王无为：《各地文化运动的调查——批评》(中)，《新人》第 1 卷第 5 期，1920 年 8 月 28 日，第 1 页(文页)。

[3]　胡适：《1917 至 1937 年的中国思想潮流》(1955 年 5 月 6 日)，胡适纪念馆藏，检索号 HS-US01-030-011。

想从所谓新进作家中延揽一批人,以为文化努力";又说:"八年梁等致力于文化运动,很想吸收一批人才,造成一种新势力。"他在回忆中虽然泛论"梁等",但就他自身而言,仍是张东荪的因素,是"因为一年来在上海投稿较多,且与《时事新报》的主笔张东荪先生常有通讯,在举目无亲的世界中只有打算投奔到他那里去",张东荪也立刻"表示欢迎"。① 又如,茅盾在投稿《学灯》数次之后,张东荪便在报纸上约其"常常来馆,以便接谈,藉请教益"。② 后来茅盾回忆时也说由于常在《学灯》投稿,"张东荪办《解放与改造》时就约我写文章",且"认为发现了一个人材,就有意要拉我到《时事新报》工作"。双方一度十分亲近,张东荪离沪外出时甚至请其代理《时事新报》主笔。③ 周佛海亦是如此。他在日本留学时,常常向《解放与改造》投稿,因投稿又常常与张东荪通信。他在 1920 年归国后便去《时事新报》社访张东荪,"谈得非常投机",并因此加入当时梁启超一系组织的共学社,担任翻译克罗泡特金的《互助论》。④ 可以说,《解放与改造》完全是由张东荪带领一批五四"新进作家"创办。

整顿以后的《改造》则不同,主要撰稿人梁启超、蒋百里、蓝公武、张君劢均出生于 1890 年之前,在清末便已崭露头角,更是民初舆论界中坚力量,在五四时期,已属老一辈。《改造》作者群除吸收少数年轻人之外(亦不在核心),基本与民初的《大中华》杂志无异,而张东荪自己除在第三卷中有三篇文章参与社会主义讨论之外,再无其他投稿。换言之,张东荪及其周围的五四新作家在杂志被整顿后,均已淡出。

杂志前后作者群的变化,或有更换主编导致人脉关系变化的部分原因,但更根本的则是因为前后理念的转变。张君劢曾顾虑自己一方在内地"旗帜不鲜明,则招致新人才之举,无由着手",并将此事与"任公宣布方针"及"杂志之论调"并举。⑤ 可见新杂志其实承担着树立"旗帜"的职责,兹事体大。蒋百里到上海后一见张东荪便询问"吾辈宜取何种社会主义",亦与"旗帜"有关,并且,询问本身就说明欧游诸人对张东荪所倡导的方针并不

① 舒新城:《我和教育》上册,台北:龙文出版社,1990 年,第 149、165—166 页。

② 《通讯(张东荪致雁冰)》,《时事新报》,1919 年 9 月 25 日,"学灯副刊",第 3 张第 4 版。

③ 茅盾:《商务印书馆编译所》《文学与政治的交错》,《茅盾全集》第 34 卷,"回忆录一集",北京:人民文学出版社,1997 年,第 148、273 页。

④ 周佛海:《周佛海回忆录》,台北:龙文出版社股份有限公司,1993 年,第 17—18 页。

⑤ 张君劢:《与溯初吾兄书》(1920 年 1 月 12 日),《梁启超年谱长编》,丁文江、赵丰田编,上海:上海人民出版社,2008 年,第 577 页。

了然，或知晓却不以为然。①

　　梁启超诸人对整顿《解放与改造》、发布杂志新宣言十分慎重，在上海、北京、天津同人中反复商讨，盖此宣言具有为他们事业正式"宣布方针"之意义。当时蒋百里特意请梁启超"另作一缘起文，以为开场锣鼓"。② 当时已返天津的梁启超在草拟宣言后，便寄送张东荪，嘱其会同上海同人商议。张氏增删、修改后又由梁启超寄送在北京的蒋百里，"属彼商定后径寄"张东荪，如此往复，足见审慎。在往来函件中，梁启超反复强调需"同人"共同认可，提示出他们加强群体意识的努力，欲打造一有主张的新势力。值得注意的是，在讨论过程中，北京同人多主张不用宣言，其理由："一恐有挂漏（例如家庭问题何以不说），二恐所确信者未必遂确"，但梁启超"觉得不用亦无不可，但旗帜鲜明之程度，则有间矣"。③ 他们一方面顾虑自身对宣言中"所确信者"未必认同，另一方面或也考虑到一旦旗帜鲜明，则有些同人或有意见或会离去。然而，如果团体主张相对模糊，虽加入者可以多元，但旗帜终不鲜明。故他们最终仍以梁启超草拟，张东荪、蒋百里等同人修改的宣言版本发布。

　　整顿《解放与改造》，本具有一举扭转张东荪此前为该派文化事业所定方针的意味，即蒋百里所说"是一种自觉的反省，正是标明吾辈旗帜，是向深刻一方面走的"。④ 言下之意是此前《解放与改造》（甚至整个思想界）不够"深刻"。对于这一整顿方案，张东荪不无意见。

　　事实上，对梁启超一行在欧游中所形成的理念，张东荪事先便已觉察，且有所保留。在梁启超他们归国之前，《欧游心影录》先已寄到一部分。《时事新报》虽在一张一版显要位置（原为刊登"社论"之处）连载，但事先却有两点声明：其一为"游记前篇皆述感想，虽分节段，而实一气呵成，断章取义，必多误会"；其二为"任公个人感想，与本报宗旨毫不相涉，间有相出

---

① （张）君劢、（张）东荪：《中国之前途：德国乎？俄国乎？——三封信》，《解放与改造》第 2 卷第 14 期，1920 年 7 月 15 日，第 12 页。

② 蒋百里：《致任师书》（1920 年 6 月 28 日），《梁启超年谱长编》，丁文江、赵丰田编，上海：上海人民出版社，2008 年，第 585—586 页。

③ 梁启超：《与东荪书》（1920 年），《梁启超年谱长编》，丁文江、赵丰田编，上海：上海人民出版社，2008 年，第 589 页。关于宣言版本异同的具体分析，可参见高波：《追寻新共和——张东荪的早期思想与活动研究（1886—1932）》，北京：生活・读书・新知三联书店，2018 年，第 204—207 页。

④ 蒋百里：《致任师书》（1920 年 7 月 2 日），《梁启超年谱长编》，丁文江、赵丰田编，上海：上海人民出版社，2008 年，第 586 页。

入处,读者当认各有自由也。"①从中可以看到,张东荪其实已感觉到《欧游心影录》的前篇对中西制度、文化的态度可能引起读者误会,但仍希望在后续连载中其观点能有所转变;同时,如果梁启超在后篇中依然坚持其观点,他们只能采取"各有自由"的态度,甚至不惜在宗旨上与《欧游心影录》撇清干系。而当梁启超归国后转达"西方学者大多数讴歌东方文明"时,张东荪更公开批评,"奉劝国故诸公,现在不必高抬国故的价格,且等西人研究过了再定"。② 双方的理念分歧由此可见一斑。

对于整顿《改造》,他也曾对梁启超说:"杂志事总俟百里来后细商再定,盖改名称与改体裁,均有问题,非慎重出之不可。"③不过,对梁启超、蒋百里来说,此次整顿事关重大,势在必行,结果是张东荪不得不听将令。相较于版式、作者群的变化,杂志整顿前后,最明显的变化体现在刊名上,这也象征着宗旨的变化,即没了"解放",只有"改造"了。

第二节　没了"解放"的《改造》

"解放"和"改造"是五四时期的流行词,且常相伴出现。郑振铎在1919年观察到,"自去年欧战停止以后",中国思想界"居然透出'解放……!''改造……!'的声浪来"。④ 1918年底方才开始"透出"的一组词汇,随着"'提倡解放与改造'的人和鼓吹'解放与改造'的杂志一天多似一天"⑤,到1920年时便已成为"最足动人听闻的声浪"。⑥ 此组词汇的流行,颇能说明思想界在此期间的变动。其实,1919年时胡适就已经观察到"现今的人爱谈'解放与改造'"。他特意批评道:

　　　须知解放不是笼统解放,改造也不是笼统改造。解放是这个那个

---

① 《梁启超〈欧游心影录〉按语》,《时事新报》,1920年3月2日,第1张第1版。

② (张)东荪:《世界文明的东方化》,《时事新报》,1920年3月20日,第2张第4版。

③ 张东荪:《致任公先生书》(1920年5月15日),《梁启超年谱长编》,丁文江、赵丰田编,上海:上海人民出版社,2008年,第585页。

④ 郑振铎:《我们今后的社会改造运动》,《新社会》第3期,1919年11月21日,第1版。

⑤ 缪金源:《文化运动的重要和着手的方法》,《北京大学学生周刊》第3期,1920年1月18日,第6版。

⑥ 费哲民:《妇女·青年·劳动三个问题》(通信),《新青年》第8卷第1期,1920年9月1日,第4页(栏页)。

制度的解放，这种那种思想的解放，这个那个人的解放，是一点一滴的解放；改造是这个那个制度的改造，这种那种思想的改造，这个那个人的改造，是一点一滴的改造。①

胡适意有所指，挖苦的正是《解放与改造》杂志。从胡适的批评中，可以反观"现今的人"谈论"解放"与"改造"时，大致更倾向于"笼统解放"与"笼统改造"。如果将之置于"问题与主义"之争的余绪中，则又揭示出《解放与改造》那倾向"主义"的一面。

杂志取名《解放与改造》，实有深意，地位重要，关乎其文化运动方案的主旨，即以"解放"与"改造"为杂志的根本精神，故其征文标准亦是"与解放、改造无直接关系者不录"。② 不过，需要注意的是，"解放"与"改造"两词的地位并非平等，相较于"改造"一词，"解放"尤为重要。

在五四时期，新文化人对中国是否要改造基本没有异议，"旧社会应当改造，在文化运动界，早已成了定论"。③ 有疑问的只是"我们应该向哪一方面改造？改造的目的是什么？我们应该怎样改造？改造的方法和态度，是怎么样的呢？"④而当时的现状则是"好多人讲改造，却只是空泛的一个目标"，对于"究竟要改造到那一步田地（即终极目的）"，"用什么方法达到"，"有详细研究的却很少"。⑤ 在《解放与改造》的刊名中，"改造"已是思想界的公约数，而"解放"则回答了"应该怎样改造""改造的方法和态度，是怎么样的""用什么方法达到"这些关键问题，显示出《解放与改造》在众多期刊中的独特性，即其革命的一面。

张东荪此前便特别看重"解放"（Emancipation），认为"解放"是学生运动中所得的几个教训中的第一个。他将解放分成两种："一种是事物上的解放，是有形的，还有一种是精神上的解放，是无形的"。要"先有精神上的解放，才能有事物上的解放"，同时希望能"解放现状，开辟一个新世界出来"。⑥

---

① 胡适：《新思潮的意义》（1919 年 11 月），《胡适全集》，季羡林主编，第 1 卷，合肥：安徽教育出版社，2003 年，第 699—700 页。

② 《〈解放与改造〉杂志编例》，《时事新报》，1919 年 7 月 8 日，"学灯副刊"，第 3 张第 4 版。亦见《本刊启事一》，《解放与改造》第 1 卷第 1、2 合期，1919 年 9 月 15 日，无页码。

③ 幼三：《改造社会》，《北京大学学生周刊》第 16 期，1920 年 5 月 16 日，第 7 版。

④ 郑振铎：《〈新社会〉发刊词》（1919 年 11 月 1 日），《郑振铎全集》第 3 卷，石家庄：花山文艺出版社，1998 年，第 3 页。

⑤ 毛泽东：《致陶毅信》（1920 年 2 月），《毛泽东早期文稿》，中共中央文献研究室、中共湖南省委《毛泽东早期文稿》编辑组编，长沙：湖南人民出版社，2008 年，第 418 页。

⑥ （张）东荪：《此次运动的教训》，《时事新报》，1919 年 6 月 21 日，第 1 张第 1 版。

　　《解放与改造》杂志对"解放"的理解显然是受日人《解放》宣言之影响。其创刊预告中说："人类解放的期限到了！世界改造的时候来了！大家须得找个新生命！立个新组织。"从句式到内容，都与《解放》宣言的首句"世界行将改造，新文明之曙光今始涌现，解放之晓钟，来提醒吾人之长梦"相似。① 杂志宣言中也起首便自问："今天的世界是什么世界？现在我们的责任是什么责任？"又自答道："今天的世界虽不是以前的世界，然而以前世界的'残余'（Residuum）尚在那里支配现在的世界。"正因为以前的旧世界尚在支配现在的世界，所以需要解放，"我们当首先从事于解放，就是使现在的自我完全从以前的自我解放了出来，同时使现在的世界也从以前的世界完全解放了出来"，而"本杂志的职务"就是对于"解放的详细说明"。之所以需要加上"改造"，则是为了申明"解放不是单纯的脱除，乃是'替补'（Complement）"，"替补就是改造"。② 稍后周佛海也认为"改造是解放的目的，解放是改造的手续"，甚至于"解放都没有成功，不能就来说改造"。③换言之，"解放"是前提，是破坏性的，"改造"则是后续的，建设性的，是为了平衡纯粹的破坏。

　　"解放"常常含有毁灭、消灭的破坏作用。张东荪此前就曾解释过，"解放就是把羁绊解去了，把束缚放开了"。④ 而杂志的作者朱匡僧稍后在回答"我们常常说解放，究竟要解放什么"时提到，"凡是束缚人类思想，阻碍人类精神发展的偶像"都需要解放，他据此反问："近来我国鼓吹解放的人实

<hr />

　　① 《〈解放与改造〉创刊预告》，《时事新报》，1919 年 7 月 8 日封面；澹庐：《读日本〈解放〉宣言之感想》，《时事新报》，1919 年 6 月 16 日，"学灯副刊"，第 3 张第 3 版。1919 年 5 月，《每周评论》刊载了日本《解放》杂志的"解放宣言"，此宣言在谈论具体势力"解放"的同时又将"解放"抽象化，最后着落于物质与精神双方。因刊登于当时影响极大的《每周评论》，又适逢五四学生运动之时，此文的思路很快为时人所分享。几天之后，即有人在《时事新报》撰文称"解放"为当时世界上之一大势力，且将之与国内的学生运动相联系。随后《学灯》也转载此宣言并加评论。沈玄庐亦在《觉悟》上回应："现在的世界，是什么世界？是已经觉悟的世界。觉悟点什么？觉悟'解放'的要求，觉悟了，要求了，能够不解放么？"《"解放"宣言》，《每周评论》第 23 期，1919 年 5 月 26 日，第 4 版；华林：《青年的觉悟》，《时事新报》，1919 年 6 月 4 日，第 2 张第 1 版；澹庐：《读日本〈解放〉宣言之感想》，《时事新报》，1919 年 6 月 16 日，"学灯副刊"，第 3 张第 3 版；（沈）玄庐：《解放》，《民国日报》（上海），1919 年 6 月 18 日，"觉悟副刊"，第 8 版。

　　② 《宣言》，《解放与改造》第 1 卷第 1、2 合期，1919 年 9 月 15 日，无页码。

　　③ （周）佛海：《物质生活上改造的方针》，《解放与改造》第 2 卷第 1 期，1920 年 1 月 1 日，第 3 页。

　　④ （张）东荪：《此次运动的教训》，《时事新报》，1919 年 6 月 21 日，第 1 张第 1 版。

在不少,但是要问大家对于这几种偶像,都能够打破了没有?"①则"解放"无疑与"打破"有相近的含义。陈独秀那时也曾解释"解放",说:"解放就是压制底反面","人民对君主贵族,奴隶对于主人,劳动者对于资本家,女子对于男子,新思想对于旧思想,新宗教对于旧宗教","一方面还正在压制,一方面要求自由,要求解放"。② 正是"使现在的世界也从以前的世界完全解放"更为具体的表述,颇能看出"解放"中所蕴含的对抗性的破坏。当时有人提出要将知识灌输到劳动阶级去,以此废掉知识阶级,而张东荪则表示对这种"只有解放而没有改造"的方式"实在不敢赞成"。③ 如果"只有解放而没有改造"便是废掉了知识阶级,则"解放"中的破坏作用不言而喻。数年之后,他再次解释"解放"一词时说:"把原来的状态完全摇动了,颠覆了,使其失了拘束力,这便是所谓'解放'。"④"动摇"而需要"完全",且是"颠覆",可见其破坏性。⑤ 实际上,张东荪心中的"解放""改造",均与"革命"相关。他当时总结自己改造社会的方法是"各自革命",并认为"革命是改造的第一步"。⑥

如果将张东荪"革命是改造的第一步"一句与杂志宗旨与宣言中所说先"解放""以为改造地步"及改造之前"首先从事于解放"作对比,不难发现,此处所说"解放",几乎可以与"革命"对换,提示出在其构想中"解放"与"革命"的关联。实际上,时人对"解放"的理解,本具有"革命"的意味。那时即有读者对张东荪提倡"解放"表示忧虑,说:"昨读贵报论说,语及'解放'二字,不禁有无穷感触,特为一言之。社会革命为世界潮流,年趋所是必至之势无可逃免,特以今日中国之程度,相差太远","无所用其解放"。⑦在这一读者的意识中,"解放"与"社会革命"直接相关,当时毛泽东也将

---

① (朱)匡僧:《什么叫解放? 什么叫自由》,《解放与改造》第 1 卷第 6 期,1919 年 11 月 15 日,第 3、7 页。

② 陈独秀:《随感录·八三·解放》,《新青年》第 7 卷第 2 期,1920 年 1 月 1 日,第 160 页。

③ (张)东荪:《答陈秋霖君》,《时事新报》,1919 年 12 月 8 日,第 2 张第 1 版。

④ 张东荪:《由自利的我到自制的我》,《东方杂志》第 23 卷第 3 期,1926 年 2 月 10 日,第 7 页。

⑤ 如果联系到"五四"之后的张东荪支持以破坏的手段来对付旧制度的残余,则更能说明他所说的"解放"在物质层面的破坏性。他那时说在制度上,"狠是赞成破坏,旧制度不颠覆,新制度永久不能成立"。与上文提到的主张"解放"有形的"制度与行为"正相呼应。(张)东荪:《洗成白纸》,《时事新报》,1919 年 5 月 16 日,第 1 张第 1 版。

⑥ (张)东荪:《各自改造》,《时事新报》,1919 年 9 月 26 日,第 1 张第 1 版。

⑦ 《来函(曾舆贤致张东荪)》,《时事新报》,1919 年 6 月 25 日,第 3 张第 2 版。

"世界革命"与"人类解放"并举,可见"解放"与"革命"的关联。① 就此而言,《解放与改造》的激进程度与当时的革命党人有相通处。李汉俊曾将"解放与改造"和"大破坏与大建设"联系在一起,而张东荪征引此文后深表同意,并提出其解决时局的"总解决"论。②

张东荪甚至认为"中国从今天以后没有建设,只有破坏"。他将从辛亥以来的革命历程比做"一座塔","辛亥革命不过破坏了一个塔顶,从此以后逐层破坏,到了今天还剩了好几层在那里,尚没有破坏干净",而当时"全国都是怨气,都布满了'破坏'的呼声"。他进而指出,"在最近的未来,或者就有小破坏出现,然而大破坏还在后头咧"。③ 张东荪不仅是判断将有"大破坏"出现,更是一种期盼,可见他对"破坏"的重视。罗家伦曾称《解放与改造》中"大多数的文章,都是关于促进人道的文章","与强权为敌,与军阀为敌,与官僚为敌,与财阀为敌,与旧社会为敌"。④ 正因杂志中"解放"的对象包含着强权、军阀、官僚、财阀、旧社会等"以前世界的'残余'",才使它处处为敌,充满战斗精神。

尤为重要的是,相较于胡适所说一点一滴式的"这个那个制度的解放""这种那种思想的解放",《解放与改造》中的"解放"是整体性的。其宗旨便是"主张解放精神、物质两方面一切不自然不合理之状态,同时介绍世界新潮,以为改造地步"。⑤ 从杂志创刊后的内容风格看,也体现着对旧世界整体性破坏的一面。杂志第一期中有一描述"旧社会"的文章,认为旧社会之基础"一个是强权,一个是私有财产制度",其"建设的基础不人道","上面的建筑物不正义",故"旧社会中无生路"。不过,他也意识到,"旧社会的政治、法律、经济、伦理……一切组织偶然也有一点好的,但是他根本上基础上坏了"。⑥ 正因是"根本上基础上坏了",所以"解放"便需要从根本上

---

① (毛)泽东:《创刊宣言》,《湘江评论》创刊号,1919 年 7 月 14 日,第 1 版。

② 先进(李汉俊):《时局怎么样?》,《星期评论》第 16 期,1919 年 9 月 21 日,第 2 版;(张)东荪:《零碎解决与总解决》,《时事新报》1919 年 9 月 22 日,第 1 张第 1 版。

③ (张)东荪:《我们为甚么要讲社会主义》,《解放与改造》第 1 卷第 7 期,1919 年 12 月 1 日,第 13 页。

④ 志希(罗家伦):《书报评论·解放与改造》,《新潮》第 2 卷第 2 期,1919 年 12 月 1 日,第 361 页(卷页)。

⑤ 《〈解放与改造〉杂志编例》,《时事新报》,1919 年 7 月 8 日,"学灯副刊",第 3 张第 4 版。亦见《本刊启事一》,《解放与改造》第 1 卷第 1、2 合期,1919 年 9 月 15 日,无页码。

⑥ 筑山醉翁(陈筑山):《旧社会》,《解放与改造》第 1 卷第 1、2 合期,1919 年 9 月 15 日,第 39、44 页。

基础上开始解放，是要"改造人的全体生活——从个人生活到全体生活，从
精神生活到物质生活，都要改造"，"是总改造不是特改造"。① 因此，《解放
与改造》被认为有"很澈底的主张"。② 这也是《解放与改造》受年轻读者欢
迎之原因，盖在激进的时代，"言论非澈底不足动人"。③

　　因此，将《解放与改造》更名《改造》，绝非仅仅是"以名称贵省便故"，
亦非"其精神则犹前志"④，实是对此前宗旨的巨大改变，基本退回到了思想
界讲"改造"的公约数，"只是空泛的一个目标"。而"改造"一旦没有了"解
放"，其意义也就变得温和。当时有人曾提醒，改造"是替换，不是修饰"。⑤
之所以要如此提醒，便是因为离开"解放"的"改造"更接近于修饰。在整顿
后的《改造》杂志第一期中，有人主张："我对于现在的环境，不仅是要应付，
或破坏而已，必在适当的范围内，要切实创造。"⑥显露出要从破坏转向创造
的趋向。该期中另有一篇破题性文章，甚至置于《宣言》之前，解释得更为
清楚，文章说："全志的精神——本期以及后此而续出至于永久的本志精
神"，认为"改造是尝试探险别求新路，不是平行阔步重经熟程，也不是疾驰
猛闯，却有审慎周详的研究"，并且"改造并非一改就对的，总得经过许多研
究尝试，而且几经研究，然后改造出来的东西随着更有缺陷发见，此时又必
再谋改造，实在人类的历史就是永续的改造，自然的运行也是永续的改
造"。⑦ 这是一种"摸石头过河"式的改造，强调研究、尝试，"并非一改就
对"则表明其允许试错的存在。正因为是研究、尝试、试错，并非预先确定
"正确"的改造方式，所以也就必须"审慎周详"，而不能"疾驰猛闯"，少了
此前的战斗性。

　　有意思的是，在商讨杂志改革时，张东荪特意提醒梁启超等人，谓"第
一期破坏事业吾辈须参加"。⑧ 其言下之意，或是已经感觉到改革后杂志逐

---

① （张）东荪：《我们为甚么要讲社会主义》，《解放与改造》第 1 卷第 7 期，1919 年 12 月 1 日，
第 5 页。

② 朱朴：《六种杂志的批评》，《新人》第 1 卷第 5 期，1920 年 8 月 28 日，第 4 页（文页）。

③ 张东荪：《致任公先生书》（1920 年），《梁启超年谱长编》，丁文江、赵丰田编，上海：上海人
民出版社，2008 年，第 588 页。

④ 《发刊词》，《改造》第 3 卷第 1 期，1920 年 9 月 15 日，第 5 页。

⑤ 虞（郭虞裳）：《改造的要件》，《时事新报》，1919 年 9 月 27 日，第 1 张第 1 版。

⑥ 寓公：《新思潮我观》，《改造》第 3 卷第 1 期，1920 年 9 月 15 日，第 43 页。

⑦ 大泉（钱稻孙）：《铜器时代——本志表装图案的解说批评》，《改造》第 3 卷第 1 期，1920 年
9 月 15 日，第 1—2 页。

⑧ 梁启超：《与百里书》（1920 年），《梁启超年谱长编》，丁文江、赵丰田编，上海：上海人民出
版社，2008 年，第 589 页。

渐脱离"解放"(破坏)而专从事于"改造"(建设)的趋势,恐不足以担起参加"第一期破坏事业"之任。为此,他在提出"中国从今天以后没有建设,只有破坏"数月后,又公开直言:"我们认为从此以后不是建设开始而乃是破坏开始,大家还得多创造些破坏的动因,多埋伏些建设的种子。"①

同属"梁启超系"的蓝公武其实在更早之前就表现出破坏性,他曾宣言"革新思潮,破坏一切之因袭权威""确立民本主义之精神,绝灭一切特权"。②"破坏一切""绝灭一切"的用词即呈现出"破坏"和"总改造"的特征。巧合的是,大约在张东荪提醒同人参与"破坏事业"前后,蓝公武也颇为坚决地写下:"破坏即建设,惟破坏而后建设始能不劳而获,改造请自破坏始,破坏请自我侪内部之恶习始",并表示"愿与改造运动之同志交勉焉"。此文虽发表于1921年下半年,但他自称"此为一年前之旧稿,当时实有为而发"。③"一年之前"大致即是梁启超、蒋百里整顿《解放与改造》前后,此所谓"有为而发",或也是感觉到梁、蒋归国后,自己一系同人有从破坏转为建设的趋势,参与"破坏事业"不足。

张东荪、蓝公武的提醒除了表达出与整顿后的《改造》不一样的革新主张外,更隐伏着一种顾虑:删去"解放"后的《改造》缺少对"第一期破坏事业"的参与,可能将使梁启超系"另一种新文化运动"在五四思想界的位置边缘化,吸引力或将顿减,甚至会直接影响到其改造方案的命运。陈独秀曾呼吁:"我们生在这解放时代,大家只有努力在实际的解放运动上做工夫,不要多在名词上说空话!"那是希望时人从"解放"的"坐而言"转向"起而行"。但在一个"解放时代"或"布满了'破坏'的呼声"的时代,如果不参与"破坏事业",恐怕不仅不足以引领潮流,连追随潮流都相当困难。然而,在梁启超看来,发起"废兵运动同志会"之类的便算是"破坏事业"④,但实际上离早期"解放精神、物质两方面一切不自然不合理之状态"的主旨已远,即使有"破坏",指向的也已是"特改造",不是"总改造",也就从"笼统解放""笼统改造"蜕变成了"一点一滴的解放""一点一滴的改造"。

进而言之,删去"解放"只留"改造"的变更,造成了他们对中西文明处置方式的不同。无论是张东荪主导的《解放与改造》时期,抑或梁启超、蒋

---

①　(张)东荪:《现在不是建设开始的时候》,《时事新报》,1920年8月3日,第1张第1版。

②　知非(蓝公武):《本报之新宣言》,《国民公报》(北京),1919年1月5日,第3版。

③　蓝公武:《我之改造中国观》,《时事新报》,1921年12月10日,第3张第3—4版。

④　梁启超:《与百里书》(1920年),《梁启超年谱长编》,丁文江、赵丰田编,上海:上海人民出版社,2008年,第589页。

百里主导的《改造》时期，两者对西方文明虽均有不满，前期认为西方文明"已到了末日，不可再维持下去"①，后期也认为"欧洲之旧文章，是否可供我作为蓝本，盖真疑问矣"②，但前后对待西方文化之道却仍然迥异。前期主张"不应该再提倡第二种文明的知识和道德"③，故对当时正在中国讲学的杜威的学说都只字不提，盖他们看来，杜威只能算"第二种文明的知识和道德"。后期则改为"无论是否为同人所信服，皆采无限制输入主义"④，只不过并非作为蓝本引荐，而是研究资料。

与之相似，《解放与改造》和《改造》两时期对中国传统文化的态度虽均温和，但前期是存而不论的方式，主张不主动破坏、不整理、不复古。所以，在《解放与改造》的前两卷中，没有一篇文章讨论传统文化问题。后期则不同，宣言中即强调："同人确信中国文明实全人类极可宝贵之一部分遗产，故我国人对于先民有整顿发扬之责任，对于世界有参加贡献之责任。"⑤在之后的杂志中，连载《前清一代中国思想界之蜕变》(梁启超)、《墨子讲义摘要》(梁启超)、《中国文化史纲》(梁启超)、《先秦政治思想》(梁启超)、《清代思想之评判》(李悆苏)、《论中国文明的特色》(周宏业)等系列文章，不仅加入胡适等倡导的"整理国故"，且倡导"人人存一个尊重爱护本国文化的诚意"⑥，甚至提出"以复古为解放"⑦。

质言之，前后期的根本不同在于是否要在保留中西文明的基础上进行改造。此前就有人注意到，"'解放'与'改造'的意义是不同的，是两个物件，不是一物的两面"，而"'解放'这两个字是在不要的程度之下适用"，"废除就是解放"，且"要斩钉截铁的废除他"。⑧ 如果说"解放"是在"不要的程度之下适用"，那"改造"无疑是在"要"的前提下适用。两者的区别也正是《解放与改造》与《改造》主旨的区别，前者是以"不要"中西文明为前

① （张）东荪：《第三种文明》，《解放与改造》第1卷第1、2合期，1919年9月15日，第3页。

② （张）君劢：《悬拟之社会改造同志会意见书》，《改造》第4卷第3期，1921年11月15日，第3页。

③ （张）东荪：《第三种文明》，《解放与改造》第1卷第1、2合期，1919年9月15日，第5页。

④ 《发刊词》，《改造》第3卷第1期，1920年9月15日，第7页。

⑤ 《发刊词》，《改造》第3卷第1期，1920年9月15日，第7页。

⑥ 梁启超：《欧游心影录》(1919年10月—12月)，《梁启超全集》，汤志钧、汤仁泽编，第10集，北京：中国人民大学出版社，2018年，第85页。

⑦ 梁启超：《前清一代中国思想界之蜕变》，《改造》第3卷第3期，1920年11月15日，第6页。

⑧ （陈）秋霖：《评〈中国智识阶级的解放与改造〉》，《闽星》第1卷第1期，1919年12月1日，第12页。

提提倡新思潮,而后者则是在"要"的前提下,希望化合中西文明以再造新文明。

　　然而,《解放与改造》为何在强调破坏的同时,对中西文化却均采取了存而不论的方式,而不是攻击式的废除? 这与张东荪对破坏的独特理解有关。相对于《新青年》同人的主动"破坏",张东荪主张的"破坏"却"不是少数人故意做出来的,乃是大多数人的自然趋势",所以是"自然破坏"。① 即只要"输〔入〕新文明,自然旧文明被挤而去"。② 故他在对待中西文明时,只保持不提倡不进攻的态度,而用全副心思"专从第三种文明去下培养工夫",以探讨、倡导社会主义为己任,高谈主义。

第三节　从高谈主义到研究问题

　　五四学生运动后,胡适曾表达自己对"新舆论界"的不满,他"深觉得高谈主义的危险",所以"奉劝现在新舆论界的同志","请你们多多研究这个问题如何解决,那个问题如何解决,不要高谈这种主义如何新奇,那种主义如何奥妙"。③ 胡适此文曾引起"问题与主义"之争。④ 后来他回忆时又说当时"正当安福部极盛的时代,上海的分赃和会还不曾散伙",但"国内的'新'分子闭口不谈具体的政治问题,却高谈什么无政府主义与马克思主义"。他"看不过了,忍不住了",才"发愤要想谈政治"。⑤

　　有意思的是,胡适在谈论"问题与主义"的半年前,才重提"二十年不谈政治"的决心,说当时"才得两年,关于政治的问题,还须俟诸十八年以后再谈"。⑥ 之后半年间的政治并无明显恶化,一样的安福部和"分赃和会",显著的变化则是高谈主义渐成潮流。就此而言,胡适真正针对的似乎是"主义"而非他原先就秉持的不谈政治倾向。然而,胡适"忍不住"后的第一反

---

① (张)东荪:《我们为甚么要讲社会主义》,《解放与改造》第1卷第7期,1919年12月1日,第13页。

② (张)东荪:《破坏与建设是一不是二》,《时事新报》,1919年2月6日,第1张第1版。

③ 胡适:《多研究些问题,少谈些"主义"》,《每周评论》第31期,1919年7月20日,第1版。

④ 罗志田:《对"问题与主义"之争的再认识》,《激变时代的文化与政治——从新文化运动到北伐》,北京:北京大学出版社,2006年,第61—145页。

⑤ 胡适:《我的歧路》(1922年6月16日),《胡适全集》,季羡林主编,第2卷,合肥:安徽教育出版社,2003年,第467页。

⑥ 《胡适之先生关于革新文学之谈话》,《国民公报》(北京),1919年2月15日,第5版。

应，不是反对"主义"，而是"发愤要想谈政治"，又暗示出"谈具体的政治问题"与高谈主义本就具有相对待甚至相反对的一面。

胡适提出"问题与主义"尚在《解放与改造》创刊之前，不过，当时批评的对象中，就包括"梁启超系"的《时事新报》和《国民公报》，蓝公武为此撰写《问题与主义》《再论问题与主义》，连载数十日予以反驳；[①]张东荪也曾提出"我们今天宜养精蓄锐，以备他日求一个总解决"来回应。[②] 在这一时期创办的《解放与改造》不仅继承了《时事新报》和《国民公报》高谈主义的倾向，并有所发扬，因此胡适此后挖苦的对象才转为《解放与改造》，嘲讽"什么解放、改造"，只不过是"几个半生不熟的名词"。[③] 当时有人观察思想界的种种杂志既有"高谈主义的"，也有"研究问题的"，还有"讲哲学、文学的"[④]，《解放与改造》无疑属于"高谈主义的"。

早在筹办杂志期间，张东荪曾给欧游诸人去信，提议说："世界大势已趋于稳健的社会主义，公等于此种情形请特别调查，并搜集书籍，以便归国之用，未识以为然否。"[⑤]此种对世界大势的判断贯穿于《解放与改造》之中。他在杂志第一期中就宣称要"专从第三种文明去下培养工夫"，即"社会主义与世界主义的文明"[⑥]，盖在他看来中国此后"没有建设则已，如果有建设，必定要依着社会主义的原则"。[⑦] 新学会的宣言也强调"研究世界最新的思潮最新的学说"，即"研究欧美先进国几百年来积累所得的最后最新的结果"，并尽他们的能力"把这种学说思潮传播出去"，"使中华民国的思想有一些革新的动机，使中华民国的新生命有一个坚固的基础"。[⑧] 此"最新的思潮最新的学说"相对于"欧美旧制"而言，同样指社会主义。

---

① 知非（蓝公武）：《问题与主义》，《国民公报》（北京），1919 年 7 月 24—31 日，第 5 版；知非（蓝公武）：《再论问题与主义》，《国民公报》（北京），1919 年 9 月 17 日—10 月 12 日，第 5 版。

② （张）东荪：《零碎解决与总解决》，《时事新报》，1919 年 9 月 22 日，第 1 张第 1 版。

③ 胡适：《提高与普及》（1920 年 9 月 17 日演讲），《胡适全集》，季羡林主编，第 20 卷，合肥：安徽教育出版社，2003 年，第 67 页。

④ 费哲民：《妇女·青年·劳动三个问题》（通信），《新青年》第 8 卷第 1 期，1920 年 9 月 1 日，第 3 页（栏页）。

⑤ 张东荪：《与君劢、子楷、百里、振飞四兄书》（1919 年夏秋间），《梁启超年谱长编》，丁文江、赵丰田编，上海：上海人民出版社，2008 年，第 574 页。

⑥ （张）东荪：《第三种文明》，《解放与改造》第 1 卷第 1、2 合期，1919 年 9 月 15 日，第 2、5 页。

⑦ （张）东荪：《我们为甚么要讲社会主义》，《解放与改造》第 1 卷第 7 期，1919 年 12 月 1 日，第 13 页。

⑧ 《新学会宣言书》，《解放与改造》第 1 卷第 1、2 合期，1919 年 9 月 15 日，附录。

就杂志内容而言,《解放与改造》几乎每一期均以广义的社会主义为主题。如第一期有《工团主义(Syndicalism)之研究》《鲍尔雪维克之所要求与排斥》,第二期有《社会主义之批判》《列宁与脱洛斯基之人物及其主义之实现》,第三期又有《基尔特社会主义 Guld Socialism》《奥斯的社会主义与庶民主义》《福利耶之社会主义》等,工团主义、布尔什维克主义、基尔特社会主义、无政府主义等林林总总。因此,《解放与改造》曾在各广告中直截了当地自认为是"研究社会主义的杂志"。① 相比之下,那时候"《新青年》和《每周评论》的同人,谈俄国的布尔扎维主义的议论很少"。② 更可见《解放与改造》的激进特色。

此种特色,本是杂志主办者有意为之。茅盾就记得张东荪和俞颂华"另办有《解放与改造》杂志,讲社会主义",他们向其约稿的内容就指定为"写各国工运书籍的书评",后来他确曾"为《解放与改造》社写过介绍美国世界产业工人工会情况方面的书评"。而且,他在"这上面介绍的第一篇是张东荪给我的材料",即《罗塞尔〈到自由的几条拟径〉》,"小题目是无政府主义、社会主义、工团主义"。③ 在李立三后来的印象中,"当时研究系梁启超等,为着顺应潮流,也主张社会主义,他们的刊物是《解放与改造》,并且翻译了一部马克思主义学说"。④

罗家伦在《解放与改造》创刊不久就观察到了杂志的这一倾向。他曾在《新潮》中介绍《解放与改造》,认为该刊有两个特长,即"注重社会主义"和"注重介绍一切新学说",并认为"社会主义的精神,最重要的就是解放的精神,所以在《解放与改造》里谈社会主义,是狠合宜的事"。同时他又不无批评地指出,杂志中"谈社会主义的文章,是狠多了",但谈得"稍微散漫一点","这派未完,那派又起"。⑤ 一年后,《新人》杂志的朱朴也注意到《解放与改造》"介绍学说很肯尽力","今天写了一大堆共产主义,明天又写了一

① 《广告栏》,《北京大学学生周刊》第 1 期,1920 年 1 月 4 日,第 12 版。

② 李大钊:《再论问题与主义》(1919 年 8 月 17 日),《李大钊全集》,中国李大钊研究会编注,第 3 卷,北京:人民出版社,2013 年,第 53 页。

③ 沈雁冰:《回忆上海共产主义小组》(1957 年 4 月),《"一大"前后——中国共产党第一次代表大会前后资料选编》第 2 卷,北京:人民出版社,1980 年,第 44 页;茅盾:《商务印书馆编译所》,《茅盾全集》第 34 卷,"回忆录一集",北京:人民出版社,1997 年,第 149 页。

④ 李立三:《党史报告(节录)》(1930 年 2 月 1 日),《中国共产党第一次代表大会档案资料》(增订本),北京:人民出版社,1984 年,第 102 页。

⑤ 志希(罗家伦):《书报评论·解放与改造》,《新潮》第 2 卷第 2 期,1919 年 12 月 1 日,第 360—361 页(卷页)。

堆集产主义"。因为其介绍的社会主义种类繁多,故进而建议《解放与改造》"介绍主义不要太杂","在介绍一种主义的时候要先立一个标识,令人一望而知其是否好主义"。① 两种相似的观察与建议都从正反两面证明《解放与改造》高谈主义的风格,这一风格又与胡适后来总结的"新舆论界"的趋向相似。

胡适后来总结五四学生运动之后两三年的思想界：

> 一班"新"分子天天高谈基尔特社会主义与马克思社会主义,高谈"阶级战争"与"赢余价值";内政腐败到了极处,他们好像都不曾看见,他们索性把"社论"、"时评"都取消了,拿那马克思—克洛泡特金—爱罗先珂的附张来做挡箭牌,掩眼法!

他之所以开始谈政治,"大部分是这几年的'高谈主义而不研究问题'的'新舆论界'"激出来的。② 文中提到的"天天高谈基尔特社会主义与马克思社会主义"显然有《解放与改造》在内。甚至可以说,此种"新舆论界"的形成,本与张东荪、蓝公武等人主持的《解放与改造》《时事新报》《国民公报》等报刊言论不无关系。

进而言之,在胡适的论述中,"高谈主义而不研究问题"本包含"高谈主义"与"不研究问题"两面。他在 1919 年底曾定义"新思潮"为"研究问题、输入学理、整理国故、再造文明"。其中,"研究问题"是"讨论社会上,政治上,宗教上,文学上种种问题","输入学理"则是"介绍西洋的新思想,新学术,新文学,新信仰",两者构成了"新思潮"的主要手段。在"研究问题"方面,胡适列举了十种问题,包括孔教问题、文学改革问题、国语统一问题、女子解放问题、贞操问题、礼教问题、教育改良问题、婚姻问题、父子问题、戏剧改良问题。不过,相对于"输入学理",他显然更看重"研究问题",故他特意指出："这两三年来新思潮运动的最大成绩差不多全是研究问题的结果。"盖"输入学理"容易流为高谈主义,不无危险。③

如果以这一视角观察《解放与改造》,可以发现该刊前两卷中不仅全无"整理国故"的内容,就是胡适所列之"研究问题",也多未曾参与。虽偶有讨论女子解放、智识阶级解放等问题,也多是因"解放"而涉及。其实,胡适

---

① 朱朴:《六种杂志的批评》,《新人》第 1 卷第 5 期,1920 年 8 月 28 日,第 4—5 页(文页)。

② 胡适:《我的歧路》(1922 年 6 月 16 日),《胡适全集》,季羡林主编,第 2 卷,合肥:安徽教育出版社,2003 年,第 468—469 页。

③ 本段及下一段引文见胡适:《新思潮的意义》(1919 年 11 月),《胡适全集》第 1 卷,合肥:安徽教育出版社,2003 年,第 691、693—695 页。

也注意到《解放与改造》主要致力于"输入学理",介绍"种种西洋新学说"。大致可以说,《解放与改造》侧重于"输入学理",整体上不谈具体的问题,更不论"具体的政治问题"。

对于《解放与改造》不谈具体问题的倾向,罗家伦曾提出建议,希望其在介绍社会主义的基础上,能进一步"应用社会之〔主〕义来谈社会问题",他说:

> 我主张主义当与问题并重,没有主义,对于问题因没有基本的主见;但是谈主义而不能应用他到社会问题上去,则这种主义终归于贩卖的、舶来的,定浮而无所依附的,对于社会有什么益处呢? 所以我更希望《解放与改造》里的文字,能多应用社会主义来研究解决社会问题。①

这是在"问题与主义"之争后的新思虑,时人往往需要在"问题"与"主义"间做出选择或有所解释。

前文已提到,张东荪曾提出"总解决"以回应"问题与主义"之争,他当时主张"今天应该少管小事,留着精神去专管大事","没有总解决便等于不解决,那零碎解决是绝对不中用的"。② 王光祈曾批评这一主张,认为:"主张总解决——根本改造——的人,每每忽视现在具体的问题,因为他的脑筋里,只希望实现他所理想的新社会,把眼前一切具体的问题,都置于不屑过问之列。"③此虽是批评,却也呈现了张东荪及《解放与改造》的基本倾向。

在张东荪的设想中,他并非全不在乎具体问题,而是"有许多问题在总解决未成以前自然是没有法子解决的,便不能都顾问了"。④ 以制度为例,在他看来,中国当时尚没有到"选择制度的境地",所以"用不着做具体的规画,但要提倡一种社会主义的人生观与宇宙观,先使中国人的精神革了命再说,不久到了第二步,自然就有讨论具体制度的必要了"。即第一步只需高谈主义,第二步才需要讨论具体的问题。⑤ 换言之,"今天讲社会主义",

---

① 志希(罗家伦):《书报评论·解放与改造》,《新潮》第 2 卷第 2 期,1919 年 12 月 1 日,第 361 页(卷页)。

② (张)东荪:《零碎解决与总解决》,《时事新报》,1919 年 9 月 22 日,第 1 张第 1 版。

③ 若愚(王光祈):《总解决与零碎解决》,《时事新报》,1919 年 10 月 4 日,"学灯副刊",第 3 张第 3 版。

④ (张)东荪:《势力与决心》,《时事新报》,1919 年 9 月 24 日,第 1 张第 1 版。

⑤ (张)东荪:《我们为甚么要讲社会主义》,《解放与改造》第 1 卷第 7 期,1919 年 12 月 1 日,第 12 页。

"乃是预备造成一个新世界"，"不是对于普遍的生活难做零碎的解决，也不是对于政治全体的腐败做零碎的解决，乃是做总解决的预备"。① 以此为基准，就算此前十几年中最为重要的国会问题也不必再关注，因"国会问题不外乎先行制宪，完成解散南北两会耳。苟且之谋，无一顾之价值也"。②

如果说"解放"回答了新文化运动中"怎样改造""改造的方法和态度"问题，那主义则回答了"究竟要改造到那一步田地（即终极目的）"，"我们应该向哪一方面改造？改造的目的是什么？"然而，梁启超、蒋百里整顿后的《改造》，从宣言到具体内容，均以"问题"为导向，一反前期"高谈主义而不研究问题"的风格。在商讨新宣言时，北方同人一度有所顾虑，"多主不用宣言"，其理由之一是"恐有挂漏"。所谓有"挂漏"，主要是指具体问题的挂漏，"例如家庭问题何以不说"。而梁启超的回复则是："家庭问题之类，不标主张未为不可，因本刊并非举一切问题悉解决也。"③"并非举一切问题悉解决"的潜台词恰是认同杂志以解决问题为旨归。无论是质疑或回复，关注的均是"问题"，可清晰看到他们对具体问题的注重。

梁启超草拟宣言，在"本刊根本精神"中即提出"本刊持论，务向实际的条理的方面，力求进步"。所谓"实际"，本是针对着高谈主义的"浮而无所依附"。具体到宣言中的十四条，分别关于"旧式的代议政治""中央权限""地方自治""职业团体之改良及创设""土地及工商业""注重分配""兵民合一制""外债""强迫教育""征工制度代征兵制度""世界有力之学说""对于所注重之学说，当为忠实深刻的研究""中国文明""旧爱国主义"。④ 除最后四条关于中西文明及爱国主义之外，均为实际的、具体的问题，且如"中央权限""地方自治"之类问题又是民初《庸言》《大中华》议题的延续。

《宣言》经过京沪同人商讨修订后增至十六条，除原十四条稍有修改外，又新增第一第二两条，分别为："同人确信谋人类之福利，当由群性与个性互相助长，务使群性能保持平等，务使个性能确得自由，务使群性与个性

① （张）东苏：《社会主义与中国》，《时事新报》，1919 年 11 月 6 日，第 1 张第 1 版。

② 张东苏：《与君劢、子楷、百里、振飞诸兄书》（1919 年夏秋间），《梁启超年谱长编》，丁文江、赵丰田编，上海：上海人民出版社，2008 年，第 574 页。

③ 梁启超：《与东苏书》（1920 年），《梁启超年谱长编》，丁文江、赵丰田编，上海：上海人民出版社，2008 年，第 589 页。

④ 梁启超：《解放与改造发刊词》（1920 年），《饮冰室合集·文集之三十五》，北京：中华书局，1989 年，第 19—22 页。

之交融能启发向上";"同人确信中国民族之不振由于思想不进与制度不良,而不良制度尤为不良之思想所维持,故以为非先思想革命不能颠覆制度"。① 这两条很可能是张东荪添加②,仍有着整体性的主义倾向,这也几乎成为《改造》新宣言中,仅剩的有《解放与改造》风格的遗存。

宣言如此,内容亦然。整顿后的《改造》主要栏目为论著、译述、记载,以论著为最要,"同人一得之见于此发表"。论著又分两类,一为"主张","对于一问题有所确信,阐发而宣传之",二为"研究","一问题未敢自信,则提出疑问,与国人公开讨论"。③ 在在均围绕着问题。1920 年夏间,当时"梁启超"同人都在为整顿后的《改造》第一期做文,主题本应围绕文化运动,但因直皖之争之故,纷纷改换"国民制宪""废兵问题"相关题目。梁启超甚至提议将整顿后的《改造》第一期中坚题由"新文化我观"改为"废兵运动",认为"此最投合国民心理",他说:

> 第一期中坚题原议为"新文化我观",细思略嫌空泛,且主张各不同,易招误会,似宜改择一近于具体之题,鄙意欲改为"废兵运动",何如? 此最投合国民心理,且可以有许多切实之谈,若吾弟国民军之主张即可以提出,弟若谓然,请即一面预备一有声光之文,一面告东荪,一面告都中同人,共同发抒。④

在梁启超的标准中,议题不宜"空泛",最好是"近于具体之题",能有"许多切实之谈"。在这样的要求之下,也只有"国民军之主张"等最为合适。此后的各期中,也多以专题形式,虽偶有围绕主义的专号——如第六期的社会主义讨论专号,但更多是具体问题,尤其是具体的政治问题的讨论——如废兵、地方自治、联邦问题等。

有意思的是,前引罗家伦、朱朴对《解放与改造》介绍主义时"稍微散漫一点""不要太杂"的批评,除从侧面印证杂志"高谈主义"外,其实也表达出嫌其对主义不够明确的一面。那已是一个连谈主义都被认为需要明确甚至绝对的年代,以至于张东荪主张"浑朴的"社会主义都被讥笑为"走头

---

① 《发刊词》(1920 年 9 月 15 日),《改造》第 3 卷第 1 期,1920 年 9 月 15 日,第 6 页。

② 梁启超曾对张东荪说:"宣言改本极妥善。"梁启超:《与东荪书》(1920 年),《梁启超年谱长编》,丁文江、赵丰田编,上海:上海人民出版社,2008 年,第 589 页。

③ 《发刊词》(1920 年 9 月 15 日),《改造》第 3 卷第 1 期,1920 年 9 月 15 日,第 5 页。

④ 梁启超:《与百里书》(1920 年),《梁启超年谱长编》,丁文江、赵丰田编,上海:上海人民出版社,2008 年,第 589 页。

［投］无路的社会主义"。① 换言之，《解放与改造》"高谈主义"，虽曾一度推动思想界，但世易时移，又因其对主义不够明确，也仅仅只能跟上而不足以引领时代潮流，整顿后的《改造》不仅没能像戴季陶建议的那样更进一步，从"暗沉沉的托尔斯泰"到"红灼灼的乌里亚耶夫"②，反而退回到研究具体的问题，其在思想界的位置也随之改变，今非昔比。

蓝公武曾总结"主义"与革命的关系，认为："凡是革命的问题，一定从许多要求中，抽出几点共通性，加上理想的色彩，成一种抽象性的问题，才能发生效力。若是胪列许多具体方法，即就变成一种条陈，连问题都不成，如何能做一般的进行方针呢？"③《解放与改造》之所以有革命性，与其倡导社会主义密不可分。与之相对，整顿后的《改造》无论在宣言或此后的内容上，均没有能"抽出几点共通性"，尤其是在发刊词中，罗列十六条"为同人所确信者"的条目，分别针对政治、经济、文化、中央地方诸问题，真成为"一种条陈"。两者的区别，仍然与删去了"解放"的精神相关，前者对于"旧世界"是在"不要的程度之下"思考新的方案，而后者是在"要"的前提下解决各类问题。这种条陈，不必是直接面向政治当局的，但无疑也影响着对现有政权的态度。

第四节 从反政治到谈政治

1922 年，胡适等人发表《我们的政治主张》，提出"好政府主义"，当时有人立刻质问："还有一个问题，你们没有明白告诉我们的。——还是取革命手段呢？还是取改良手段呢？还是先破坏后建设呢？还是在恶基础上而建筑'好政府'呢？"④革命或改良，破坏或建设，在五四时期就已逐渐萦绕于时人心中，且渐趋非此即彼，含糊不得，而最直接的表现则是对现存"恶"政府的承认与否，即是否要"在恶基础上而建筑'好政府'"。

张季鸾曾总结张东荪的"总解决"主张为："其言曰，政治绝望矣，北固

---

① 李汉俊：《浑朴的社会主义者底特别的劳动运动意见》（1920 年 5 月），《李汉俊文集》，中共湖北省潜江市委党史研究室、中共一大会址纪念馆编，北京：中共党史出版社，2013 年，第 140 页。

② 戴季陶：《对于〈时事新报〉的希望》，《时事新报》，1920 年 1 月 1 日，"增刊"，第 3 张第 4 版。

③ 知非（蓝公武）：《问题与主义（二）》，《国民公报》（北京），1919 年 7 月 25 日，第 5 版。

④ 《关于"我们的政治主张"的讨论》，《努力周报》，1922 年 5 月 28 日，第 1 版。

绝望,南亦有然。吾人只应提倡改造,提倡自决,准备建设未来之新国家。至目前之南北问题,乃政客的事,吾辈不必管,且亦无管之价值。"① 此观察实有所见,这也是《解放与改造》的特点,即不谈目前政治的问题,高谈建设未来的主义,而其前提是对南北政局的绝望带来的对现实政治整体的绝望。《解放与改造》从创刊之始就主张在"总解决"的理念下不谈"具体的政治问题",具有非政治甚至反政治或反政府的一面,正如杂志引荐的工团主义,"从其所鼓吹方面观之","曰与政治无关系可也","曰与政治相反抗可也"。② 新学会在其宣言中就曾批评时人的一种"谬误的心理",即:

> 以为国家的革新是可以抄近路走捷径的,这种捷径就是利用现成的势力,最初是想利用满洲皇室来立宪,其次是委托袁世凯来办民国,其次是想依靠这一系军阀或那班武人来收拾政权,走了二十年的捷径只养成了今日的政治现状。

并断言"国家的革新是没有捷径可走的,国家的革新只有一条大路,那条大路就是要造成一种彻底的思想革新","如果思想上的偶像不打破,去了一个皇帝也许又来一个皇帝,也许来一些比皇帝更坏的东西"。③ 无论是"利用满洲皇室""委托袁世凯"或"依靠这一系军阀或那班武人",其实均是在现有势力之下在体制之内谋求革新,联系到梁启超等人自清末以来的过往,真可算是彻底的自我反省与批评。《解放与改造》决意跳出这一路径,选择了在政治与政权之外的革新之路。

然而,整顿后的《改造》却并非如此。梁启超在草拟的新宣言中打出鲜明旗帜:"本刊所鼓吹,在文化运动,与政治运动相辅并行。"④ 或许是因为在原本"与政治相反抗"的杂志中忽然标举"与政治运动相辅并行"的根本精神过于突兀,正式刊布时改为"本刊所鼓吹,在使文化运动向实际的方面进行"。⑤ 从不谈政治甚至反政治,到"与政治运动相辅并行",再到"向实际的方面进行",发刊词调整的背后蕴涵着梁启超他们整顿《解放与改造》过

---

① 一苇(张季鸾):《南北问题可以旁观乎?》,《中华新报》(上海),1919 年 10 月 22 日,第 1 张第 2 版。

② 《工团主义(Syndicalism)之研究》,《解放与改造》第 1 卷第 1、2 合期,1919 年 9 月 15 日,第 8 页。

③ 《新学会宣言书》,《解放与改造》第 1 卷第 1、2 合期,1919 年 9 月 15 日,附录。

④ 梁启超:《解放与改造发刊词》(1920 年),《饮冰室合集·文集之三十五》,北京:中华书局,1989 年,第 20 页。

⑤ 《发刊词》(1920 年 9 月 15 日),《改造》第 3 卷第 1 期,1920 年 9 月 15 日,第 5 页。

程中遇到的不小的抗争和妥协。

1920 年 6、7 月间，直皖之争演变成战争，时局震动，时人纷纷关注。张东荪看到此前从事文化运动者纷纷谈政治，有加入时局之势，奉劝不要"见猎心喜"。他说：

> 我们不能不奉劝大家不要见猎心喜，要加进去胡闹，更不要因为看热闹而把自己本分上的正事抛弃了。本来这种乱闹不算甚么，早就是应该有的，也没有好看，所以我奉劝大家不要拿他当一件大事，还要认做和没有事一样，干文化运动的人拼命去干文化运动，干社会解放与经济改造的人拼命去做宣传工夫，干第三国际运动的人拼命去奔走组织，各人的眼光只须注视在所悬的标的上，不必拿这次的直皖斗争当做一幕好戏来看。①

张东荪并非主张绝对不谈政治，他曾劝人"未尝不可做政治运动，但不可做现实政治的运动"，他自己则主张"干理想的政治，同时既反对不问政治，又反对与闻现实的政治"。所谓不与闻现实的政治即"千万不可和现实政治的各方面生关系"，而是要"对于现实的各方面都不生理会，而一味的去干理想生活，打破一切的现实而求理想的实现"。② 直皖战争当然是时局中的大事，但又只不过是"现实的政治"。在张东荪此前的"总解决"思路中，他们当时所需要从事的是大改造之前的预备——文化运动，其他与之无关的"小事"可以不管。现存的政府当局（包括南北政府）以及政府当局赖以生存的一整套民初以来的政治制度已整体化，需要在"总解决"之中一并推翻，以一种新的革新方式重建政府。因此，现实政治势力之间或内部的互斗便都是小事。

"见猎心喜，要加进去胡闹"并非无的放矢，而是见到"梁启超系"同人跃跃欲试，预见会有更多行动，故希望事先劝阻。但事情的发展，仍为张东荪不幸而言中。正如上文所说，当时"梁启超系"正在整顿《解放与改造》，同人也多忙于为《改造》做文。杂志第一期主题原定为"新文化我观"，然而，因时局关系，梁启超在七月初就想将其更改为"废兵运动"，认为"此最

---

① （张）东荪：《不要忘了自己的事》，《时事新报》，1920 年 7 月 10 日，第 2 张第 1 版。

② （张）东荪：《杂评两事》，《时事新报》，1920 年 3 月 18 日，第 2 张第 1 版。

投合国民心理"。① 但蒋百里当时还认为时机未到,因"废兵运动目下提出,社员中定多空论,拟俟震先将废兵运动之几种先决条件发布后,先引起人家注目,然后提出,较为切实"。② 不过,随着时局发展,同人纷纷自发改换题目,讨论"废兵问题"。叶景莘更向蒋百里、梁启超建议:"今时势已有变迁,当日所云应缓论之问题,已到鼓吹之时机,乘此在杂志中大声疾呼,必可全国风从,或竟能奏实效。"③对此,蒋百里亦赞同讨论"废兵运动",因当时"皖、直之战方罢,国民对此问题易起兴会"。蓝公武与他亦"有同感",在"思潮研究中忽然做一篇废兵文章"。故决定在第一期中"即登广告",宣布"第二期研究就是废兵问题"。④

尤其值得注意的是,"梁启超系"并非仅将"废兵运动"当作文字事业,兼有"奏实效"的期许,而且,梁启超更进而希望借此"先设一废兵运动同志会",成"一种事实上之结合运动",为此后的组党做预备,认为"废兵运动"旗帜"简单""普遍","青年集者必众,他党派之人亦或可结合"。⑤"废兵运动同志会"后未能果行,只停留在了具体问题的研究层面。不过,稍后的"国民制宪"则除言论鼓吹外,让他们正式进入到政治运动领域。

先是,吴佩孚邀请梁启超起草宪法,以此为契机,他们一系中人多有行动。梁启超自己虽对于"直派军人频来要约共事"都"一概谢绝",但当吴佩孚邀请其"草宪法,上意见书"时,则决意"为大局计,亦将有所发表耳"。⑥随着时局趋紧,梁启超甚至为"有所发表"四处托人发电报,更致信梁伯祥、籍亮侪、黄溯初、蓝志先等人,提出"宜乘今时发起一国民制宪同志会"。⑦

---

① 梁启超:《与百里书》(1920 年),《梁启超年谱长编》,丁文江、赵丰田编,上海:上海人民出版社,2008 年,第 589 页。

② 蒋百里:《致任师书》(1920 年 7 月 2 日),《梁启超年谱长编》,丁文江、赵丰田编,上海:上海人民出版社,2008 年,第 586 页。

③ 叶景莘:《致任公先生书》(1920 年 7 月),《梁任公先生年谱长编稿本》第 14 册,北京:中华书局,2015 年,第 6968 页(此信《梁启超年谱长编》未收)。

④ 蒋百里:《致任师书》(1920 年 7 月 30 日),《梁启超年谱长编》,丁文江、赵丰田编,上海:上海人民出版社,2008 年,第 587 页。

⑤ 梁启超:《与百里书》(1920 年),《梁启超年谱长编》,丁文江、赵丰田编,上海:上海人民出版社,2008 年,第 589 页。

⑥ 梁启超:《与娴儿书》(1920 年 7 月 20 日),《梁启超年谱长编》,丁文江、赵丰田编,上海:上海人民出版社,2008 年,第 587 页。

⑦ 梁启超:《致伯祥、亮侪、溯初、志先诸兄书》(1920 年 7 月 24 日),《梁启超年谱长编》,丁文江、赵丰田编,上海:上海人民出版社,2008 年,第 587 页。

所谓国民制宪同志会，其设想仍与1916年时成立宪法研究会相类，实际更接近于民初政党。梁启超当时的计划是在宪法草案起草之后用《晨报》《时事新报》的名义，"作为馆中征求学者意见，制此案凡赞成者，请通信列名"，亦有人提议"联合各团体"，将草案视为团体公拟。徐新六与蒋百里也赞同"国民制宪大会极应鼓动"，而陶孟和亦附议，谓"不论办得到与否，总应喊一喊，吾人只须鼓吹其事之要，不必细论其手续"。[①]除此之外，当时梁启超更与熊希龄、范源濂两人商议，由熊、范二人返回老家湖南运动，"用动议公决两方式，谋制定湖南自治根本法"。[②]

国民制宪在当时有其革命的一面，即以全新的方式制宪，但实际处境仍不无尴尬：一是临时约法问题，约法规定制宪权在议会，国民制宪实际上是放弃约法，与仍以护法相号召的南方政府处敌对状态；二是与现有军政势力的关系问题，国民制宪由谁推动，如果不以推翻现有当局为前提，则仍有依附嫌疑。"梁启超系"之黄群认为国民制宪虽"决不能成"，但仍不妨鼓吹，一来"助长各省各团要求开会之兴味"，二来"奖励吴某之用意，使其因社会对于此事之热闹不致灰心而已"。无论是"助长各省各团"或"奖励吴某"，仍有利用已有势力之用心。不过，黄群也提醒，当时是"械斗之局"，绝不能发生"良好而能行之宪法"，如果仅仅作文鼓吹理想的宪法，"虽嫌为时尚早，却亦未始不可"。但"若联合各方作实际之运动，不但无益，徒滋疑议耳"。[③]换言之，黄群虽同意以国民制宪鼓吹，却反对发起"国民制宪同志会"。

比黄群更进一步，张东荪起初颇反对"加进去胡闹"。当他看到那时"因为时局的转移，有许多热心爱国的人都高兴得手舞脚蹈起来，一会儿谈法律问题，一会儿论政治问题，主张的条款繁多，希望的前途远大"之时，觉得从事者"不免有些自己骗自己"。他号召新文化人"把时局状态的一时现象抛开，而对于基础去澈底的下一番创造工夫"。[④]他劝说时人对于直系的此次举动不要"奢望"，"更不因为直系有这种行动"，而忘了自己的"本务"。换言之，

> 国民本来有远大的企图，和直系此次举动不相干，既不因此而接

①　徐新六：《致任公年丈书》（1920年8月8日），《梁启超年谱长编》，丁文江、赵丰田编，上海：上海人民出版社，2008年，第590页。

②　梁启超：《致伯强、亮侪、季常、溯初、搏沙、伯英、放园、石青、百里、志先诸公书》（1920年），《梁启超年谱长编》，丁文江、赵丰田编，上海：上海人民出版社，2008年，第588页。

③　黄群：《致任公先生书》（1920年7月31日），《梁启超年谱长编》，丁文江、赵丰田编，上海：上海人民出版社，2008年，第588页。

④　（张）东荪：《三个重要基础》，《时事新报》，1920年7月30日，第1张第1版。

近目标,也不因此而远离目标,目标是自己所悬的,要达到也非自己向前跑不可,不必管他人的跑不跑。不消说他人未必乖乖的听我们命令就往前跑,即使他跑了,也只是他达到了目标,我们自己还是站着在原地方未动,他人的跑尚且是与我们无干,又况他不肯跑呢?①

对于政治,黄群还认为可以鼓吹以"奖励吴某",但在张东荪看来,根本就"与我们无干","不必管",他们需要自己专注于目标,实行文化运动。至于制宪问题,他虽也认同"宪法之制定,当属于全体人民",但断言"必先革命而后有宪法",认为"将来若欲有良好之宪法,势必先有澈底之革命",盖"革命者拆旧屋也","旧屋不拆,新屋不能建"。②

拆旧屋而后才能谈建设,是张东荪五四以来一贯的想法,他此前就曾认为"现在中国谈不到建设,因为有一个大障碍在这里,这大障碍就是万恶的武力势力",他倾向"绝对的不靠武力"来扑灭武力势力,但对于这样的方式到底"是办法呢还是空想"仍不免有疑问,甚至为此"悲从中来,不知道如何是好"。③ 张东荪对于采取何种方式虽有疑问,但在建设之前先要推翻武人势力的态度并不含糊,张东荪的"总解决"方案本就指"对付现在在治者地位的武力阶级全体,专是对于要求罢黜一二人而做进一步的主张"。④ 正是此种对武力阶级的态度成为他与革命党人"初步的共同",即"拆旧房子"和"铺地基"是新派共同的诉求,张东荪有时甚至承认这第一步"决不是不流血的革命所能办到的"。⑤ 这样的态度也为《解放与改造》时期的同人所分享。周佛海那时就主张,"要改造政治,首先就要推倒这般武人官僚的寄生阶级","等他们推倒了,政治改造了的时候,然后就行集产主义的组织"。⑥

张东荪的规劝处处针对梁启超等同人,并且,不以私信而以报纸社论、时评方式谏言,更可见兹事体大,不惜将矛盾公开。梁启超为此特去信解释:

---

① (张)东荪:《要实现自己理想非自己实行不可》,《时事新报》,1920 年 7 月 25 日,第 1 张第 1 版。

② 记者:《制宪问题》,《时事新报》,1920 年 7 月 29 日,第 1 张第 1 版。

③ (张)东荪:《三个办法》,《时事新报》,1919 年 12 月 5 日,第 2 张第 1 版。

④ (张)东荪:《对于误解的答辩》,《时事新报》,1919 年 12 月 13 日,第 2 张第 1 版。

⑤ (张)东荪:《初步的共同》,《时事新报》,1920 年 3 月 5 日,第 2 张第 1 版;(张)东荪:《共同公开与统一》,《时事新报》,1920 年 3 月 7 日,第 2 张第 1 版。

⑥ (周)佛海:《物质生活上改造的方针》,《解放与改造》第 2 卷第 1 号,1920 年 1 月 1 日,第 7 页。

外报言研究活动，语真可笑。公何至尚生疑，同人虽至愚，亦何至此。偶作两文，亦非对于现状见猎小〔心〕喜，实欲借此刺激，为政治教育一种手段耳。第二篇文已言此，适沪上同人有误会，请公据实解明。①

信中所言"沪上同人有误会"，则表明反对"研究（系）活动"的上海同人或许还不仅黄群与张东荪。为顾及沪上同人的情绪，梁启超将实际的"政治活动"一转为"政治教育一种手段"，似乎表明自己仍在"文化运动"的范围之内，已是一种退缩。

张东荪未必真相信梁启超的解释，然而，作为"梁启超系"的重要一员，在梁氏亲自解释并有所退缩的情况下，虽有无奈，也仍需顾及群体事业。因此，他在"听将令"后很快调整论述，一面重申自己"不认现在就是建设开始的时代"，因为"真正的建设必定在澈底的破坏以后，现在既没有大破坏，当然谈不到甚么建设的问题"，但同时也开始承认，"我们对于国民大会、国民动议、国民公决都是赞成，因为我们认为凡顺着直接民治的趋势的都可以赞成与鼓吹"，他进而申明，并非指望此类运动能有成效，不是"贪便宜"，"想在这种四不像的政变底下谋根本改造"，而是"在破坏的历程中谈论些合于直接民治的，乃是在国民意识下的一个种子，原是一种教育的意味"。②

此种表述，对张东荪而言同样是退缩。他一方面象征性地坚持自己一向主张的根本改造；另一方面，半放弃了"少管小事"的观点，改而采用梁启超的说辞，主张讨论具体的政治问题是"政治教育一种手段"，接受了自己一派正在热衷于政治运动的事实，只不过将"加进去胡闹"合理化为"是在国民意识下的一个种子，原是一种教育的意味"。不过，即使有所退缩，张东荪也仍坚持文化运动的框架，此后他也时时提醒同人，"我们干文化运动的人应当专心于文化，如果看见时局的变迁，不耐守节，动了凡心，那就不了了"。③　这是"有误会"的沪上同人与想要实际从事政治活动的梁启超等北方同人所达成的妥协。此种妥协后的结果也就成为了整顿后《改造》的根本精神。

《改造》正式的发刊词中修改了梁启超草拟的"文化运动，与政治运动相辅并行"一条，将"政治运动"四字改为更模棱两可的"实际的方面"，体现着张东荪对从事实际政治运动的反抗。而杂志第一篇社论却是梁启超

---

① 梁启超：《与东荪书》（1920 年 10 月 24 日），《梁启超年谱长编》，丁文江、赵丰田编，上海：上海人民出版社，2008 年，第 593 页。

② （张）东荪：《现在不是建设开始的时候》，《时事新报》，1920 年 8 月 3 日，第 1 张第 1 版。

③ （张）东荪：《政治运动与"我"》，《时事新报》，1920 年 8 月 20 日，第 2 张第 1 版。

的《政治运动之意义及价值》，发凡起例，又为政治运动正名。梁启超总结当时新文化人"对于政治运动全然漠置，甚且以厌恶之心理迎之"的现象——这显然正是《解放与改造》的精神，直言其"非所宜"，反而强调政治运动"有万不容缓者"，有拨乱反正之意味。他认为实行政治运动之目的至少有二：

> 第一，为排除文化运动、社会运动种种障碍起见，以辅助的意味行政治运动。
>
> 第二，为将来有效的政治运动作预备工夫起见，以教育的意味行政治运动。①

不过，值得注意的是，他对于当时"是否当以政治运动为主要的国民运动"及"是否能以政治运动为主要的国民运动"，却均"不敢言"。此"不敢言"三字意味深远。他自己本主张"文化运动，与政治运动相辅并行"，而在文章中的表述，却成了"辅助的意味"和"教育的意味"，其中的退缩和妥协，正在这"不敢言"中。

小结：走向改良

茅盾后来回忆：张东荪在五四时期"也伪装进步"，"甚至还与陈独秀他们共同商议发起上海的马克思主义研究小组"，而当梁启超他们归国后，他"议论大变，判若两人"，有一"大转弯"。之所以"不能不改变论调"，是因为"彼等一系之政治立场及文化工作方策，经已决定如何如何"。②

这一段话，用于描述从《解放与改造》到《改造》的"大转弯"，同样贴切。《解放与改造》创刊时，刊名中"解放"的含义本有整体性、对抗性的破坏倾向，故杂志对西方现代文明、中国传统文明、现有政权均取革命立场。同时，《解放与改造》以讨论、宣传社会主义为职责，倡导在"解放"一切现状的基础上进行改造，高谈主义而不重具体问题之研究、解决。然而，1920 年梁启超、蒋百里等欧游归国，接收并整顿《解放与改造》，更名《改造》，扭转了此前由张东荪主导的革命倾向：舍弃了"解放"中带有的破坏性的战斗精

---

① 梁启超：《政治运动之意义及价值》，《改造》第 3 卷第 1 期，1920 年 9 月 15 日，第 9、14 页。

② 茅盾：《商务印书馆编译所》，《茅盾全集》第 34 卷，"回忆录一集"，北京：人民文学出版社，1997 年，第 148 页；茅盾：《客座杂忆·〈新青年〉谈政治之前后》，《茅盾全集》第 12 卷，"散文二集"，北京：人民文学出版社，1986 年，第 96 页。

神,对中国传统文明与西方现代文明均取渐进改造方式;同时,不再以社会主义为倡导,从原先的高谈主义,转为研究具体的问题。

与此相关联的,《解放与改造》从创刊之始就具有非政治甚至反政治或反政权的一面,在"总解决"的理念下不谈"具体的政治问题",正因其"与政治相反抗"的本质,所以对既有政治势力均取更决绝的态度。然而,梁启超、蒋百里所主持的《改造》则主张要"以文化运动为主,而以政治运动为辅"[①],重新将政局的变动纳入关注之中,《改造》中讨论的问题也多是因政局变动而产生的具体的政治问题,如废兵运动、国民立宪等,没有了"解放"的态度和"主义"引导的研究政治问题,在外界看来,"变成一种条陈",哪怕表明谈革命,也被认为是"戴着政府革命","总长迷的革命"[②],甚至被认为"专门依赖政变来投机"。[③] 毛泽东在 1921 年初观察到"国中对于社会问题的解决,显然有两派主张:一派主张改造,一派则主张改良。前者如陈独秀诸人,后者如梁启超、张东苏诸人"。[④] 一旦没有了解放的革命精神,且放弃高谈主义,即使杂志仍名《改造》,即使宣言中仍存有"思想革命""颠覆制度"的表述,但在时人心中却已是改良。

整顿后《改造》第一期的主题是"新文化运动",蒋百里解释说:"吾辈对于文化运动本身可批评。"之所以可以批评文化运动,是因为"自觉的反省",则批评成为了自我批评,说明他们正是自我定位在新文化运动之中。不过,这一解释,仍说明自身有顾虑,担心被人误会是批评他人,意识到"调节其横流"的姿态可能引起反击。盖新文化运动中不只他们一家,故蒋又补充解释,说"文字上用诱导语气亦不致招人议论"。[⑤] 在共学社的启事中,梁启超一派确实用了诱导语气,自我定位为:"对于文化运动,有两种意味:一种是扩延到普通,一种是追求到精深",总之"要使文化运动,不像那七八月间的阵头雨,一阵一阵的,是要样〔像〕那深山大谷里的泉水一般,一滴一

---

① 梁启超:《"五四纪念日"感言》(1920 年 5 月 4 日),《梁启超全集》,汤志钧、汤仁泽编,第 10 集,北京:中国人民大学出版社,2018 年,第 194 页。

② (叶)楚伧:《戴着政府革命》,《民国日报》(上海),1920 年 7 月 17 日,"觉悟副刊",第 4 版。

③ 止水(蒲伯英):《政变之将来与我辈》,《晨报》,1920 年 8 月 1 日,第 2 版。

④ 《新民学会会务报告(第二号)》(1921 年夏),《新民学会资料》,北京:人民出版社,1979 年,第 17 页。

⑤ 蒋百里:《致任师书》(1920 年 7 月 2 日),《梁启超年谱长编》,丁文江、赵丰田编,上海:上海人民出版社,2008 年,第 586 页。

滴的,可是源源不绝,滚滚长流"。① 语气虽委婉,但试图将阵头雨的文化运动调节成泉水之用心,依然明显。就此而言,正如胡适所说,改造《改造》确有针对《新青年》同人的一面。

胡适对《解放与改造》高谈主义不研究具体问题有不满。不过,也正是因为《解放与改造》高谈主义,对中西文化均存而不论,所以双方基本处于错位的领域——胡适主要关心文学、思想和整理国故,《解放与改造》关注社会主义,有紧张但基本无冲突。整顿之后的《改造》则不同,钱基博就观察到:

> 诸少年排诋孔子,以"专打孔家店"为揭帜;而启超则终以孔子大中至正,模楷人伦,不可毁也。诸少年斥古文学以为死文学;为骈文乎,则斥曰选学妖孽;倘散文乎,又谥以桐城谬种;无一而可。而启超则治古文学,以为不可尽废,死而有不尽死者也。②

《改造》放弃高谈主义转而研究问题,看似好像是顺着胡适的意见,双方关注的领域有更多重合,都关注文学、思想和国故,但对待具体问题态度不一致的一面却逐渐凸显,反而导致时有冲突。

进而言之,五四学生运动发生后,中国思想界已处于一种革命的氛围之中,"学生对马克思主义的兴趣更大了。几乎所有与新文化运动有联系的杂志都刊登关于马克思主义社会主义的文章,以及关于无政府主义、工团主义和基尔特社会主义的文章"。③《解放与改造》原本处于这一时代潮流之中,甚至曾引领潮流。邓中夏注意到,"当新文化风动全国时",张东荪曾为"新文化运动大卖其力气,并鼓吹社会主义,当时青年颇为向往,谁知从他的老师梁启超自欧归国后,态度突然一变仍然回复从前的样子"。④ 茅盾也观察到,当时张东荪"想借谈社会主义拉拢些青年,等到真正行动时,他们就绝口不谈,终于离开了"。⑤ 两者都注意到张东荪之所以能"拉拢些青年"或为"青年颇为向往",主要是因为高谈社会主义。整顿《解放与改造》,

---

① 《共学社广告·征稿启事》,《时事新报》,1920 年 7 月 7 日,第 1 张第 1 版。

② 钱基博:《现代中国文学史》,长沙:岳麓书社,1986 年,第 401—402 页。

③ 张太雷:《致共产国际第三次代表大会的书面报告》(1921 年 6 月 10 日),《张太雷文集》,北京:人民出版社,2013 年,第 13 页。

④ 邓中夏:《上海的报纸》(1924 年 2 月 23 日),《邓中夏全集》上卷,北京:人民出版社,2014 年,第 403 页。

⑤ 沈雁冰:《回忆上海共产主义小组》(1957 年 4 月),《"一大"前后——中国共产党第一次代表大会前后资料选编》第 2 卷,北京:人民出版社,1980 年,第 44 页。

是"梁启超系"新文化运动根本精神"大转弯"的展现，此后便放弃"解放"的革命精神，从高谈主义转向研究问题，很快便失去了年轻人的追随。茅盾就坦言，之所以未被张东荪"拉过去"的原因之一便是"我开始信奉马克思主义，而张东荪却公开反对马克思主义了"。① 在思想界整体逐渐走向革命的潮流中，整顿后的《改造》却从革命回归到改良，成为激进时代的渐进者。

---

① 茅盾：《文学与政治的交错》，《茅盾全集》第34卷，"回忆录一集"，北京：人民文学出版社，1997年，第273页。

第八章　型范未定：化合中西的
　　　　　再造文明之路

　　梁启超在 1920 年欧游归国后曾总结自己自清末以来在思想界之功罪，自认是"新思想界之陈涉"，"破坏力确不小，而建设则未有闻"。不过，他显然有更大抱负，故他说：

> 国人所责望于启超者不止此，以其人本身之魄力，及其三十年之历史上所积之资格，实应为我新思想界力图缔造一开国规模。若此人而长此以自终，则在中国文化史上，不能不谓为一大损失也。①

梁启超借"国人"之口，看似对其功罪之论定，其实更是直抒胸臆，要为"新思想界力图缔造一开国规模"，不愿"长此以自终"。这需要从他想要为新思想界缔造怎样的开国规模说起。

第一节　未必先有预定的型范

　　新文化运动，常被称为"思想革命""文学革命"，体现出激进的革命性。值得注意的是，就其目标而言，早期新文化运动延续了清末以来的"新学"，相比之后的发展，却又显得"保守"。郑振铎就称它为"移殖'新学'运动"，是"中国闹新学时已经有过"了的"'旧'文化运动"，算不得新，甚至是"瞎眼看不见现在的世界潮流"。② 在清末民初的"新学"运动中，梁启超正是代表人物。他自己曾总结说："这二十年间，都是觉得我们政治、法律等等，远不如人，恨不得把人家的组织形式，一件件搬进来，以为但能够这样，万

---

① 梁启超：《清代学术概论》（1920 年 11 月），《梁启超全集》，汤志钧、汤仁泽编，第 10 集，北京：中国人民大学出版社，2018 年，第 281 页。

② C. T.（郑振铎）：《"政客的"、"学桶的"新文化运动》，《人道》第 1 期，1920 年 8 月 5 日，第 55 页。

事都有办法了。""搬进来"一词最说明其引以为型范的是西洋政治、法律这些"人家的组织形式"。他之所以转向思想文化,则是因为那时他们面对"革命成功将近十年,所希望的件件都落空"的现实,"渐渐有点废然思返,觉得社会文化是整套的,要拿旧心理运用新制度,决计不可能,渐渐要求全人格的觉悟"。从"旧心理运用新制度"一句便能看到,"要求全人格的觉悟"之目的,仍在养成新心理以"运用新制度",而此新心理与新制度仍是以英美为模板的心理与制度。① 前期的新文化运动正延续此一脉络,以西方现代文明为模仿型范,而一战结束(尤其是五四学生运动)之后的文化运动已有所不同,虽主流倾向仍是西化,但思想界否定、超越现代的倾向也逐渐增加。

章士钊在听闻欧战结束后的第一反应,是"作了一个澈底的主张,说应该将以前所有的都化为流质,再倾注于一个新铸型里去,铸成一个完全新的"。② "以前所有"是比较写意、模糊的说法,大致涵盖了此前的模仿目标和解决时局的框架,也包含着其背后的整体文化。就国内而言,张东荪曾认为"世界潮流变更之际","中国需要新体制",概言之,"北方威信的旧体制既不适于生存,南方护法的旧体制亦不适于生存,为今之计,当将二者皆镕为流质,而另铸新模以印造之",应有"从前种种譬如昨日死,此后种种譬如今日生"的精神,"建立正义之国家,制定公平之制度"。而且,"铸新模"不仅是对民初以来所实行"不良的体制"的革新,又是"应付那澎湃而来的世界新潮流"的需要。③ 半年之后,张东荪进而直言这是"第二种文明的破罅一齐暴露了:就是国家主义与资本主义已到了末日,不可再维持下去"。④ 在目标上,此时他们不只是对民初尝试共和过程中出现的问题不满,甚至不再以"巩固共和"为诉求,而是要一个全新的制度与文化,在"思想革命"复调的声音中,也就不仅有对传统文化的革命,也有对西方现代文明的革命。

在这一点上,梁启超与张东荪的思虑相近。他在赴欧前已意识到"从前旧思想、旧主义概已不能适用、不许存在"。他们一行欧游本有"求曙光"

---

① 梁启超:《五十年中国进化概论》(1922 年 10 月),《梁启超全集》,汤志钧、汤仁泽编,第 11 集,北京:中国人民大学出版社,2018 年,第 405 页。胡适便指出"《新民说》篇篇指摘中国文化的缺点,颂扬西洋的美德可给我国人取法的"。胡适日记 1929 年 2 月 2 日,《胡适全集》,季羡林主编,第 31 卷,合肥:安徽教育出版社,2003 年,第 323 页。

② (张)东荪:《新局面与新思想》,《时事新报》,1919 年 4 月 14 日,第 1 张第 1 版。

③ (张)东荪:《所望于和平会议者》,《时事新报》,1918 年 12 月 5 日,第 1 张第 2 版;(张)东荪:《仲裁机关与国民会议》,《时事新报》,1918 年 12 月 8 日,第 1 张第 2 版。

④ (张)东荪:《第三种文明》,《解放与改造》第 1 卷第 1、2 合期,1919 年 9 月 15 日,第 1—5 页。

之意味,之所以访柏格森、研究文艺复兴史,也是"激于国内思想之变"。① 值得注意的是,他去国前后(1918 年 12 月)正是思想界将转未转之时,故他此时所说的"国内思想"主要仍是新文化运动前期主张模仿西方现代文明的潮流,其归国初的立论也多以此为对象。

在欧游后,梁启超认定"资本主义,乃系一种不自然之状态,并非合理之组织","已将趋末路"。② 故在他归国之后重新整顿、出版的《改造》杂志宣言中,他"确信中国民族之不振由于思想不进与制度不良,而不良制度尤为不良之思想所维持,故以为非先思想革命不能颠覆制度"。这再一次说明他们"思想革命"的目的仍在制度。有意思的是,宣言在表述中使用了"颠覆制度"这样充满革命性的词汇。这一条为梁启超底稿中所无,很可能是张东荪添加,有其一度倾向革命的余韵。但最终能为杂志所用,则仍表明梁启超至少接受这一表述。在讨论政治改造时,他已意识到"素来认为天经地义尽美尽善的代议政治,今日竟会从墙脚上筑筑摇动起来,他的寿命,竟没有人敢替他保险",并主张"政治改造,首在打破旧式的代议政治"。③ 从"颠覆""打破"等用词可见一向被视为保守的梁氏在当时其实已相当激进,同时提示出相对保守者要在激进的时代立言,也需要以相对激进的语言来表述未必那么激进的观点。与欧游之前不同,如果说此前要改变的是"拿旧心理运用新制度"的困局,即试图让心理适应制度,希望借助思想文化以巩固、维护制度,而此时梁启超的"思想革命"却已是为"颠覆制度"作预备。同一代议政治,也从需要被适应的"新制度"变成了需要被打破的"旧式的代议政治"。这也正是张君劢总结的:"欧洲之旧文章,是否可供我作为蓝本,盖真疑问矣。"④

或许可以说,在制度层面的革命性对应着"以前所有的都化为流质",而章士钊的话同时提示着另一层面,即"化为流质"之后需要"倾注于一个

---

① 《研究会饯别梁任公》,《国民公报》(北京),1918 年 12 月 21 日,第 2—3 版;张君劢:《再论人生观与科学并答丁在君》(下篇),《晨报副刊》,1923 年 5 月 14 日,第 3 版。

② 《梁任公在中国公学演说》,《时事新报》,1920 年 3 月 14 日,第 1 张第 2 版。

③ 《发刊词》,《改造》第 3 卷第 1 期,1920 年 9 月 15 日,第 6 页;梁启超:《欧游心影录》(1919 年 10 月—12 月),《梁启超全集》,汤志钧、汤仁泽编,第 10 集,北京:中国人民大学出版社,2018 年,第 57 页。《发刊词》由梁启超草拟,原为十四条,见《〈解放与改造〉发刊词》(1920 年 8 月),《饮冰室合集·文集之三十五》,北京:中华书局,1989 年影印版,第 20 页。关于宣言版本异同的具体分析,可参见高波:《追寻新共和——张东荪的早期思想与活动研究(1886-1932)》,北京:生活·读书·新知三联书店,2018 年,第 204—207 页。

④ 君劢:《悬拟之社会改造同志会意见书》,《改造》第 4 卷第 3 期,1921 年 11 月 15 日,第 3 页。

新铸型里去"。五四前后"主义"的崛起与此种对"新铸型"的渴求密不可分，正如蓝公武所指出的，"主义"的核心本就在于"必定含着一种未来的理想"。[①] 其中，尤以社会主义风气最浓。

张东荪是五四学生运动之后逐渐倾向社会主义的代表性人物，他反对"只晓得把隔壁人家模仿欧美旧制的教育制度一齐抄袭过来"的方法。这里的教育制度只是举例，其矛头所向，正是"拿英、美做榜样"的倾向。与"模仿欧美旧制"相对，他主张"研究这最上最新的一层"——社会主义，"专从第三种文明去下培养工夫"。[②] 正是基于这样的判断，他曾给在欧洲的梁启超诸人去信，建议广泛"考察战后之精神上物质上一切变态"，并提议说："世界大势已趋于稳健的社会主义，公等于此种情形请特别调查，并搜集书籍，以便归国之用，未识以为然否？"[③]此提议说明张东荪当时已基本确定以社会主义为其文化运动之精神，同时，"未识以为然否"这一问也提示这主要是张氏个人新的转变，并非梁启超赴欧前便定下的共同主张。戴季陶比张东荪更为激进，他那时劝张东荪"要取战斗的态度"，指出"暗沉沉的托尔斯泰，还是不如红灼灼的乌里亚耶夫"。[④] 在社会主义众多派别之中，进一步选择了列宁式的革命道路。陈独秀的转变比张东荪、戴季陶稍晚，他当时仍处在思想变动之中，有时主张"要实行民治主义，是应当拿英、美做榜样"；但他很快找到"新的政治理想"，"第四阶级（即无产劳动阶级）执政"的列宁式社会主义制度。[⑤]

即使是反对高谈主义的胡适，其实也有自己的型范。他后来曾总结数十年来"主张现代化的人"，"对于西洋文明的认识本来还没有多大异义"，"那时代的中国知识界的理想的西洋文明，只是所谓维多利亚时代的西欧文明：精神是爱自由的个人主义，生产方法是私人资本主义，政治组织是英国遗风的代议政治"。[⑥] 这无疑也是夫子自道，他在五四时期的型范主体便

①　知非（蓝公武）：《问题与主义》，《国民公报》（北京），1919 年 7 月 27 日，第 5 版。

②　《新学会宣言书》，《时事新报》，1919 年 9 月 8 日，"学灯副刊"，第 3 张第 4 版；（张）东荪：《第三种文明》，《解放与改造》第 1 卷第 1、2 合期，1919 年 9 月 15 日，第 5 页。

③　张东荪：《与君劢、子楷、百里、振飞四兄书》（1919 年），《梁启超年谱长编》，丁文江、赵丰田编，上海：上海人民出版社，2008 年，第 574 页。

④　戴季陶：《对于〈时事新报〉的希望》，《时事新报》，1920 年 1 月 1 日，"增刊"，第 3 张 4 版。

⑤　陈独秀：《实行民治的基础》（1919 年 11 月）、《我的解决中国政治方针》（1920 年 5 月 1 日），《陈独秀著作选编》，任建树主编，第 2 卷，上海：上海人民出版社，2009 年，第 121、237 页。

⑥　胡适：《建国问题引论》（1933 年 11 月 19 日），《胡适全集》，季羡林主编，第 21 卷，合肥：安徽教育出版社，2003 年，第 666 页。

是"西欧文明"这一"旧铸型",延续着《新青年》早期的宗旨,以"科学""民主"为口号。正如李大钊所注意到的,胡适和转变之前的陈独秀倡导"思想运动、文学运动",是中国"民主主义的正统思想","一方要与旧式的顽迷思想奋战,一方要防遏俄国布尔扎维主义的潮流"。① "奋战""防遏"两词尤其值得注意,表明这是几种型范的竞争:"旧式的顽迷思想"的型范比较面向"过去","俄国布尔扎维主义"的型范比较面向"未来",加上胡适他们"现代文明"的型范,鼎足而三,充满竞争。如果以相对简单的方式划分,可称之为"复古""俄化"与"欧化"。

五四时期,时人常常在"纷纷并出"的诸多学派之中,投身于自己所倾心的"主义",作为型范。张东荪当时提出,"集合局部而成全体"的方式有两种,"一种是'积',一种是'填'"。两者很不同,"积是没有格式而只从一小地方堆积起来的,填是先有一个格式而后把他填满了",张东荪自己主张"当做填的工夫,先立个大纲","这个大纲果真不差,大家再去分工";他稍后又说:"改造虽是一步一步的进行,但不是由小而大的单纯堆积,乃是按着全体预定计画的逐渐填补"。② 当时中国的改造事业面临着各种"大纲"的选择,是依据"第二种文明"的现代西方型范,或者依据声势渐起的社会主义型范,抑或是"复古";即使具体到社会主义中,也有是依据"暗沉沉的托尔斯泰"还是"红灼灼的乌里亚耶夫"的选择。而且,除去复古之外,被选择的型范,多来自西方,茅盾注意到,"当时'拿来主义'十分盛行。拿来的东西基本上分两大类,一类是民主主义的,一类是社会主义的"。③

在欧游之后,梁启超不仅主张"颠覆""打破"此前他自己倡导的"欧化"型范,并且,他更认为社会主义"是由工业革命孕育出来","在没有工业的中国,想要把他悉数搬来应用,流弊有无,且不必管,却最苦的是搔不着痒处";同时,他对中国文化虽较温和,却又强调要"脱掉了古代思想和并时思想的束缚",即使"'非尧舜、薄汤武',也不要紧"。④ 与胡适选择"欧化",

① 李大钊:《再论问题与主义》(1919 年 8 月 17 日),《李大钊全集》,中国李大钊研究会编注,第 3 卷,北京:人民出版社,2013 年,第 53 页。

② (张)东荪:《我对于改良中国文字的意见》,《时事新报》,1919 年 12 月 10 日,第 3 张第 3 版;(张)东荪:《改造要全体谐和》,《解放与改造》第 2 卷第 5 期,1920 年 3 月 1 日,第 2 页。

③ 茅盾:《商务印书馆编译所》,《茅盾全集》第 34 卷,"回忆录一集",北京:人民文学出版社,1997 年,第 148 页。

④ 《梁任公在中国公学演说》,《时事新报》,1920 年 3 月 14 日,第 1 张第 2 版;梁启超:《欧游心影录》(1919 年 10 月—12 月),《梁启超全集》,汤志钧、汤仁泽编,第 10 集,北京:中国人民大学出版社,2018 年,第 81、75 页。

防遏"复古""俄化"不同，也与张东荪、陈独秀选择"俄化"迥异，梁启超明确否定了这几种当时最为主流的型范。

在否定了诸多型范之后，梁启超并未提出自己的型范，而是期之于将来的"研究所得"。因为在梁启超看来，"现在全世界，已到改造的气运"，"自然是要经过怀疑的试验的时代"，以至"学派纷纷并出"且"有许多矛盾"，但是为"开辟将来局面"，这些学派"各有各的好影响"，"为中国现在计，说是那种绝对的适宜，那种绝对的不适宜，谁也不能下这个断语"。因此，"梁启超系"旗帜鲜明地标举"决非先有预定的型范"，不能"疾驰猛闯"，而需"有审慎周详的研究"。① 若以张东荪所说"积"与"填"的区分来看，梁启超一系"决非先有预定的型范"更接近"积"，是借助各学派，发挥"各有各的好影响"，"没有格式而只从一小地方堆积起来的"。

因此，梁启超一方面主张"无论何种学说，只要是有价值的，我们都要把他输入"，另一面又要"令各方面的人，对于那一种有兴味，就向那一种尽量研究"。此种研究并非仅是学理层面，同时也是一种实践，是将中国当作"世界学者所研究种种理想的制度"的"最好的一个试验场"。要等到各种社会改造方案，"经过自由研究，种种试验之后"，才可以决定"采那一种方案算最好"。② 此种展缓判断的态度无疑影响到了张东荪，张氏此前已倾向社会主义，但到 1920 年底时却又开始认为"我们只能干文化教育与协社等事业，而于主义的详细内容则须研究后再确定"。③

与梁启超的试验不同，胡适虽主张实验主义，但却对那些"从来不曾试验过"的理想有所怀疑。他曾把主义、学说分为"有些是后来试验过的，有些是从来不曾试验过的"，试验过的药方，"遇着别时别国大同小异的症状，也许可以适用，至少可以供一种参考"，那些没有试验过的，"至多只可以在大同小异的地方与时代，做一种参考的资料"。④ "至少"和"至多"的区别，说明胡适对试验过和没试验过的学说态度有明显的差别。显然，在胡适眼中，梁启超所看重的"种种理想的制度"——"高远的乌托邦（例如柏拉图的《共和国》）"，柏格森、倭伊铿等人的哲学，以及中国传统的政治理想，恰恰多是未曾试验过的。

---

① 《讲学社欢迎罗素之盛会》，《晨报》，1920 年 11 月 10 日，第 3 版；大泉（钱稻孙）：《铜器时代——本志表装图案的解说批评》，《改造》第 3 卷第 1 期，1920 年 9 月 15 日，第 1 页。

② 《讲学社欢迎罗素之盛会》，《晨报》，1920 年 11 月 10 日，第 3 版。

③ 张东荪：《现在与将来》，《改造》第 3 卷第 4 期，1920 年 12 月 15 日，第 36 页。

④ 胡适：《四论问题与主义——论输入学理的方法》（1919 年 8 月），《胡适全集》，季羡林主编，第 1 卷，合肥：安徽教育出版社，2003 年，第 355 页。

　　值得注意的是,梁启超说在试验之后,要决定"采那一种方案算最好",提示出他其实并非真正不想要一个"大纲",只不过反对"拿来主义",不满意于现有的几种型范。相比于在现有学说中研究、选择,他更希望在现有型范之外借助种种中西学说,摸索、试验一种更新更合适的制度与文化,即"将来大可取新近研究所得之制度而采用之",正所谓"尝试探险别求新路"。① 而且,他内心深处或许还希望由自己在参酌各学说的基础上创造一种型范,供国人选择,这或许正是他所说的要为中国"新思想界力图缔造一开国规模"。

　　1920 年 1 月 1 日,当时梁启超正在欧游归国途中,"梁启超系"的机关报《时事新报》曾发表宣言,其中提到他们认为"最好有一个制度",政治方面"能发挥自由的高度",经济方面"能建立平等的基础",学术方面"能促进向上的动力",在他们"理想的制度"对照下:

> 我们对于现行的制度,无论从那一方面看,都认为不能满意,但是我们对于古代贤哲和当代贤哲,所拟的各种制度也不能都满意,所以我们不能不综合古代贤哲当代贤哲所发明的道理,参加我们自己所想得到的,创造一个理想的标准。

这次宣言,很可能是为梁启超归国后的集体事业预先定下基调,题为"我们的宣言",大致为同人讨论后的结果。这一宣言,充分说明他们对现行与现有的型范——现行的制度以及古代贤哲当代贤哲所拟的各种制度——均不满意。有意思的是,他们虽然声称"这个理想的标准就是我们的趋向",且"此后一生的事业就是把这个理想的标准化做具体的制度"。② 然而,理想的标准本身就需要等待创造。梁启超在稍后的《改造》发刊词中宣称"誓于一二年内制成详细之系统的计划,公诸海内"。此时梁启超对于创造型范一事仍充满自信,型范确定之后,研究阶段可告一段落,此后则进入型范的宣传与实干阶段,即"同人将终身奉以周旋"。只不过在 1920 年代初时"多未敢自信,故欲藉本刊为公开研究之一机关,冀国人之我诲"。③ 而其创造之法,则是综合"古代贤哲当代贤哲所发明的道理",同时加上"自己所想得到的"。可以说,这是一场化合中西的制度试验。

---

① 《梁任公在中国公学演说》,《时事新报》,1920 年 3 月 14 日,第 1 张第 2 版;大泉(钱稻孙):《铜器时代——本志表装图案的解说批评》,《改造》第 3 卷第 1 期,1920 年 9 月 15 日,第 1 页。

② 《我们的宣言》,《时事新报》,1920 年 1 月 1 日,第 2 张第 1 版。

③ 《发刊词》,《改造》第 3 卷第 1 期,1920 年 9 月 15 日,第 7 页。

第二节 化合中西的制度试验

五四前后的思想界"欧化"与"俄化"盛行，被时人视作型范，而对中国传统文化又多主张整体"推倒"，梁启超称之为"马克思差不多要和孔子争席，易卜生差不多要推倒屈原"。[①] 时人多倾向移植现有型范，与之相对，梁启超是要化合中西后，再造一个新文化系统。他曾总结此后"中国人对于世界文明之大责任"，指出一方面"是拿西洋的文明，来扩充我的文明"，另一方面"又拿我的文明去补助西洋的文明，叫他化合起来成一种新文明"。[②]

共学社与讲学社是"梁启超系"文化事业的重要机构，贯彻着其文化路线。其中，共学社的广告中说"我们久已想把西洋的文化源源本本的介绍过来"，而讲学社更是"向来主张'绝对的无限制尽量输入'"。梁启超曾解释这一宗旨，说："只要是有价值的学说，我们不分门户，都要把他介绍进来"，"要大开门户，把现代有价值的学说都要欢迎，都要灌输。"[③]同时，他对于中国文化，却又"确信中国文明实全人类极可宝贵之一部分遗产，故我国人对于先民有整顿发扬之责任，对于世界有参加贡献之责任"。或者可以说，梁启超一边要"介绍世界有力之学说"，一边要"发扬吾国固有之文明"。[④] 从字面上看，"绝对的无限制尽量输入"体现的是对西洋文化的全面接受，似乎与当时国内新文化运动之"欧化"潮流相合；而"发扬吾国固有之文明"，又似乎与国内"复古"暗流相似。而且，他有时候又说"国民生计上，社会主义自然是现代最有价值的学说，国内提倡新思潮的人渐渐的注意研究他，也是很好的现象"，甚至称自己"总算得社会主义政策的一个信徒"。[⑤]

---

① 梁启超：《五十年中国进化概论》（1922 年 10 月），《梁启超全集》，汤志钧、汤仁泽编，第 11 集，北京：中国人民大学出版社，2018 年，第 404 页。

② 梁启超：《欧游心影录》（1919 年 10 月—12 月），《梁启超全集》，汤志钧、汤仁泽编，第 10 集，北京：中国人民大学出版社，2018 年，第 83 页。

③ 《共学社广告·征稿启事》，《时事新报》，1920 年 7 月 7 日，第 1 张第 1 版；《讲学社欢迎罗素之盛会》，《晨报》，1920 年 11 月 10 日，第 3 版。

④ 《发刊词》，《改造》第 3 卷第 1 期，1920 年 9 月 15 日，第 7 页；《改造》广告，《时事新报》，1920 年 9 月 15 日，封面页。

⑤ 梁启超：《欧游心影录》（1919 年 10 月—12 月），《梁启超全集》，汤志钧、汤仁泽编，第 10 集，北京：中国人民大学出版社，2018 年，第 80 页；梁启超：《国产之保护及奖励》（1925 年 11 月），《梁启超全集》第 13 集，第 62 页。

　　看似矛盾的"欧化""复古"和"俄化",同时出现于梁启超的言说之中。对此,我们有必要将之置于"决非先有预定的型范"这一前提下理解。在梁启超的新文化方案中,正因为没有预定的型范,所以当时流行的各学说也就没有型范意义,"没有绝对的好或绝对的不好"。他提醒时人要"思想解放","一种学说到眼前,总要虚心研究,放胆批评"。"放胆批评",是因为学说仅是学说,而非型范;"虚心研究",又是因为学说中"各有各的好影响"。与之相对,"倘若拿一个人的思想做金科玉律,范围一世人心,无论其人为今人、为古人,为凡人、为圣人,无论他的思想好不好,总之是将别人的创造力抹杀,将社会的进步勒令停止了"。梁启超特别忠告国内"这些可爱的青年":"现在我们所谓新思想,在欧洲许多已成陈旧,被人驳得个水流花落",故"研究只管研究,盲从却不可盲从"。而且,对于社会主义也要区分精神和方法,"精神是绝对要采用的",方法却不可照搬,与其他"太过精辟新奇的学说"一样,"只好拿来做学问上解放思想的资料,讲到实行,且慢一步罢"。①

　　正因仅是"资料"而非型范,故梁启超主张"对于世界有力之学说,无论是否为同人所信服,皆采无限制输入主义,待国人别择"。② 与梁启超相似,蓝公武曾批评时人"在古今东西之主义学说"中寻找"万能之良药"的侥幸心理,在他看来,"种种主义以及杜威、罗素,不过指示一牺牲努力之途径",并非可直接移植;同时,流通于世界的"凡百主义学说""皆有其相当之价值",只不过需要"研究之,批评之","可得良善之教训,以俾益于我改造之进行"。③ 张君劢在当时也曾解释"尽量输入"的含义,他认为"西方人生观中如个人独立之精神,如政治上之民主主义,加科学上之实验方法,应尽量输入",不过同时又"以为尽量输入,与批评其得失,应同时并行"。④ 就此而言,"尽量输入"的不是型范,而仅是原料,需要通过批评其得失的锻造,方能得到新铸型。质言之,梁启超的计划是先将一切学说当作研究的材料,然后研究出一套新的型范。

　　实际上,梁启超之所以强调"决非先有预定的型范"与"思想解放",正是针对当时国内思想界流行的对中西文化的态度。他们"把西洋的文化源

----

　　① 梁启超:《欧游心影录》(1919年10月—12月),《梁启超全集》,汤志钧、汤仁泽编,第10集,北京:中国人民大学出版社,2018年,第74—77、80、82页。

　　② 《发刊词》,《改造》第3卷第1期,1920年9月15日,第7页。

　　③ 蓝公武:《我之改造中国观》,《时事新报》,1921年12月10日,第3张第3—4版。

　　④ 张君劢:《欧洲文化之危机及中国新文化之趋向——在中华教育改进社讲演》,《东方杂志》第19卷第3期,1922年2月10日,第121—122页。

源本本的介绍过来"的主张打破了"欧化"或"俄化"型范的选择，突破了思想界为实验主义与社会主义所笼罩的局面。盖1920年的梁启超，在一定程度上是如火如荼的新文化运动中的外来者与后来者，将所有学派"绝对的无限制尽量输入"，实际上是将各种革新方案放在同一高度，消解了"欧化"与"俄化"的独特地位；只有消解了处于中心的潮流，才能为自己的旗帜争得一席之地。

有趣的是，胡适虽曾说过"对于输入学说和思潮的事业，是极赞成的"，表面上与"想把西洋的文化源源本本的介绍过来"相似，但其实有极大区别。不像梁启超标举没有型范，胡适心中有着自己特定的西化型范，仍以英美之民主政治为榜样，这部分西方文化的价值已经"估定"，只需输入即可。[①] 同时，胡适也曾主张"把一切学理不看作天经地义，但看作研究问题的参考材料"，这与梁启超将主义、"新奇的学说"当作"解放思想的资料"如出一辙。而且，胡适后来反对马克思、黑格尔的学说，也从它是一种"历史"的、"生物进化论成立以前的玄学方法"角度立论[②]，与梁启超判定"所谓新思想"已成"陈旧"类似，都将自己不同意的学说视为"旧"说，提示二者的思维方式相距并不远，都在清末以来强劲的趋新风气之下。然而，他们对待"新奇的学说"（主要针对社会主义）态度虽相似，但梁启超提醒不可盲从的"所谓新思想"中包含"现代西方"，而张君劢将个人独立之精神、政治上之民主主义、科学上之实验方法一并纳入应"批评其得失"的范围，却又与胡适绝不相同。

与梁启超、胡适有意无意将学说区分新旧不同，陈独秀在1920年针对当时"有许多人说，达尔文底学说，写实主义自然主义底文艺，马格斯底社会主义，都是几十年前百年前底旧学说，都有比他们更新的，他们此时已经不流行不时髦了"，他特意强调"学说有没有输入的价值"，"应该看我们的社会有没有用他来救济弊害的需要。输入学说若不以需要为标准，以旧为标准的，是把学说弄成了废物；以新为标准的，是把学说弄成了装饰品"。以需要为标准进行输入，显然区别于"把西洋的文化源源本本的介绍过来"的主张，针对的正是如梁启超所提出的"我们所谓新思想，在欧洲许多已成

---

① 罗志田：《再造文明之梦：胡适传》（修订本），北京：社会科学文献出版社，2015年，第174页。

② 胡适：《四论问题与主义——论输入学理的方法》（1919年8月）、《新思潮的意义》（1919年11月），《胡适全集》，季羡林主编，第1卷，合肥：安徽教育出版社，2003年，第354、697页；胡适：《介绍我自己的思想——〈胡适文选〉自序》（1930年11月27日），《胡适全集》第4卷，第658页。

陈旧"类似新论调。同时,这一表述与他在 1919 年初旗帜鲜明反对旧伦
理、旧政治、旧艺术、旧宗教、旧文学截然不同,最能提示五四前后一两年中
思想界转变之迅猛,尊西趋新的标准——至少在表述层面——有所松动。
更值得注意的是,陈独秀所说"这些更旧的学说若是在社会上有存留底需
要,我们不应该吐弃他",他本意自然是为"达尔文底学说,写实主义自然主
义底文艺,马格斯底社会主义"这些"几十年前百年前底旧学说"张目,不
过,标准一旦改变,中国的旧学说在理论上也就有了抬头的可能。①

　　梁启超"再造新文明"的方案虽无特定的型范,但仍有其倾向,并非仅
仅是消极的"思想解放",并且,此种倾向随时间而有所加强。1922 年底,他
在完成《先秦政治思想史》一书后,拟翻译成英、法文,自道其用意,"倘足以
药现代时敝于万一,斯则启超所以报先哲之恩我也已"。此处"药现代时
敝"的"现代"并非泛指时间意义的当下,而是特指西方的"现代文明",他
一则说"欧洲识者,或痛论彼都现代文明之将即灭亡",又说"罗素最心醉道
家言,盖彼正诅咒现代文明之一人也"。② 这说明梁启超此一时期的著述言
行,并非纯粹学理上的辨析,常含有针对现实之用意,多基于其对西方"现
代文明"的反思。同时,从字里行间我们似能感觉到,比起他刚归国时激进
地倡导"颠覆""打破"西方文明,此时稍显温和,盖如果是"药"就有救治意
味,而非真正"诅咒"。此种微妙差异或与当时国内思潮变动有关,梁启超
归国之初,其心中的主要对手方虽有"欧化"与"俄化",但仍以"欧化"为
主,而此时"俄化"已有后来居上之势。

　　1927 年,梁启超之子梁思永"很表同情于共产主义",为此,梁启超在去
信中谈及对资本主义的态度,认为当时国内青年倾向共产主义是"误认毒
药为良方"。他说:"你们别要以为我反对共产,便是赞成资本主义。我反
对资本主义比共产党还利害。我所论断现代的经济病态和共产同一的'脉
论',但我确信这个病非共产那剂药所能医的。"梁启超之所以需要提醒子
女"别要以为我反对共产,便是赞成资本主义",说明在当时的型范选择中,
"欧化"与"俄化"的非此即彼已深入人心,真可谓"道出于二",而梁启超则
试图提供二者之外的选项。其中,"反对资本主义比共产党还利害"一句或

①　陈独秀:《学说与装饰品》(1920 年 10 月 1 日),《陈独秀著作选编》,任建树主编,第 2 卷,
上海:上海人民出版社,2009 年,第 274 页;陈独秀:《本志罪案之答辩书》,《新青年》第 6 卷第 1 期,
1919 年 1 月 15 日,第 10—11 页(卷页)。

②　梁启超:《先秦政治思想史》(1922 年 12 月 28 日),《梁启超全集》,汤志钧、汤仁泽编,第
11 集,北京:中国人民大学出版社,2018 年,第 415、496、515 页。

有情绪上的夸大，但也多少说明其心中对资本主义的不满已持续多年。同时，他所说"确信这个病非共产那剂药所能医"，则提示出其方案的主要竞争者已是共产主义，所以他才说"等我的方子出来后"，希望"可以挽回多少"中了共产主义"这种迷药"的中国青年。不过，也正因为他"所论断现代的经济病态和共产同一的'脉论'"，则又表明其主张与共产主义有相通处——"反对资本主义"。①

事实上，社会主义正是其构想未来型范的思想资源之一，不是"金科玉律"，却也有"好影响"。例如，在宣布自己一派的方针时，"梁启超系"同人"确信经济改造在使人人由劳动而得生存权为最低限度，同时对于自由竞争定有最高度之制限，则去其过甚之两端，既不抹杀智能之高下，复不致有生计压迫之现象"；并且主张"对于土地及其他生产机关，宜力求分配平均之法"，更要"一面注重分配，一面仍力求不萎缩生产力，且加增之"。② 这正是在劳动权、土地与生产资料所有权、生产与分配等方面均参酌了社会主义的精神。

更重要的是，与主张欧化、俄化者推倒传统不同，在梁启超的文化方案中，正因未来型范尚未固定，需要摸索、试验与"再造"，故对"国故"有了开放的可能，中国文化至少应该与其他学说平等，有加入这一试验并"化合"进未来新型范的机会。他曾为研究先秦政治思想正名，提出"凡关于讲政治原则的学说，自然都是极好的研究资料，没有什么时代的区别和地方的区别"。所以他觉得"研究先秦政治思想和研究欧美政治思想，两样的地位和价值都差不多"。③

照理说，如果梁启超将西方文化、传统文化和社会主义都视为试验型范的材料，那他也应仅视中国文化为"无论何种学说"中的一种，是"解放思想的资料"，也需要"放胆批评"，然而，梁启超在这一时期却常常借传统作为对其他型范"解放思想"的手段，甚至提出"以复古为解放""由复古得解放"。④ 梁启超对中国文化之所以有此不同态度，与现实中时人对传统文化

---

① 梁启超：《给孩子们书》（1927 年 5 月 5 日），《梁启超年谱长编》，丁文江、赵丰田编，上海：上海人民出版社，2008 年，第 729 页。

② 《发刊词》，《改造》第 3 卷第 1 期，1920 年 9 月 15 日，第 6 页。

③ 梁启超：《先秦政治思想——在北京法政专门学校五四讲演》（1922 年），《梁启超全集》，汤志钧、汤仁泽编，第 11 集，北京：中国人民大学出版社，2018 年，第 593 页。

④ 梁启超：《清代学术概论》（1920 年 11 月 29 日），《梁启超全集》，汤志钧、汤仁泽编，第 10 集，北京：中国人民大学出版社，2018 年，第 220 页；梁启超：《〈欧洲文艺复兴史〉序》（1920 年 12 月 31 日），蒋百里：《欧洲文艺复兴史》，上海：商务印书馆，1921 年，第 2 页。

过于否定有关。在清末时,梁启超曾认为通过各租界输入之"新思想","取数千年来思想界之束缚,以极短之日月而破坏之、解放之"。① 当时是以"新思想"解放传统文化。但在五四时,趋新之风早已处于笼罩地位,他面对的是"沉醉西风"的思想界,"把中国什么东西,都说得一钱不值,好像我们几千年来,就像土蛮部落,一无所有",正所谓"'今之少年,喜谤前辈',或撷拾欧美学说之一鳞一爪以为抨击之资"。所以梁启超特别强调"思想解放"还需"彻底","中国旧思想的束缚固然不受,西洋新思想的束缚也是不受"。他进而质问:"拿孔、孟、程、朱的话当金科玉律说他神圣不可侵犯,固是不该,拿马克思、易卜生的话当做金科玉律说他神圣不可侵犯,难道又是该的吗?"②所谓"马克思""易卜生",只是借代当时最流行的型范。从表面看来,梁启超对孔孟程朱与马克思、易卜生一视同仁,但鉴于当时思想界为"马克思""易卜生"所笼罩,其实仍是抬高孔孟程朱而贬低马克思、易卜生。其所针对且想要改变的正是当时新思潮中"整理国故"多破坏、"输入学理"偏移植的潮流。有意思的是,近十年后,胡适对"少年朋友们"说过相似的话,他说:"被孔丘、朱熹牵着鼻子走,固然不算高明;被马克思、列宁、斯大林牵着鼻子走,也算不得好汉。"并声明:"我自己决不想牵着谁的鼻子走。我只希望尽我的微薄的能力,教我的少年朋友们学一点防身的本领,努力做一个不受人惑的人。"③两相比较,最能看出梁启超所针对的,比胡适多了"易卜生",而这正是胡适所倡导的。

对于中西文化或东西文化,时人或将之视为在进化序列上处于不同阶段,如常乃惪所谓东西文化的差别"是竖进的,不是横转的";或将其视为本质不同且相对峙的二元,如李大钊在 1917 年提出的"东西文明根本之异点"。④ 前者多强调中国文化应进化为西方文化,或更进一步,进化为第三文明或社会主义文明;后者则多主张在东西二者之间做出选择。就历史与当下而言,欧游后的梁启超已倾向将中西文化视为二元而非两个阶段,不

① 梁启超:《治外法权与国民思想能力之关系》(1905 年 3 月 6 日),《梁启超全集》,汤志钧、汤仁泽编,第 5 集,北京:中国人民大学出版社,2018 年,第 72 页。

② 梁启超:《欧游心影录》(1919 年 10 月—12 月),《梁启超全集》,汤志钧、汤仁泽编,第 10 集,北京:中国人民大学出版社,2018 年,第 84、76 页;梁启超:《先秦政治思想史》(1922 年 12 月 28 日),《梁启超全集》第 11 集,第 590 页。

③ 胡适:《介绍我自己的思想——〈胡适文选〉自序》(1930 年 11 月 27 日),《胡适全集》,季羡林主编,第 4 卷,合肥:安徽教育出版社,2003 年,第 673 页。

④ 罗志田:《无共识的共论:五四后关于东西与世界的文化辨析》,《清华大学学报(哲学社会科学版)》,2017 年第 4 期。

过，对于未来世界，他又变成了一元论者，认为中西文化需要共同进化为一个世界的新文化。

梁启超曾将中国文化参与未来制度试验的过程分为四步："第一步，要人人存一个尊重爱护本国文化的诚意；第二步，要用那西洋人研究学问的方法去研究他，得他的真相；第三步，把自己的文化综合起来，还拿别人的补助他，叫他起一种化合作用，成了一个新文化系统；第四步，把这新系统往外扩充，叫人类全体都得着他好处。"①从表面看来，方案中的第二步"要用那西洋人研究学问的方法去研究他，得他的真相"，与胡适"整理国故"的提法相似，其实不然，梁启超在主张用西洋人的方法研究之前，便有第一步为前提，要存一个"尊重爱护本国文化的诚意"，其温故，不仅是温习，更有温情，而非对本国文化"据款结案"，更非"打鬼"。②

梁启超对本国文化在"尊重爱护"基础上的研究，也与他自己对西洋文化的态度有本质区别，一个是"自己的文化"，一个是"别人的"，其间的亲疏远近一目了然。这与激烈反传统的陈独秀固然不同，也和将重心放在输入第三种文明的张东荪有区别。故他虽主张中西文化起"化合作用"，但并非对等，西洋文明仅是"补助"，却要"把自己的文化综合起来"，主次分明。而且，以本国文化为主而化合成的新文化系统，在将来还要往外扩充，成为人类全体的文化系统。③ 在中国的改造事业中，中国文化不仅仅参与理想制度的创造，而是必须以之为主体，盖在梁启超看来，理想制度只能植基于国民意识之上，而国民的新心理，则又需在旧文化中通过"自然的浚发与合理的箴砭洗炼"得来。

第三节　新心理与旧文化

梁启超虽采用社会主义的精神，但对于社会主义，他认为仍过于偏物

---

①　梁启超：《欧游心影录》(1919 年 10 月—12 月)，《梁启超全集》，汤志钧、汤仁泽编，第 10 集，北京：中国人民大学出版社，2018 年，第 85 页。

②　胡适：《整理国故与"打鬼"——给浩徐先生信》(1927 年 2 月 7 日)，《胡适全集》，季羡林主编，第 3 卷，合肥：安徽教育出版社，2003 年，第 147 页。

③　所以梁启超才鼓励青年说："我们可爱的青年啊！立正！开步走！大海对岸那边有好几万万人，愁着物质文明破产，哀哀欲绝的喊救命，等着你来超拔他哩。"梁启超：《欧游心影录》(1919 年 10 月—12 月)，《梁启超全集》，汤志钧、汤仁泽编，第 10 集，北京：中国人民大学出版社，2018 年，第 85 页。

质、竞争,恰与资本主义一脉相承。他说,在西方文明中,"科学一个反动,唯物派席卷天下,把高尚的理想又丢掉了",即使是"顶时髦的社会主义,结果也不过抢面包吃"。如果"终久立在这种唯物的机械的人生观上",不止"军阀、财阀的专横,可憎可恨,就是工团的同盟抵抗乃至社会革命,还不同是一种强权作用",区别只在于从前的强权,在少数人手里;往后的强权,"移在这一班多数人手里罢了"。质言之,"无论资本主义者流,社会主义者流,皆奖励人心以专从物质界讨生活","虽百变其途,而世之不宁且滋甚也"。所以他断言"近代欧美最流行之'功利主义'、'唯物史观'等学说,吾侪认为根柢极浅薄,决不足以应今后时代之新要求"。转而希望"在现代科学倡明的物质状态之下","能使吾中国人免蹈近百余年来欧美生计组织之覆辙,不至以物质生活问题之纠纷妨害精神生活之向上"。①

相比于军阀、财阀,梁启超与时人一样,显然更倾向工团和社会革命,不过,如果多数人仍是"唯物的机械的人生观",没有"高尚的理想",则结果仍只是强权,并不比现状进步。"唯物的机械的人生观"与科学相关,多数人的强权又与民主相关,分别对应着科学与民主极端化的弊端,此种明显的针对性或许并非偶然。可以说,梁启超与陈独秀等《新青年》同人一样认为西方文化最大的贡献是科学与民主,不过因为科学、民主可能被误用,故需要从更根本处创立一个新局面。② 同时,对于"唯物史观"与"功利主义",梁启超并非以是否适应现在为标准,而是以其"决不足以应今后时代之新要求",有着未来意味。

为了避免这一后果,梁启超希望能以哲学平衡科学,以心济物,做到"心物调和"。相比于重视科学的《新青年》同人,对人生哲学、政治哲学的关注,构成了梁启超新文化方案的主要精神,盖哲学本是"从智的方面研究宇宙最高原理及人类精神作用,求出个至善的道德标准"。如此看来,他似乎是在为未来——"工团的同盟抵抗乃至社会革命"之后的型范,寻找一种合适的人生观。梁启超特别看重欧洲偏"唯心"、重"精神生活"的哲学流派,不仅在欧游中特意拜访柏格森、倭伊铿,在归国后也多方引介他们的学说,更希望邀请他们来华讲学。在他看来,"人格的唯心论、直觉的创化论

---

① 梁启超:《欧游心影录》(1919年10月—12月),《梁启超全集》,汤志钧、汤仁泽编,第10集,北京:中国人民大学出版社,2018年,第84、63—64页;梁启超:《先秦政治思想史》(1922年12月28日),《梁启超全集》第11集,第590—591页。

② 罗志田:《西方的分裂:国际风云与五四前后中国思想的演变》,《中国社会科学》,1999年第3期。

种种新学派出来"，"把从前机械的唯物的人生观，拨开几重云雾"，"将来一定从这条路上打开一个新局面来"，从而转移一代人心。这也正是他从欧洲的现状所推演出的"新文明再造之前途"。[①]

胡适对梁启超倡导"人格的唯心论、直觉的创化论种种新学派"尤其警惕，故当讲学社准备延请倭伊铿来华讲学时，胡适宣言"若倭铿来，他每有一次演说，我们当有一次驳论"。[②] 从中最能说明，双方虽都主张输入西方文化，但其实想要输入的却又是不相同的西方文化。而当两年之后，张君劢以倭伊铿的学说在清华做演讲时，确实应了"每有一次演说，我们当有一次驳斥"的宣言，引发了"科学与人生观"论战。

然而，梁启超尽管推崇柏格森、倭伊铿等人的西方"唯心"哲学，视其为未来西方制度的哲学基础，将改变"多数人的人生观"，但那是西方人找出的"一个真正的安身立命所在"。[③] 他并不认为中国能对其全盘移植并在此基础上形成国人的人生观，而是应像未来制度的试验过程一样，需要借助中国传统文化，以温故知新的方式，养成新的国民心理。所以他"确信欲创造新中国，非赋予国民以新元气不可。而新元气决非枝枝节节吸受外国物质文明所能养成，必须有内发的心力以为之主"。[④]

在梁启超的方案中，除了列文森所说"历史观超过了价值观"的"历史感情"作用外[⑤]，中国文化加入未来型范的试验和国民心理的养成，是一种可能，也是必要。他观察到时人都叹息痛恨于"民国十年以来政治没有上轨道"，对此，他自己归结于政治没有"建设在国民意识之上"。[⑥] 他说：

> 近二十年来，我国人汲汲于移植欧洲政治制度，一制度不效，又顾而之他。若立宪，若共和，若联邦，若苏维埃……凡人所曾行者，几欲

---

① 梁启超：《欧游心影录》（1919 年 10 月—12 月），《梁启超全集》，汤志钧、汤仁泽编，第 10 集，北京：中国人民大学出版社，2018 年，第 62、64、66、68—70 页。

② 《胡适致陈独秀（稿）》（1920 年底或 1921 年初），《胡适来往书信选》，中国社会科学院近代史研究所中华民国史研究室编，上卷，北京：社会科学文献出版社，2013 年，第 88 页。

③ 梁启超：《欧游心影录》（1919 年 10 月—12 月），《梁启超全集》，汤志钧、汤仁泽编，第 10 集，北京：中国人民大学出版社，2018 年，第 68—69 页。

④ 《梁启超创设文化学院》，《晨报》，1923 年 1 月 21 日，第 7 版。

⑤ 勒文森：《梁启超与中国近代思想》，刘伟、刘丽、姜铁军译，成都：四川人民出版社，1986 年，第 274 页。

⑥ 梁启超：《市民的群众运动之意义与价值——对于双十节北京国民裁兵运动大会所感》（1922 年 10 月 10 日），《梁启超全集》，汤志钧、汤仁泽编，第 15 集，北京：中国人民大学出版社，2018 年，第 459 页。

一一取而试验之,然而名实相缪,治丝愈棼。盖制度不植基于国民意识之上,譬犹掇邻圃之繁花,施吾家之老干,其不能荣育宜也。

就此而言,即使中国过去的"政治思想,虽其中一部分对于世界无甚价值者",但"就吾国人立脚点言之,其价值不可蔑视"。其中提到的立宪、共和、联邦、苏维埃,无一不是从西方移植而来,其结果是"名实相缪,治丝愈棼"。故中国不能"移植欧洲政治制度",并非只因制度本身"不良",即使是再好的制度,也需要"植基于国民意识之上"。在梁启超看来,中国文化只有参与到未来理想制度的试验之中,成为其内在部分,那一制度才有可能在中国生根。

在这一问题上,蒋百里亦有相似看法,他认为中国之所以"坏到这样的原因,实由于步法他人之谬误","譬如代议政制、军阀制度,处处皆与中国国情不合","而一般谈政治者,拼命要去学他,独不知这种种制度,都是阶级制度的结果,由阶级制度而产生的"。中国与西方"国情"不同,"以这样的国情,一定要去学别人家的样子,所以今日坏到这步地位"。①

进而言之,对于"制度不植基于国民意识之上"这一前提,可以作不同的判断与努力,即可改制度,也可改国民意识,而梁启超则主张两者均需要改变。新制度的创造需要中国文化的参与,国民意识的养成亦是如此。在他看来,"要改革政治,根本要改革国民心理",因为"政治及其他一切设施,非通过国民意识之一关,断不能有效"。盖"政治是国民心理的写照,无论何种形式的政治,总是国民心理积极的或消极的表现"。积极的表现为"国民心目中有了某种理想的政治,努力把他建设起来";消极的表现为"国民对于现行政治安习他、默认他"。一种政治是否"能成立、能存在",全在国民心理。为了政治,而致力于"改革国民心理",其实仍是应对"拿旧心理运用新制度"困局,只不过此时的新制度已是未来的理想制度;改革国民心理之目标,也不再是运用现代制度的心理,而是能运用未来理想制度的国民心理。与梁启超自己早年"新民"主张或《新青年》同人"伦理的觉悟"、国民性改造不同,此二者多倾向为适合西方新制度而主张以西方伦理、道德改造中国国民性,但梁启超此时却认为:"国民心理,固然是会长会变,但总是拿历史上遗传做根核。"其中,"遗传的成分"又以"先代贤哲的学说为最有力","他们说的话像一颗谷种那么小,一代一代的播殖在国民心中,他会开枝发叶成一大树"。因此,他主张"新思想建设之大业","万不能将他社

---

①　《中国公学之演讲会:郑权蒋百里之讲演》,《申报》,1920 年 5 月 27 日,第 10 版。

会之思想全部移植,最少亦要从本社会遗传共业上为自然的浚发与合理的箴砭洗炼"。不过,对于传统所遗传的"遗传共业"并非全盘继承,而是需要"箴砭洗炼","好的固然要发扬他,坏的也要察勘他。要看清楚国民心理的来龙去脉,才能对证下药"。①

值得注意的是,随着时间的推移,思想界那种如欧战刚结束后的理想主义已逐渐消退,相对于之前要将"新系统往外扩充"的抱负,后五四时期梁启超的表述已退了一步,将旧思想的箴砭洗炼、消化整理限制在了本国之内,原本构想中应在世界新文明中起"化合"作用的中国文化,似乎仅仅成了因为"离不了"而保存的民族性。

然而,吊诡的是,梁启超"箴砭洗炼"的标准却非来自传统,而是基于自己对未来的判断。王汎森曾借用本雅明"历史天使的脸望向过去,身体前进到未来"一句来解释他对历史研究的看法,他说:"历史的研究即带有这个特色,故每一代人'身体前进到未来'时,他们对所讲的过去选材叙述并不一定相同。"②正是因为欧战之后,梁启超他们预想中的未来有了极大改变,所以他对中国传统的价值判断、"选材叙述"都有了不同,推崇经过重新解释的传统人生哲学与政治哲学。

例如,梁启超主张要采用社会主义精神时,说"这种精神不是外来,原是我所固有。孔子讲的'均无贫,和无寡',孟子讲的'恒产恒心',就是这主义最精要的论据,我并还〔没〕有丝毫附会"。对《礼记》中"货恶其弃于地也,不必藏诸己;力恶其不出于身也,不必为己"一句,他又称其"义蕴,与今世社会主义家艳称之'各尽所能,各取所需'两格言正相函",并且认为"其背影中别有一种极温柔敦厚之人生观在,有一种'无所谓而为'的精神在,与所谓'唯物史论'者流乃适得其反也"。③ 他不仅在传统中看到了社会主义精神,还看到了"心物调和"的人生观。真正使梁启超乐观的或许并不是西方人为中国文化正名,而是中国的旧理想,可以参与到面向未来"再造新文明"的试验之中。

① 梁启超:《先秦政治思想史》(1922年12月28日)、《先秦政治思想——在北京法政专门学校五四讲演》(1922年),《梁启超全集》,汤志钧、汤仁泽编,第11集,北京:中国人民大学出版社,2018年,第421—422、593—594页。

② 王汎森:《重访钱穆的〈中国近三百年学术史〉》,《人文学术》,彭国翔主编,第1辑,杭州:浙江大学出版社,2019年,第235页。

③ 梁启超:《欧游心影录》(1919年10月—12月),《梁启超全集》,汤志钧、汤仁泽编,第10集,北京:中国人民大学出版社,2018年,第80—81页;梁启超:《先秦政治思想史》(1922年),《梁启超全集》第11集,第482页。

在"未来"的影响下,梁启超甚至认为中国"自春秋战国以还"的诸子百家,其政治思想有三大特色:世界主义、平民主义或民本主义、社会主义。就世界主义而言,他认为在中国"反国家主义或超国家主义的政治论既深入人心"。在近代近百年中,是"国家主义当阳称尊之唯一时代",中国"逆潮以泳,几灭顶焉"。不过,否极泰来,国家主义在"未来"面前被重新估价,而中国传统的"超国家主义,即平天下主义、世界主义、非向外妒恶对抗主义,在全人类文化中应占何等位置,正未易言"。① 不难看出,梁启超是先对新潮流中世界主义、平民主义、社会主义有了判断,而后方才在诸子百家中"发现"了此三种主义。这使得世界的未来与中国的过去有了某种联结,使复古有了前瞻性的依据。②

基于此,梁启超在当时的学术研究、讲学,或许需要从为理想制度造国民意识的层面加以理解。在研究先秦思想时,他便对胡适"观察中国古代哲学,全从'知识论'方面下手"不满,转而侧重于人生哲学与政治哲学,对先秦儒家、道家、墨家、法家的特点加以阐释,欲以提高国人的"国民意识"。③ 又如,1920 年梁启超在为清华学生讲授国学时,特别注重"精神生活向上的学问""操练心境的学问";1923 年开列《国学入门书要目及其读法》时,希望学者能将《论语》《孟子》"熟读成诵",需"摘记其身心践履之言以资修养";1925 年再次开列包含十部古籍的"青年必读书"书单时,仍以"修养资助"为第一选书标准。④ 可见梁启超念兹在兹的是古书有助于国民意识修养的一面,而非将古籍视为材料;有意思的是,五四之后的新文化运

① 梁启超:《先秦政治思想史》(1922 年),《梁启超全集》,汤志钧、汤仁泽编,第 11 集,北京:中国人民大学出版社,2018 年,第 418—419 页。

② 艾尔曼曾认为清代今文学有一传统,即"从庄存与、刘逢禄起,今文经学家求助于古典的重构来为现代授权,为将来立法"。就此而言,梁启超对"古典的重构"确有"为将来立法"的意味,或仍受着今文学传统的影响。艾尔曼(Benjamin A. Elman):《经学、政治和宗族——中华帝国晚期常州今文学派研究》,赵刚译,南京:江苏人民出版社,2005 年,第 238 页。

③ 梁启超:《评胡适之〈中国哲学史大纲〉》(1922 年 3 月),《梁启超全集》,汤志钧、汤仁泽编,第 15 集,北京:中国人民大学出版社,2018 年,第 336 页;梁启超:《先秦政治思想史》(1922 年 12 月 28 日),《梁启超全集》第 11 集,第 415 页。

④ 梁启超:《老子哲学》(1920 年),《梁启超全集》,汤志钧、汤仁泽编,第 10 集,北京:中国人民大学出版社,2018 年,第 370 页;梁启超:《国学入门书要目及其读法》(1923 年 4 月 26 日),《梁启超全集》第 16 集,第 59 页;梁启超:《青年必读书》(1925 年 2 月 12 日),《梁启超全集》第 13 集,第 1 页。有学者已注意到,梁启超晚年强调"情感诗学",发掘"纯中华民族文学的'美点'",也是为了"光大固有的国民性,培养'新知识'和'新人格'兼备的现代国民,以此培养开创健全的现代政治的新主体"。张冠夫:《情感诗学与情感政治——观察二十世纪二十年代梁启超新文化观的一个维度》,《清华大学学报(哲学社会科学版)》,2010 年第 2 期。

动其实已发生转向,思想界关注的重心已从国民性改造,转向以宣传、组织为主要手段的社会改造。与之相比,梁启超注重国民意识,致力于改变旧心理以适应更新的制度,反而更像是前期新文化运动理念的延续。

有意思的是,梁启超讲国学,并非"抱残守缺",而是用以"化青年脑力,作为现世界的训育品",意在多数青年,如吴稚晖所谓"梁先生要大批的造",并且"又有最高等的学者张君劢先生出来做护法,使他繁殖"。因梁启超著述背后浓厚的现实关怀,又反过来影响到时人对他研究的观感。当梁启超提出国学书目时,吴稚晖就认为"书目止许胡适之做,不许梁卓如做",即使"比胡适之先生做的妥当",因梁启超是有所为而为,"主观色彩太浓","同孔二先生一样,因为道不行,所以删诗书定礼乐,那就糟了","未有不祸国殃民"。盖在吴稚晖眼里,胡适基本是个纯粹的"文章士",不像梁启超还可能有事功方面的影响。[①] 此种国与民的"事功"面向,即是梁启超的特征,某种意义上也成了他的"包袱"。

事实上,当梁启超强调"我并没有丝毫附会"时,他大概也已意识到其中有牵强成分。张荫麟注意到梁启超在欧游后"确信中国古纸堆中,有可医西方而自医之药",遂"力以昌明中国文化为己任",而且要"以余生成一部宏博之《中国文化史》","于此中寄其希望与理想"。但他同时指出"《先秦政治史》及《墨子学案》《老子哲学》等书,推崇比附阐发及宣传之意味多,吾人未能以忠实正确许之"。[②] 邓中夏观察到梁启超、张君劢等"底子上虽然是中国思想,面子上却满涂着西洋的色彩,他们讲玄学,却把西洋的'玄学鬼'如柏格森的'直觉',倭伊铿的'精神生活',欧立克的'精神元素',都搬来做他们的幌子"。[③] 正是看到了梁启超他们的中国思想,仍是受了西洋"玄学鬼"的影响。这一点在张君劢身上表现尤其明显,他在欧洲时受倭伊铿影响而改学哲学,希望能"平日涵养于哲学工夫"中以修养人生观。讲求涵养工夫本是宋明理学的长项,而张君劢却需见到倭伊铿之后才受震动,可见其骨子里实西化厉害,其后张氏转向研究宋明理学,也是受倭

① 吴稚晖:《箴洋八股化之理学》,《晨报副刊》,1923 年 7 月 23 日,第 3 版;《吴稚晖先生来信》,《晨报副刊》,1923 年 10 月 15 日,第 1—2 版。相关讨论参见罗志田:《再造文明之梦:胡适传》(修订本),北京:社会科学文献出版社,2015 年,第 8 页;罗志田:《机关枪与线装书:关于"国学书目"的论争》,《国家与学术:清季民初关于"国学"的思想论争》,北京:生活·读书·新知三联书店,2003 年,第 274 页。

② 素痴(张荫麟):《近代中国学术史上之梁任公先生》(1929 年 2 月 11 日),《追忆梁启超》(增订本),夏晓虹编,北京:生活·读书·新知三联书店,2009 年,第 89 页。

③ (邓)中夏:《中国现在的思想界》,《中国青年》第 6 期,1923 年 11 月 24 日,第 3 页。

伊铿影响,确实"满涂着西洋的色彩",故有人嘲讽他"旧书读得不多",新书"读得不少"。① 正是这种"西洋的色彩",让梁漱溟甚至认为梁启超"挖扬中国文明"之处"没有一句话是对的"。他注意到梁启超特别看重孔子的"不患寡而患不均""四海之内皆弟兄"以及墨子的"兼爱"等观念,这些都是"西洋人都叹服钦佩"之处。其实都是西方人在"未来"的关照下对中国传统的重新发现。② 这最能说明梁启超"以复古为解放"的主张,非真复古,而是希望让传统文化参与到未来型范的试验之中,以此塑造中国的"国民意识",接榫未来的理想制度。

此种"接榫"与清季的古学复兴却又不完全相同。在清末,刘师培、邓实等人也曾以西方学术为据对中国学术进行了全面的解构和重构,其侧重点在输入、包容已有的型范——"欧化"。③ 同样的,梁启超虽常常与梁漱溟一并被归为"东方文化派",但二者的思虑也不完全相同。梁漱溟一方面认为"模仿欧美近代国家,期望达到资本主义和民主主义的路是死路",同时又说中国要走"俄国共产党发明的路""却不可能",这是他与梁启超的相似之处。但梁漱溟提供的方案却是先全盘承受西方文化并有所修正,然后以批评的态度重新拿出中国文化,实现"文化翻身",他是将"欧化"型范与中国文化的型范在时间序列中展开,作为中国此后要走的两个阶段,虽有修正,但仍是既有的型范。不同于清末的古学复兴或1920年代的梁漱溟,梁启超是在否定所有既有型范的基础上,要"再造新文明",只不过中国文化需要更多地参与到这一"再造"型范的过程之中,却已不是作为型范存在。④

小　结

1923年,中国共产党提出思想上的联合战线,尝试以阶级分析法重新划分思想界,"梁启超系"的地位开始变得模糊。瞿秋白将新文化运动分成"士绅资产阶级的民族主义""小资产阶级的浪漫革命主义""无产阶级的

---

① 万武:《我为什么要反对张君劢》,北京市档案馆藏:《民主社会党的任务等》,全宗号161;案卷号3。

② 梁漱溟:《东西文化及其哲学》(1920—1921),《梁漱溟全集》,中国文化书院学术委员会编,第1卷,济南:山东人民出版社,2005年,第342、493页

③ 罗志田:《温故知新:清季包容欧化的国粹观》,《中华文史论丛》第66辑,2001年9月。

④ 伍启元:《中国新文化运动概观》,上海:现代书局,1934年,第121—122页。关于梁漱溟文化方案的讨论,参见罗志田:《文化翻身:梁漱溟的憧憬与困窘》,《近代史研究》,2016年第6期。

社会主义"（共产派）三派，其中，张东荪、梁任公等人即代表"资产阶级的民族主义"。瞿秋白虽认为新文化运动的最终胜利必定在无产阶级一方，但在其划分中，梁启超诸人仍具有三分天下有其一之地位。陈独秀则认为"蔡元培、梁启超、张君迈〔劢〕、章秋桐、梁漱溟"等虽"号称新派"，其实"仍旧一只脚站在封建宗法的思想上面，一只脚或半只脚踏在近代思想上面"，并提出："适之所信的实验主义和我们所信的唯物史观，自然大有不同之点，而在扫荡封建宗法思想的革命战线上，实有联合之必要。"在此叙述中，"梁启超系"仅是半新半旧，即使不被扫荡，大概也不能代表新文化。而邓中夏则明确将梁启超、张君劢、张东荪等归为"东方文化派"，认为是"假新的，非科学的"，是新文化运动"新兴的反动派"。"科学方法派"和"唯物史观派"是"真新的，科学的"，需要"结成联合战线，一致向前一派进攻、痛击"。① 在历史叙述中，梁启超一方的形象终于从"新文化运动领袖"变为了新文化运动"新兴的反动派"。正是从这一时期开始，因"梁启超系"在激进的时代常常持渐进的态度，故逐渐淡出了新文化运动的历史记忆（或仅以反对者的形象留存）。

近代中国是一个新式媒体的时代，读者在很大程度上决定哪种言说能起更大影响，被更多的人当成新铸型。在这样的时代，谁的论点说服人，谁的立论坚决（有时候是武断），谁的观念与社会的脉动相照应，便在各种"论述"的争衡中逐渐胜出，一旦它获得"群聚效应"，这个"领导性论述"便逐渐上升到全国舞台的中央。② 张东荪就观察到当时的人"都喜欢听激烈的论调"，讨论者说得动听（激烈）远比主张进步重要。③ 蒋百里同样注意到，当时"已渐入于主义运动时代"，翻译事业中，有无"一种主义以为之骨"，决定了将来翻译之成功与否。④ 翻译如此，整体文化事业亦然。蓝公武就指出，时人谈改造，"其所求者乃一服顿起之万能良药"，"唯在以何种主义、何

① 瞿秋白：《自民权主义至社会主义》（1923 年 9 月 23 日），《瞿秋白文集·政治理论编》第 2 卷，北京：人民出版社，2013 年，第 215 页；陈独秀：《思想革命上的联合战线》（1923 年 7 月 1 日），《陈独秀著作选编》，任建树主编，第 3 卷，上海：上海人民出版社，2009 年，第 102 页；（邓）中夏：《中国现在的思想界》，《中国青年》第 6 期，1923 年 11 月 24 日，第 3—6 页。

② 王汎森：《傅斯年：中国近代历史与政治中的个体生命》，王晓冰译，北京：生活·读书·新知三联书店，2012 年，"中译本序"，第 4 页。

③ （张）东荪：《政治意识》，《时事新报》，1919 年 1 月 20 日，第 1 张第 2 版。

④ （蒋）百里：《欧洲文艺复兴时代翻译事业之先例》，《改造》第 3 卷第 11 号，1921 年 7 月 15 日，第 70 页。

种方法,可使中国立时化为黄金世界而已"。① 稍后梁启超也说,在那时"漂亮点的便贩些'主义'来谈谈,调子越唱得高,锋头越出得足"。② "梁启超系"中人明知那是一个激进的、主义的时代,有主义的激进的主张更能在时代论说中脱颖而出,但他们仍一直强调稳健与更慎重地研究,不愿提供一个清晰的型范。事实上,"梁启超系"并非无主张,而是主张不够"积极"或激烈。他们在当时的尴尬境地,实源于此。

在"梁启超系"参与新文化运动的时期中,五四学生运动后,由张东荪主导的这一阶段态度最为坚决,目标最为明确。五四运动之前,张东荪即从讴歌国会政治之一人,转向疑虑此制度,稍后更认为"国会政治实验而失败",主张"与其再拿这个未尽的一小部分来实验,不如换一个完全新的来实验"。③ 之后,他更渐渐主张社会主义,倾向革命,但也仅主张"浑朴的社会主义",其实现手段也仅是罢课、罢工,他认为实现革命的"坚决办法必定与罢课同一性质,又文明又利害",预测"冥顽不灵的政府到了那时恐怕也不得不依顺民意了"。④ 比起稍后国共强调的列宁主义与武装革命,张东荪的目标与手段仍嫌含糊、稳健。故被时人建议:在介绍一种主义的时候要先定一个标识,令人一望而知其是否好主意,并且介绍主义不要太杂,不要以翻译为能事,务必以一贯的精神,为不停无可退步的主张,去到解放与改造的目的。⑤ 也被戴季陶称为"粉色的""妥协的克林斯基"及"暗沉沉的托尔斯泰"的社会主义,以区别于他们当时主张的"红灼灼的乌里亚耶夫"(列宁)。⑥

1920 年春,梁启超和蒋百里等欧游一年后,带有一整套系统的国家改造计划归国,并以此全新的文化方案展开一系列事业,相较于胡适、陈独秀、梁漱溟等的改造主张,有其鲜明特性,相较于张东荪的方案,更趋稳健。梁氏归国后的讲学与著述,多是这一整套新文化方案的有机组成部分。

---

① 蓝公武:《我之改造中国观》,《时事新报》,1921 年 12 月 10 日,第 3 张第 3—4 版。

② 梁启超:《国产之保护及奖励》(1925 年 11—12 月),《梁启超全集》,汤志钧、汤仁泽编,第 13 集,北京:中国人民大学出版社,2018 年,第 58 页。

③ (张)东荪:《国会政治》,《时事新报》,1919 年 4 月 21 日,第 2 张第 1 版;(张)东荪:《答执信君的杂谈》,《时事新报》,1920 年 3 月 3 日,第 2 张第 1 版。一年之后,张东荪更断言"中国现在真是不宜于国会政治,已成了铁案了"。(张)东荪:《国会是什么》,《时事新报》,1921 年 4 月 8 日,第 1 张第 1 版。

④ (张)东荪:《罢课后的坚决办法》,《时事新报》,1919 年 5 月 25 日,第 1 张第 1 版。

⑤ 朱朴:《六种杂志的批评》,《新人》第 1 卷第 5 期,1920 年 8 月 28 日,第 4—5 页(文页)。

⑥ 戴季陶:《对于〈时事新报〉的希望》,《时事新报》,1920 年 1 月 1 日,"增刊",第 3 张 4 版。

　　该方案欲以文化改造国家，以应对民初以来"拿旧心理运用新制度"的困局，且试图同时改变心理与制度，比早期新文化运动侧重国民性改造更进一步。在制度的改造目标上，不同于"欧化""俄化"或"复古"，梁启超强调"决非先有预定的型范"，希望在解放思想的基础上化合中西文化、吸收社会主义精神，摸索、试验一种全新的理想制度。在清末民初时，梁启超由"新民"到"新政"的主张背后，仍有西洋文化与制度的型范。而此时，他对既有制度不满，却又声明"决非先有预定的型范"。换言之，标举"无型范"或试图"化合中西"，都是梁启超创造新型范的途径，而非将既有型范拿来实践。

　　梁启超试图提供一套超越"欧化""俄化"或"复古"的型范，然而他理想中的型范最终未能如期呈现于世人眼前。1925 年时，张君劢就已提醒梁启超应尽快提出政纲，盖"青年心理要求救国方案，此事殊不可缓"。虽明知事不可缓，却依旧不了了之。[①]　直到 1927 年，梁启超又提到自己"倒有个方子，这方子也许由中国先服了，把病医好，将来全世界都要跟我们学"，并说"这方子大概三个月后便可以到你们眼边了"。但即使此时，梁启超"对于政治上的具体办法"，仍"未能有很惬心贵当的"，仅仅只是"确信代议制和政党政治断不适用，非打破不可"。可见，为中国乃至为世界寻找一种治病的"方子"，是梁启超数年中念兹在兹之事。吊诡的是，他在还没有找到"惬心贵当"的办法时，却将出"方子"时间定为"三个月后"，反暴露出内心的急迫和紧张。尤其是在国内战事升级、矛盾加剧且俄化之风如日中天的环境下，若开不出方子，无论是对时局的解决或对俄化的批判便均属无的放矢。梁启超自己其实全无自信，他感叹："中国病太深了，症候天天变，每变一症，病深一度，将来能否在我们手上救活转来，真不敢说。"又说："我们总是做我们责任内的事，成效如何，自己能否看见，都不必管。"[②]真可谓知其不可而为之，甚至亦不知如何为而又不得不为。

　　清季以还，不同时段的各种所谓旧派，其对问题的认知与各种新派实相近，而对新派的各种解决方法却又不能苟同。梁启超此时的急迫最能代表各时期的旧派那种所虑者远而当下无策的无奈心态。[③] 此种展缓判断的

　　①　张君劢：《致任公先生书》(1925 年 6 月 25 日)，《梁启超年谱长编》，丁文江、赵丰田编，上海：上海人民出版社，2008 年，第 671 页。

　　②　梁启超：《给孩子们书》(1927 年 5 月 5 日)、《给孩子们书》(1927 年 1 月 27 日)，《梁启超年谱长编》，丁文江、赵丰田编，上海：上海人民出版社，2008 年，第 729、719 页。

　　③　罗志田：《再造文明之梦：胡适传》(修订本)，北京：社会科学文献出版社，2015 年，第155 页。

审慎及终未提供型范的现实,被时人视为"想不出更好的制度""并没有找到出路"。梁漱溟便认为:"他(梁启超)奔走国事数十年,所以求中国之问题之解决者甚切,而于民族出路何在,还认不清。"①

同时,因为没有预定的型范,且为使未来的理想制度"植基于国民意识之上",梁启超认为,中国传统文化不仅有可能、也有必要加入理想制度的"试验场",即中国之改造需要在旧文化基础上温故知新,创造新的制度,并养成新的国民心理。这在新文化运动的领袖们看来,反而可能给新文化运动带来危机。陈独秀称当时思想界出现了"科学无用了,我们应该注重哲学""西洋人现在也倾向东方文化了"两种主张,虽未点明,但恰好是梁启超新文化方案最明显的表象。陈独秀直接称其为新文化运动中两种不祥的声音,并警告说,这"两个妄想""合在一处",便是"新文化运动一个很大的危机"!故提醒"主张新文化运动底青年,万万不可为此呓语所误"。梁启超本想调节思想界欧化、俄化之"横流",却反而被视为《新青年》同人的敌对方,在后来共产党的"联合战线"中,被归为"封建宗法思想",要被胡适"所信的实验主义"和共产党"所信的唯物史观"联合"扫荡"。② 梁启超的新文化方案逐渐被视为反新文化运动的重要力量,恰体现出他对那段历史不可忽视的影响。

---

① 太希:《记梁任公》,《追忆梁启超》(增订本),夏晓虹编,北京:生活·读书·新知三联书店,2009年,第278页;张国焘:《我的回忆》第1卷,北京:现代史料编刊社,1980年,第70页;梁漱溟:《纪念梁任公先生》(1943年),《梁漱溟全集》,中国文化书院学术委员会编,第6卷,济南:山东人民出版社,2005年,第448页。陈独秀稍早便敏锐地看到"研究系这班人,在表面上或不敢公然反对民主政治,实际是反对的。他们否认国民革命可以成功,否认国民会议可以召集,否认商会、农会、工会、教育会、学生会可以代表人民,一切都否认干净了,不看见他们于这些消极的否认之外,有什么积极的主张"。陈独秀:《我们现在为什么斗争?》(1926年9月25日),《陈独秀著作选编》,任建树主编,第4卷,上海:上海人民出版社,2009年,第124页。

② 陈独秀:《新文化运动是什么?》(1920年4月1日),《陈独秀著作选编》,任建树主编,第2卷,上海:上海人民出版社,2009年,第217—218页;陈独秀:《思想革命上的联合战线》(1923年7月1日),《陈独秀著作选编》第3卷,第102页。

第九章　筑基础与造势力：文化运动的政治走向

五四前后，"梁启超系"曾计划由政治转向文化努力，推动"另一场新文化运动"。不过，他们对于如何处理文化与政治（文化运动与政治运动）的关系，却并不十分清晰，时有变动。

在1918年底时，梁启超便宣称对政治活动"决然舍弃"，但不到两年，他又热心政论。这曾引起上海同人质疑，以至于他对张东荪感叹"公何至尚生疑，同人虽至愚，亦何至此"，并解释自己"偶作两文，亦非对于现状见猎心喜，实欲借此刺激，为政治教育一种手段耳"。[①] 以梁氏在该派中的绝对领袖地位尚须如此解释，提示出文化与政治的关系问题，在他们心中处于核心位置，十分敏感。无独有偶，张君劢也如梁启超一样常常在文化与政治之间游移、反复，他甚至感受到"精神上受一种支解之刑"，并反省自己"十年来为经世一念所误，踯躅政治，至今不得一当"，但对于政治，"其锲而不舍乎，其弃之而别图安心立命之所乎，此两念往来胸中，不能自决"。此种情状，正如张东荪早在1917年时所说，自戊戌以来，有一个大问题始终未能解决，即"藉政治之力改善社会乎，抑藉社会之力促进政治乎是也"，前者主张"当先改良政治之自身，以有良政，始可藉以产生良社会"，后者则认为"当先改良社会之自身，以有良社会，始得而藉以启发政治"。[②] 先前社会与政治的关系，到五四前后转化成文化与政治的对峙，虽有区别，但其间的紧张、缠绕则一以贯之。

在文化与政治之间游移、分歧，曾持续、普遍地困扰着新文化人，"梁启超系"并非特例。差不多在梁启超热心政论引起同人不满的同一时间，胡

---

① 梁启超：《与东荪书》（1920年10月24日），《梁启超年谱长编》，丁文江、赵丰田编，上海：上海人民出版社，2008年，第593页。

② 《通讯（张君劢致林宰平，1920年6月27日）》，《改造》第3卷第4期，1920年12月15日，第101页；（张）东荪：《漫言·政治与社会》，《时事新报》，1917年9月6日，第1张第2版。

适为改变《新青年》政治色彩过浓的倾向建议陈独秀说:"若要《新青年》'改变内容',非恢复我们'不谈政治'的戒约,不能做到",并希望在《新青年》中发表新宣言,要"注重学术思想艺文的改造,声明不谈政治"。而陈独秀对此"大生气"。① 可以说,在新文化运动中,要不要谈政治,也已然影响到《新青年》同人的分合。尤其值得注意的是,胡适自己对文化与政治关系的认知也曾有很大的转变。在相当长一段时期,胡适认为从文化运动走向政治运动是合乎逻辑的自然发展,甚至一度同意对中国问题的"政治解决"比他提倡的"文化解决"更切合实际。②

从"梁启超系"和《新青年》同人的内部分歧、纠结与各人的游移中,可以看到在五四前后文化与政治孰先孰后、孰轻孰重、是远是近,时人心中多少有些紧张,前后亦有变化,并且各自转变亦非同步。正如格里德指出的:"当时的知识界名流,在'政治'讨论与'政治'行动的可行性、必要性及现实意义的问题上,存在着相当大的分歧。"③甚至可以说,对这一问题的取舍,不仅直接影响着个人、群体的言论与行动,甚至关系到五四前后思想界的转向以及时局的走向。更重要的是,谈不谈政治仍只是表象,背后有着更根本的议题,即文化应否及如何介入政治。

对这一重要问题,以往研究已有注意,然或多集中于胡适、陈独秀等《新青年》同人的思虑④,或关注时人对学生与政治关系的认识与讨论⑤,而较为忽视新文化运动中"梁启超系"的观念。⑥ 本章希望将"梁启超系"置于与同一时期思想界其他群体的关联对比中,通过他们在五四前后对文化

---

① 胡适:《答陈独秀》(1920年12月间)、《致李大钊等〈新青年〉编委》(1921年1月22日),《胡适全集》,季羡林主编,第23卷,合肥:安徽教育出版社,2003年,第281—282、291页。

② 罗志田:《走向"政治解决"的"中国文艺复兴"——五四前后思想文化运动与政治运动的关系》,《近代史研究》,1996年第4期。

③ 格里德:《五四知识分子的"政治"观》,王跃、高力克编:《五四:文化的阐释与评价》,太原:山西人民出版社,1989年,第164—165页。

④ 除上引罗志田、格里德两文外,关于此问题的讨论,还可参见章清:《1920年代:思想界的分裂与中国社会的重组——对〈新青年〉同人"后五四时期"思想分化的追踪》,《近代史研究》,2004年第6期;罗志田:《陈独秀与"五四"后〈新青年〉的转向》,《天津社会科学》,2013年第3期。

⑤ 罗志田:《课业与救国:从老师辈的即时观察认识"五四"的丰富性》,《近代史研究》,2010年第3期;马建标:《学生与国家:五四学生的集体认同及政治转向》,《近代史研究》,2010年第3期;刘宗灵:《"象牙塔"抑或"十字街头":五四前后社会思潮中"学生"与"政治"对应关系之论争》,《党史研究与教学》,2019年第6期。

⑥ 张朋园已注意到梁启超晚年"从事新文化运动的动机本在重振政党",然并未展开讨论。张朋园:《梁启超与五四时期的新文化运动》,《"中央"图书馆馆刊》,新第6卷第1期,1973年3月,第1—15页;张朋园:《梁启超与民国政治》,台北:食货出版社,1981年,第152—153页。

与政治的不同侧重,梳理其在不同层次上通过文化介入政治的尝试,以期能进一步理解"梁启超系"文化运动的意图,并借以在动态中认识当时各派浓淡不一从文化到政治的光谱以及后五四时期思想界的转向。

第一节　缠绕中的文化与政治

辛亥鼎革共和肇建之初,曾有过一个"政治热"的时期。随着时人对民初政局的失望,特别是政学两界对袁世凯称帝与张勋复辟的反思,新文化运动由此兴起。① 张君劢对此曾总结说:"辛亥前后,国中先觉之士,以为宪法一成,或政党一立,则西方政治可以不终朝而移植于吾国。近数年东驰西突,政象益纷,于是有所谓新文化运动,以打破偶像改造社会之说相号召。"其结果则是新文化运动中人"常以智识(或文化)运动为高洁,而以其他活动为卑污"。② 文化运动的发动力之一本是政治改革的失败,时人意识到"非从政治以外下工夫不可",于是大家的注意力逐渐"由政治方面逆掼于文化方面","对于政治运动全然漠置,甚且以厌恶之心理迎之"。③ 在时人心中政治下降、文化上升的趋势明显。就此而言,新文化运动本有"逃离"、区隔于政治的一面。

梁启超及其同人正是如此。1918 年底,面对民初从政的失意,他们遂有"从思想界尽力"的计划。梁启超、蒋百里、张君劢等在欧游前路过上海,"和张东荪、黄溯初谈了一个通宵,着实将从前迷梦的政治活动忏悔一番,相约以后决然舍弃,要从思想界尽些微力",并说这一席话让他们"朋辈中换了一个新生命了"。④ 其实,他们宣称要舍弃政治活动、从事社会文化事业绝非仅此一次。蓝公武被称为"梁启超门下三少年"之一,他后来曾总结

---

① 近年有学者注意到新文化运动的兴起有"运动家"运动和"国民党、江苏教育会联手发动"等因素,不过,其间非谋定而启动的时势因素可能仍是主要因缘。王奇生:《新文化是如何"运动"起来的——以〈新青年〉为视点》,《近代史研究》,2007 年第 1 期;桑兵:《〈新青年〉与新文化运动》,《学术月刊》,2020 年第 5 期。

② (张)君劢:《悬拟之社会改造同志会意见书》,《改造》第 4 卷第 3 期,1921 年 11 月 15 日,第 3 页(文内)。

③ (张)东荪:《文化运动与教育》,《时事新报》,1922 年 4 月 12 日,第 1 张第 1 版;梁启超:《政治运动之意义及价值》(1920 年 9 月 15 日),《梁启超全集》,汤志钧、汤仁泽编,第 11 集,北京:中国人民大学出版社,2018 年,第 212 页。

④ 梁启超:《欧游心影录》(1919 年 10 月—12 月),《梁启超全集》,汤志钧、汤仁泽编,第 10 集,北京:中国人民大学出版社,2018 年,第 87 页。

说:"抱这种革新志愿的人,吾朋友中很有,都是常想做这事业的,可都是误于政治活动,从未切实做去,等于没有这志愿一样。"蓝公武所说"从未切实做去"的"吾朋友",大致便是"梁启超系"同人,相对的则是在思想界"猛力进行"的《新青年》诸君"。①

常乃惪后来说,在1915年前后"梁启超一派主张政治无望,应该从改良社会根本做起"。与之相对的,当时还有章士钊、孙中山(革命党)等人则是另一种思路,"仍主张先解决政治问题"。尤其值得注意的是,常乃惪甚至认为,"陈独秀等办《新青年》杂志,原是属于章氏一派,竟不知不觉走到梁氏的路上,在文化运动上建设了许多的功绩"。②《新青年》同人走上文化运动未必是受梁启超直接影响,更多或是时代风气的整体变动,但也可以看到在政治无望时转从社会文化入手的思路一直存在于梁启超一派的言论中,所以才会被人视为是"梁氏的路"。③

胡适虽多次强调新文化运动"不注重政治",但实际上《新青年》同人对新文化运动的期望也仍有政治意涵。④ 故张君劢曾概括:"今之持新文化说者,其意岂不在改造,不过将下文行为一改,收起不说耳。"张君劢所言"改造"无疑已偏向政治改造,在他看来,新文化人对政治"收起不说",甚至有时故意宣称"不谈政治",但实际上其意岂不在政治!⑤

与《新青年》同人相似,"梁启超系"诸人深受"政必须教、由教及政"这一传统影响,故他们的文化运动也仍以政治为主要着眼点。梁启超曾解释当时转向思想文化的原因,是"革命成功将近十年,所希望的件件都落空,渐渐有点废然思返,觉得社会文化是整套的,要拿旧心理运用新制度,决计不可能",故"渐渐要求全人格的觉悟"。⑥ 从"旧心理运用新制度"一句便能看到,"要求全人格的觉悟"之目的,仍在养成新心理以"运用新制度",政

---

① 知非(蓝公武):《答胡适之先生》(十一),《国民公报》(北京),1919年2月26日,第5版。

② 常乃惪:《中国文化小史》,北京:中华书局,1928年,第173—174页。

③ 张东荪甚至也曾奉劝革命党人"当采改造文化主义",具体而言,则"当尽力于文化事业,灌输新思想,增加新知识,沐化新道德,使中国之风气一变,提倡学术,促进文明"。张东荪:《吾人所希望于急进派者》,《神州日报》,1916年12月13日,第1版。

④ 正如罗志田老师指出,胡适等新文化人,"入手的虽然是思想文艺,关注的仍是在此之外的政治"。罗志田:《走向"政治解决"的"中国文艺复兴"——五四前后思想文化运动与政治运动的关系》,《近代史研究》,1996年第4期。

⑤ (张)君劢:《悬拟之社会改造同志会意见书》,《改造》第4卷第3期,1921年11月15日,第4页(文页)。

⑥ 梁启超:《五十年中国进化概论》(1922年10月),《梁启超全集》,汤志钧、汤仁泽编,第11集,北京:中国人民大学出版社,2018年,第405页。

治意味明显。对此，张君劢有更直接的表达，他在 1921 年初时曾"以一言以告国人"："以政治活动改良政治，则中国必不救，不以政治活动改良政治，则中国或者有拨云雾见青天之日。"他提出的方案是，放弃政治活动之后，"一心并力于政治、社会的教育，而期其收效于十年百年之后"，"为国民政治智识、政治品格上下一种根本救治之工"。① 质言之，是"不以政治活动"之表，行"改良政治"之里。正是梁启超所谓"匣剑帷灯，意固有所属，凡归于政治而已"。② 对"梁启超系"而言，从政治到文化的转变并非那么界线分明，他们更多时候是在两者之间犹豫与徘徊（或想两者兼顾）。两者本身亦非截然分离，有着传统政教一体的余绪。

1920 年，梁启超欧游归国，他当时总结五四运动，认为五四运动本是政治运动，但"实以文化运动为其原动力"，"机缘发于此，而效果乃现于彼"，所以他主张今后"宜以文化运动为主而以政治运动为辅"，因"非从文化方面树一健全基础，社会不能洗心革面，则无根蒂的政治运动，决然无效"，故劝告青年，"宜萃全力以从事于文化运动，则将来之有效的政治运动，自孕育于其中"。③ 此虽针对学生立言，其实也是他们自己的计划。在创办共学社时，该派开宗明义便说："培养新人才，宣传新文化，开拓新政治，既为吾辈今后所公共祈向，现在即当实行著手，顷同人所立共学社即为此种事业之基础。"④"培养新人才，宣传新文化，开拓新政治"三个口号有其内部逻辑，"宣传新文化"为其枢纽，新人才由宣传新文化来培养、聚集，新文化又由新人才宣传，不过，立足点和目的却在"开拓新政治"。在梁启超起草的《改造》发刊词中，他更"鼓吹"要"使文化运动向实际的方面进行"，此条在底稿中原为"在文化运动，与政治运动相辅并行"，两相对照，即可明了在梁启超心中，文化运动进行的方向本是"政治运动"，是希望"机缘发于此，而效果乃现于彼"。⑤

---

① （张）君劢：《政治活动果足以救中国耶》，《时事新报》，1921 年 3 月 7、8 日，第 1 张第 1 版。

② 梁启超：《吾今后所以报国者》（1915 年 1 月 20 日），《梁启超全集》，汤志钧、汤仁泽编，第 9 集，北京：中国人民大学出版社，2018 年，170 页。

③ 梁启超：《"五四纪念日"感言》（1920 年 5 月 4 日），《梁启超全集》，汤志钧、汤仁泽编，第 10 集，北京：中国人民大学出版社，2018 年，第 194 页。

④ 梁启超：《致伯强亮侪等诸兄书》（1920 年 5 月 12 日），《梁启超年谱长编》，丁文江、赵丰田编，上海：上海人民出版社，2008 年，第 584 页。

⑤ 《发刊词》，《改造》第 3 卷第 1 期，1920 年 9 月 15 日，第 5 页。《发刊词》底稿名为《〈解放与改造〉发刊词》，收入《饮冰室合集·文集之三十五》，北京：中华书局，1989 年，第 20 页；梁启超：《"五四纪念日"感言》（1920 年 5 月 4 日），《梁启超全集》，汤志钧、汤仁泽编，第 10 集，北京，中国人民大学出版社，2018 年，第 194 页。。

　　"梁启超系"从事文化运动不仅意在政治,他们舍弃政治时本就有不得不的被动一面。张东荪在1917年时曾一度"不欲再谈政治",计划"此后当另辟讲坛,一门专以灌输文明为职志",此种转变,主要是因为各方"乃皆以吾言为不足取",甚至于成为"双方集矢之的",含有"舍不谈政治外,殆无他策"的无奈。他同时声称"非俟政治入轨、恢复常态之后,不以政治主张与国人相见",则表明在时局好转时,他仍将"以政治主张与国人相见"。① 与张东荪相似,当梁启超在1918年底声明"毅然中止政治生涯"时,《国民公报》记者"哀时客"看到了其中的"伤心语"。他不禁反思:"十余年来以政治为谈吐、为起居、为饮食"的梁任公"竟有中止政治生涯之宣言",到底是"先生之弃政治耶,抑政治之弃先生耶"? 其实他心中的答案非常明显,自是"政治之弃先生",并指出梁启超中止政治生涯的真正原因,是"政府也、督军也、国会也,其间只有个人之争竞,而无所谓政策之施行"。所以,"哀时客"断言此为梁启超"政治生活之中止而决非终止",待到"真正之政治""大放光明之日",梁氏就会重新回归政治。②《国民公报》与梁启超关系非比寻常,故此文不宜仅以旁观者的评论对待,更有代梁启超立言的味道。

　　需要指出的是,"梁启超系"与《新青年》同人虽有相通处,即在文化背后均有政治意涵,但也有明显的差异。陈独秀、胡适等《新青年》同人多是学界中人,而梁启超在民初是政党领袖,参与领导护国运动,更曾两度入阁,本是政界首脑人物,其同人蒋百里、张君劢等也曾任政府要职。其间的差别,按照林长民的说法是,胡适他们"是个处女,不愿意同我们做过妓女的人往来",《新青年》同人这一班大学的人"有意排挤他们研究系的人"。③学界中人不愿往来,从侧面提示出与"梁启超系"往来密切者多是政界人物。他们与局中人多有千丝万缕的联系,因此,当政局变动时,容易将其视为与己相关之事。同时,政局中人也多前来咨询与寻求帮助,使得他们有意无意中会密切关注政治问题,并容易从局中人的角度思考对策。1920年,直系军人一度"频来要约共事",梁启超虽"一概谢绝",但"吴佩孚欲吾为草宪法,上意见书,吾为大局计,亦将有所发表耳";次年政局变动时,梁启超又说:"数日来天津极现活气,黄陂宅为中心,吾不愿直接参预(吾始终

---

　　① 张东荪:《予之宣言》,《时事新报》,1917年6月18日,第1张第2版。

　　② 哀时客:《读梁任公中止政治生涯之宣言有感》,《国民公报》(北京),1918年10月25日,第2版。按:梁启超在清末时曾以"哀时客"为笔名,但《国民公报》中之"哀时客"似另有其人,待考。

　　③ 胡适日记1922年5月14日,《胡适全集》,季羡林主编,第29卷,合肥:安徽教育出版社,2003年,第624页。

未一次列席），但事多与闻，捉刀之文不少。"①这不仅是表面的交谊问题，实则关乎"梁启超系"、《新青年》同人与政局的不同心理距离，进一步影响了双方思考问题（尤其是政治问题）的方式。

在这一层面，反而是孙中山与梁启超有相似处。孙中山是政治当局的革命者，故亦时时注意政局，虽是以敌对的姿态，但心理距离同样贴近。当他看到新文化运动的巨大影响后，曾告知革命同志："吾党欲收革命之成功，必有赖于思想之变化。"②梁启超与孙中山都希望借新文化运动的机缘，只不过寄望的"效果"不同，前者指向"政治运动"，后者指向政治革命，但都容易从影响政局（或颠覆政局）的立场出发。

正因为"梁启超系"常有待"真正之政治"出现时回到政局的打算，与政治心理距离近，故他们在从事新文化运动之时，但凡政局有所变动，便常需思考是否应以言论甚至直接行动参与到政局之中。1921年8月，湘鄂战事爆发，原本主编该派机关刊物的蒋百里活跃于浙、汉、湘，参与湘军军事，梁启超自己也开始感觉到"吾侪为公为私，皆有所不容坐视"③，开始代湘军作宣言，并建议吴佩孚罢兵、联合湖南当局倡联省自治，实际参与到政争之中。同样的，在1922年直奉战争结束时，"梁启超系"又一度兴致勃勃。蒋百里称"政治方面现在诸人俱极冷静，但将来可决其必热闹"。张东荪检讨自己鼓动梁启超"政治兴会"，自认"该打"，并坦言"近得消息知前途黑暗不下于曩日，吾辈速掩旗息鼓为要"。梁启超也自承"热心太过，甘受同人责备"。④ 所谓宜偃旗息鼓者，则说明曾大张旗鼓也。

即使仅是文字鼓吹，他们也与《新青年》同人面向社会、采取较超脱姿态不同，常常寄希望能有政治实效。在讨论《改造》杂志中坚主题裁兵问题时，叶景莘与蒋百里便认为："今时势已有变迁，当日所云应缓论之问题，已

① 梁启超：《与娴儿书》（1920年7月20日）、《与东荪书》（1921年8月），《梁启超年谱长编》，丁文江、赵丰田编，上海：上海人民出版社，2008年，第587、600页。

② 孙中山：《致海外国民党同志函》（1920年1月29日），《孙中山全集》，中国社会科学院近代史研究所中华民国史研究室、中山大学历史系孙中山研究室、广东省社会科学院历史研究室合编，第5卷，北京：中华书局，2006年，第210页。

③ 梁启超：《与季常书》（1921年8月15日），《梁启超年谱长编》，丁文江、赵丰田编，上海：上海人民出版社，2008年，第599页。

④ 蒋百里：《致任公先生书》（1922年5月21日），《梁启超年谱长编》，丁文江、赵丰田编，上海：上海人民出版社，2008年，第616页；张东荪：《致任公先生书》（1922年6月1日），《梁启超年谱长编》，丁文江、赵丰田编，上海：上海人民出版社，2008年，第616页；梁启超：《致季常书》（1922年6月7日），《梁启超年谱长编》，丁文江、赵丰田编，上海：上海人民出版社，2008年，第617页。

到鼓吹之时机,乘此在杂志中大声疾呼,必可全国风从,或竟能奏实效。"又如在湘鄂政争中,蒋百里劝梁启超"对于大局有所主张",多做"时局之文",倡导联省自治,"造成对于中国全局处置之空气",甚至建议"间接促动"倒阁。①

质言之,"梁启超系"因政治不顺而转入文化,在转入文化之后却又意在政治,在政局变动时又时时参与政治,即使是文字事业,也常寄望能有"政治实效"。故丁文江、赵丰田在总结梁启超晚年"用全力从事于培植国民实际基础的教育事业"时,只说其"此后绝对放弃上层的政治活动"。②"政治活动"而需要加"上层"来限定,是因为其教育事业本就有"下层"政治活动的意味,正是要在"无办法中,不可不预备为有办法之基础"。③

第二节　筑基础：面向社会中坚分子的文化改造

早期《新青年》同人在潜意识中虽充满精英气,但在意识层面仍多侧重于"国民性""一般人"。④ 尤其是在五四学生运动之后,思想界整体日益呈现面向底层的趋势。傅斯年在五四后便注意到,中国"上级的社会和下级的社会,差不多可以说是不接触",并提出,"此后改造社会的主义,当然是对着一般城市社会",又要对于农民社会"再灌上最小限度的智识"。革命党一边的吴稚晖、李汉俊更进一步认为新文化运动不能"单靠白话体的文章",要扩大到"那多数不识字的工人"。陈独秀也建议新文化人应多创办"店员周刊""劳动周刊",要"张嘴和店员劳动家说话"。⑤ 各方派系、年龄

---

① 叶景莘:《致任公先生书》(1920 年 7 月),《梁任公先生年谱长编稿本》第 14 册,北京:中华书局,2015 年,第 6968 页(此信《梁启超年谱长编》未收);蒋百里:《致任师书》(1921 年 8 月 12 日),《梁启超年谱长编》,丁文江、赵丰田编,上海:上海人民出版社,2008 年,第 598—599 页。

② 《梁启超年谱长编》,丁文江、赵丰田编,上海:上海人民出版社,2008 年,第 576 页。

③ (张)东荪:《勿堕落》,《时事新报》,1917 年 4 月 10 日,第 1 张第 2 版。

④ 罗志田已注意到,"胡适等人在有意识的一面虽然想的是大众,在无意识的一面却充满精英的关怀","这些新文化运动领导人在向着'与一般人生出交涉'这个取向发展的同时,已伏下与'一般人'疏离的趋向这个事实已隐然可见了"。罗志田:《再造文明之梦:胡适传》(修订本),北京:社会科学文献出版社,2015 年,第 149 页。

⑤ 傅斯年:《时代与曙光与危机》(约 1919),《中国文化》,1996 年第 2 期,第 199 页;先进(李汉俊):《新文化运动的武器》,《星期评论》第 13 期,1919 年 8 月 31 日,第 4 版;陈独秀:《告新文化运动的诸同志》(1920 年 1 月 11、12 日),《陈独秀著作选编》,任建树主编,第 2 卷,上海:上海人民出版社,2009 年,第 169 页。

不同，但共同呈现出由上级社会"启蒙"下级社会的姿态。然而，除张东荪曾在五四学生运动后一度激进之外，"梁启超系"以文化改造国家的方案，虽有进退不同层次，但整体上仍有明显传统士人的精英眼光。

陈独秀曾提出要扫荡政治上的"三害"（军人、官僚、政客）的方法，一是要"一般国民要有参预政治的觉悟"，二是"社会中坚分子，应该挺身出头，组织有政见的有良心的依赖国民为后援的政党"。[①] 大体而言，《新青年》同人预设的改造对象是"一般国民"，倾向于社会，使用的方法偏于第一种（不同人不同时期仍有差别）；"梁启超系"虽偶尔也泛称"国民"，然其内心处更接近士大夫，但又不同于直接倡导"社会中坚分子"挺身出头的第二种方法，而是在两者之间，侧重于养成"社会中坚分子"。正因以文化介入政治的方式、程度与五四思想界中其他社群有所不同，故"梁启超系"通过文化所要"化"的对象也与其他社群不一致。

当梁启超在 1917 年计划从事社会事业时就曾指出，中国政局不如意是因"活动于各种舞台者"修养不足，究其原因，"今日活动于各种舞台者，胥为十年前之青年。惟其从前之修养不足，准备不充，是以一经开演，便闹笑话"。如果只着眼于"现时舞台人物施以变革，则前仆后继，演剧者只有此等人物"。所以梁启超提出釜底抽薪之法：

> 不如从后台下手改良，为充足之锻炼，夫然后或有一幕好戏可看。盖今之青年，即为十年后作种种活动之人物。使能陶镕其品性，修养其学识，则后此袍笏登场，总可免蹈今日之覆辙。

他希望国中有识之士，既不必总想自己上台，亦不必总在台下批评，"宜多在后台作排演功夫"。所谓在后台排演，则排演的对象自然是要登台的演员。与《新青年》强调国民不同，梁启超一派所面向的一面以"青年为主"，同时"亦希望现在已在社会上活动之人，分少许之时光为公同之研究"。[②] 此即熊正理所说"有职业而兼具政治常识"的社会精英[③]，看重的是现在或将来"袍笏登场"的人物。正如梁启超数年前所说，虽然他也注意"生息此国之人民"，希望"人民能知政治为何物，能知政治若何为良若何为恶"，但显然更着意于"起而负荷政治者"，要使这些人物"人人皆有为国家求良政

---

① 陈独秀：《除三害》（1919 年 1 月 19 日），《陈独秀著作选编》，任建树主编，第 2 卷，上海：上海人民出版社，2009 年，第 18—19 页。

② 《梁任公今后之社会事业》，《大公报》（天津），1917 年 1 月 30 日，第 1 张第 2 版。

③ 《熊正理致张东荪书》（1919 年 3 月 2 日），《时事新报》，1919 年 4 月 12 日，"学灯副刊"，第 3 张第 4 版。

治之诚心,人人皆有为国家行良政治之能力"。①

在民初的共和政治中,政党及党员无疑是"活动于各种舞台"的重要群体与人物。时人对于共和政治需要仰赖政党这一点大致并无疑义,但经过几年的实践,又多对政党失望。正因时人对政党既有期待又有不满,所以时有"毁党造党"之说。张东荪曾分析"毁党造党"论出现的原因,认为:"以现有之党皆不足以为善良之党,有此党,国必蒙其祸,而运用宪政又不可以无党耳,于是必造善良之党。此毁党造党说之由来也。"②张君劢对此一情状亦深有体会,他感慨"政党之不可恃,至中国而已极",中国政党之所以如此之糟,盖因"其结合也,以衣食以势利而非主义意思故也"。他当时所"无以自决"的是:"非有新式之结合,其何以转移中国,而新式之结合,舍政党其又安归?"③所以他们在转向文化运动时,目标之一便在鼓吹"新式之结合"或"善良之党"出现。数年后,张君劢试图着手组织改造团体时,曾举"改造之大本大源"三条,分别为"去人的结合,而代以主义的结合""去政客之播弄,而代以群众运动""去人的起伏,而代以制度的变更"。④ 质言之,则是主义的、群众的与制度的,正是对其数年前"新式之结合"的回答。其实,梁启超更早就曾提出要为政党政治做预备。他在1915年时就"确信吾国现在之政治社会,决无容政治团体活动之余地",而其根源则在当时之中国人"于为团体分子之资格,所缺实多",甚至认为他自己以及同侪都"不备此资格者"。于是有所醒悟,"以谓吾国欲组织健全之政治团体,则于组织之前更当有事焉。曰:务养成较多数可以为团体中健全分子之人物"。这也正是他所说的"尝欲借言论以造成一种人物",即"理想中之政治人物"。⑤

张东荪在受《新青年》影响后,曾表示:"对于文化思想的鼓吹,当唯力是视。"因为在他看来,"现在旧中国已不中用了,我辈止有一途,就是预备十年二十年后,另造成一个新中国,来代替他"。不过,这种长时期的预备,也可从为"善良之党"做准备这一角度理解。因张东荪心中的新中国是"纯

---

① 梁启超:《政治之基础与言论家之指针》(1915年2月20日),《梁启超全集》,汤志钧、汤仁泽编,第9集,北京:中国人民大学出版社,2018年,第173—174页。

② 张东荪:《毁党造党之新主张》,《神州日报》,1916年12月9日,第1版。

③ 张君劢:《吾辈与政党》,《时事新报》,1917年12月27日,第1张第2版。

④ 张君劢:《悬拟之社会改造同志会意见书》,《改造》第4卷第3期,1921年11月15日,第1页(文页)。

⑤ 梁启超:《吾今后所以报国者》(1915年1月20日),《梁启超全集》,汤志钧、汤仁泽编,第9集,北京:中国人民大学出版社,2018年,第170—171页。

用新青年组织"，所以他当时的自我定位是要做"预备工夫，就是从今日始，创育新青年"。① 张东荪在五四前后就曾持续主张要造成"青年的大结合"，他认为"改造中国只有一条路，就是造成一个青年的大结合，超越于各党派以外，普遍在全国之内，有一种朝气，有一种毅力，不像从来的政党专在'情实'上做工夫"。② 稍后他又自述"本报在数月以前曾说过救亡的一线希望在创造一个青年结合，代表文化，改造社会，监督政治"，而其倡导的方式则在"造成一个'青年党'"。③ 结合张东荪前后的表述，所谓"超越于各党派""不像从来的政党"，表明并非不是政党，而是要一种不一样的结合，"青年党"正是他心中预想的"善良之党"。这不仅说明鼓吹文化仅是预备，政治才是目的，更重要的是，张东荪与梁启超一样看重青年学生这一潜在的"社会中坚分子"，而且，张东荪因为看到学生运动所呈现的能力，有时甚至直接将青年学生视作当下的社会力量，鼓励作为"社会中坚分子"的青年学生"挺身出头"。

在共和政治中，"袍笏登场"的人物除政党外尚有议员、文官、选举人等，这也是"梁启超系"新文化运动的重要对象。自民国成立以来，张君劢便"因为怀疑于民元以后的政治，所以时常心上要求一种最基本的方法"，他说曾目睹"国会选举，初选复选，都以贿成，选民如此，议员如此"。故当时对于"民国能否维持，大家已发生疑问"。在五四前后，他更进而反思，"如其现在选民、现在议员不能维持下去，是否应当开发教育、开发实业或另有其他方法以提高人民程度，以巩固民族基础"。盖"一国以内，先要人民的智识力、道德力充实，然后才有好政治"，"天天空口希望好政治，是无用的"。所以他才转而关注"民族之智力、道德与其风俗升降"。④ 待到1923 年，张君劢开始将此种反思付诸实行。他那时正在江苏筹划自治学院，为此，他曾致函江苏省长韩国钧，询问"自公之治苏，问所大苦者安在？"并自问自答，认为不是军政、财政，"窃毫不迟疑代公答曰议会而已"，而且，这不仅是江苏一地，而是中国"十年以来受病益深，无耻者益复猖狂无忌，或者因此疑及共和政治之不适"。盖在他看来，"今之议会所以为行政之梗者，以其托名曰人民代表监督行政，考其行为，则东方专制政治下之钻营奔

① （张）东荪：《精神生活与舆论政治》（下），《时事新报》，1918 年12 月19 日，第1 张第2 版。

② （张）东荪：《坚决的办法》，《时事新报》，1919 年5 月8 日，第1 张第1 版。

③ （张）东荪：《全国学生联合会之组织问题》，《时事新报》，1919 年6 月4 日，"学灯副刊"，第3 张第3 版。

④ 张君劢：《我从社会科学跳到哲学之经过》（1955 年），《中西印哲学文集》，程文熙编，上册，台北：台湾学生书局，1981 年，第67 页。

走请托敲诈之习"。张君劢针对的核心问题仍是"共和政治之不适",所揭出的原因也仍然是国民的"旧心理"——"东方专制政治下之钻营奔走请托敲诈之习"——不能运用共和政治,只不过将国民具化为议员。其改变现状的方法,不是如袁世凯、康有为主张改变共和制本身,也不是"就议会以救济议会",而是需要将民治主义"培植而灌溉之",只能是"教之而已","直言之,教成选举人,教成议员,教成新式文官"。自治学院之成立正是为此,"陶铸其人才者,有改良选举改良议会之效"。① 要教成选举人、议员、新式文官。这些自然是最为基本的"袍笏登场"人物,是"运用新制度"最直接相关的人物。

上述梁启超、张东荪、张君劢的思虑,侧重于为养成"社会中坚分子"做预备。正因为有养成、预备的一面,所以能汇聚于新文化运动中养成国民、使民众"觉悟"的潮流中。不过,养成之后仍要组党的思虑在新文化运动前期的陈独秀看来,仍是"惟有党派运动,而无国民运动"。陈独秀认为:"吾国之维新也,复古也,共和也,帝政也,皆政府党与在野党之所主张抗斗,而国民若观对岸之火,熟视而无所容心。"故他希望"使吾国党派运动进而为国民运动","少数优秀政党政治,进而为多数优秀国民政治"。当梁启超他们仍在孜孜以求地为政党政治筑基础之时,更激进的新文化人已认为"政党政治,将随一九一五年为过去之长物,且不适用于今日之中国",开始寻求另一种"巩固共和"的途径。② 需要指出的是,"梁启超系"向社会筑基础的诉求还只是将自己一派放在较超然的教育与鼓吹的位置,但除这一层用意外,他们的文化运动更常常透出要"于文化方面以造势力"的意图。就此而言,他们本身便是以陈独秀所说的"社会中坚分子"自居,不仅从事教育、鼓吹,还暗含有借助新文化运动预备自己"挺身出头"的一面。

第三节　改党造党:"专从文化方面,另造一种新势力"

1920 年,梁启超一度热心政论,以"创议手段撼动社会"。对此,有同人

---

① 张君劢致韩国钧(1923 年 3 月 16 日),《国立自治学院简章、设立筹备处、启用院章等文书》,中国第二历史档案馆,全宗号 648,案卷号 272。

② 陈独秀:《一九一六年》(1916 年 1 月 15 日),《陈独秀著作选编》,任建树主编,第 1 卷,上海:上海人民出版社,2009 年,第 199—200 页。需要指出的是,陈独秀的转变并不彻底,前引他倡导"社会中坚分子,应该挺身出头,组织有政见的有良心的依赖国民为后援的政党",仍是希望有人出来组织一种"善良之党"。

批评其"仍在浮处用力，不在实处用力，仍于政治方面有泛运动之兴趣，不于社会方面下筑基础之苦工"。[①] 这句话提示出他们的文化运动有政治方面"造势力"与社会方面"筑基础"两个层次。

梁启超在 1918 年底赴欧之前，曾出席宪法研究会的饯别会，他在会上表示："鄙人此行考察如有所得，将愿研究一新主义，标示一新旗帜，图政治上根本之更新，为吾党增一番新气象。"[②]此时尚是梁启超所说"将从前迷梦的政治活动忏悔一番，相约以后决然舍弃"的前几日，但也并非仅是因为在"忏悔"之前，所以才有政治、政党的诉求，而是"梁启超系"在转向思想文化之初，就曾计划"十年以内绝对不近政权，专从文化方面，另造一种新势力，改党造党"。[③] 可以说，从文化方面入手是一种路径，"造势力"以"改党造党"从来便是他们"另一场新文化运动"的组成部分，只是在不同时期有显隐之别。在文化运动当令之时，他们诚然更多用力于文化，但对于文化背后造政党势力的一面，虽不大事鼓吹，但也未尝否认。

梁启超一系在 1919 年成立新学会，当时就有人注意到新学会的母体，即是"五年以后之研究系，二年以后之进步党，元年间之民主党"，并推测之所以创建学会，是因为"年来新思潮弥漫中土，该派感受迅速，且证以历年政略上所得失败之教训，乃至此后欲图党势之扩张，非建筑一种伟大势力之基础不可。于是新学会乃脱颖而出"。[④] 1920 年，仍在欧洲的张君劢计划"上半年在法，暑假在德三月，年终取道美国归国"，之所以如此安排，盖其"所念念不忘者，在延揽同志而已"。在梁启超归国之前，他更曾明确提醒同人，"任公宣布方针及此后杂志之论调"宜旗帜鲜明，建议"以打破军阀，改进社会为标目，要之应与世界潮流相应，不可专顾国内环境而已"，因为"内地吾党旗帜不鲜明，则招致新人才之举，无由着手"。[⑤] 梁启超归国之

①　傅治：《致东荪先生书》（1920 年 10 月 15 日），《梁启超年谱长编》，丁文江、赵丰田编，上海：上海人民出版社，2008 年，第 592 页。

②　《研究会饯别梁任公》，《国民公报》（北京），1918 年 12 月 21 日，第 2 版。

③　《熊正理致张东荪书》（1919 年 3 月 2 日），《时事新报》，1919 年 4 月 12 日，"学灯副刊"，第 3 张第 4 版。一年后熊正理更直接致信梁启超，劝其"集中精力谋办大学，上为国家育才，次可藉才救国。宜以学者任其事，而毋令政客纵横其间"。熊正理：《致任公先生书》（1920 年 3 月 12 日），《梁任公先生年谱长编稿本》第 14 册，北京：中华书局，2015 年，第 6909 页（此信《梁启超年谱长编》未收）。

④　静观：《记北京之新学会》，《申报》，1919 年 8 月 14 日，第 6 版。

⑤　张君劢：《与溯初吾兄书》（1920 年 1 月 12 日），《梁启超年谱长编》，丁文江、赵丰田编，上海：上海人民出版社，2008 年，第 577 页。

初,会见张国焘等五四青年时也明确发出邀请,"希望青年学者赞助"。① 后来他更直言:"我所最感苦痛,是吾党人材缺乏。"②相比张君劢、梁启超,张东荪甚至将吸收人才视为生死存亡的关键,他说:"以后救国之道,不在空言,必须于社会上占有不摇的势力,故此后吾辈生死存亡关键,即在能否充分吸收新人物与开发事业。"③可以看到,"梁启超系"即使是在最高调推动新文化运动之时,也如张君劢所说,念念不忘的仍在"延揽同志""招致新人才"。值得注意的是,张君劢所说"同志""新人才"还只是泛指,而张东荪的"吸收新人物"显然已经是特指新文化运动中的新派人物,尤其是学生一辈,而且,他进一步点出"吸收新人物"与"在社会上占有不摇的势力"两者之间有密不可分之关系。

对于"梁启超系"借文化运动吸收青年学生,胡适到晚年时仍颇有印象,他曾提到在五四后"国、共两党的领袖们,乃至梁启超所领导的原自进步党所分裂出来的研究系,都认识到吸收青年学生为新政治力量的可能性而寄以希望","觉察到观念可以变成武器,学生群众可以形成一种政治力量",并举例指出"梁启超派所办的两大报北京《晨报》和《国民公报》里很多专栏,也都延揽各大学的师生去投稿"。④ 这一回忆可以从侧面印证"梁启超系"在文化事业中"吸收新人物"的努力。尤其值得注意的是,胡适明确指出他们吸收青年学生是要成为"新政治力量"。

正因为"梁启超系"常常思考着如何吸收、结合新人才,所以能否结合人才,成为他们开展事业时的重要考量。梁启超曾私下与蒋百里商议:

> 兄顷熟思君劢所言,即倡社会党之计画固不可行,但吾辈于文字以外,总须目前便有一种事实上之结合运动,此种运动旗帜要简单,要普遍,似莫于先设一废兵运动同志会,青年集者必众,他党派之人亦或可结合。⑤

---

① 张国焘:《我的回忆》第1卷,北京:现代史料编刊社,1980年,第70页。

② 梁启超:《致东荪百里新城三君书》(1921年11、12月间),《梁启超年谱长编》,丁文江、赵丰田编,上海:上海人民出版社,2008年,第606页。

③ 张东荪:《致任公先生书》(1924年4月3日),《梁启超年谱长编》,丁文江、赵丰田编,上海:上海人民出版社,2008年,第651页。

④ 《胡适口述自传》,《胡适全集》,季羡林主编,第18卷,合肥:安徽教育出版社,2003年,第347—348页。

⑤ 梁启超:《与百里书》(1920年),《梁启超年谱长编》,丁文江、赵丰田编,上海:上海人民出版社,2008年,第589页。

在文字之外，要有"结合运动"，其目标虽非立刻组党，但显然与张君劢所提议的"社会党之计画"有关。

1921 年时，张君劢开始明确反对新文化运动中"就智识言智识"的倾向，主张"就行为言智识"，指出新文化运动以来"国人鉴于十年来政治之混乱，于是相戒不言行为"，是不懂得政治混乱"乃少数人把持团体不谋之群众之过，非行为之过焉"。他认为"夫日自居于学问家、教育家，斯亦已矣。诚有志于改造者，不能外行为而他求"。他们一派显然并非以学问家、教育家自居，故他说："改造当有一定之方向，本此方向，时时发为言论，以告戒国人，然后结为团体，要求实行。于是成为一部分之势力，而政府敬惮焉，而容纳其要求焉。"如此方能成为"有组织有主张之改造运动"，最后仍然落脚于成立社会改造同志会。①

事实上，当时该派成员内部也曾讨论过成立团体的问题，且有分歧。他们对"政治运动须有基础"一事大致能达成共识，但张东荪主张"非候青年团成立，不向一般国民说话"，而梁启超主张"非向国民说话，则此团将不能成立"，又说："欲求真团结，非共事不可，非觅事来共不可"，故强调要"随时与人协同动作"。但该派成员傅治则表示反对，指出这是"一若协同动作，团体自成者，不知此可以成一时之群众，不可以成经久之团体"。为团体计，"今之所急，一在立事业而图发展，一在定主义而事宣传，然后方有真团体之组织"。他特别提醒政党与团体不同，"政党以争内阁至少争议席为事，团体则不必争内阁争议席，为政治未入轨道以前泛运动之组织，盖全以社会事业为基础之团体"，"组党虽非其时，而团体则不可不早结"，并认为在各种事业中，学校最为切实，"须有一种特别精神，特别色采，此为吾辈文化运动、社会事业、政治运动（间接关系）之重要基本，应早筹备"。②

在傅治心中，文化运动、社会事业、政治运动可谓一脉相承，他们对于成立"青年团"的顺序和方式的意见虽不同，但对成立党团本身并无异议，这最能说明该派"向一般国民说话"、与人"共事"，有成立"经久之团体"的用意，而长久目标便在"组党"。傅治设想的政党，仍要"争内阁""争议席"，是政治"入轨道"时期的代议政党，与国民党及当时刚成立的共产党绝不相同，盖后两者均主张在轨道外进行革命。

---

① （张）君劢：《悬拟之社会改造同志会意见书》，《改造》第 4 卷第 3 期，1921 年 11 月 15 日，第 4—5 页（文页）。

② 傅治：《致东荪先生书》（1920 年 10 月 15 日），《梁启超年谱长编》，丁文江、赵丰田编，上海：上海人民出版社，2008 年，第 592 页。

即如傅治所说办学校事,蒋百里就曾认为办学校要具有"精"和"普"两种眼光,就"普"而言,要对于社会方面"占势力","但求吾辈对于此种人多生一点关系,吾的话能使他听见,此外决不要求以何种关系,此却愈多愈好。惟多乃能对于社会占势力,惟少乃能对学问占势力"。① 陈筑山与张东荪也将办学视为网罗人才之地,他们认为:"吾人今日欲扎硬寨以备将来打死仗,非将公学基础建筑坚固,徐图扩张,网罗经济的人才不可。"所谓扎硬寨打死仗,其最直接的目的至少要"与崇拜列宁偶像的团体相对立"。② 与此相似,在舒新城的设想中:

> 中国公学委城与南陔、东荪三人办理,君劢、志摩则分在南开讲演,公则往南京讲演(最好请百里设法在东南大学设自由讲座),如此鼎足而三,举足可以左右中国文化,五年后吾党将遍中国。③

办学校正是"梁启超系"新文化运动之重要内容,不过就上述设想而言,所谓"左右中国文化""吾党将遍中国",正与"造势力"大有关系。对此,舒新城到老都仍清楚记得,他后来回忆说:五四运动"是中国历史上一种划时代的解放运动,梁先生等握着南北的两大言论机关——北京《晨报》及上海《时事新报》!——鼓舞着一般青年,同时也想把握着一些青年,以期造成一种新的势力"。④ 舒新城的表述颇为讲究,盖"鼓舞"青年是一事,"把握"青年又是另一事,他似乎暗示"梁启超系"曾"鼓舞着一般青年"并无疑议,但对于"把握着一些青年"可能只是设想,不过,无论实现与否,他们期望"造成一种新的势力"的目标是明确的。尤其值得注意的是,经过五四学生运动之后,时人逐渐接受新的政治运动必须有社会的基础,不再只是吸收党员或者向当局上条陈,故在为组党做预备时,也需要审慎地考虑社会基础是否牢固,不再像以前那样从容。

"梁启超系"经过此前政党生活的挫败,其实也意识到"若徒于文化方面以造势力,营缘而来者,仍不外孙洪伊、郭同之徒"⑤,所以,在为组党做预

---

① 蒋百里:《与东荪吾兄书》(1920年),《梁启超年谱长编》,丁文江、赵丰田编,上海:上海人民出版社,2008年,第594页。

② 陈筑山:《致任公先生书》(1924年4月4日),《梁启超年谱长编》,丁文江、赵丰田编,上海:上海人民出版社,2008年,第651页。

③ 舒新城:《致任公先生书》(1921年12月11日),《梁启超年谱长编》,丁文江、赵丰田编,上海:上海人民出版社,2008年,第605页。

④ 舒新城:《我和教育》上册,台北:龙文出版社,1990年,第215页。

⑤ 《熊正理致张东荪书》(1919年3月2日),《时事新报》,1919年4月12日,"学灯副刊",第3张第4版。

备时，他们更多倾向于养成人才。舒新城认为共学社、讲学社等事业吸引的同人，"只能增加灯中之油，欲光大固须油多，但欲光能集聚，必不可不恃灯心"，这也正是他们最为缺少者，"而造灯心又以自己作灯心为不二法门"。所以他才建议梁启超"多在各校讲演，尤不可不到东南大学"，他自己也"拟亲赴南京高师、东南大学、北京高师、北京大学读书，专门联络人才""物色人物"。盖在他们看来，"欲举大事，只有师生与朋友可靠，然皆须有长久之时日"。① 故他在举荐杨贤江等人时，除了考虑到他们"在社会上略负时望"外，也着意于"可为吾党用"。能否为"吾党用"俨然已成为吸纳人才的标准之一。② 可见他们原有"举大事""打死仗"的准备。

正如梁启超几年后所说："今日之事，须练有劲旅乃能作战，吾辈须以奋斗中坚队自任。"在他们的方案中，正因为办学、讲学有造势力的用意，故梁启超才会将清华、南开视作"吾辈之关中河内"。所谓关中河内，自然是希望据此逐鹿中原，正是要练就劲旅，出而打天下。即使到1927年，梁启超"近来多在学校演说，多接见学生"，也是为以后"出面打起旗帜""密密预备"。③ 或许梁启超也希望有罗罗山、曾文正的际遇，"到时局不可收拾的时候，就只好让他们这班人出来收拾了"。④ 吴稚晖就注意到，梁启超晚年讲学、著述，并非"抱残守缺"，而是用以"化青年脑力，作为现世界的教育品"，意在多数青年，而且"梁先生要大批的造"，"又有最高等的学者张君劢先生出来做护法，使他繁殖"。⑤ "大批""繁殖"两词，点出了"梁启超系"要练就劲旅的努力。正如缪凤林观察到的，梁启超欧游之后"讲学平津各校"，"时或借讲学以散播种子"，"常思组织一党以握政权"。⑥ 这已不仅是在政治当局之外，而是要借文化养成政党以进入政治当局，故有时人直接指出他

---

① 舒新城：《致任公先生书》（1921年12月11日），《梁启超年谱长编》，丁文江、赵丰田编，上海：上海人民出版社，2008年，第605页。

② 舒新城：《致任公先生书》（1921年11月23日），《梁启超年谱长编》，丁文江、赵丰田编，上海：上海人民出版社，2008年，第603页。

③ 梁启超：《与东荪足下书》（1924年2月2日）、《致百里东荪新城三公书》（1921年）、《给孩子们书》（1927年1月27日），《梁启超年谱长编》，丁文江、赵丰田编，上海：上海人民出版社，2008年，第634、605、719页。

④ 梁启超：《北海谈话记》（1927年初夏），《梁启超全集》，汤志钧、汤仁泽编，第16集，北京：中国人民大学出版社，2018年，第389页。

⑤ 吴稚晖：《箴洋八股化之理学》，《晨报副刊》，1923年7月23日，第3版。

⑥ 缪凤林：《悼梁卓如先生（1873—1929）》，《追忆梁启超》（增订本），夏晓虹编，北京：生活·读书·新知三联书店，2009年，第100页。

们"目前在宣传文化,将来在取得政权"。[①]

吴稚晖虽然不欣赏梁启超此种有所为而为的做法,但其实双方亦有相通处。吴稚晖曾在革命派失意时致信蔡元培、李石岑、汪精卫,建议:"我辈若自信尚有能力,何妨兴举社会事业,著有成绩,以博国人信赖。俾舆论佑我而起,则报国之会正多。"[②]从事社会事业,本就有"博国人信赖",待时而起之意。梁启超他们的计划更为具体:一面向社会筑基础,打下一种政党政治、共和制度的政治基础;一面又为吸收、养成新人才,为组党造势力,两者相辅相成,且无论哪一层次,"梁启超系"都是要回到现有政治的轨道之内。

梁启超在转向思想界时就曾郑重相告同人:"此时宜遵养时晦,勿与闻人家国事,一二年中国非我辈之国,他人之国也。"潜台词是"一二年"之后,又可能回到"我辈之国"。几年后他又明确指出,"但使国宪能成,新选举能现,吾侪正非无活动余地"。[③]所谓"我辈之国"大致便是"国宪能成,新选举能现"后有活动余地的状态。他们的自定位始终是在轨道内活动,不出以政党形式参与"新选举"的范围,并未远离张东荪一度否定的"运用政权"的道路。

需要指出的是,"梁启超系"的这种理念并不连续,一度因张东荪的激进化而中断。张东荪在五四学生运动后开始接近陈独秀、吴稚晖等人的主张,强调文化运动是"培植新思想"的良方,实是"广义的教育",尤其要"启发下级社会的知识和道德"。除去对下层的偏重外,他也一再表示对政治的疏离,指出当时有一种谬误的心理,"以为国家的革新是可以抄近路走捷径的,这种捷径就是利用现成的势力,最初是想利用满洲皇室来立宪,其次是委托袁世凯来办民国,其次是想倚靠这一系军阀或那一班武人来收拾政权,走了二十年的捷径只养成了今日的政治现状"。此是名副其实的"自我批评",针对着他们自己一派。他并断定"国家的革新只有一条大路,那条大路就是要造成一种澈底的思想革新"。张东荪曾以《时事新报》主编身份誓约,"以前的本报是个偏重于政治方面的报,从今天以后就要偏重于社会方面了。以前的本报是主张以政治力建设一个新国家的,以后的本报是鼓

---

① 谢晓钟(谢彬):《旧作政党解剖论三首》(1921年),《民国政党史》,上海:学术研究会总会,1925年,第182页

② 《吴稚晖致蔡李汪三君书》,《民国日报》(上海),1917年6月3日,第2张第7版。

③ 梁启超:《与亮兄书》(1918年5月5日)、《与溯初、东荪、君劢三兄书》(1922年6月10日),《梁启超年谱长编》,丁文江、赵丰田编,上海:上海人民出版社,2008年,第555、617页。

吹以文化力创造一个新民族的"。① "梁启超系"原本的方案在通过文化改变"旧心理"之后，仍是要走上"收拾政权"一途，而张东荪则将"运用政权"的方式称为"政治梦""国会梦"，宣称"政治上是不能解决的了"。② 这样的主张不仅更疏离于政治，甚至对于现有政治与政府都有颠覆意味，故他才会有倡导对南北政府"非破坏不能革新"的激进言论。就此而言，梁启超欧游归来后，他们文化运动之主旨又回归到了"筑基础"与"造势力"并举，与政治（现政权）的关系也从一度激进的颠覆回归到了"运用政权"。

在 1920 年的社会主义讨论中，陈独秀曾质问张东荪："诸君何以不想想法子努力改造政府或训练劳动阶级来施行新的生产制，而马上便主张仍归到资本家呢？"盖在陈独秀看来："资本制度是制度不好，不是分子不好；政府和劳动阶级不可靠，是分子不好，不是制度不好；分子不好可以改造，制度不好便要废除了。"这其实提示出三种改造思路，即新文化运动应当改造制度还是改造分子（人），而改造分子的方式中，又可分为改造统治者还是改造人民（劳动阶级）。在当时，陈独秀显然已认为"现社会底制度和分子不良"，即制度与统治者都不好，所以才主张"革命"。③

孙中山在很长时间内标举"护法"并要革北京政府的命，可以说是在改造分子的大选项中又选择用改造政府的方式来维护制度。他领导的革命党人虽一度参与新文化运动，不过更多是借新文化运动的东风来实行对北京政府的革命。所以，即使在五四学生运动之后，孙中山仍认为"教育事业""兴办实业"和"地方自治"并非改造中国第一步的方法，第一步的方法"只有革命"，而革命的对象则是"旧官僚""武人"和"政客"，显然是属于"分子不良"。④ 与陈独秀对制度行革命不同，在一定程度上，梁启超一派反而与"护法"时期的孙中山相似，仍倾向于改造分子来运用制度，但又不同于孙中山推翻政府的方式，而是介于改造人民与改造政府之间，希望通过改造人民（筑基础和造势力），以政党政治的方式改造政府。

① （张）东荪：《第三种文明》，《解放与改造》第 1 卷第 1、2 合期，1919 年 9 月 15 日，第 4 页；《新学会宣言书》，《时事新报》，1919 年 9 月 8 日，"学灯副刊"，第 3 张第 4 版；《我们的宣言》，《时事新报》，1920 年 1 月 1 日，第 2 张第 1 版。

② （张）东荪：《文化运动与优生学》，《时事新报》，1919 年 9 月 12 日，第 2 张第 1 版。

③ 陈独秀：《复东荪先生底信》（1920 年 12 月 1 日）、《革命与作乱》（1920 年 12 月 1 日），《陈独秀著作选编》，任建树主编，第 2 卷，上海：上海人民出版社，2009 年，第 306、312 页。

④ 孙中山：《在上海青年会的演说》（1919 年 10 月 8 日），《孙中山全集》，中国社会科学院近代史研究所中华民国史研究室、中山大学历史系孙中山研究室、广东省社会科学院历史研究室合编，第 5 卷，北京：中华书局，2006 年，第 124—126 页。

小　结

在民初数年中，萦绕于时人心中的一大问题便是："为什么同是一样的共和国，人家是自由民本的共和国，吾们就变为专制压迫的共和国呢？"[①]为了改变民初以来"拿旧心理运用新制度"的困局，时人纷纷转向文化寻求解决之道。"梁启超系"正是其中之一。然而，因各方原本与政治（政局）的位置与距离不同，他们从事文化运动之后，以文化介入政治的方式亦有区别。

梁启超此前曾两度入阁，该派对上层政治有更深入的参与和更大的影响力，故在文化运动中仍时时有介入政局的意图与举动，使得其文化运动有更显著的政治色彩。因此，不同于早期《新青年》同人多注意改造国民性，"梁启超系"的文化运动除面向社会"筑基础"外，更有面向政治"造势力"的用意。而且，即使在"筑基础"一面，也体现出更多精英色彩：其文化事业除提高国民程度外，更多注意于"教成选举人，教成议员，教成新式文官"。在"造势力"一面，更是时有以文化"改党造党"从事上层政党政治的预备。值得注意的是，"梁启超系"文化运动背后浓厚的政治意味，又反过来影响到时人对他们文化事业的观感，当梁启超提出国学书目时，吴稚晖就认为"书目止许胡适之做，不许梁卓如做"，即使"比胡适之先生做的妥当"，因梁启超是有所为而为，"主观的色彩太浓"，"同孔二先生一样，因为道不行，所以删诗书定礼乐，那就糟了"，"未有不祸国殃民"。盖在吴稚晖眼里，胡适基本是个纯粹的"文章士"，不像梁启超还可能有事功方面的影响。[②] 此种国与民的"事功"面向，既是"梁启超系"的特征，某种意义上也成了他们的"包袱"。

与之相比，《新青年》同人与"梁启超系"之间的分别不是文化的背后是否意在政治，而是通过文化运动养成的新人才是否需要聚集于"吾党"的旗帜下。《新青年》同人未踏入政治之前，筑基础的努力并不在青年人追随他的"党"，五四之后，陈独秀则走向组党，而准备谈政治的胡适也曾有过建立政党的意图，可见时代风气之转变。

---

① 　蓝公武：《武断政治之根据》，《国民公报》（北京），1918 年 12 月 6 日，第 3 版。

② 　《吴稚晖先生来信》，《晨报副刊》，1923 年 10 月 15 日，第 1—2 版。相关讨论参见罗志田：《再造文明之梦：胡适传》（修订本），北京：社会科学文献出版社，2015 年，第 8 页。

梁启超从清末开始便是党派领袖，但自进步党解散后，他们始终不能像孙中山领导的革命党那样将自己视为一个紧密的政治集团。"梁启超系"之间联系较为松散，招揽的青年也并非像加入国民党那样抱有明确的政治目标。因此，他们和后来的国共相比，选择的道路更为曲折，"造势力"指向造团体，而造团体则是为未来组党做准备。然而，从他们的言行中，隐伏着组党的急迫性，以及由此造成他们对文化事业缓不济急的担忧，却又特别标榜不问政治。就此而言，不仅事功的一面成为梁启超等人的"包袱"，文化的一面未尝不是"包袱"。故有人认为"梁启超系"主张"先从民智、民德方面着力，而以温和渐进之方法改善其政治上及经济上之地位"，其结果是因"其侧重民智、民德，故于政治及经济上无具体而坚执之计画"。[①]

在五四时期，除章士钊、孙中山之革命党仍倾向政治解决之外，主张以文化改造国家者，也因为与政治的关系远近不同，形成从文化到政治浓淡不一的光谱。其中，胡适离政治最远，倾向"不谈政治"，只不过他不谈政治是"一时的不是永久的"，可以以较为超然的姿态启发国民，以待来时谈政治；其次是陈独秀，尤其是1920年之后，他主张在现有政局与政治规则之外谈政治；[②]张东荪介于胡、陈之间，在学生运动后迅速激进；而"梁启超系"则离政治最近，他们在演说、文章中虽有时显超然，但在私函、行动中又时刻不忘"吾党"与政局。值得注意的是，新文化运动本是激于对政治失望而转向文化，故张东荪、陈独秀等的文化方案有意和现实政治尤其是现政权拉开距离，采取相对高蹈的态度，能对现实提出更激烈的批评和激进的颠覆。"梁启超系"与现实政治心理距离近，时常与现政局纠葛，故更注意于文化方案和政治的正面关系，这也意味着其方案和现实政治有更多的羁绊，不能决绝地在当局对立面进行改造，而更倾向于在现状基础上渐进改良，故张荫麟称其"采温和渐进之手段，故易于优容军阀"。[③]

"梁启超系"转向文化的背后有浓厚政治色彩，但同时他们仍常宣称与政治绝缘。一方面，这种宣称本身意味深远，限制了文化过于直接、明显的介入到政治之中；但另一方面，"梁启超系"带着浓厚的政治色彩参与新文化运动，这一姿态和举动对思想界具有感染性，使得文化运动越来越政治

①　素痴(张荫麟)：《近代中国学术史上之梁任公先生》(1929年2月11日)，《追忆梁启超》(增订本)，夏晓虹编，北京：生活·读书·新知三联书店，2009年，第88—89页。

②　陈独秀：《谈政治》(1920年9月1日)，《陈独秀著作选编》，任建树主编，第2卷，上海：上海人民出版社，2009年，第249—250页。

③　素痴(张荫麟)：《近代中国学术史上之梁任公先生》(1929年2月11日)，《追忆梁启超》(增订本)，夏晓虹编，北京：生活·读书·新知三联书店，2009年，第89页。

化。在胡适看来,他们"从前作的思想运动,文学革命的运动,思想革新的运动,完全不注重政治",但五四之后,"大家看看学生是一个力量,是个政治的力量,思想是政治的武器",于是,国民党、共产党和梁启超一派的"研究系","吸收青年",这些党派的加入,"其结果便弄得〔知识界里〕人人对政治都发生了兴趣。因此使我一直作超政治构想的文化运动和文学改良运动〔的影响〕也就被大大地削减了",新文化运动"就变了质啦,就走上政治一条路上","思想运动变成政治化啦,可以说变了质啦",甚至于"终于不幸地被政治所阻挠而中断了!"①如果说胡适的新文化运动是"超政治构想"(有限度的)倾向的话,那"梁启超系"的新文化运动本身便是包含了政治构想。

张东荪在 1920 年时就敏锐地感觉到"政治运动的呼声竟高出于文化运动了"②,在当时还只是呼声,而 1923 年后,中国逐渐进入"政治上狂风暴雨的时代",政治运动已成为现实。特别是 1925 年"五卅"之后,"所谓新文化运动的领袖,除去一二人参加政治争斗外,其余也都渐渐的没落"。③ 也正是在政治运动日渐高涨中,新文化运动走向式微。此时,"梁启超系"也已大致确定"不能不管政治"。梁启超称"多数稳健分子也都拿这些话责备我,看来早晚是不能袖手的。现在打起精神做些预备工夫"。尤其值得注意的是,他开始认为"这几年来抛空了许久,有点吃亏"。他自己的生活已是"一面政治问题、军事问题前来报告商榷者,络绎不绝,一面又要预备讲义,两者太不相容了",虽欲兼顾而不可得。④ 将"决然舍弃"政治而致力于文化运动视为吃亏,正是心理层面标志性的转变;同时,政治问题与文化事业(预备讲义)不能兼顾,则意味着在精力分配上政治也已开始压过文化,象征着他们思想与行动上已回归政治。

尤其值得注意的是,在我们以往的认知中,五四时期,国共属于"革命"一边,"梁启超系"属于"反革命",然而胡适却看到了其中的相通之处。某

---

① 胡适:《"五四运动"是青年爱国的运动》(1960 年 5 月 4 日),《胡适全集》,季羡林主编,第 22 卷,合肥:安徽教育出版社,2003 年,第 807—808 页;《胡适口述自传》,《胡适全集》第 18 卷,第 348、351 页。

② (张)东荪:《政治运动与"我"》,《时事新报》,1920 年 8 月 20 日,第 2 张第 1 版。

③ 陈伯达:《论五四新文化运动》(1937 年 4 月 29 日),《认识月刊》创刊号,1937 年 6 月,第 68 页;天行(周予同):《第四期之前夜》,《一般》第 6 卷第 1 号,1928 年 9 月(实际出版于 1929 年 1 月),第 9 页。

④ 梁启超:《给孩子们书》(1925 年 7 月 10 日)、《与顺儿书》(1925 年 9 月 3 日),《梁启超年谱长编》,丁文江、赵丰田编,上海:上海人民出版社,2008 年,第 675、680 页。

种程度上，正是现实政治倾向浓厚的"梁启超系"、革命党人加入到新文化运动中，共同加速了五四后思想界的政治转向。就此而言，"梁启超系"对政治与文化关系的理解，既不同于《新青年》同人，又实实在在地助力了后来政治运动的主流声音，连接起新文化运动和国民革命两个历史进程。但吊诡的是，时人关注点从政治到文化再回到政治的过程，并非回到原点——张东荪观察到呼声日高的"政治运动"与民初无功的"政治改革"绝不相同，更像是经过了"螺旋式"上升。而"梁启超系"在"政治运动"的时代，仍倾向于轨道内的政治改革，却又成了时代的"落伍者"。

第十章　总　论

　　五四时期谋求改造的新文化群体、方案众多,因各自不同的"历史上学术思想的渊源,地理上文化交流之法则",形成了不同的新文化方案。这些方案独特却不孤立,在同一舞台上面临相同的问题,一贯而不可分;但同时又山头林立,错综复杂,各群体"各自站在不明了的地位上,一会儿相攻击,一会儿相调和"。① 柳诒徵注意到,虽然"一时代有一时代之中心人物",不过"各方面与之联系,又各有其特色,或与之对抗,或为之赞助",而且"妙在每一事俱有纵贯横通之联络,每一人又各有个性共性之表见"。② 故众多新文化方案虽有中心、边缘之别,但即使边缘,也仍有其价值,在"纵贯横通之联络"中,同样能呈现五四思想界之个性与共性。

　　每一方案在"或与之对抗,或为之赞助"的过程中,不同程度地形塑对方且同时被对方形塑。所以,即使仅仅是为了更好理解我们所关注的《新青年》同人的"新文化运动",也应该同时将注意力扩展到他们思想与社会上的四邻——无论追随者、反对者、竞争者或合作者。

　　张爱玲曾将"大规模的交响乐"比作五四运动:

> 那是浩浩荡荡五四运动一般地冲了来,把每一个人的声音都变了它的声音。人一开口就震惊于自己的声音的深宏远大;又像是初睡醒的时候听见人向你说话,不大知道是自己说的还是人家说的,感到模糊的恐怖。

反过来说,五四运动也就像"大规模的交响乐"一样,有众多弦乐器、木管乐器、铜管乐器和打击乐器等配合而成。尤其值得注意的是,张爱玲特意提醒,"大规模的交响乐"与"凡哑林与钢琴合奏,或是三四人的小乐队,以钢

---

① 瞿秋白:《饿乡纪程——新俄国游记》(1920年),《瞿秋白文集·文学编》第1卷,北京:人民文学出版社,1985年,第29—30页。

② 柳诒徵:《国史要义》,上海:华东师范大学出版社,2000年,第106—107页。

琴与凡哑林为主"不同。借张爱玲的比喻,似乎可以说,被抽离成简单线索的五四新文化运动,更像是将"大规模的交响乐"简化成了"凡哑林与钢琴合奏","零零落落,历碌不安,很难打成一片",使人讨厌。① 以此为喻,如果"梁启超系"是五四新文化运动这场交响乐中的一种乐器——比如二胡,此前一些研究者所在意的是二胡是否(或应否)属于交响乐演奏的一部分,而对于二胡实际在那场交响乐中的演奏特色并未关注,尤其是多未注意到二胡的加入,在其中与小提琴、钢琴协奏、"交响",或许早已为这场交响乐赋予了不一样的特质。

一 "调节横流":与《新青年》派之关系

相较于《新青年》同人,"梁启超系"是新文化运动的后来者,《时事新报》《国民公报》加入新文化运动时,《新青年》创刊已四年,距胡适提出《文学改良刍议》亦有近两年,当时的《新青年》一派正意气风发,成为思想界之中心,"新说既出,一部分人从风而靡,遂成社会上一问题"。② 在此情况下,"梁启超系"一入思想界,首先要面对的即是当时思想界的问题,而这些问题却恰恰多是由《新青年》"鼓吹"而成。所以,参与讨论这些话题之时,对《新青年》同人赞成抑或反对,成为首先要考虑的问题。经过短暂交锋之后,"梁启超系"很快便决定站在新派一边。在面对思想界的新旧之争时,张东荪旗帜鲜明地认为"应当立在新思想的一方面,不当为第三者作壁上观"。③

在当时的主要论题上,梁启超一派确实常常有相似的主张,故张东荪对胡适说"彼此对于学术内容上的意见实在没有甚么不同"。④ 不过,张氏或有"争历史上的位置"的心态⑤,故只说双方没有什么不合,而不提自己一方是后来者,实际有响应《新青年》的因素。在时人看来,梁启超诸人的举动无疑是受到北京大学新风气影响的。高一涵在 1918 年底时便对胡适说

---

① 张爱玲:《谈音乐》,《苦竹》第 1 期,1944 年 10 月,第 10—11 页。

② 惕若:《新思潮》,《时事新报》,1919 年 4 月 8 日,第 2 张第 1 版。

③ (张)东荪:《我辈对于新思想之态度》,《时事新报》,1919 年 4 月 7 日,"学灯副刊",第 3 张第 3 版。

④ (张)东荪:《答胡适之书》,《时事新报》,1919 年 3 月 15 日,第 1 张第 1 版。

⑤ 傅斯年:《答〈时事新报〉记者》,《新潮》第 1 卷第 3 期,1919 年 3 月 1 日,第 529 页(卷页)。

《国民公报》"近来极力赞成我们的主张"。①"极力赞成"正是一种响应,而且是"近来"才有的事。

白话文学运动一直被认为是新文化运动中的重要方面,而梁启超一派的几份日报正是最早的响应者。立场偏于反对白话文的李肖聃就观察到,当时胡适"力主以语体代文言,号新文化",李肖聃等希望梁启超欧游归后"有以正之",没想到"梁著《欧游心影录》,乃效胡体为俚语",于是大失望,认为是"欲谩闻动众"之手段。章士钊甚至宣言于众曰:"梁任公献媚小生,随风而靡。"②

在其他话题上,"梁启超系"也常居响应的位置。梁启超的老友周善培曾说:"胡适之流偶然有一篇研究一种极无价值的东西的文章,任公也要把这种不值研究的东西研究一番,有时还发表一篇文章来竞赛一下",故劝梁:"论你的年辈、你的资格,应当站在提倡和创造的地位,要人跟你跑才对,你却总是跟人跑。"③后来梁漱溟更明确地指出,梁启超他们是"随着那时代潮流走了",他说:

> 民国八九年后,他和他的一般朋友蒋百里、林长民、蓝志先、张东荪等,放弃政治活动,组织"新学会",出版《解放与改造》及共学社丛书,并在南北各大学中讲学,完全是受蔡先生在北京大学开出来的新风气所影响。④

梁启超诸人确有追随《新青年》同人一面。

然而,如果"梁启超系"的"新文化运动",仅仅是追随《新青年》,胡适或不至视其为敌。瞿秋白在五四时期便已注意到,新文化运动初起时,是"集中于'旧'思想学术制度,作勇猛的攻击",不过,"等到代表'旧'的势力宣告无战争力的时期",新派思想之中,原本潜伏的矛盾点便"渐渐发现出来","于是思潮的趋向就不像当初那样简单了"。⑤"梁启超系"与《新青

---

①　《胡适之先生来信》1919 年 1 月 24 日,《国民公报》(北京),1919 年 2 月 7 日,第 5 版。

②　李肖聃:《星庐笔记·梁启超》,《追忆梁启超》(增订本),夏晓虹编,北京:生活·读书·新知三联书店,2009 年,第 38 页。

③　周善培:《谈梁任公》,《追忆梁启超》(增订本),夏晓虹编,北京:生活·读书·新知三联书店,2009 年,第 136 页。

④　梁漱溟:《纪念梁任公先生》(1943 年),《梁漱溟全集》,中国文化书院学术委员会编,第 6 卷,济南:山东人民出版社,2005 年,第 444 页。

⑤　瞿秋白:《饿乡纪程——新俄国游记》(1920 年),《瞿秋白文集·文学编》第 1 卷,北京:人民文学出版社,1985 年,第 29 页。

年》同人在面对旧的势力时，都属于新派阵营，但其实潜伏着矛盾，正因双方同在新文化运动之中，本有竞赛，而新文化方案又有重要不同，且前者时时欲调节后者，才使胡适一方如临大敌。

"梁启超系"整体倾向于新派，但对五四思想界，尤其是《新青年》同人主导的倾向，有自觉且持续地"调节其横流"之努力。尚在五四学生运动之前，张东荪即表明自己一派虽站在新思想一边，但却"以新思想为目的，而去加工制造；不是以旧思想为的鹄，而去攻击破坏"。① 稍后《学灯》宣言将"建中国的未来文化"时，也清楚强调是"做我们积极的、基础的、稳固的、建设的新文化运动"。② "我们"对应的恐怕仍是以《新青年》为主的"他们"，而表述中"积极""基础""稳固""建设"的潜台词，针对的则是新文化运动中流行的浅薄、偏激、破坏等趋向，而这些词汇恰恰是此前他们批评《新青年》的常用语。③ 稍后张东荪更明确地说："文化运动要在不断修正中进行，现在已经有了第一次修正的必要。所以我希望大家不要怀疑新思潮，而都来修正新思潮"。④ 当时梁启超、蒋百里等人方才归国，并在上海与张东荪有过深谈，张氏大致知道梁启超希望"修正"新文化运动、"调节其横流"的用意，故有此主张。

梁启超一派对新文化运动的调节是多方面的。即使在被章士钊目为"献媚小生"的白话文学方面，梁启超一派亦非全是追随。他们转向思想界之初，张东荪虽宣称"我也是赞成白话的人"，并一度"颇想拿白话来译高深的哲理书"，但很快"对于白话的观念渐渐移转了"，认为"白话与文章同在一个阶级上，没有甚么进步"，故"只把文章改为白话是不能满足的"。他对"现在的改良文学家只改用白话，便以为尽了能事"很不以为然，主张"吾们必定于白话、文章以外，另求一个进步的言语"。除不满足只改用白话之外，他也反对"专从文学（指小说剧曲）上着眼"。⑤ 其立言中提到"现在的改良文学家"，无疑指向《新青年》同人。

傅斯年曾将此讽刺为争"正宗"，但除去争胜之外，仍是赞同与修正兼

① （张）东荪：《我辈对于新思想之态度》，《时事新报》，1919 年 4 月 7 日，"学灯副刊"，第 3 张第 3 版。

② 《宣言》，《时事新报》，1920 年 1 月 1 日，"学灯副刊"，第 4 张第 1 版。

③ 在此之前，《学灯》上便有文章批评北大同人，说："最近大学中有一班乱骂派读书人，其狂妄万出人意表，所垂训于后学者，曰不虚心，曰乱说，曰轻薄，曰破坏。"好学：《模范》，《时事新报》，1918 年 10 月 31 日，"学灯副刊"，第 3 张第 1 版。

④ （张）东荪：《文化运动的失望?》，《时事新报》，1920 年 4 月 14 日，第 2 张第 1 版。

⑤ （张）东荪：《白话论》，《时事新报》，1919 年 1 月 17 日，第 1 张第 2 版。

具的意态。① 其实,早在 1917 年初,梁启超便指出"言文不一致,足以阻科学之进步",号召"乘此时机,造成一种国语",但他的出发点在于使国语"通用于各学校,以利教育,则于科学之进步,教育之普及,均有莫大之裨益",并未如胡适那样主张"白话文学之为中国文学之正宗"。② 而且,在白话诗方面,梁启超有更多不同意见,他曾致信胡适,说:"超对于白话诗问题,稍有意见,顷正作一文,二三日内可成,亦欲与公上下其议论。"③胡适以此视梁"已收回从前主张白话诗文的主张":

> 任公有一篇大驳白话诗的文章,尚未发表,曾把稿子给我看,我逐条驳了,送还他,告诉他,"这些问题我们这三年中都讨论过了,我很不愿他来'旧事重提',势必又引起我们许多无谓的笔墨官司!"他才不发表了。④

梁启超此文或因听从胡适劝告而未发表,但他之后《中国韵文里头所表现的情感》《中等以上作文教学法》两文均替文言、韵文辩护。例如他在讲授作文法时,一再强调"辞达而已,文之好坏,和白话、文言无关""文章但看内容,只要能达,不拘文言、白话,万不可有主奴之见",且不以当时"南北二大学,为文言、白话生意见"为然。⑤ 他们主办的《解放与改造》杂志征稿亦是"文言白话,听作者自便,均以朴实洁净为主"。⑥

钱基博曾观察到,当时"少年有绩溪胡适者,新自美洲毕所学而归,都讲京师,倡为白话文,风靡一时",在此情形下,梁启超"大喜,乐引其说以自张,加润泽焉",故新青年多说"梁任公跟着我们跑";不过,钱基博同时指出,梁启超"亦时有不'跟着诸少年跑',而思调节其横流者"。⑦ 例如,针对胡适、吴虞"专打'孔家店'"、吴稚晖"线装书应当抛在茅坑里三千年"的议

---

① 傅斯年:《答〈时事新报〉记者》,《新潮》第 1 卷第 3 期,1919 年 3 月 1 日,第 528 页(卷页)。

② 梁启超:《中国教育之前途与教育家之自觉》(1917 年 1 月 9 日),《梁启超全集》,汤志钧、汤仁泽编,第 15 集,北京:中国人民大学出版社,2018 年,北京:中国人民大学出版社,2018 年,第 135—136 页;胡适:《文学改良刍议》,《新青年》第 2 卷第 5 号,1917 年 1 月,第 10 页。

③ 梁启超:《与适之老兄书》(1920 年 10 月 18 日),《梁启超年谱长编》,丁文江、赵丰田编,上海:上海人民出版社,2008 年,第 593 页。

④ 《胡适致陈独秀(稿)》(1920 年底或 1921 年初),《胡适来往书信选》,中国社会科学院近代史研究所中华民国史研究室编,上卷,北京:社会科学文献出版社,2013 年,第 88 页。

⑤ 梁启超:《中学以上作文教学法》(1922 年),《梁启超全集》,汤志钧、汤仁泽编,第 16 集,北京:中国人民大学出版社,2018 年,北京:中国人民大学出版社,2018 年,第 40 页。

⑥ 《本刊启事一》,《解放与改造》第 1 卷第 1、2 合期,1919 年 9 月 15 日,无页码。

⑦ 钱基博:《现代中国文学史》,长沙:岳麓书社,1986 年,第 401—402 页。

论,梁启超已意识到社会上不仅有"这种议论,而且很占些势力",但仍认为那只是"一种剧烈性的药品","药到底是药,不能拿来当饭吃","若因为这种议论新奇可喜,便根本把儒家道术的价值抹煞,那便不是求真求善的态度了"。① 这从侧面说明梁启超一派即使在追随时,亦常常有调节以《新青年》一派为主导的时代横流的努力,白话文如是,在民主与科学之外强调哲学如是,其他如社会主义、整理国故诸方面亦复如此。在陈登原的观察中,那时的梁启超"喜与胡适辈浪相角逐"。② 他们两派之间的关系确实是追随、角逐,又有调节。

然而,在新文化运动中人看来,这样一个强势的后来者,即使不存心挑战,也是一种针对。蒋百里未能顾虑到,他们此种诱导语气的态度,仍招人议论。胡适的切身感受便是明证,当陈独秀指责胡适与梁启超一派接近时,胡适反驳:

> 你难道不知他们办共学社是在《世界丛书》之后,他们改造《改造》是有意的? 他们拉出他们的领袖来"讲学"——讲中国哲学史——是专对我们的? ……你难道不知他们现在已收回从前主张白话诗文的主张? ……你难道不知延聘罗素、倭铿等人的历史?③

在胡适眼中,无论是共学社、《改造》,还是讲学、讨论白话诗文、讲学社延聘西方哲人,无一不是针对己方。

邓中夏(1894—1933)看到新文化运动"一帆风顺""称霸一时""定于一奠〔尊〕"时,"惹人侧目而视侧耳而听""愤愤的抱不平",那时梁启超等人"不能不出来抛头露面的说话""明目张胆的作战",他称之为"反动派"。梁启超一派所要调节的恐怕正是称霸一时、定于一尊的横流。不过,与此前的卫道者不同,他们"面子上却满涂着西洋的色彩"。④ 正如茅盾的观察,梁启超诸人最初虽以"反对新青年派的态度出现",不过:

> 他们这反对的立场,不是封建势力的立场,他们也是主张着新青年派所宣传的"新文化",然而他们一面还是反对新青年派。

---

① 梁启超:《儒家哲学》(1927 年),《梁启超全集》,汤志钧、汤仁泽编,第 16 集,北京:中国人民大学出版社,2018 年,北京:中国人民大学出版社,2018 年,第 430—431 页。

② 陈登原:《无据谈往录·梁启超》,《追忆梁启超》(增订本),夏晓虹编,北京:生活·读书·新知三联书店,2009 年,第 275 页。

③ 《胡适致陈独秀(稿)》(1920 年底或 1921 年初),《胡适来往书信选》,中国社会科学院近代史研究所中华民国史研究室编,上卷,北京:社会科学文献出版社,2013 年,第 88 页。

④ (邓)中夏:《中国现在的思想界》,《中国青年》第 6 期,1923 年 11 月 24 日,第 3 页。

他已看到梁启超他们对新文化反对与赞成兼具,对此吊诡现象,认为是由于他们"对于新青年派之战斗的态度感到过激,又一半也是有点醋意,因为新青年派当时在青年界的影响太独占的了"。① 茅盾与双方都有密切关系,深悉内情,故能洞若观火。

这种挑战,与其说是反对,不如说是两种(多种)新文化方案的竞争。事实上,新文化运动中的竞争非常普遍,张东荪就曾说当时"干文化运动的人没有一个团结",而"团结是竞争的反面",他"对于现在文化运动最不能满意的一点就是出版物很多,好像是互相竞争"。② 张东荪虽反对竞争,但有意思的是,在傅斯年看来,他们就是最主要的竞争者。

梁启超诸人绝非仅仅是为了竞争而立异以为高,实有所抱负。胡适在友善时称他们是"立异以求同",形容或更准确。对于梁启超诸人而言,所谓立异,实际是有着不一样的文化追求,而求同则是试图通过批评、对话,"使人'同'于我的'异'",让自己的主张影响对方,甚至影响整体的时代潮流,再造一个自己理想中的新文明。③

进而言之,"梁启超系"试图调节的不仅是《新青年》一派,而是整个时代思潮,舒新城便观察到:"他们对于新文化之努力,不完全是由于内心苦闷所发出的呼号,而有点'因缘时会',所以在言论上是附和的,在行为上则不大敢为先驱。"并认为"这不是他们有意如此,是被他们的'士大夫'集团先天条件规定得不得不如此"。④ 正因为他们前后期均有自己独特的文化追求,方式、目标异于时流,故与其他方案时相冲突。比如他们前期侧重社会,虽与国民党人相近,但与胡适所主导的"纯粹文学的、文化的、思想的一个文艺复兴运动"不同;即使是均侧重社会,却又因主张在预备期"少管小事""养精蓄锐""不要做零碎的牺牲",而被运动中的学生及主张"去作大

---

① 茅盾:《"五四"运动的检讨——马克思主义文艺理论研究会报告》(1931年8月5日)、《关于"创作"》(1931年9月20日),《茅盾全集》第19卷,"中国文论二集",北京:人民文学出版社,1991年,第238、269页。

② (张)东荪:《现在的文化运动是否应得修正?》,《时事新报》,1919年11月26日,第1张第1版。

③ 孙几伊:《胡适之先生谈片》,《时事新报》,1919年2月17日,"学灯副刊",第3张第3版。胡适对张东荪也说:"我尝说你们'立异'的目的在于'求同'。"《通讯·来函(胡适致张东荪,1919年3月20日)》,《时事新报》,1919年3月24日,"学灯副刊",第3张第4版;《胡适致钱玄同》(约1919年2月底),《胡适来往书信选》,中国社会科学院近代史研究所中华民国史研究室编,上卷,北京:社会科学文献出版社,2013年,第11页。

④ 舒新城:《我和教育》上册,台北:龙文出版社,1990年,第215页。

破坏与大建设的工夫”的国民党人责难。[①] 他们后期的文化方案虽调整为多谈思想、学术，却因东方文化的倾向与《新青年》对立，又因放弃了社会主义及具有革命性的社会改造方案，而常与国民党人及后来的共产党人为敌。所以，在旁观者看来，张东荪与李汉俊这样的新文化人实在是“跑在一条路上”，有人质问两人：“你们两个人，跑在一条路上，为什么大家要像煞不是‘异趋同归’？”并希望“我们既然在一条路上走，跑法尽可不同，用脚用车用飞机，多可不管。只要各自抱定目的，向上前去可以了。否则因为跑法的不同，自淘里起了争执，岂不是又多一重障碍么？”并解释说，“所谓自淘里，就浑称新文化运动”。这里虽特指张东荪与李汉俊，基本也适用于“梁启超系”与其他新文化派别的关系，同是新文化运动，但又因跑法不同，常起争执，“像煞不是‘异趋同归’”。李汉俊则回复说：“现在所谓新文化，要素很复杂，主张资本主义的也有，主张军国主义的也有，主张社会主义的也有，……宗旨完全相反的很多。把他们都拉到‘自淘里’去，未免不妥。”[②]其潜台词是，即使都在新文化运动的一条路上，也未必就是“自淘里”，不妨起争执。不过，他也不否认不同宗旨的主张都属于所谓新文化。实际上，这正是当时新文化运动的真实情状，常常是“自淘里起了争执”。

吴宓曾描述“新文化运动之反应者”对新文化运动的不同态度：

> 其与新文化运动之所主张，有针锋相对者，有大同小异者，有全相径庭者，亦有偶尔龃龉者；其所持之态度，有剑拔弩张者，亦有心平气和者，有直肆攻击者，亦有婉而微讽者；有因自身本有主张，因其与新文化不合，而遂相持者，亦有本无定向，但凭一时感触而略施讥弹者；其所用之方法亦有异，有著为论说，遂逐条驳诘，明示批评者；亦有著译诗文，专心创造，而以吾文之体裁格律暗寓抵制者。[③]

---

① 胡适：《“五四”运动是青年爱国的运动》（1960年5月4日），《胡适全集》，季羡林主编，第22卷，合肥：安徽教育出版社，2003年，第807页；（张）东荪：《零碎解决与总解决》，《时事新报》，1919年9月22日，第1张第1版；先进（李汉俊）：《时局怎么样？》，《星期评论》第16号，1919年9月21日，第2页；当时即有人意识到，“于施行总攻击的前，先得有长期的预备。所以难免有人责难说，假使在预备总攻击的时候，无声无臭的过日子，未免不被人压服到不能攻击的地步”。庆邦：《零碎攻击与总攻击》，《时事新报》，1919年11月21日，第1张第1版。

② 乐勤：《通讯（致张东荪、李汉俊）》，《时事新报》，1920年5月19日，“学灯副刊”，第4张第2版；李汉俊：《自由批评与社会问题》（1920年5月30日），《李汉俊文集》，中共湖北省潜江市委党史研究室、中共一大会址纪念馆编，北京：中共党史出版社，2013年，第181页。

③ 吴宓：《新文化运动之反应》，《中华新报》（上海），1922年10月10日，“国庆增刊”，第4张第2—3版。

如果"反应者"不必在新文化运动之外,也可以是内部不同方案之反应,那"梁启超系"与新文化运动中其他势力之关系,颇有类似处。"梁启超系"因"自身本有主张",怀抱以自己的理想调节时代潮流,或"著为论说","逐条驳诘",或"著译诗文,专心创造","暗寓抵制",在当时的思想界与其他势力常处于时而追随、时而竞争、时而合作、时而对立的交错、动态的关系之中,深刻影响着五四新文化运动的走向。

二 形塑新文化运动的建设性力量

梁启超一系的"新文化运动"是五四思想界百川之水中极重要的一支。他们不是既存言说中新文化运动的外在对立物,也不是新文化运动中的一支独立势力,而是在"纵贯横通之联络"中,表现个性、共性,成为构成整体新文化运动的建设性力量。梁启超一派与革命党人在清末的旧怨,进步党在民初政治中与国民党人的激烈斗争,胡适对梁启超的崇拜与竞争,都是塑造新文化运动的历史性力量。过于简单的"整体论"描述,不仅抹去了其文化观点与作为,也湮没了他们在参与、论争、游走与互动中推动、形塑新文化运动的过程。

在五四学生辈曹聚仁的印象中,"研究系梁启超派所创办的北京《晨报》和上海《时事新报》的《学灯》,其在文化上所尽的大力,远在国民党的上海《民国日报》的《觉悟》之上",正因他们"站在新文化运动的激进线上",使他们成为"领导五四运动的文化人"。[①] 那么,"梁启超系"又是在何种意义上影响甚至领导了新文化运动呢?

从1918年底开始的数年中,"文化运动"一直是"梁启超系"事业的重要一环。仅就在舆论界、出版界的势力而言,梁启超诸人拥有当时最有影响的几大报纸,跟国内最大的出版机构商务印书馆的关系最好,其势力远在北大一方,甚至国民党之上,无怪乎被认为"包办"了文化事业。例如,在教育界的布局中,他们有自己的大学(中国公学)且影响数所重要学府(清华、南开、东南)。

进而言之,"梁启超系"并非仅仅增大了新文化运动的势力,即他们对于新文化运动的贡献,不仅是量的增加,更是质的改变。他们希望借自身之影响力"左右中国文化",故他们才会有意识地调节新派。实际上,他们

---

① 曹聚仁:《文坛五十年》,北京:生活·读书·新知三联书店,2010年,第110页。

也确实影响着《新青年》同人。傅斯年主编《新潮》时，便曾听取了张东荪对《新潮》的批评，于是才改变编辑方针，主张"批评少下去,介绍多起来"。[1]同样，也正因为有《时事新报》同人与《新青年》派关于"外国偶像"与"固有文化"的争论，才使得傅斯年、胡适调整表述，促使他们使用更折中、开放的口号——"重新估定一切价值""整理国故"来响应对方质疑。茅盾后来回忆说，"在五四期以后新时代的展开的当面，新青年派落伍了"，而"在新青年派落伍了的时候"，他们与"研究系""才更沆瀣一气"，因为"新青年派接受了资产阶级的命令而取消了自己早年的斗争精神"。需要注意的是，他同时又说，"研究系"是"百分之百地代表了中国新兴资产阶级"。[2]这似乎暗示新青年派正是接受了"梁启超系"的命令，才"取消了自己早年的斗争精神"。以"命令"来解读，无疑将双方的复杂关系简单化了，但至少从上述《新青年》与《新潮》的例子来说，他们虽不是直接接受命令，但显然是受到调节。

梁启超一派加入新文化运动，除对《新青年》的影响外，他们提出的观念、话题，常常直接影响思想界，甚至改变新文化运动的风向。最明显的便是将思想界关注的焦点从思想文艺转向社会、政治、经济，尤其是在传播社会主义方面发挥了极大作用。

社会主义被认为是新文化运动中最重要的潮流。《晨报》从1919年2月7日起，增加介绍"新修养、新智识、新思想"的《自由论坛》和《译丛》两栏，开首第一篇即为李大钊的《战后之世界潮流》，介绍俄国的社会革命。[3]《时事新报》上更曾发起题为社会主义的征文，赞成说、反对说与译述均可。[4]在他们的机关刊物《解放与改造》中，宣扬"第三种文明是社会主义与世界主义的文明"，且认为当时的文化运动应"专从第三种文明去下培养工夫"。[5]事实上，《解放与改造》几乎每一期均以广义的社会主义为主题。梁启超一派后来更组织翻译"马克思研究丛书"，拟定的书目包括:《资本论

---

①　李小峰:《新潮社的始末》,中国社会科学院近代史研究所编:《五四运动回忆录(续)》,北京:中国社会科学出版社,1979年,第217页。

②　茅盾:《"五四"运动的检讨——马克思主义文艺理论研究会报告》(1931年),《茅盾全集》第19卷,"中国文论二集",北京:人民文学出版社,1991年,第238页。

③　《本报特别启事》,《晨报》,1919年2月7日,第2版;李大钊:《战后之世界潮流》,《晨报》,1919年2月7日,第7版。

④　《本栏征文》,《时事新报》,1919年4月28日,"学灯副刊",第3张第3版。

⑤　(张)东荪:《第三种文明》,《解放与改造》第1卷第1、2合期,1919年9月15日,第2、5页。

解说》(柯祖基)、《文化史上底马克思》(柯祖基)、《唯物史观解说》(郭泰)、《马克思派的社会主义》(纳肯)、《空想的与科学的社会主义》(燕格士)、《马克思社会主义理论的体系》(河上肇)、《马克思传附燕格士传》(堺利彦、山川均)、《马克思呢？康德呢？》(格华尼芝)、《修正派社会主义》(柏伦修泰因)。①

　　更重要的是,梁启超一派加入思想界后,甚至使得思想界成为了一个"新舆论界"。五四运动的发生,使得整个新文化运动的基调开始激进,倾向革命,梁启超一派不只身处其中,更推动了这一转向。五四学生运动是一场瞬息变化的政治运动,在每天都需要传递信息的运动中,日报的地位骤升,甚至连胡适、陈独秀、傅斯年等人也常常需要借助《时事新报》《晨报》和《国民公报》发声。故张东荪、蓝公武等当时在多份报纸及《解放与改造》上介绍社会主义、讨论社会问题,一时蔚为风气。这种变化受当时学生运动及舆论影响,又反过来影响学生运动与舆论。

　　胡适虽被认为是新思潮之领袖人物,但五四之后文化运动的发展显然已超出他的预想。当时"高谈主义而不研究问题"的"新舆论界"使胡适"大失望"。② 且不仅是"主义",舆论界话题的侧重点也在转变。胡适在1919年底曾标举十类"新思潮"——孔教、文学改革、国语统一、女子解放、贞操、礼教、教育改良、婚姻、父子、戏剧改良,几乎全是五四学生运动之前的话题。然而,他当时也注意到"现今的人爱谈'解放与改造'"。一年后,他更承认五四后更为流行的恰是"解放、改造、牺牲、奋斗、自由恋爱、共产主义、无政府主义"等名词。③ 在话题上与五四前的十类"新思潮"迥异,从"纯粹思想运动变成政治化",真可以说思想界在五四之后"变了质"。同时,他认为这完全是由国民党、共产党、"研究系"造成。④ 胡适说这话时已是1960年,故多注意国共两党,实际上,上引材料中,反复出现的取消社论、时评的"他们",或者一再点到的"解放""改造"均是指张东荪、蓝公武等

　　①　《〈马克思研究丛书〉广告》,《时事新报》,1920年6月12日,第1张第2版。

　　②　胡适:《我的歧路》(1922年6月16日),《胡适全集》,季羡林主编,第2卷,合肥:安徽教育出版社,2003年,第468页。

　　③　胡适:《新思潮的意义》(1919年11月1日),《胡适全集》,季羡林主编,第1卷,合肥:安徽教育出版社,2003年,第693、699页;胡适:《提高与普及》(1920年9月17日演讲),《胡适全集》第20卷,第67页;《北京大学开学演说词》(1920年9月16日),《蒋梦麟教育论著选》,曲士培编,北京:人民教育出版社,1995年,第202页。

　　④　胡适:《"五四"运动是青年爱国的运动》(1960年5月4日),《胡适全集》,季羡林主编,第22卷,合肥:安徽教育出版社,2003年,第807—808页。

"研究系"同人。

在周作人看来,以五四事件为界,前头的一段是"文学革命",后头的一段才是真正的"新文化运动"。① 无论从"文学革命"到"新文化运动"变质的过程中,或者五四后的"新文化运动"中,"梁启超系"实有重大影响,甚至不亚于胡适。在鲁迅看来,连"新文化运动"一词,本身就是梁启超一派所"另起",他说,五四运动后,革新运动表面上有些成就,于是主张革新的人也渐多,这里面"有许多还就是先讥笑、嘲骂《新青年》的人们,但他们却是另起了一个冠冕堂皇的名目:新文化运动","后来又将这名目反套在《新青年》身上,而又加以嘲骂讥笑"。他又说:"记得初提倡白话的时候,是得到各方面剧烈的攻击的。后来白话渐渐通行了,势不可遏,有些人便一转而引为自己之功,美其名曰'新文化运动'。"②

需要指出的是,在 1920 年之后,"梁启超系"的"新文化运动"有一明显转向,然即使转向稳健之后,其势力及影响仍不容小觑。毛泽东在 1921 年初观察到,当时国内对于社会问题的解决,"显然有两派主张","一派主张改造",便是陈独秀诸人;另"一派则主张改良",即为"梁启超、张东荪诸人"。③ 此时梁启超归国已近一年,在毛泽东看来,梁启超、张东荪诸人仍是可以和陈独秀诸人分庭抗礼的一方。胡适后来便回忆说,到 1919—1920 年间梁任公先生发表他的《欧游心影录》,科学方才在中国文字里正式受了"破产"的宣告。伍启元则说在那一时期的国故整理上有最大贡献的,"仍要推梁启超"。④ 无论是对科学的反思,对整理国故的提倡,抑或人生观论战和东西文化的讨论,"梁启超系"均是其中的要角,都直接影响新文化运动之走向。

有意思的是,胡适本是新文化运动中当之无愧的灵魂人物之一,在 1920 年时却感觉到"时时刻刻"在梁启超一派"包围之中",胡适列举该派

① 周作人:《北平的事情》(1949 年 4 月 1 日),《周作人散文全集》,钟叔河编订,第 9 卷,桂林:广西师范大学出版社,2009 年,第 762 页。

② 鲁迅:《热风·题记》(1925 年 11 月)、《写在〈坟〉后面》(1926 年 11 月),《鲁迅全集》第 1 卷,北京:人民文学出版社,2005 年,第 308、301 页。此段论述参见罗志田:《历史创造者对历史的再创造——修改"五四"历史记忆的一次尝试》,《四川大学学报(哲学社会科学版)》,2000 年第 5 期,第 99 页。

③ 《新民学会会务报告(第二号)》(1921 年夏),《新民学会资料》,中国革命博物馆、湖南省博物馆编,北京:人民出版社,1980 年,第 17 页。

④ 胡适:《科学与人生观·胡序》(1923),《科学与人生观》,亚东图书馆编,上海:上海亚东图书馆,1932 年,第 36 页;伍启元:《中国新文化运动概观》,上海:现代书局,1934 年,第 57 页。

的事业包括"办共学社""改造《改造》"梁启超"讲学""延聘罗素、倭铿等人"。稍后孙伏园则看到"现在的文化事业,被任公包办去了",并替胡适"可惜",希望胡适仍旧致力文化事业。在新文化运动中,梁启超一派虽是后来者,却逐渐居上,能对《新青年》一方形成"包围",最能说明梁启超他们的"新文化运动"规模有多庞大;且无论"包围"或"包办",多少占领、取代了胡适一方原有的地位,这也是为何孙伏园要替胡适"和任公吃醋"。① 甚或可以说,在一定时期,"梁启超系"的"另一场新文化运动"正有成为新文化运动"正军"的趋势。如果说之前是张东荪、蓝公武要调节《新青年》同人所引领的偏向思想、文艺、反传统的横流,而此时梁启超一派之主张已渐渐得势,"高谈主义而不研究问题"的"新舆论界"甚至把胡适"激出来"发表《问题与主义》试图调节,不过已自认"提倡有心,创造无力"。②

对于"梁启超系"在 1920 年准备专力从事五十年文化运动的计划,张国焘、罗家伦等学生辈虽然佩服,甚至预计"研究系"当时回头从事于学术研究,成效也许较大,但也指出梁启超的"改良路线并没有找到出路"。③ 几年之后,梁启超自己也已意识到,青年们听了他那些话,"一定戟手唾骂道:'你这人真顽固'",可他仍坚持"我顽固的话还有呢"!④ 张国焘等学生辈的态度,似乎已隐约预示着"梁启超系"在 1920 年前后所开展的新文化运动"失败"的历史命运。

胡适曾注意到,近代中国"时势变得太快,生者偶一不上劲,就要落后赶不上了,不久就成了'背时'的人"。⑤ 正如时人所观察到的,在新文化运动中"《新青年》杂志最初把握着思想界的权威",但后来:

> 研究系的梁启超、张东荪、张君劢等也组织了共学社,出版了《解放与改造》杂志;国民党的胡汉民、戴季陶、沈定一等也抱着改组党务

---

① 《胡适致陈独秀(稿)》(1920 年底或 1921 年初),《胡适来往书信选》,中国社会科学院近代史研究所中华民国史研究室编,上卷,北京:社会科学文献出版社,2013 年,第 87—88 页;季融五致胡适信,见胡适日记 1922 年 8 月 13 日,《胡适全集》,季羡林主编,第 29 卷,合肥:安徽教育出版社,2003 年,第 711 页。

② 胡适:《我的歧路》(1922 年 6 月 16 日),《胡适全集》,季羡林主编,第 2 卷,合肥:安徽教育出版社,2003 年,第 471 页。

③ 张国焘:《我的回忆》第 1 卷,北京:现代史料编刊社,1980 年,第 70 页。

④ 梁启超:《国产之保护及奖励》(1925 年 11—12 月),《梁启超全集》,汤志钧、汤仁泽编,第 13 集,北京:中国人民大学出版社,2018 年,第 61 页。

⑤ 《胡适致高一涵、张慰慈等(稿)》(1919 年 10 月 8 日),《胡适来往书信选》,中国社会科学院近代史研究所中华民国史研究室编,上卷,北京:社会科学文献出版社,2013 年,第 52 页。

的意见,出版了《建设》及《星期评论》杂志;与自由派的《新青年》,成为鼎足的形势。

五四前是"全部文化改造",五四后"偏重政治与经济"。在这过程中《新青年》《每周评论》"只能徘徊于前期,而不能顺应中国特殊的环境,以跃入于后期",故"渐渐黯淡,渐渐失了青年们的崇奉",甚至"不能与研究系及国民党争衡"。① 此或是作者有《春秋》责贤者之意,未免贬低了《新青年》的地位,而又过于抬高研究系与国民党。但不可否认,五四学生运动以后,梁启超等人与国民党在新文化运动中的影响力确已有极大提升,足以与《新青年》分庭抗礼,在竞争与合作中,共同形塑着新文化运动。

有意思的是,1920 年之后,"梁启超系"也与"徘徊于前期"的《新青年》一样,不能或不愿"顺应中国特殊的环境,以跃入于后期"。他们不仅仅是"偶一不上劲",而是主动通过整顿《解放与改造》等,试图"调节横流",扭转时风,却不幸成了"背时",故"渐渐黯淡,渐渐失了青年们的崇奉"。毕竟,"梁启超系"在文化、政治的革新中追求的恰恰是"稳健"——这是一群激进时代的渐进者。

---

① 天行(周予同):《第四期之前夜》,《一般》第 6 卷第 1 期,1928 年 9 月(实际出版于 1929 年 1 月),第 9 页。

附　论　错位的战场：孙中山与胡适的新文化运动

第一节　引　言

五四学生运动半年之后（1920 年 1 月 29 日），为筹集资本设立印刷机关，孙中山曾致信海外国民党同志，该信后来广为流传。他在信中说：

> 自北京大学学生发生五四运动以来，一般爱国青年，无不以革新思想，为将来革新事业之预备。于是蓬蓬勃勃，抒发言论。国内各界舆论，一致同倡。各种新出版物，为热心青年所举办者，纷纷应时而出。扬葩吐艳，各极其致，社会遂蒙绝大之影响。虽以顽劣之伪政府，犹且不敢撄其锋。此种新文化运动，在我国今日，诚思想界空前之大变动。推其原始，不过由于出版界之一二觉悟者从事提倡，遂至舆论放大异彩，学潮弥漫全国，人皆激发天良，誓死为爱国之运动。倘能继长增高，其将来收效之伟大且久远者，可无疑也。吾党欲收革命之成功，必有赖于思想之变化，兵法"攻心"，语曰"革心"，皆此之故。故此种新文化运动，实为最有价值之事。最近本党同志，激扬新文化之波浪，灌输新思想之萌蘖，树立新事业之基础，描绘新计划之雏形者，则有两大出版物，如《建设》杂志、《星期评论》等，已受社会欢迎。然而尚自慊于力有不逮者，即印刷机关之缺乏是也。[①]

---

① 孙中山：《致海外国民党同志函》（1920 年 1 月 29 日），《孙中山全集》，中国社会科学院近代史研究所中华民国史研究室、中山大学历史系孙中山研究室、广东省社会科学院历史研究室合编，第 5 卷，北京：中华书局，2006 年，第 209—210 页。此函最早或发表于《中山丛书》（上海：太平洋书店，1926 年 5 月）。此后，该文又收入《中山全书》（上海：新文化书社，1927 年）、《孙文全集》（上海：卿云图书公司，1928 年）、《孙中山全书》（上海：广益书局，1929 年）等。

这段文字大致可分为三层意思：一是肯定"五四运动以来"青年的种种革新事业，认为"此种新文化运动，在我国今日，诚思想界空前之大变动"；二是"推其原始"，指出此革新事业起于"出版界之一二觉悟者从事提倡"之功；三是强调革命党响应新文化运动的必要，并列举已有的措施与不足。最后落脚于发动华侨捐款。

胡适一生中曾频繁谈论五四，且每谈五四，他几乎必引上述信函，认为那是孙中山在五四运动以后"很热烈的赞叹新文化运动的话"。1935 年，胡适又在文章最后"引孙中山先生评论'五四运动'的话来做这篇纪念文字的结论"，认为他的评判"很公允"，"他的结论'吾党欲收革命之成功，必有赖于思想之变化'，这是不可磨灭的名言"。到晚年时，胡适仍说："他的看法到现在我认为是很公允的"，"至少孙中山先生说，因为思想运动，文学运动在前，所以引起'五四'运动。至少他承认归功于思想革新。"[①]确实，孙山在信中既明确肯定"新文化运动"，又明言革命党积极加入新文化运动的事业，这也成为他支持新文化运动的最重要证据。

不过，孙中山信中所说的"新文化运动"真的是胡适意中的"新文化运动"吗？事实上，孙中山对新思潮中的反传统、西化、白话文、世界主义等多有不满。[②] 胡适其实也清楚孙中山"既欢迎科学，又分明推崇民治政治"，在这个意义上，似乎是支持新文化运动的；但同时又"极力用夸大的口气，抬高中国的旧政治思想和旧道德"，似乎"欧洲的新文化都是我们中国几千年以前的旧东西"，并且，对白话文也有所保留，又像是反对新文化运动。[③] 两者不无矛盾。曹聚仁后来就注意到，"《新青年》派所提倡的文学革命"，并"不为孙中山所认识与赞成"，且"孙中山本人，就主张保持旧文体，不十分赞成白话文的；和《新青年》派的反封建观点是相反的"。[④]

因此，既往有关孙中山与五四新文化运动关系的研究中，既有人认为

---

① 胡适：《新文化运动与国民党》（1929 年 11 月，原载《新月》第 2 卷 6、7 号合刊，署 1929 年 9 月 10 日，实际晚出），收入《胡适全集》，季羡林主编，第 21 卷，合肥：安徽教育出版社，2003 年，第 448 页；胡适：《纪念"五四"》（1935 年 4 月 29 日）、《五四运动是青年爱国的运动》（1960 年 5 月 4 日），《胡适全集》第 22 卷，第 276、806—807 页。

② 林家有：《关于孙中山对新文化运动态度的探讨——兼论孙中山与陈独秀文化思想的异同》，《中山大学学报论丛》，1992 年第 5 期；桑兵：《世界主义与民族主义——孙中山对新文化派的回应》，《近代史研究》，2003 年第 2 期。

③ 胡适：《新文化运动与国民党》（1929 年 11 月），《胡适全集》，季羡林主编，第 21 卷，合肥：安徽教育出版社，2003 年，第 443—444 页。

④ 曹聚仁：《文坛五十年》，北京：生活·读书·新知三联书店，2010 年，第 110—111 页。

孙中山对新文化运动起着"启发与引导,参与纠正"的作用,也有研究者指出孙中山"文化观与新文化运动不同",或者认为孙中山"思想与活动与新文化运动和五四运动基本上是同步的平行发展而又相互吸引和相互激励的关系"。① 不过,更多学者注意到孙中山对新文化运动既有支持又有反对,周策纵称之为"矛盾态度"。吕芳上也认为孙中山"对五四学生运动,有热烈的赞助;对于新文化运动的主流,有敏锐的察觉与掌握,但对于新思潮,他并不照单全收,而是提出适切的评鉴"。换言之,孙中山赞同五四学生运动,也了解新文化运动,而对新思潮则是部分赞同部分反对。②

然而,无论是赞成还是反对,其实已有意无意地预设双方处于同一"战场",盖在同一"战场"中才最关注敌友,甚至是非友即敌的状态。但如果双方关系并非"针尖对麦芒",而更像"关公战秦琼"式的处于不同"时空"——在新文化运动中面向社会、文化、政治的侧重不同,彼此各有其主要竞争者(且非对方),那赞成或反对的定性,可能反而会限制我们对孙中山的理解,甚至使其处于"时空错置"之中。而且,态度更多仍是表象,背后有着更为根本性的理念,而同是赞成或反对的态度,若以根本性的理念视之,其间的轻重、先后又有不同。故在讨论孙中山对新文化运动的态度时,仍需先梳理孙中山自己看重的是什么,以及时人看重孙中山的又是什么;在此基础上,进一步厘清他想要什么样的"新文化运动",又试图通过"新文化运动"做什么、怎么做。本文希望超越简单定性的态度问题,在五四前后的思想语境中以及与胡适的关联对比中定位孙中山的思想,同时在孙中山的整体思想中看他对新文化运动态度背后的实际意涵,以丰富我们对孙中山和五四新文化运动的理解。

---

① 关于孙中山与新文化运动关系的相关研究,可参见林蕴石:《孙中山先生与新文化运动》,《近代中国》(台北)第 37 期(1983 年 10 月);王晓秋:《孙中山与北京大学》,《北京大学学报(哲学社会科学版)》,1996 年第 5 期;黄振位:《孙中山与新文化运动》,《广东社会科学》,2001 年第 5 期;耿云志:《孙中山与五四新文化运动》,《广东社会科学》,2013 年第 1 期。

② 周策纵:《五四运动史:现代中国的知识革命》,陈永明等译,北京:世界图书出版公司,2014 年,第 327 页;吕芳上:《革命之再起:中国国民党改组前对新思潮的回应(1914—1924)》,台北:"中研院"近史所,1989 年,第 25 页。故有学者指出"孙中山对五四运动可谓爱恨交加",他"同情、支持、指导学生运动,对新文化运动的宣传意义给予了高度的肯定,而对反传统、张个性自由的新文化运动总体上则持反思和批判的态度,强调民族主义的重要性和中华道德的普遍价值",是"辩证的评价"。董德福:《孙中山与五四运动关系辨正》,《学术研究》,2006 年第 2 期。

第二节　别有怀抱：革命方略下的"新文化运动"

按照梁启超后来的说法，新文化运动之所以兴起，是因为时人看到"革命成功将近十年，所希望的件件都落空，渐渐有点废然思返，觉得社会文化是整套的，要拿旧心理运用新制度，决计不可能，渐渐要求全人格的觉悟"。① 换言之，新文化运动的出发点是希望通过文化努力使"旧心理"变为新心理以运用新制度，是政治革命"成功"之后的后续需求。

当时新文化运动的领袖胡适曾"打定二十年不谈政治的决心，要想在思想文艺上替中国政治建筑一个革新的基础"。② 即使是与民初政坛有密切关系的梁启超，在转向文化运动时，也强调"将从前迷梦的政治活动忏悔一番，相约以后决然舍弃，要从思想界尽些微力"，哪怕之后他又忍不住关心政治，也仍主张"宜以文化运动为主而以政治运动为辅"。③ 在兼顾文化与政治之时，仍有主次。而且，在新文化运动中，教育事业一般被认为属于核心部分，如张东荪认为文化运动是"广义的教育"，尤其其"启发下级社会的知识和道德"；④蒋梦麟同样把文化运动视为"提高社会程度的方法"，是"对于受不到普通教育的平民，给他们一种教育"。⑤ 正如德里克总结的："新文化运动的要旨，是认为在国家政治组织的任何有意义的、持久的变革得以取得之前，民众的思想必须先改变。"⑥

与上述四人形成鲜明对比的是，孙中山虽然有时也会对人宣称："文近时观察国事，以为欲图根本救治，非使国民群怀觉悟不可。故近仍闭户著书，冀以学说唤醒社会。政象纷纭，未暇问也。"不过，这大半是他脱离军政

---

① 梁启超：《五十年中国进化概论》（1922 年 10 月），《梁启超全集》，汤志钧、汤仁泽编，第 11 集，北京：中国人民大学出版社，2018 年，第 405 页。

② 胡适：《我的歧路》（1922 年 6 月 16 日），《胡适全集》，季羡林主编，第 2 卷，合肥：安徽教育出版社，2003 年，第 467 页。

③ 梁启超：《欧游心影录》（1919 年 10 月—12 月）、《"五四纪念日"感言》（1920 年 5 月 4 日），《梁启超全集》，汤志钧、汤仁泽编，第 10 集，北京：中国人民大学出版社，2018 年，第 87、194 页。

④ （张）东荪：《第三种文明》，《解放与改造》第 1 卷第 1、2 合期，1919 年 9 月 15 日，第 4 页。

⑤ 蒋梦麟：《社会运动与教育》（1920 年 2 月 20 日），《蒋梦麟教育论著选》，曲士培编，北京：人民教育出版社，1995 年，第 157 页。

⑥ 德里克：《革命与历史：中国马克思主义史学的起源，1919—1937》，翁贺凯译，南京：江苏人民出版社，2008 年，第 34 页。

府时的官话。事实上,他仍以政治为第一位。在五四学生运动之后,孙中山曾认为"教育事业"并非改造中国第一步的方法,因为"我们若致力于教育事业,一般官吏非特不能提倡,且必来设法摧残。假使我们培养一个青年,费巨额金钱,俾受一种完全教育,官吏有时竟因嫉视新人物的心理,置诸死地"。这最能看出孙中山对养成"新人物"的消极态度。所以,他认为教育事业、兴办实业、地方自治"固是改造中国的要件,但还不能认为第一步的方法",第一步的方法"只有革命",而革命的对象则是"旧官僚""武人"和"政客"。[①] 例如,在学生运动之前,蔡元培就曾劝孙中山:"倘于实业、教育两方面确著成效,必足以博社会之信用,而立民治之基础,较之于议院占若干席、于国务院占若干员者,其成效当远胜也。"蔡之本意是希望孙中山放弃护法旗帜,不再着眼于一时政权之争夺,而转向实业、教育两方面筑基础。这正是北京大学新文化人的思考方式。孙中山显然并不同意,仍坚持从"护法"入手解决时局,认为"民国若不行法治之实,则政治终无根本解决之望",并未将实业、教育视为"根本解决"的途径,反而认为会造成"暂安久乱"之局,"所失益多"。[②] 即使在学生运动一事上,于右任在陕西"颇从事于新教育之筹划,及改造社会之讨论,于无可为力之时,作若可为力之计",孙中山虽肯定其"能放眼远大,深维本根",但仍坚信"欲谋根本救国,仍非集吾党纯洁坚贞之士,共任艰巨,彻底澄清不为功"。[③] 前者着眼于"社会",后者则定位在"吾党"。所以在五四学生的眼中,"孙先生只注重上层的政治活动,搅外交、搅军队、搅土匪,对于五四以来的各次民众运动和新文化运动,似乎不够重视"。[④] 就"第一步的方法"而言,孙中山显然有自己的政治侧重,与一般意义上的新文化运动不同。

---

① 孙中山:《复廖凤书函》(1919 年 8 月 28 日)、《在上海青年会的演说》(1919 年 10 月 8 日),《孙中山全集》,中国社会科学院近代史研究所中华民国史研究室、中山大学历史系孙中山研究室、广东省社会科学院历史研究室合编,第 5 卷,北京:中华书局,2006 年,第 103、124—126 页。

② 蔡元培:《致孙中山函》(1918 年 11 月 18 日),《蔡元培全集》第 3 卷,高平叔编,北京:中华书局,1984 年,第 200 页;孙中山:《复蔡元培函》(1918 年 12 月 4 日),《孙中山全集》,中国社会科学院近代史研究所中华民国史研究室、中山大学历史系孙中山研究室、广东省社会科学院历史研究室合编,第 4 卷,北京:中华书局,2006 年,第 520 页。

③ 于右任:《自三原上孙中山先生书》(1919 年 8 月 7 日),刘永平编:《于右任集》,西安:陕西人民出版社,1989 年,第 55 页;孙中山:《复于右任函》(1919 年 9 月 1 日),中国社会科学院近代史研究所中华民国史研究室、中山大学历史系孙中山研究室、广东省社会科学院历史研究室合编,第 5 卷,北京:中华书局,2006 年,第 106 页。

④ 张国焘:《我的回忆》第 1 卷,北京:现代史料编刊社,1980 年,第 72 页。

　　进而言之，孙中山重视新文化运动，其实更多是试图借新文化运动的东风来实行对北京政府的革命。他曾坦诚自己"著书之意，本在纠正国民思想上之谬误，使之有所觉悟，急起直追，共匡国难"。孙中山显然受到五四学生运动的影响，所以才说："试观此数月来全国学生之奋起，何莫非新思想鼓荡陶镕之功？"①他进而也想仿效，通过"灌输学识，表示吾党根本之主张于全国，使国民有普遍之觉悟，异日时机既熟，一致奋起，除旧布新，此即吾党主义之大成功也"。② 无论是著述抑或灌输学识，所期待的效果，都是使得学生、国民群起响应革命。

　　孙中山一方面要借势于新文化运动，另一方面又要加入其中进一步造势。就此而言，他指示创办《星期评论》《建设》《觉悟》，也是希望这些杂志能起到像《新青年》那样"一二觉悟者从事提倡"的作用，看重的是其指向的结果，要使"舆论放大异彩，学潮弥漫全国，人皆激发天良，誓死为爱国之运动"，更寄希望于"能继长增高，其将来收效之伟大且久远者"。正所谓"吾党欲收革命之成功，必有赖于思想之变化"。③

　　换言之，孙中山看重的并非新文化运动本身，而是新文化运动所指向的革命。他对五四运动只肯定其"反抗北京政府的行动是很好的"，也因此才不无轻蔑地对张国焘、许德珩等五四学生领袖说："你们无非是写文章、开大会、游行请愿、奔走呼号。你们最大的成绩也不过是集合几万人示威游行，罢课、罢工、罢市几天而已。"并提出："现在，我愿意给你们五百条枪，如果你们能找到五百个真不怕死的学生托将起来，去打北京的那些败类，才算是真正革命。"从"无非""最大的成绩"等用词来看，孙中山对"写文章、开大会"等文化运动重要内容的重视仍是有限的。他心中的"新文化运动"也只侧重于制造革命氛围，能养成"真不怕死的学生"，托起枪"去打北京的那些败类"，故被认为"不仅瞧不起学生运动与新文化运动"，又不曾"注意过城市里的工人、商人和一般乡下老百姓的意向"，"只注重枪杆子不

---

　　① 　孙中山：《致海外国民党同志函》（1920 年 1 月 29 日），《孙中山全集》，中国社会科学院近代史研究所中华民国史研究室、中山大学历史系孙中山研究室、广东省社会科学院历史研究室合编，第 5 卷，北京：中华书局，2006 年，第 209—210 页。

　　② 　孙中山：《复蔡冰若函》（1919 年 6 月 18 日），《孙中山全集》，中国社会科学院近代史研究所中华民国史研究室、中山大学历史系孙中山研究室、广东省社会科学院历史研究室合编，第 5 卷，北京：中华书局，2006 年，第 66 页。

　　③ 　孙中山：《致海外国民党同志函》（1920 年 1 月 29 日），《孙中山全集》，中国社会科学院近代史研究所中华民国史研究室、中山大学历史系孙中山研究室、广东省社会科学院历史研究室合编，第 5 卷，北京：中华书局，2006 年，第 209—210 页。

注重民众"。①

对此,许德珩等人曾直接反驳说:"新文化运动反对旧思想、旧势力,在那里艰苦奋斗,学生们赤手空拳不顾生死的与北京政府抗争,只因为还没拿起枪来,就不算革命吗?"张国焘曾将孙中山的辩解总结为三点:

> 一、他要学生们托起枪来,不过是希望学生们的革命精神再提高一步。他并不看轻学生开会、示威等等动员民众起来反抗北京政府的行动,并相信那些行动都有重要的作用。二、他承认我们指责他没有充分重视学生运动和新文化运动,不是完全没有理由的。他声称他很注重宣传,素来主张宣传与军事并重,不过事实上宣传的工作做得不够,所以不能使一般青年和民众了解他的主义和主张。三、他叙述他的三民主义和根本推翻北京政府的立场,要求我们信仰他的三民主义;一致合作,共策进行。

许德珩提到新文化运动时有"反对旧思想、旧势力"两面,但孙中山之前就仅肯定学生"反抗北京政府的行动是很好的",这次辩解时也只提"学生开会、示威等等动员民众起来反抗北京政府的行动",不仅"旧思想"一面全无提及,原本指代十分宽泛的"旧势力"一面,也窄化成了"北京政府"。

有意思的是,孙中山对"没有充分重视学生运动和新文化运动"的回应却是反思"宣传的工作做得不够""不能使一般青年和民众了解我的主义和主张",最能看出他心中的新文化运动,更接近于革命宣传。恐怕这也是为何几天后孙中山又单独约见"很注意民众运动和工人运动"的张国焘,并邀请其担任"中华全国工业联合协会"总干事,"全权整理会务,并发展组织,以期能够名符其实成为全国的总工会"。盖在整个五四新文化运动之中,民众运动及与之相关的组织工作才是孙中山最感兴趣的部分,是"孙先生很注重的一件工作"。在许德珩印象中,当时孙中山"提出要给学生五百支枪,绝不是偶然的",因他注重的仍是"政治宣传""组织起来",核心则是"革命武装力量"。②受五四影响后,孙中山其实已有不小转变,按照早期共产党人的总结,他在此之前的"革命方法是运动军队,联合帮会的上层人物搞军事投机活动","没有把革命的基础建立在广大的劳动人民尤其是工人

① 本段及以下两段引文见张国焘:《我的回忆》第1卷,北京:现代史料编刊社,1980年,第72—76页。

② 许德珩:《许德珩回忆录:为了民主与科学》,北京:中国青年出版社,2001年,第70页。

和农民的要求上面"。① 数年后国民党改组时，孙中山更直接提出要"注重宣传的奋斗"，他说："革命成功极快的方法，宣传要用九成，武力只可用一成。我们国民党这几年用武力的奋斗太多，宣传的奋斗太少。此次改组，注重宣传的奋斗，便是挽救从前的弊端。"② 故左舜生说孙中山那时"怦然心动"，主要是看中"五四这班活泼跳动的青年"。③

不过，学生之所以乐意与孙中山及革命党亲近，也正因为革命党人更热切地回应学生激进的要求。与之形成鲜明对比，张国焘等人在拜访孙中山前后，也曾拜访梁启超，面对梁启超专力于文化工作的提议，学生领袖们虽表面"表示钦佩"，实际却以"无法安心研究学业，不得不从事反日爱国运动"为由委婉表达了不同看法，并认为梁启超一派在"国事如麻"之际"从事于学术研究"，"成效也许较大"，但"恐怕有点缓不济急罢"！反而对于不那么瞧得上学生"写文章、开大会、游行请愿、奔走呼号"的孙中山，则"认为这次谈话可能建立今后合作的基础"。盖梁启超与孙中山有显著不同，"特别强调学术研究的重要性，并慨叹他二十余年从事政治运动徒劳无功，表示今后对政治已无兴趣。他提出一个五十年文化的大计划，希望青年学者赞助"。④ 梁启超的文化运动方案里并不是没有政治，只是对学生领袖而言仍不够政治。这一方面说明孙中山的"新文化运动"确实并未那样注重"从事于学术研究"，可以更好地回应"国事如麻"的现状，同时也提示五四学生运动之后学生群体急迫的心态及不断激进的趋势。

孙中山在1919年前后处于政治上较为隐退的时候，或许正因这层稍远离政局的态度，给了革命党参加新文化浪潮的机会。孙中山视"本党同志，激扬新文化之波浪"为革命工作之一部分，故可以指示部分革命党人专司其事。正如张国焘在回忆中所说，他们与孙中山、胡汉民、汪精卫见得较少，"来往得较为亲密和轻松"的有戴季陶、朱执信、廖仲恺几位，"与我们常

---

① 包惠僧：《包惠僧回忆录》，北京：人民出版社，1983年，第129页。

② 孙中山：《在广州对国民党员的演说》（1923年12月30日），《孙中山全集》，中国社会科学院近代史研究所中华民国史研究室、中山大学历史系孙中山研究室、广东省社会科学院历史研究室合编，第8卷，北京：中华书局，2006年，第568页。

③ 左舜生：《从"五四"谈到国难》，《国论》第1卷第11期，1936年5月20日，第11—12页。后来有研究者以孙中山这一段话，指出孙在五四运动后"认识了群众，认识了群众的力量"。吕芳上也说当时孙中山的举措是"显示了他对群众力量的体认，也表示了他对宣传力量的重视"。周哲：《孙中山》，香港：新中国书局，1949年，第46页；吕芳上：《革命之再起：中国国民党改组前对新思潮的回应（1914—1924）》，台北："中研院"近代史研究所，1989年，第31页。

④ 张国焘：《我的回忆》第1卷，北京：现代史料编刊社，1980年，第70页。

聚在一块高谈阔论,主要话题往往是新文化运动",而"叶楚伧、邵力子代表《民国日报》,出席各种民众团体的会议,无异是国民党的公开代表,与我们好像是在一块共事似的"。① 可见这些学生领袖们在五四时期较为接近的,既不是专力于文化事业的梁启超一派,也并非太偏重于政治界的领袖,而是那些较多参与新文化运动、影响舆论界的革命党人。这些人物虽有受命加入新文化的意味,但在思想上与孙中山却并非完全相同。例如,俞秀松、施存统离开北京的工读互助团"本想到漳州去","预备到陈竞存那里去当兵,藉以宣传主义"。如果说工读互助团有偏向"学"的一面,仍在主流新文化运动范围内,但到漳州陈炯明处当兵,就真如孙中山所希望的"革命精神再提高一步","学生们托起枪来"。然而,革命党人沈定一、戴季陶却表示反对,"不以为我们底办法为然",认为与其"到漳州去,不如在上海去入工厂","投身军队不如投身工场要紧"。他们不像孙中山将新文化运动(社会运动)视为政治革命的助力,而更重视社会革命本身的价值。②

在认为孙中山将思想(新文化运动)当作政治的工具甚至武器这一点上,胡适有一以贯之的认识。他在南京国民政府成立之初,就曾指出:"孙先生看出五四运动中的学生,因教育的影响,激于义愤,可以不顾一切而为国家牺牲;深信思想革命,在一切革命中,最关紧急;故拟创办一个最大的与最新式的印刷机关,尽量作思想上的宣传工夫。"这也体现在孙中山自身工作的转变上,在 1919 年以前,"孙先生奔走各处,专心政治运动,对于著作上的工作,尚付阙如";到 1919 年以后,"他的革命方向,大大转变了,集中心力,专事著作,他的伟大著作,皆于此时告成"。之所以如此,"就因为他认定思想革命的势力,高过一切,革命如欲成功,非先从思想方面入手不可,此种倾向,亦就因为受着五四运动的影响的结果"。次年,胡适更直截了当地指出孙中山是"把新文化运动看作政治革命的一种有力的工具"。③胡适晚年仍认为,五四运动使当时政党"颇受启发","觉察到观念可以变成武器,学生群众可以形成一种政治力量"。他所举的例子便是孙中山,孙中山在 1920 年写信向海外华侨募捐来创办报刊,"便强调对青年们宣传的重要",新文化运动"竟能化新观念为力量,便赤手空拳的使反动的北京政府

　　① 张国焘:《我的回忆》第 1 卷,北京:现代史料编刊社,1980 年,第 70—71 页。

　　② 俞秀松:《给骆致襄的信》(1920 年 4 月 4 日),《俞秀松纪念文集》,中共浙江省委党史研究室编,北京:当代中国出版社,1999 年,第 157 页;(施)存统:《回头看二十二年来的我》(续),《民国日报》(上海),1920 年 9 月 24 日,"觉悟",第 4 张第 3 版。

　　③ 胡适:《五四运动纪念》(1928 年 5 月 10、11 日)、《新文化运动与国民党》(1929 年 11 月),《胡适全集》,季羡林主编,第 21 卷,合肥:安徽教育出版社,2003 年,第 370—371、449 页。

对他们让步"。其结果是各政党"都认识到吸收青年学生为新政治力量的可能性而寄以希望"。① 而且,孙中山之所以以这样的眼光看待新文化运动,与"中山先生是个革命领袖"分不开,"所以他最能了解这个'思想界空前之大变动'在革命事业上的重要性"。②

可以看到,就解决时局的路径而言,孙中山与一般意义上新文化运动的主流本就不同。张东荪曾将解决中国问题的路径分成两种:前者"主张以政治力建设一个新国家",后者"鼓吹以文化力创造一个新民族"。③ 新文化运动的主流倾向于后者,但在孙中山的设想中,改变旧心理并非是第一位的,他是要以武力取得政权,然后以政治力建设国家,即"仍主张先解决政治问题"。④

王汎森老师指出,像五四新文化运动这样"具有宏大意义的历史事件",往往是"'真信者'与'半信者'合奏而成的乐章",在某种意义上,孙中山正是新文化运动的"半信者",他未必真正相信新文化运动,但他在一个新的时代潮流中"作各种调整""透过点滴的安排做复杂的适应",以自己的方式将部分新文化运动的内容与形式纳入其革命方略。⑤

第三节　孙中山与胡适"新文化运动"的错位

在我们习惯的认知中,新文化运动的内容无疑包含着白话文、西化、反传统等因素,而正如上文所述,在这几方面,孙中山均持反对意见或有所保留,那他为何仍要在1920年时称"此种新文化运动,在我国今日,诚思想界空前之大变动","此种新文化运动,实为最有价值之事"? 问题的核心恰恰

---

① 《胡适口述自传》,《胡适全集》,季羡林主编,第18卷,合肥:安徽教育出版社,2003年,第347—348页。

② 胡适:《"五四"的第二十八周年》(1947年5月4日),《胡适全集》,季羡林主编,第22卷,合肥:安徽教育出版社,2003年,第673页。

③ 《我们的宣言》,《时事新报》,1920年1月1日,第2张第1版。

④ 常乃惪后来说,在1915年前后"梁启超一派主张政治无望,应该从改良社会根本做起"。与之相对的,当时还有另一种思路,"章士钊在东京办《甲寅》杂志,便反对他的主张,仍主张先解决政治问题。孙文在东京组织中华革命党,也算是与这种态度一致"。常乃惪:《中国文化小史》,北京:中华书局,1928年,第173—174页。

⑤ 关于"真信者"与"半信者"的讨论,可参见王汎森:《五四历史的两条线索》,《启蒙是连续的吗?》,香港:香港城市大学出版社,2020年,第55—88页。

是:什么是"此种新文化运动",与"此种"相对的,有无"彼种新文化运动"?我们要了解孙中山所用"新文化运动"的准确含义,需要回到时人在当时的时代氛围中,探知他们如何理解这一词汇。

早期"新文化运动"的含义,其实既包括"新文化",也包括"社会运动"。五四学生运动之后的半年中,"新文化运动"一词逐渐流行,然时人对该词的理解非常复杂多歧且前后变动,并非像后来一般认知的那样侧重反传统或白话文,反而更多指向"唤醒国民,改良社会"。① 例如,在 1919 年11 月,江苏省教育会曾对"新文化运动"一词有过解释,最能说明当时该词的一般意思。该解释列举六条内容,无一提到反传统,同时,白话文也与注音字母一样仅是文化普及的手段,不同于胡适倡导的白话文学。② 后来夏康农观察到,关于五四运动的中心性质——"究竟是'社会运动',还是'新文化运动'"这个题目,"自从有了五四以来不断地发生争论",而他认为"五四运动并不是单纯的'社会运动',也不是单纯的'新文化运动';它既是'社会运动',也是'新文化运动'"。③ 这里的"五四运动"其实更接近于较原生态的"新文化运动"一词,可以包含"社会运动",语义窄化之后,才变成与"社会运动"并列的"新文化运动"。

如果从这个意义上去理解孙中山在 1920 年时使用的"此种新文化运动"的涵义,或许更能贴近本意,它本身便含有普及、宣传、动员的方式。换言之,他当时支持的尚是那个词义混沌偏向社会改造的"新文化运动",这

---

① 周月峰:《五四后"新文化运动"一词的流行与早期含义演变》,《近代史研究》,2017 年第 1 期。

② 具体内容为:"(一)新文化运动,是继续五四运动,传播新文化,于全国国民的作用。其进行方向,在唤醒国民,改良社会,发展个人,增进学术,使我国社会日就进化,共和国体日形巩固。(二)新文化运动,要文化普及于大多数之国民,不以一阶级一团体为限(例如推广注音字母,传播白话文,设立义务学校,演讲团都是这个意思)。(三)新文化运动是以自由思想创造能力,来批评改造建设新生活(例如现在各种新生活出版物)。(四)新文化运动是谋永远及基本的改革与建设,是要谋全国彻底觉悟。继续现在的新运动,从基本上着想,使之永远进步也。(五)新文化运动,要全国国民改换旧时小的人生观,而创造大的人生观,使生活日就发展(例如从家族的生活到社会的生活)。(六)新文化运动,是一种社会运动,国民运动,学术思想运动。"这一解释广被转载,可参见《演说竞进会演题之解释》,《申报》,1919 年 11 月 2 日,第 10 版;《文化教育会运动演讲》,《民国日报》(上海),1919 年 11 月 2 日,第 10 版;《江苏·新文化运动解释》,《大公报》,1919 年 11 月 5 日,第 2 张第 7 版。

③ 夏康农:《论五四运动的中心性质——究竟是"社会运动",还是"新文化运动"?》(1948 年5 月 4 日),《现代教育丛刊》第 2 辑,1948 年 5 月 25 日,第 8—9 页。

也常是不少革命党人的倾向。①

　　例如戴季陶在 1919 年时便自问自答："新文化运动是甚么？就是以科学的发达为基础的'世界的国家及社会的改造运动'。非有大破坏，不能有大建设"。在他看来，新文化运动本身便是国家及社会的改造运动，其目的是造成一种革命。他说："社会的文化运动是促进社会的革命，社会的革命运动又是实现社会的文化。"②国共合作以后，有倾向革命者说得更为清楚："我们现在要把文化运动的旗子从新举起来，一定要认清楚文化运动底灵魂，是革命的精神，不是浅薄的甚么文艺或复古运动。"③显然在这位作者看来，如果新文化运动是"浅薄的甚么文艺或复古运动"，他们即使不反对，大概也不屑一顾，因为他们选择从事一个更重要的革命的新文化运动。

　　孙中山从宣传、动员的层面看重新文化运动，但却并不赞赏胡适及《新青年》同人倡导的白话文与反传统。不过其他革命党党人对白话文、反传统的态度也并不一致。例如，柳亚子、陈去病、黄节、叶楚伧等本是南社中人，在清末就发起保存国粹运动，到五四时期，仍"含有保存国粹国光的成分"。④又如，后来成为国民党领袖的蒋介石一度虽对新文化抱有好奇和追踪，但在 1919 年 8 月新文化运动最盛之时，曾自拟儿童应读之书，"曰尔雅，曰诗经，曰易经，曰左传，曰孟子，曰庄子，曰离骚，曰三才略，曰读方舆纪要序，曰九通序十种。其余如史记菁华、经史百家简编，亦宜熟读也"。⑤这样的儿童书单，在《新青年》同人眼中，估计仍算"反动"。不过，因为孙中山及国民党人的"新文化运动"方案有自己的侧重，相对于革命而言，他们

---

　　①　桑兵甚至认为"新文化运动是在五四运动之后，由国民党、江苏教育会联手发动，以延续五四风潮冲击段祺瑞和安福系的未竟之业，用文化运动的形式推动国民革命的社会运动。"桑兵：《〈新青年〉与新文化运动》，《学术月刊》，2020 年第 5 期。

　　②　戴季陶：《从经济上观察中国的乱原》（1919 年 9 月 1 日）、《国家主义之破产与社会的革命》（1920 年 4 月 25 日），《戴季陶集》，唐文权、桑兵编，武汉：华中师范大学出版社，1990 年，第989、1203 页。

　　③　正厂：《文化运动底反动》，《中国青年》第 1 卷第 17 期，1924 年 2 月 9 日，第 14 页。

　　④　胡适：《新文化运动与国民党》（1929 年 11 月），《胡适全集》，季羡林主编，第 21 卷，合肥：安徽教育出版社，2003 年，第 442—443 页。

　　⑤　蒋介石日记 1919 年 8 月 24 日，转引自《蒋中正先生年谱长编》，吕芳上主编，第 1 册，台北："国史馆"，2014 年，第 101 页。在 1919 年，他一边"阅《新潮》、《新青年》、《东方杂志》，揣摩风气"，一边读《新村记》《易卜生记》《俄国革命记》等书，跟踪新思潮。1920 年 1 月 1 日，除习俄语、英语外，"研究新思潮"亦列入其全年的学课计划。那几年中，也曾阅读《杜威讲演集》《马克斯经济学说》《马克斯学说概要》《共产党宣言》《马克思传》《德国社会民主党史》等书。参见王奇生：《蒋介石的阅读史》，《中国图书评论》，2011 年第 4 期。

对偏文化层面的反传统、白话文并不真重视,故即使不同意,也未见大张旗鼓反对。这也是为什么文化观念非常不同的叶楚伧、邵力子、戴季陶可以在《民国日报》和平共事。正如陶希圣所说:"总理孙中山先生领导的国民革命却敞开大门,汲引所有的思想流派。因为那都是革命力量。"①

新文化运动中,那"所有的思想流派"很多时候相互之间是充满矛盾的,孙中山之所以能"敞开大门",是因为在他的"新文化运动"方案中,重视的是"革命力量",以革命与否为主要判断标准迎拒种种思想,而他自身是否真赞同这些思想流派的具体主张,反而是次要的,可以不那么在意。因此,他即使不赞成白话文,对于以白话报宣传主义却也认为"此事甚好"。② 这其实延续了革命党人在清末的做法,那时他们就办白话报,以白话宣传主义,但主要是为了面对底层民众,并非肯定白话的文学价值。就此而言,"文学革命的效果",仅仅是"给予了国民党人一种改良的宣传工具"。③

有意思的是,在 1920 年前后,胡适尚明确拒绝承认自己所从事的是"新文化运动",认为当时"所谓新文化运动"说得痛快一点,就是"新名词运动","拿着几个半生不熟的名词,什么解放、改造、牺牲、奋斗、自由恋爱、共产主义、无政府主义……你递给我,我递给你",是做"普及","连文化都没有,更何从言新"。他自己"赌咒不干"。④ 胡适所描绘的"你递给我,我递给你"的普及,确实跟宣传、运动群众的做法十分吻合,偏于"新文化运动"的"运动"一面,而胡适自己则注重"新文化"内容的一面。同样面对五四运动中,学生群体"写文章、开大会、游行请愿、奔走呼号"的现象,胡适的批评尚在文化运动之内,在意的是新文化运动没有"文化";而孙中山注意的却是"集合几万人示威游行"不如"五百个真不怕死的学生托将起来,去打北京的那些败类",嫌新文化运动还在文化和社会的领域徘徊,不够支援政治革命。

---

① 陶希圣:《潮流与点滴》,台北:传记文学出版社,1979 年,第 44 页。

② 孙中山:《批刘焕黎函》(1919 年 7 月 8 日),《孙中山全集》,中国社会科学院近代史研究所中华民国史研究室、中山大学历史系孙中山研究室、广东省社会科学院历史研究室合编,第 5 卷,北京:中华书局,2006 年,第 82 页。

③ 曹聚仁:《文坛五十年》,北京:生活·读书·新知三联书店,2010 年,第 111 页。

④ 胡适:《提高与普及》(1920 年 9 月 17 日演讲),《胡适全集》,季羡林主编,第 20 卷,合肥:安徽教育出版社,2003 年,第 66—69 页;《蒋梦麟总务长演说词》(1920 年 9 月 11 日),《蒋梦麟教育论著选》,曲士培编,北京:人民教育出版社,1995 年,第 202 页。

　　所以，就"新文化运动"更原生态的词义层面而言，说孙中山赞成、倡导"新文化运动"亦无不可，不过需要区分的是，孙中山赞成的"新文化运动"和胡适主张的以及我们所熟知的"新文化运动"，虽有关联，但更有区别，相互之间不无紧张。后来胡适虽也接受了"新文化运动"这一名词，但词义已有所转移，将"新文化运动的根本意义"定位为"承认中国旧文化不适宜于现代的环境，而提倡充分接受世界的新文明"，"新文化运动的大贡献在于指出欧洲的新文明不但是物质文明比我们中国高明，连思想学术、文学美术、风俗道德都比我们高明的多"。① 所侧重的主要在三个方面，一为白话文学，二为推崇、输入西方文明，三为整理国故（且侧重反传统一边），更倾向于是"纯粹文学的、文化的、思想的一个文艺复兴运动"。② 如果从这个意义上理解"新文化运动"，那孙中山确实如胡适所说，"实在不能了解当时的新文化运动的态度"。③ 所以，胡适晚年谈五四运动时才说，"过去三十多年来，国民党中只有吴稚晖、蔡元培、蒋梦麟、刘大白等前进人物，帮助这个运动的推行"。孙中山并不在其中。胡适特别褒扬刘大白主张"白话是人话，文书是鬼话"，"实在是文学革命的同志"，"其他都还是保守太多"，可见其判断标准仍是看重文白之别。④

　　胡适自己也已注意到，对于新文化运动，孙中山的侧重与他的侧重并不相同。孙中山在将五四运动"归功于思想革新"之后，视思想革新为"心理作战"，认为"我党（革命党）要收革命之成功，必有赖于思想之变化"。此种重视，在胡适看来，"也可以说帮助，同时也可以说摧残"，因为"我们从前作的思想运动，文学革命的运动，思想革新的运动，完全不注重政治"，到了五四之后，大家看看"学生是一个力量，是个政治的力量，思想是政治的武器"，从此以后，"国民党的领袖孙中山先生，后来国民党改组，充分的吸收青年分子"，加上共产党、研究系拉拢、吸收青年人，"弄得〔知识界里〕人人对政治都发生了兴趣。因此使我一直作超政治构想的文化运动和文学

　　① 胡适：《新文化运动与国民党》（1929 年 11 月），《胡适全集》，季羡林主编，第 21 卷，合肥：安徽教育出版社，2003 年，第 440、444 页。

　　② 本段与下一段引文见胡适：《五四运动是青年爱国的运动》（1960 年 5 月 4 日），《胡适全集》，季羡林主编，第 22 卷，合肥：安徽教育出版社，2003 年，第 806—807 页；《胡适口述自传》，《胡适全集》第 18 卷，第 347—348 页。

　　③ 胡适：《新文化运动与国民党》（1929 年 11 月），《胡适全集》，季羡林主编，第 21 卷，合肥：安徽教育出版社，2003 年，第 444 页。

　　④ 胡颂平：《胡适之先生晚年谈话录》，北京：中华书局，2016 年，第 60 页。

改良运动〔的影响〕也就被大大地削减了",以至于使得"我们纯粹文学的、文化的、思想的"新文化运动"就变了质啦,就走上政治一条路上"。

在胡适看来,孙中山所看重的"新文化运动"其实是"我们"的新文化运动的一种"变质"。胡适认为,五四学生运动之后,"新文学和新思想在唤醒青年新的民族意识中的作用被大肆夸扬,青年运动作为改革或革命的有效政治武器被过度估计","大学中的思想运动正迅速扩大为政党的新武器"。① 其中最重要的主动者便是孙中山(及其革命党同人)以及梁启超一系。是否被"大肆夸扬"或"过度估计"是见仁见智的,但也揭示出胡适心目中"新文学和新思想"与"青年运动"的主旨并非在唤醒民族意识或成为政治武器,而孙中山恰恰是想将思想运动当作"政党的新武器"。若按胡适的标准,未"变质"的"新文化运动"只在五四学生运动之前,但有意思的是,前引孙中山信函中的"此种新文化运动",却是指"自北京大学学生发生五四运动以来"的种种现象,最能说明两个"新文化运动"的不同内涵。正如夏康农分析的,一方将新文化运动视为"由觉醒了的知识青年的实际行动造成,打击了旧社会的黑暗势力,揭穿了那腐朽不堪的内容,这才发生了社会力量","必然就是一个社会运动,而且是政治性很强烈的社会运动";另一方则认为新文化运动"是某种意识觉醒了的青年造成的","得之于新文化的探讨与发扬",而其中的"社会性运动","只不过是新文化运动向旁边逸出的一种表现,而并非他们所谓新文化运动的正面文章"。②

对于此种侧重的不同,后来曹聚仁拿国民党与梁启超一派作对比,指出"研究系"与国民党虽都在新文化运动中,但一边是"文化工作",而另一边则是"唤起民众,转向社会运动",参与者也多是陈望道、刘大白、沈定一、杨贤江、张闻天、瞿秋白这些"社会革命的激进分子"。曹聚仁特别注意到新文化运动中文学革命与社会革命的分际:"在文学革命这一方面,研究系格外和青年接近,所以《北晨》副刊、《学灯》都和文学研究会在合作。""国民党人自负急先锋"的其实是"在社会革命那一方面",而对"文学革命"一方面相对疏离,甚至于常常也不赞成,孙中山便"主张保留旧文体"。③ 这也

---

① 胡适:《1917 至 1937 年的中国思想潮流》(1955 年 5 月 6 日),胡适纪念馆藏,检索号 HS-US01-030-011。

② 夏康农:《论五四运动的中心性质——究竟是"社会运动",还是"新文化运动"?》(1948 年 5 月 4 日),《现代教育丛刊》第 2 辑,1948 年 5 月 25 日,第 8 页。

③ 曹聚仁:《文坛五十年》,北京:生活·读书·新知三联书店,2010 年,第 162、165 页。

是周策纵所说的"矛盾态度"，即孙中山"基于政治原因曾支持学生运动和新文化运动，但出于民族主义立场，他又从未完全赞同新文学运动和新思想运动"。① 支持的是"学生运动和新文化运动"，未完全赞同的是"新文学运动和新思想运动"，其间有着细微的差别。

需要指出的是，在孙中山的指示下，革命党人既然要加入新文化运动，他们的话题、态度与工作确实也有所转变。如胡适所说："民国八年五月以后，国民党受了新文化运动的大震动，决计加入新文化的工作，故这种历史的守旧性质和卫道态度暂时被压下去了，不很表现在《星期评论》、《建设》、《觉悟》的论坛里"。② 加入新文化运动的革命党人，虽意在革命，但在不少特定的论题上——例如关于井田制与社会主义的讨论，进入到了胡适的"战场"之中，这也成为两个错位的"战场"最有交集的部分。

总之，胡适所说的"新文化运动"或周策纵使用的"新文学运动和新思想运动"，在孙中山的整体思想中，并非居于核心地位。故对于反传统、西化、白话文、世界主义等新思想，孙中山虽有自己不同的看法，却也并不大张旗鼓地反对，因他自有更重要的革命事业。就此而言，这并不完全是赞成与反对的"态度矛盾"问题，更像是不同新文化运动方案所在"战场"的错位。既然连对"文化工作"整体上都可以不甚注意，那孙中山对其中部分文化观点的歧义，虽"不照单全收"，但真可以视而不见。

胡适显然知道孙中山的"新文化运动"与他的"新文化运动"并不一致，并且也清楚孙中山反对着他所倡导的一些新思想，如他在读《孙文学说》时就注意到，"书中有许多我不能赞同的地方，如第三章'论中国文字有进化而语言转见退步'、第五章论王阳明一段"，但却轻轻放过，认为这些"比较的都是小节，我可以不细批评了"。③ 那为何胡适不但不旗帜鲜明地反对孙中山的思想，反而在后来持续地表述孙中山支持新文化运动？这又与孙中山逝世后尤其是南京国民政府成立之后新的历史情势密不可分。

---

① 周策纵：《五四运动史：现代中国的知识革命》，陈永明等译，北京：世界图书出版公司，2014年，第327页。耿云志也注意到孙中山是"作为政治家、革命领袖，为寻求革命救国的途径，在屡经挫折之后，潜心反思，希望得一种新思想、新精神以武装同志，谋求重振革命事业"。耿云志：《孙中山与五四新文化运动》，《广东社会科学》，2013年第1期。

② 胡适：《新文化运动与国民党》（1929年11月），《胡适全集》，季羡林主编，第21卷，合肥：安徽教育出版社，2003年，第445—446页。

③ 胡适：《评〈孙文学说〉》，《每周评论》第31号，1919年7月20日，第3版。

第四节　胡适叙述中的孙中山与新文化运动

在 1927 年"清党"之后，国民党人越来越推崇传统文化。据胡适观察，国民党改组后，因为"吸收了许多少年新分子"，"稍稍保守的老党员都被摈斥了"；但"清党"之后，"钟摆又回到极右的一边"，"稍有革新倾向的人也就渐渐被这淘汰的运动赶出党外，于是国民党中潜伏着的守旧势力都一一活动起来，造成今日的反动局面"。① 蒋介石在 1929 年时便指出："吾谓今日之中国，外患不足虑，内乱不足平，惟吾民族固有之德性，至今日而沦亡殆尽。"②同一时间，叶楚伧则提出"中国本来是一个由美德筑成的黄金世界"。③ 这样的主张与国民政府对新文化运动的看法一脉相承，蒋介石认为新文化运动不过为"提倡白话文""零星介绍一些西洋文艺""推翻礼教否定本国历史""盲目崇拜外国，毫无别择的介绍和接受外来文化"等，这"实在是太幼稚、太便易，而且是太危险了"。④ 而贺衷寒的表述最能体现国民政府对新文化运动的态度，他说："'五四'的新文化运动是主张把中国固有的东西像礼、义、廉、耻等通统摧毁，把外国的自由主义、阶级斗争等学说介绍进来。"其中，自由主义"把中国弄得不能统一"，阶级斗争的学说"把中国社会弄得不能够安宁"，这都是陈独秀、胡适等人"所做的新文化运动的结果"。⑤

孙中山推崇传统的一面也随之被不断强调。早在孙中山逝世后，国民党方面的这一倾向就逐渐显露。1925 年，戴季陶便对三民主义进行阐释，在引用孙中山"一般醉心新文化的人，便排斥旧道德"一段后，总结说："先生的一身历史，最伟大的一点，是在以创造的精神，复兴中国的文化。先生所创行的三民主义，是以复兴文化为基础。"⑥对反传统的新思想有所保留，

---

① 胡适：《新文化运动与国民党》(1929 年 11 月)，《胡适全集》，季羡林主编，第 21 卷，合肥：安徽教育出版社，2003 年，第 446 页。

② 蒋介石：《双十节告同胞书》，《中央周刊》第 71 期，1929 年 10 月 14 日，第 13 页。

③ 叶楚伧：《由党的力行来挽回风气》，《中央周刊》第 71 期，1929 年 10 月 14 日，第 14 页。

④ 总裁（蒋介石）：《哲学与教育对于青年的关系》，《新湖北教育》第 1 卷第 2 期，1941 年 11 月 10 日，第 13—14 页。

⑤ 贺衷寒讲，雷雨田记：《新生活运动之意义》，《中国革命》(上海)第 3 卷第 9 期，1934 年 3 月 10 日，第 20 页。

⑥ 戴季陶：《三民主义演讲》(1925 年)，《戴季陶集》，上海：三民公司，1929 年，第 78 页。

确实是孙中山思想的一部分，但未必是最主要的，然而戴季陶开始有意识地将其肯定固有道德的一面往"复兴中国的文化"上阐释，且变成"最伟大的一点"，使其由局部推向整体、由边缘走向中心。

在南京国民政府时期，蒋介石更是常常引孙中山强调固有道德的言论，来论证自己的主张，他甚至推论出当时中国之所以"人欲横流，四维绝灭，整个民族的精神，因而日益消沉，国家的灵魂，亦随之而丧失"，以至于"受外国人的欺凌压迫"，完全是因为"近年以来，因为一般人不讲究道德，对于固有的道德，视为陈腐的东西，不仅自己不来讲究，还要鄙弃人家来讲究"。① 虽说中国被"欺凌"起于五四新文化运动之前，不过，此处所说的"近年以来"大概主要暗指新文化运动。他将《三民主义》中民族主义第六讲最重要的意思，概括为"就是要恢复我们中国固有的道德，发扬我们民族固有的精神，来恢复民族固有的地位"。②

值得注意的是，在南京国民政府成立之前，国民党以革命党的角色存在，主要影响在政军两界，对于胡适所在意的思想界而言，始终是一种虽有影响，但却是错位的存在；然而，之后国民党成为执政党，孙中山由革命者变为"国父"，已到了"上帝可以否认，而孙中山不许批评，礼拜可以不做，而《总理遗嘱》不可不读，纪念周不可不做"的境况。胡适在当时就意识到，"一个在野政客的言论"和"一个当国的政党的主张"，两者的影响不可同日而语。前者是"私人的言论，他的错误是他自身的责任"；后者则"成了一国的政策的依据，便是一国的公器，不是私人责任的问题了"。所以，"一个当国专政的政党的思想，若含有不合时代的反动倾向，他的影响可以阻碍一国文化的进步"。③ 借着政权的力量，孙中山思想在经过阐释之后，上升为国家意志，"被过度神化而变得不容置喙"④，影响已无远弗届。最显著的例子便是孙中山的言论开始反复出现在各类教科书中。如1929年就有教科书在引述孙的言论后写道："中国从前的忠孝、仁爱、信义、和平种种旧道德，实在比外国好得多；所以中国民族，至今还能够存在，这种特别的好道

---

① 蒋介石：《军队教育的要旨》（1934年9月10日出席军官团总理纪念周训词），《庐山训练集（精神教育第3集）》，出版者出版年份不详，第382页。

② 蒋介石：《总理遗教》（1935年9月14日在峨眉军训团讲），重庆：青年书店，1939年，第175—176、178页。

③ 胡适：《新文化运动与国民党》（1929年11月），《胡适全集》，季羡林主编，第21卷，合肥：安徽教育出版社，2003年，第438、448页。

④ 胡适：《1917至1937年的中国思想潮流》（1955年5月6日），胡适纪念馆藏，检索号HS-US01-030-011。

德,便是我们民族的精神,我们以后对于这种精神,不但是要保存,并且要发扬光大,然后我们的民族地位,可以恢复。"①

正是在这一历史背景下,胡适才开始反复引用孙中山支持新文化运动的言论,且有时会加以倾向性的解读。② 他的用意之一,正是以孙中山的"正确性"来反衬后来国民党的"谬误"。当他说国民党中"尤以孙中山先生最能体验五四运动的真意义"时,潜台词即是国民党中其他人其实未必理解五四运动的真意义。例如在 1929 年,胡适看到叶楚伧"中国本来是一个由美德筑成的黄金世界"这篇文字之后,觉察到"这是今日我们不能避免的新旧文化问题的一个重要之点",因为如果三百年前的中国就已是"一个由美德筑成的黄金世界",那么,不仅不必"做什么新文化运动",甚至可以"老老实实地提倡复古"。所以他才举出孙中山的话来,引述之后又话锋一转,立刻说:

> 今日的国民党到处念诵"革命尚未成功",却全不想促进"思想之变化"！所以他们天天摧残思想自由,压迫言论自由,妄想做到思想的统一。殊不知统一的思想只是思想的僵化,不是谋思想的变化。用一个人的言论思想来统一思想,只可以供给一些不思想的人的党义考试夹带品,只可以供给一些党八股的教材,决不能变化思想,决不能靠此"收革命之成功"。

国民党之所以"大失人心",除政治举措"不能满足人民的期望"外,更是因为"思想的僵化不能吸引前进的思想界的同情"。胡适告诫当局:"前进的思想界的同情完全失掉之日,便是国民党油干灯草尽之时。"③

从这一段话中可以体会出,胡适更多是借孙中山来教训当时的国民党,盖号称继承孙中山遗志的国民党,却违背了他对待新文化运动的意志——虽然这一"意志"已然是被胡适阐发后的"意志"了。同样的,胡适在 1947 年引用孙中山的表述时,仍不忘提醒国民党一句:"我们在二十八年后

---

① 蒋镜芙编:《新中华社会课本》第 7 册,上海:新国民图书社,1929 年,第 23 页。这是南京国民政府时期教科书的普遍观点,例如,另有教科书提到,"孙中山先生以为这些旧道德就是民族精神,不但不应该放弃,并且应该极力求其发扬光大"。储炜编:《高小社会课本公民编教学法》第 1 册,上海:北新书局,1934 年,第 46 页。

② 关于胡适与国民政府在此一时期的关系,可参见罗志田:《再造文明之梦:胡适传》(修订本),北京:社会科学文献出版社,2015 年,第 322—346 页。罗老师注意到,几年前胡适在欧美强调的新文化运动与国民党之间的关联,在《新文化运动与国民党》一文中已被基本划断。

③ 胡适:《五四运动纪念》(1928 年 5 月 4 日)、《新文化运动与国民党》(1929 年 11 月),《胡适全集》,季羡林主编,第 21 卷,合肥:安徽教育出版社,2003 年,第 369—370、437、448—450 页。

纪念'五四'，也不能不仔细想想我们今日是否已'收革命之成功'，是否还'必有赖于思想之变化'。"①

后来唐德刚或是直接受胡适影响，他在注解胡适自述时，也用到孙中山致海外国民党同志信中的内容，说："读这一段中山遗著，我们觉得孙中山先生真是'圣之时者也'。子曰：管仲之器小哉。后辈继起政要比起中山先生来，真是'小哉！小哉！'啊！"②像胡适一样，唐德刚引用这段话，突出孙中山的圣贤是一方面，更重要的恐怕还是在指责"后辈继起政要"真是"小哉！小哉！"又如吴相湘在引用后，指出"遗言如此"，而后质问"只是自称孙先生的党徒的人们"却"数典忘祖，自毁历史，一至如此！"③

需要指出的是，胡适在援引孙中山的表述时，有时又有意无意夹带了孙中山未必能同意的内容。比如，他在1947年引用完孙中山的原话后认为"孙中山先生的评判是很正确很平允的"。不过，随即就将话题转到了白话文上，认为五四运动"把白话文变成了全国青年达意表情的新工具"，"方才有中山先生所赞叹的'思想界空前之大变动'"。④胡适将白话文塞进孙中山所肯定的"新文化运动"之中，如偷梁换柱般以自己心中的"新文化运动"替换了孙中山口中的"新文化运动"。

为了借孙中山批评国民党，胡适偶尔有意无意会掩饰孙中山对传统文化的态度，或为其开脱。他有时替孙中山解释，说："孙中山先生也并非不明白这种事实，不过他正在讲'民族主义'，故不能不绕弯子，争面子"；或者说："最伟大的孙中山先生"之所以在他的通俗讲演里说"中国先前的忠孝仁爱信义种种的旧道德"都是"驾乎外国人"之上，是因为"要敷衍一般夸大狂的中国人"；又说孙中山"作六度'民族主义'演讲"，是"不能不顺口恭维"中国旧道德。⑤他之前便已说孙中山是"随便说说"，此处又一再说是"要敷衍一般夸大狂的中国人""不能不顺口恭维"，好像孙中山的话均非本

---

①　胡适：《"五四"的第二十八周年》（1947年5月4日），《胡适全集》，季羡林主编，第22卷，合肥：安徽教育出版社，2003年，第673页。

②　唐德刚《胡适口述自传》注释，《胡适全集》，季羡林主编，第18卷，合肥：安徽教育出版社，2003年，第365页。

③　吴相湘：《中山先生敬重胡适教授——胡适与中国国民党之一》，《传记文学》第52卷第5期，1988年5月，第67页。

④　胡适：《"五四"的第二十八周年》（1947年5月4日），《胡适全集》，季羡林主编，第22卷，合肥：安徽教育出版社，2003年，第673页。

⑤　胡适：《新文化运动与国民党》（1929年11月），《胡适全集》，季羡林主编，第21卷，合肥：安徽教育出版社，2003年，第445页；胡适：《再论信心与反省》（1934年6月），《胡适全集》第4卷，第507—508页；胡适：《致王重民》（1944年9月17日），《胡适全集》第25卷，第122页。

意。如果说戴季陶、蒋介石等人放大了孙中山推崇旧道德的一面,那胡适显然有意淡化其传统色彩。

有意思的是,当傅斯年对他说"孙中山有许多很腐败的思想,比我们陈旧的多了",胡适在日记中评价为"孟真此论甚中肯"①,大概部分承认这些"腐败的思想"原本就是孙中山自己的。其实,胡适也曾明确指出,孙中山"对于中国固有的文明也抱一种颂扬拥护的态度";在白话文运动方面,也"很明白地说古文胜于白话","很不赞成白话文学的主张"。这种见解在胡适看来是"大错误"。尤其值得注意的是,胡适特别解释,"这种议论虽然是他个人一时的错误,但也很可以作为后来国民党中守旧分子反对新文学的依据",又说:"中山先生当时不过是随便说说,而后来三民主义成为一党的经典,这种一时的议论便很可以助长顽固思想,养成夸大狂的心理,而阻碍新思想的传播。"②换言之,孙中山在野时"个人一时的错误"或"随便说说"可以不那么计较,但一旦被国民党用作为"反对新文学的依据""阻碍新思想的传播",就需要有所回应,盖后者显然进入到了胡适的正面"战场",这恐怕也是胡适对"中央宣传部长叶楚伧先生"比孙中山更不能容忍的原因之一。

第五节　结　论

历史人物的思想本有多元,对于历史人物自身及时人而言,这些多元的思想却未必同样重要,甚至有泰山鸿毛之别。吴稚晖曾以司马迁、司马光为譬,指出"一是全靠一部史记,一是全不在乎什么通鉴不通鉴";又以苏轼、王安石为譬,"一则有诗文集,大见轻重,一则尽有同样的诗文集,丝毫在其人是非,不加轻重"。③ 这一观察颇具启发意义,吴稚晖主要是从外人(后人)评价历史人物的角度立论,但实际上历史人物的自我认知亦有类似差异。例如,从胡适、孙中山本人而言,他们思想、学术领域的主张,在胡适则"大见轻重",在孙中山便毫"不加轻重";同样的,胡适自己大概最为看重

---

① 胡适日记 1929 年 4 月 27 日,《胡适全集》,季羡林主编,第 31 卷,合肥:安徽教育出版社,2003 年,第 371 页。

② 胡适:《新文化运动与国民党》(1929 年 11 月),《胡适全集》,季羡林主编,第 21 卷,合肥:安徽教育出版社,2003 年,第 446—447,443 页。

③ 《吴稚晖先生来信》,《晨报副刊》,1923 年 10 月 15 日,第 2 版。

自己的思想、学术成就，而孙中山重视革命成功与否无疑会远过于著述之成绩；更重要的，就五四思想界而言，胡适、梁启超的言论"皆非寻常"，而孙中山的影响则主要在胡、梁的"思想界"之外。正如早期共产党人所观察到的，"孙中山虽然是一个知识分子"，但"他在国内的学术界和知识分子中，并没有很大影响"。① 故对于历史人物的思想，不宜以平面化的方式等量齐观。

在五四前后，"梁启超系"也曾计划由政治转向文化努力，推动"另一场新文化运动"。对胡适来说，他与"梁启超系"在文化、学术领域的观念虽亦有歧异，但相比于孙中山或许更相近一些。吴稚晖就曾评论梁启超、胡适与白话文的关系，认为"年来白话文通行之告成"，"这不能不第一感谢梁卓如先生"。因为"倘胡适之先生提倡白话文，没有梁卓如先生积极的赞助，或梁卓如先生也如章行严先生的忽加非议，简直白话文至今焦头烂额，亦未可定"。盖"梁启超一动笔，其福利人与灾祸人，皆非寻常"。② 即使如此，双方却曾或明或暗地针锋相对，胡适更严阵以待，认为"在北京也时时刻刻在敌人包围之中"，其中的"敌人"，主要便是指"梁启超系"。③ 盖胡适与梁启超在同一个"战场"，有更直接的竞争关系。然而，胡适对观念差异更大的孙中山却常常轻轻放过，其中的原因正与双方"战场"错位有关。

总体而言，孙中山、胡适以及梁启超都从事着"新文化运动"，但彼此所在意的以及所实际影响的领域并不相同。如果说胡适的"新文化运动"虽有政治意涵，但侧重则全在文化，有"超政治构想"（有限度的）倾向的话，那"梁启超系"的"新文化运动"本身便包含了政治构想，试图文化与政治兼顾，而孙中山的"新文化运动"倾向于宣传、社会动员，指向革命，只是他政治方略的一部分。就此而言，孙中山在"新文化运动"上的注意力与用力点主要不在胡适所关注的"纯粹文学的、文化的、思想的"领域；在这一领域中，孙中山也没有梁启超一动笔就"皆非寻常"的影响力，几乎是胡适"战场"之外（至少也是在"战场"边缘）的人物；与之相似，胡适也同样不在孙中山"战场"的中心位置。所以，双方的"战场"即使有小范围交集，更多的却是一种错位的状态，他们恐怕都未将对方视作"新文化运动的正面文

---

① 　包惠僧：《包惠僧回忆录》，北京：人民出版社，1983 年，第 129 页。

② 　《吴稚晖先生来信》，《晨报副刊》，1923 年 10 月 15 日，第 2 版。

③ 　《胡适致陈独秀（稿）》（约 1920 年底或 1921 年初），《胡适来往书信选》，中国社会科学院近代史研究所中华民国史研究室编，上卷，北京：社会科学文献出版社，2013 年，第 87—88 页。

章"。有意思的是,梁启超因为试图兼顾文化与政治,在文化方面反而容易与胡适正面竞争,在政治一面,又常与革命党对抗。

然而,在后来的历史叙述中,倡导传统文化道德的国民党人,多倾向不认同新文化运动,强调"国父"孙中山维护传统文化道德的一面。胡适就观察到:"中山先生这种议论在今日往往被一般人利用来做复古运动的典故,所以有些人就说'中国本来是一个由美德筑成的黄金世界'了!"①与之相对,胡适等新文化人因主张新思想,故有时有意无意突出孙中山对新文化运动的赞赏,而弱化孙中山的"新文化运动"实有自己侧重的一面,并且忽略孙中山对新思潮"并不照单全收"甚至有"许多很腐败的思想"。无论是如胡适一般将孙中山塑造成新文化运动的支持者,还是像国民政府那样反复渲染孙中山对固有道德的肯定,不能说是"虚构",但离"真实"的孙中山又均有不小距离。

王汎森老师曾以何休《公羊解诂》为例,说明:"每一次'用经'都是对自己生命的一次新塑造,而每一次的'用',也都是对经书的性质与内容的新发展,也直接或间接参与建构'传统'。所以,关于'用经'或'用史'的研究,是不可或缺的。"②因独特的"国父"地位,关于孙中山对新文化运动的态度问题,时人及后来之研究者的"每一次'用经'"亦是如此,既是对自己生命与现实世界的一次新塑造,同时直接或间接参与建构了孙中山及"新文化运动"的历史形象。

---

① 胡适:《再论信心与反省》(1934 年 6 月),《胡适全集》,季羡林主编,第 4 卷,合肥:安徽教育出版社,2003 年,第 507—508 页。正如周策纵所说:"孙中山的这种矛盾态度,导致了后来国民党内部关于这场运动的争论和分歧。其中进步的、自由主义的一派以及那些参与过运动的国民党党员,或多或少持与上文所述自由主义者类似的观点。……另一派是保守派,这些人特别是那些民族主义者和传统主义者,要么从整体上贬低这场运动,要么批判其对民族遗产的破坏。"周策纵:《五四运动史:现代中国的知识革命》,陈永明等译,北京:世界图书出版公司,2014 年,第 327 页。

② 王汎森:《思想是生活的一种方式——中国近代思想史的再思考》,北京:北京大学出版社,2018 年,"序",第 6 页。

致　谢

　　我幼年因触电失去双臂。有村里人劝我父母，要不放弃治疗，也许对家庭对我都是一种解脱。父母是农民，虽然无法想象一个身有残疾、不能插秧种地的农村孩子还能有什么盼头，但终不忍心，东拼西凑为我治疗。出院时，他们特意带我去了西湖——担心再没机会，说以后至少仍然可以看看风景、看看世相。哄着我，宽慰着自己，回答着邻里。那是1984年，我五岁。

　　我父母常说自己"没本事"，帮不了我；"没文化"，不能替我拿主意。我觉得这是他们的智慧，让我在外闯荡时从未感觉到来自家里的束缚和压力。我母亲之前常会担心，我会怨他们没有照看好我，无论我说多少次不怨；又担心我以后的生计，谁来照顾我，即使我兄嫂待我无微不至。到今年，我母亲去世已二十年。那时我正大三，前路茫茫，未能让她宽心。

　　2005年春，我去北大旁听了罗志田老师几次课。那年，我研究生一年级，正在犹豫之后的路怎么走。旁听后，便下定决心，报考北大。这个决定改变了我一生。第二年有幸得入先生门墙。罗老师有君子之风，望之俨然，即之也温，听其言也厉，而对学生不愤不启，不悱不发。每当我旁逸斜出之际，或愤悱不已之时，老师的一二邮件，数句指点，正是一棒一条痕，一掴一掌血，导我于正道。十多年来，无论为人或为学，我的点滴成长，都源于老师的言传与身教。先生对我有再造之恩。

　　感谢鲁萍、李欣荣、薛刚、王果、王波、梁心、刘熠、赵妍杰、高波、李欣然、李勔旭诸位同门。在同门中，我资质低且读书少，如果独学而无友，一定更加孤陋寡闻。王国维说为学需要经历三种阶段，我想博士期间最难熬的恰是在过程中看不到终点。在北大数年，与同门好友朝夕相处，切磋琢磨，一起"望尽天涯路"，一起"消得人憔悴"，而最重要的，是时不时能看到他们打通任督二脉、豁然贯通后"蓦然回首"的喜悦，也让我找回继续前行的力量。他们于我，情同手足。

感谢陈甜、冯楠、柳丝、朱哲、周陆涵,让我在北京有学术之外的天地。那些年多数电影、话剧、音乐会,大概都是与他们一起经历,喝绍兴老酒,唱人生几何。陈甜不仅特别尽责地将自己所有挚友介绍给我,也是我博士论文每一章的第一位读者,若不是她,本书便无缘北大出版社。

读博是一段苦行,有你们,便是生活。

本书以我的博士论文为基础。博士七年,工作十年,我仍在学习如何思考与写作。

周月峰

2013 年 5 月 于北大 32 栋

2023 年 5 月 于川大江安花园